동태적 거시경제학
성장과 변동

이종화 · 김진일 공저

DYNAMIC MACRO ECONOMICS
GROWTH AND FLUCTUATIONS

박영사

머리말

　이 책은 거시경제학의 깊이 있는 분석과 최신 이론에 관심이 있는 독자를 위해 집필되었다. 학부와 대학원의 고급 거시경제학과 경제성장론, 경기변동론의 교과서로 사용할 수 있도록 다양한 모형을 체계적으로 소개하였다.

　거시경제학은 미시경제학과 함께 경제학의 두 기둥이다. 경제학을 이해하려는 학생과 연구자는 반드시 두 분야를 모두 익혀 경제학의 기초를 다진 다음 경제학의 각론을 공부해야 한다. 거시경제학은 소비, 투자, 고용, 소득 등 주요 거시변수의 결정과 함께 이들 변수의 시간에 걸친 변화인 경기변동과 경제성장을 다룬다. 이때 경제 주체인 가계와 기업의 의사결정과 시장의 역할을 이해하기 위해 미시경제학의 분석방법을 사용한다.

　미시경제학과 거시경제학이 경제학의 기초 이론으로 서로 연관성이 매우 높음에도 불구하고 대부분의 학부 강의는 양자 간의 연결을 크게 강조하지 않는다. 교과서에서 소비, 투자, 노동 수요와 공급의 의사결정에서 미시적 기초를 다루기는 하나 이러한 분석을 정작 중요한 경기변동이나 경제성장과 본격적으로 연결하지는 않는다. 이는 미시적 기초를 강조하면서 동태적인 분석 기법을 사용하는 경제 성장과 변동 이론에 대한 수리적 이해가 쉽지 않기 때문이다. 따라서 학부 수준의 거시경제학은 경기변동의 분석으로 전통적 틀인 총수요─총공급 모형을 주로 사용하고, 경제성장은 솔로우 성장모형에 의존하는 것이 현실이다.

　현대 거시경제학은 1980년대 이후 경기변동과 경제성장 분야에서 새로운 이론들이 쏟아져 나오면서 급격히 발전하였다. 내생적 경제성장 이론이나 뉴케인지언 경기변동 이론 또는 동태적 확률 일반균형 모형은 거시경제학을 공부하려면 필수적으로 알아야 하지만, 학부뿐만 아니라 대학원에서도 학습하기가 그리 쉽지는 않다.

　저자들은 고려대학교에서 지난 20년 넘게 거시경제학을 강의하면서 이러한 한계를 극복하기 위해 노력하였다. 한 가지 해결책으로 고학년 학부 학생들을 위한 '경제변동성장론' 강좌를 개설하여 거시경제학 수업에서 깊이 있게 다루지 못한 동태적 거시모형을 가르쳤다. 이 강좌에서는 미시적 기초와 동태적 분석을 도입한 신고전파 최적 성장모형과 실물적 경기변동 모형을 통해 학생들이 동태적 거시경제학의 기초를 학습하고 경제성장과 경기변동의 최신 모형들을 이해할 수 있도록 하였다. 대학원의 거시경제학 수업에서도 학생들이 동태적 거시경제학의 분석방법을 먼저 학습하고 현대 거시경제학의 새로운 이론을 더 쉽게 이해할 수 있도록 노력하였다. 특히 두 저자는 여러 해에 걸쳐 경제성장과 경기변동 분야로 크게 나누어 대학원에서 고급 거시과목들을 공동으로 강의하면서 경험을 축적하였다. 이 과정에서 동태적 거시경제모형의 분석방법 등을 통해 새로운 이론의 핵심을 파악하는 것이 학생들이 빠르게 변화하는 거시경제 현상과 경제정책을 깊이 있게 이해하는 데 매우 중요하다는 것을 깨달았다.

이 책은 지금까지 저자들이 축적한 강의안과 경험을 바탕으로 동태적 거시경제학을 이해하고자 하는 학부 고학년 학생과 대학원 학생을 위한 교과서로 작성하였다. 특정한 모형에 치중하지 않고 많은 학생과 연구자들이 현대 거시경제학의 다양한 핵심 모형들을 이해할 수 있게 도움을 주려고 하였다. 독자들이 쉽게 이해할 수 있도록 최대한 평이하게 서술하고 각 장의 끝에 연습문제를 넣어서 독자들이 내용을 완전하게 익힐 수 있도록 하였다.

책의 1장에서는 동태적 거시경제학의 핵심인 경제성장과 경기변동 현상을 실제 자료를 이용하여 알아본다. 2장부터 5장은 경제성장을 다루고 6장부터 9장은 경기변동을 다룬다. 이 책이 고급 수준인 것은 동태적 분석에 사용되는 수학 기법(예를 들어, 미분방정식, 차분방정식, 동태적 최적화)에 대한 이해가 필요하기 때문이다. 될 수 있으면 내용을 쉽게 설명하고 마지막에 수학 부록을 추가하여 독자들이 필요한 수학 도구를 익히도록 하였다.

이 책이 나오기까지 저자들은 많은 분의 도움을 받았다. 박사학위를 할 때 거시경제학을 가르쳐 주시고 논문을 지도해 주신 하버드 대학과 예일 대학의 여러 은사님께 감사드린다. 오랜 기간 같이 연구를 해온 고려대학교와 여러 국내외 대학 및 정책기관의 동료들에게도 감사드린다. 저자들이 공부하고 연구하는 시기에 성장이론과 경기변동론에 관한 많은 발전이 있었다. 이 책을 집필하는 과정에서 이 분야의 여러 교과서를 참조하면서도 독창적인 체계와 서술 방식을 고안해내기 위해 노력하였다.

이 책을 집필하는 과정에서 고려대학교 경제학과의 많은 대학원생이 헌신적인 도움을 주었다. 박춘영과 최동근은 초고를 처음부터 끝까지 꼼꼼히 읽고 표현이 어색한 부분과 오탈자를 찾아주고 수정된 원고의 교정 작업을 도와주었다. 송은비와 김동녘도 자료 수집과 연습문제의 작성 등을 도와주었다. 박영사의 조성호 이사, 배근하 과장은 책의 기획과 출판에 정성을 다해주셨다. 이 자리를 빌려 이 모든 분께 깊은 감사를 드린다. 아직도 남아 있는 부족한 부분은 물론 전적으로 저자들의 책임이며 앞으로 꾸준히 개선해 나갈 것을 약속한다.

2021년 1월
이종화 · 김진일

차례

제3장

신고전파 최적 성장모형

제8장

경직적 물가의 도입과 동학적 뉴케인지언 기초 모형

동태적 확률 일반균형(DSGE) 모형과 통화정책

동태 분석을 위한 수학 기법

DYNAMIC**MACRO**

거시경제의 움직임과 동태적 거시경제학

거시경제의 움직임과 동태적 거시경제학

1.1 거시경제 변수의 동태적 변화

경제 변수는 시간의 흐름에 따라 변화한다. 가장 중요한 거시경제 변수인 총생산량, 즉 실질 국내총생산(GDP)을 예로 들면, <그림 1-1>에서 보듯이 장기적인 추세선을 따라 증가하는 패턴을 그린다. 추세선상의 실질 GDP는 실업률이 자연실업률인 '완전고용' 상태의 총생산으로 간주할 수 있다.[1] 추세선을 따르는 GDP의 증가 현상을 경제성장(economic growth)이라고 부른다. 경제가 꾸준히 성장하더라도 매년 성장률이 같지는 않다. 어떤 기간에는 실질 GDP가 빠르게 증가하지만 다른 기간에는 실질 GDP가 더디게 증가한다. 특별한 경우에는 오랜 기간에 걸쳐 실질 GDP가 감소한(평균 경제성장률이 마이너스인) 국가도 있다.

총생산량은 시간의 흐름에 따라 추세선의 상하로 변동한다. 총생산이 추세선보다 높고 낮음이 반복적으로 나타나는 현상을 경기변동(business cycle)이라고 부른다. 경제성장과 경기변동을 이론적으로 또는 실증적으로 이처럼 확실하게 이분할 수 있는지에 대해서는 이견이 있다. 예를 들어, 임의의 경제 충격이 자연실업률의 수준을 바꾸고 추세선과 경기변동의 변화를 동시에 가져올 수 있다.

---

1) 완전 고용의 상태를 <그림 1-1>의 추세선과 같이 보는 견해가 다수이나, 변동하는 실제 GDP의 위쪽 끝단을 연결하는 방식으로 잠재생산량을 추정하는 경우도 있다. 밀턴 프리드먼(Milton Friedman)이 말한 plucking 모형과, 2020년 잭슨홀(Jackson Hole) 콘퍼런스에서의 발표 이후에 미국의 중앙은행인 연준이 고용의 부족(shortfalls)에만 반응하겠다는 정책도 후자의 견해와 관련되어 있다.

또한 상당한 시간이 지나기 전에는 어떤 변화가 얼마나 일어났는지 명확히 알지 못하는 경우도 발생한다. 그러나 일반적으로 일정 기간 동안 GDP 성장률의 지속적인 변화를 분석하는 경제성장과 추세를 제외한 총생산의 변화를 분석하는 경기변동을 나누는 것이 일반적이다.

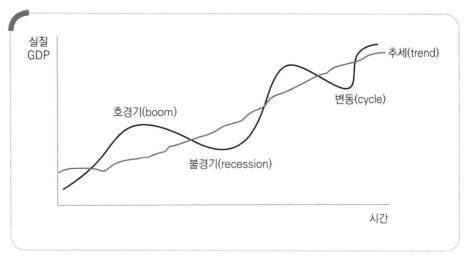

그림 1-1 실질 GDP의 동태적 변화

<그림 1-2>는 1970년부터 2020년까지 한국의 실질 GDP의 장기 변화를 나타내며, 이를 성장률로 표시하면 <그림 1-3>과 같다. 그림에서 한국 실질 GDP는 일정 기간을 제외하고는 장기적으로 증가한다. 그러나 경제성장률이 어떤 기간에는 높고 어떤 기간에는 낮은 현상이 반복된다. 특히, 1980년 오일쇼크, 1998년 한국의 외환위기, 2009년 글로벌 금융위기 당시에는 성장률이 매우 낮았다. 한국의 경제성장률은 변동 폭이 클 뿐더러 추세적으로 하락하여 현재는 낮은 성장률을 보인다.

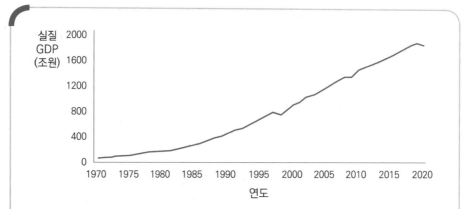

자료: 2019년까지는 한국은행 경제통계시스템. 2020년 자료는 IMF World Economic Outlook 2020년 10월호의 전망치를 사용하여 연장함.

그림 1-2 한국 실질 GDP의 추이, 1970-2020

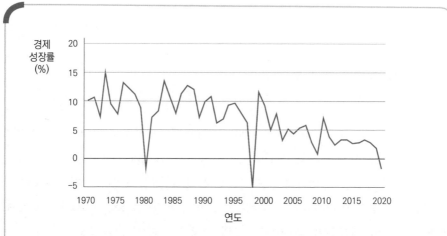

자료: 2019년까지는 한국은행 경제통계시스템. 2020년 자료는 IMF World Economic Outlook 2020년 10월호의 전망치임.

그림 1-3 한국 경제성장률의 추이, 1970-2020

<그림 1-4>는 1970-2020 기간 동안 미국 실질 GDP의 성장률을 보여준다. 그림에서 보듯이 성장률이 평균적으로는 양수이나 증가속도가 일정하지 않고 변동한다. 미국의 경우 우리나라만큼 성장률 변동이 심하지는 않지만, 미국의 성장률도 지난 50년간 점차 하락하는 추세임을 알 수 있다. 전미경제연구소

(NBER, National Bureau of Economic Research)가 규정한 미국 경제의 불황기는 그림의 흐린 구간이다. 2020년에는 코로나 19 감염병으로 미국뿐 아니라 많은 국가가 소비, 투자의 위축과 심각한 경기침체를 겪고 있다. 세계 경제가 무역과 글로벌 가치사슬로 밀접히 연결되어 있어 한 나라의 경제만 빠르게 회복하기 어렵다.

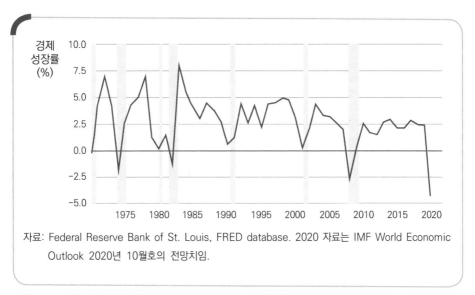

자료: Federal Reserve Bank of St. Louis, FRED database. 2020 자료는 IMF World Economic Outlook 2020년 10월호의 전망치임.

그림 1-4 미국 경제성장률(전기 대비 실질 GDP 성장률)의 추이, 1970-2020

1.2 경제성장의 경험적 사실

세계 경제가 그동안 겪어온 성장 경험을 자료로 살펴보면 다음과 같은 사실을 알 수 있다.

첫째, 국가 간 일인당 소득의 격차가 크고 오랜 기간 동안 격차가 지속되고 있다. <표 1-1>에서 보듯이 국가의 일인당 GDP를 기준으로 잘사는 나라와 못사는 나라의 소득 격차가 상당하다. 2017년에 가장 못사는 중앙아프리카공화국의 일인당 평균 GDP는 가장 잘사는 룩셈부르크의 일인당 평균 GDP의 100분의 1에도 미치지 못한다. 그리고 1960년에 가난했던 아프리카 국가는 대부분 아직도 가난에서 벗어나지 못하고 있다.

 표 1-1 세계 각 국가의 일인당 소득 수준과 성장률 비교

국가명	1960년 일인당 실질 GDP	2017년 일인당 실질 GDP	GDP성장률, 1960-2017	일인당 GDP성장률, 1960-2017
중앙아프리카공화국	1,350	727	0.69	-1.35
브룬디	671	744	2.60	0.20
에티오피아	513	1,526	4.52	1.88
나이지리아	3,965	4,375	3.86	1.20
인도	1,028	6,282	5.15	3.21
필리핀	1,882	7,629	4.19	1.77
인도네시아	945	10,842	5.17	3.37
중국	1,026	13,051	6.27	4.92
브라질	2,227	14,109	4.09	2.21
보스와나	425	16,236	7.71	5.33
한국	1,114	37,725	6.81	5.54
일본	5,317	40,064	3.71	3.19
프랑스	10,424	40975	2.77	2.13
영국	11,826	42138	2.34	1.93
캐나다	13,557	44,493	3.11	1.86
호주	14,310	48,142	3.41	1.93
미국	17,499	56,153	3.00	2.01
홍콩(중국)	3,800	56,154	5.82	4.25
스위스	20,199	62,927	2.14	1.31
싱가포르	2,642	79,843	7.03	4.85
룩셈부르크	19,086	99,477	3.54	2.45

주: GDP는 국가와 시간에 걸쳐 비교할 수 있도록 통화의 구매력(PPP)을 조정한 2011년 기준 실질달러가격으로 표시한 값이며 GDP 성장률은 각 국가 국민 계정의 실질 GDP 증가율의 연평균 값임.
자료: Feenstra, Inklaar and Timmer (2015), Penn World Table(PWT) 9.1

둘째, 국가 간 경제성장률의 격차가 크다. 국가 간 소득 수준뿐 아니라 소득이 증가하는 속도의 격차도 크다. <표 1-1>에서 보듯이 GDP 증가율로 측정한 경제 성장률의 국가 간 격차는 매우 크다. 한국과 싱가포르 등 동아시아 국가는 1960년부터 2017년까지 반세기가 넘는 기간 동안 연평균 7% 가까이 성장했다. 경제가 매년 7%씩 10년 동안 성장하면 크기는 2배가 된다($1.07^{10} \approx 2$). 한국의 연평균 GDP 성장률은 6.8%, 일인당 GDP 성장률은 5.5%를 기록했다. 반면에 지난 반세기 동안 마이너스 성장을 한 아프리카 국가도 있다. 흔히 장기 균형에 도달한 국가의 예로 드는 미국의 경우 일인당 실질 GDP 성장률은 연평균 2.0% 정도이다.

셋째, 세계 경제에서 각 국가의 상대적 소득 위치의 변화에 일정한 패턴이 없다. <그림 1-5>는 로그 단위로 표시한 일부 국가의 장기 실질 GDP 변화를 보여준다. 20세기 초반 아시아 국가들은 미국, 영국 등 선진국과의 일인당 소득 격차를 전혀 줄이지 못했다. 예외적으로 일본은 선진국과 비슷한 성장률을 보였다. 제2차 세계대전 이후 동아시아 국가들은 일본, 한국, 중국 순으로 빠르게 성장하여 미국과의 일인당 소득 격차를 줄였다. 이처럼 시간이 지남에 따라 국가 간 일인당 소득의 격차가 줄어드는 현상을 수렴(convergence) 또는 따라잡기(catch-up)라고 부른다. 최근에는 인도 경제가 빠르게 성장하면서 앞서가는 동아시아 국가들을 따라잡고 있다.

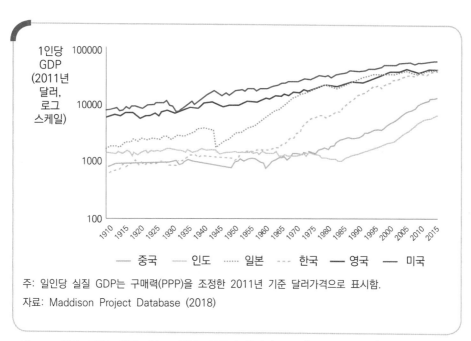

그림 1-5 한국, 미국, 영국, 인도, 일본, 중국의 일인당 GDP(1911~2016년)

1960년 가난했던 나라 중 고도성장을 이룬 한국과 달리 오랜 기간 선진국과의 소득 격차를 줄이지 못한 사하라 사막 이남의 아프리카 국가를 비롯하여 많은 개발도상국들이 존재한다. <그림 1-6>은 1960년 이후 자료가 있는 전 세계 111개 국가를 대상으로 1960년 당시 일인당 GDP 수준과 1960-2017년 동안의 연평균 성장률의 관계를 나타낸다. 그림에서 볼 수 있듯이 각국 경제의 초기 일인당 소득과 평균 성장률 간에 특정한 관계가 보이지 않는다.

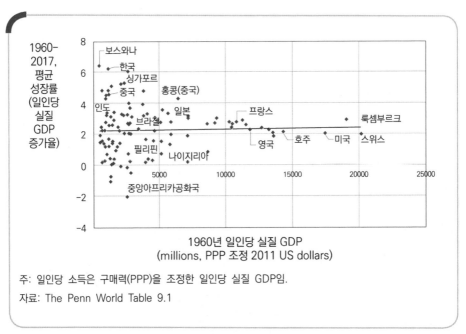

주: 일인당 소득은 구매력(PPP)을 조정한 일인당 실질 GDP임.
자료: The Penn World Table 9.1

그림 1-6 초기 일인당 GDP와 연평균 성장률(전세계 111개 국가 대상)

국가 간에 일인당 소득 격차, 성장률의 격차는 어떻게 결정되는가? 비슷한 수준의 일인당 소득을 가진 국가들 중 왜 어떤 국가는 빠르게 성장하고 어떤 국가는 그렇지 않은가? 이러한 질문에 여러 가지 설명이 있고 논쟁이 있다. 경제성장이론은 이러한 질문들에 대해 체계적으로 분석하여 답을 내는 과정을 담는다.

1.3 경기변동의 경험적 사실

경기변동 분석에 관하여 우리가 가장 관심을 갖는 주제는 다음의 두 가지이다. 하나는 주기적으로 일어나는 경기변동의 주기와 진폭이 어떻게 결정되는지의 문제이다. 그리고 다른 하나는 경기를 나타내는 여러 거시경제 변수 간에 관계, 즉 공행성(co-movement)의 문제이다. 이러한 주제는 여러 나라에서 그리고 시기와 무관하게 공통적인 관심사라고 볼 수 있다.

경기변동에 대하여 정형화된 사실은 다음과 같다.

첫째로 경기순환은 항상 반복된다. 경기순환이나 경기변동의 패턴이 없어졌다는 이야기가 수십 년마다 한 번씩 나오지만, 결국 경기순환은 반복되고 있다. 경기순환이 일어나는 가장 간단한 이유로는 재고를 예로 들 수 있다. 경제주체가 경기상황에 따라 재고를 늘리고 줄이는 행위는 지속되기 때문에 경기에 반복적인 패턴이 일어날 수밖에 없다.

둘째로 변동이 불규칙적이어서 일정한 주기로 반복하는 형태를 보이지 않는다. 따라서 하나의 경기침체가 끝나고 다음 경기침체가 시작될 때까지의 간격이 일정하지 않다. 경기침체와 호황기에 생산량이 변동하는 폭도 국가별과 시기별로 다양하다.

셋째로 <그림 1-3>의 우리나라의 장기 경제성장률과 <그림 1-4>의 미국의 장기 성장률을 통해 알 수 있듯이 경기변동의 진폭이 점차 줄어들었다.[2] 그렇다면 경기변동의 진폭이 줄어드는 이유는 무엇인가? 그 이유로 들 수 있는 것은 정부의 적극적인 경기 안정화 정책(통화정책, 재정정책)이다. 또한, 전쟁과 같이 경제에 불러오는 충격 자체가 과거와 비교하면 줄어들었기 때문이라는 견해도 있다.

넷째로 GDP 내에서 각 구성요인의 변동 패턴이 다르다. 먼저 소비지출은 경기 순행적(pro-cyclical)인 요인으로 산출량(real GDP)과 같은 공행성을 보인다. 투자지출은 경기 순행적(pro-cyclical)이나 산출량보다 더 큰 폭으로 변동한다. 가격변수인 실질 임금, 실질 임대료, 실질 이자율, 명목 이자율은 경기 순

---

2) 2000년대 후반 글로벌 금융위기 당시에는 경기 변동성이 다소 늘었으나 변동 폭이 줄어드는 추세가 꺾이지는 않았다. 물론 2020년 코로나19 위기 이후의 경기변동 진폭이 어떻게 될 지는 두고 볼 일이다.

행요인이다. 노동시장에서 고용량(총 노동시간)은 경기 순행적이며 실업률은 경기 역행적(counter–cyclical)이다.

미국 데이터를 이용하여 각 GDP 구성요인들의 변동성을 살펴보자. <표 1–2>에서 실질 GDP의 변동성은 표준편차(σ_y)로 표시하고, 소비, 투자, 정부지출의 변동성은 이 변수들의 표준편차를 σ_y에 대한 비율로 보여준다. 소비지출은 표준편차가 실질 GDP의 표준편차보다 약간 작아 안정적 변화를 보여주지만, 투자의 표준편차는 실질 GDP 표준편차의 3배 이상으로 큰 변동성을 보여준다. 정부지출도 실질 GDP보다 변동성이 크다. 그리고 소비와 투자는 실질 GDP와의 상관계수가 양수로서 실질 GDP와 같은 방향으로 움직인다. 정부지출(GDP 대비 비율)은 실질 GDP와 반대방향으로 움직인다. 이는 경기후퇴기(확장기)에 정부 지출이 증가(감소)하는 재정정책의 특징을 반영한다.

표 1-2 미국의 분기별 자료(1980년 1분기~2012년 4분기)

	표준편차(변동성)	실질 GDP와의 상관계수
실질 GDP	2.6%	1.0
소비	0.97	0.95
투자	3.57	0.91
정부지출	1.34	-0.50

주: 실질 GDP의 변동성은 이 변수의 표준편차(σ_y)이고, 소비, 투자, 정부지출의 변동성은 이 변수들의 표준편차를 실질 GDP의 표준편차로 나눈 값임. 정부지출의 상관계수는 '산출량 대비 정부지출'의 상관계수임.
자료: Schmitt-Grohe and Uribe (2017)

<표 1–3>은 미국의 경기침체기에 주요 거시변수가 어떻게 움직였는지를 보여준다. 고용량, 실질 임금, 이자율, 실질 임대료, 노동생산성(시간당 생산량)은 경기침체기에 낮아진다. 즉, GDP와 같은 방향으로 움직인다. 실업률은 경기침체기에 상승하여 GDP와 반대로 움직인다. 인플레이션과 실질화폐잔고는 경기침체기에 약간 낮아지는 경향이 있지만 변화가 분명하지 않다.

경기변동이론은 실제 자료에서 나타나는 경기변동상의 주요한 특징들, 즉 정형화된 사실(stylized facts)을 모형을 통해 설명한다. 경기변동을 발생시키는 중요한 충격이 무엇인지 알아보고 충격이 어떤 과정을 통해 파급되면서 경제변동을 초래하는지 체계적으로 분석한다.

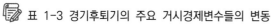
표 1-3 경기후퇴기의 주요 거시경제변수들의 변동

주요경제변수	경기후퇴기의 평균변동률	경기후퇴기 중 해당 변수가 하락한 횟수
실질 GDP	-4.2%	11/11
고용	-2.5%	11/11
실업률(% 포인트 기준)	+1.9	0/11
주당 평균노동시간(제조업)	-2.8%	11/11
시간당 생산(비농업)	-1.6%	10/11
인플레이션(GDP 디플레이터; % 포인트)	-0.2	4/11
시간당 실질보수(비농업)	-0.4%	7/11
명목이자율(3개월 재무성증권; % 포인트)	-1.8	10/11
사후 실질이자율(3개월 재무성증권; % 포인트)	-1.5	10/11
화폐실질잔고(M2/GDP 디플레이터)	-0.1%	3/8

주: 각 변수의 평균 변동률은 1947~2016년 기간 중 평균성장률을 기준으로 계산한 것임.
자료: Romer, D., Advanced Macroeconomics, 2019.

1.4 동태적 거시경제학이란?

동태적 거시경제학(dynamic macroeconomics)은 주요 경제변수가 시간의 흐름에 따라 어떻게 변화하는지를 연구한다. 경제성장과 경기변동 이론은 동태적 거시경제학의 핵심 분야이다. 이 분야는 가계, 기업 등 경제주체의 동태적 의사결정 원리에 기초하여 경제 전체의 장기 성장과 변동을 분석하는 고급 수준의 거시경제학이다.

일반적으로 학부에서 다루는 거시경제이론[3]은 주어진 한 시점에서 변수 간의 인과관계를 다루는 정태(static) 분석이거나 두 시점에서 변수 값이 어떻게 변화하는지를 비교하여 경제변수의 상호관계를 분석하는 비교정태(comparative static) 분석에 기초한다. 예를 들어, IS-LM, 총수요-총공급 모형은 정태와 비교정태 분석의 대표적인 거시 모형이다. 이와 비교하면 동태적 거시경제학은 시

---

3) 이종화 · 신관호(2019) 등 거시경제학 교과서를 참조하시오.

간의 흐름을 중요하게 고려하여 거시 경제 변수 간의 상호관계를 동태적인 모형으로 설명한다. 예를 들어, 시간이 지남에 따라 소비, 투자, 자본 축적, 기술진보는 어떻게 이루어지는지, 어떠한 상호관계를 갖는지를 분석하고 이를 통하여 장기 경제성장률 결정을 설명한다. 또한, 정부 정책 변화에 따른 소비, 투자, 총생산 변화를 분석한다.

동태적 거시경제학은 실제 자료로 나타나는 경제성장과 경기변동 현상을 체계적으로 설명하는 틀을 제공한다. 동태적 거시경제학에서 다루는 문제는 섣불리 판단하면 잘못된 결론을 내릴 수도 있다. 예를 들어 <그림 1-7>을 살펴보자. <그림 1-7>은 인구 증가율과 일인당 GDP의 관계를 산점도 (scatter plot)로 그린 그래프이다. 그림을 봤을 때 두 변수 간에 상당한 음의 상관관계가 있음을 알 수 있다. 그러나 이것이 반드시 일정한 인과관계를 의미하지는 않는다. 무엇이 원인이고 무엇이 결과인지 잘 알 수 없기 때문이다. 인구 증가율이 높아서 일인당 자본 축적이 느려지면 일인당 소득이 낮을 수 있다. 반대로 일인당 소득이 높을수록 자녀의 수를 늘리기보다는 자녀의 수를 줄이고 교육을 늘리는 경향이 있으면 출산율이 낮아지면서 인구 증가율은 하락할 수 있다.

앞의 해석뿐만 아니라 제3의 요인에 의하여 두 변수가 특정한 방향으로 움직였을 수도 있다. 도시화가 빠른 국가에서 인구 증가율이 낮아지고 일인당 소득은 높아졌다면 <그림 1-7>과 같은 관계가 나타날 수 있다. 이렇게 변수의 인과관계가 명확하지 않은 이유는 많은 변수가 내생적으로 결정되기 때문이다. 따라서 인과관계를 그럴듯하게 설명하기 위해서는 논리적으로 적합성을 갖춘 모형을 만들어 시간에 걸친 변수들의 움직임을 파악하고 움직임 간에 연결고리를 잘 설명하는 것이 중요하다.

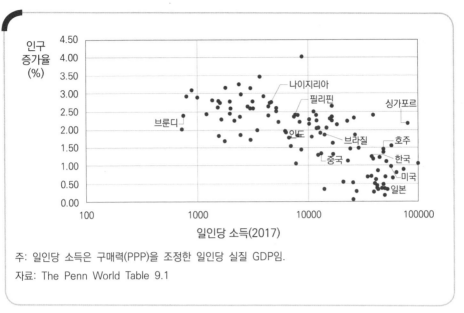

그림 1-7 인구 증가율(1960-2017)과 일인당 소득(2017)

좋은 모형을 통한 정밀한 분석 없이는 두 변수 간 상관관계를 해석하기 어려울 뿐 아니라 인과관계가 전체 경제 내에서 어떤 경로를 통해 어느 정도의 크기로 발생하는지 파악하기 쉽지 않다.

<그림 1-8>을 보면 국가 간 자료에서 2010년의 일인당 GDP와 일인당 평균 교육연수 간에 뚜렷한 상관관계가 확인된다. 상관관계는 있지만, 인과관계는 모호하다. 한 국가의 일인당 평균 교육년수는 인적자본의 측정치로 사용된다. 교육수준이 높으면 인적자본이 많아 소득이 높다고 해석할 수 있다. 반대 방향으로 인과관계가 있을 수도 있다. 소득이 높을수록 평균적으로 더 많은 교육을 받기 때문에 교육수준이 높아진다. 양방향으로 인과관계가 발생한다면, 교육수준이 소득을 높이는 정확한 효과를 알아내기 쉽지 않다. 교육이 생산성을 높여서 소득 수준과 경제성장률을 높이는 것이 사실이다. 하지만 교육이 생산성을 높이는 효과보다 원래 능력이 있는 사람에게 졸업장을 주어서 생산성이 높음을 확인시키는 신호 역할(signaling)을 할 수도 있다. 따라서 우리는 정교한 모형과 실제 자료를 이용한 엄밀한 분석이 필요하다.

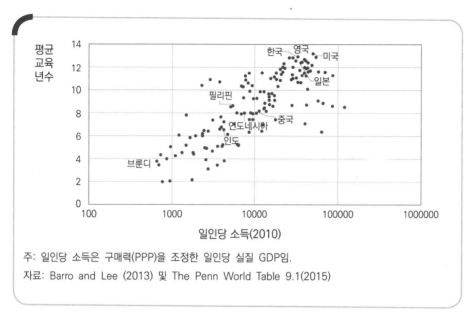

주: 일인당 소득은 구매력(PPP)을 조정한 일인당 실질 GDP임.
자료: Barro and Lee (2013) 및 The Penn World Table 9.1(2015)

그림 1-8 인적자본과 일인당 소득

경기변동의 자료를 보고 시간의 순서로 인과관계를 파악하는 경우도 잘못된 해석일 수 있다. 예를 들어, 중앙은행이 다음 달에 이자율을 내리고 통화량을 늘리겠다는 정책을 발표하면 현재 시점에서 실물시장이나 금융시장에서 즉각적인 변화가 발생한다. 그러나 막상 실제로 이자율을 낮추는 시점에는 아무런 변화가 없을 수도 있다.

1.5 경제성장과 경기변동 이론의 발전과 책의 구성

경제성장과 경기변동 현상을 분석하는 것은 경제학의 오랜 연구 분야이다. 경제학자들은 거시 경제변수의 동태적 변화의 본질을 설명하기 위해 복잡한 현실을 단순화한 모형을 만들어 왔다. 이들은 경제의 성장과 변동의 핵심 원인을 파악하고 실제 경제 자료에서 나타난 특징을 설명하기 위해 기존 모형을 발전시키고 새로운 모형을 제시했다.

경제성장 모형은 노동, 자본, 기술의 생산요소들이 경제성장의 과정에서 어떤 역할을 하는지를 분석한다. Solow(1956, 1957)에 의해 개발된 솔로우 성장모형과 Cass(1965)와 Koopmans(1965)가 Ramsey(1928)의 소비 최적화 분석을 성장 모형에 도입하여 발전시킨 Ramsey—Cass—Koopmans 모형을 합쳐서 신고전파 성장모형(neoclassical growth model)이라고 부른다. 이들 모형은 공통적으로 한계생산력이 감소하는 신고전파 생산함수를 기본 가정으로 한다. 솔로우 성장모형은 가계의 저축률이 항상 일정하다고 가정하는 반면에 Ramsey—Cass—Koopmans 모형은 가계가 효용을 극대화하기 위해 소비와 저축을 매기마다 결정하고 이에 따라 저축률이 달라진다고 가정한다.

신고전파 성장모형은 노동력 증가율(인구 증가율)과 기술 진보율이 외생변수로 일정하게 주어진다고 가정한다. 이 모형에서 경제는 자본 축적을 통해 생산물이 증가하면서 성장한다. 자본의 증가로 경제성장이 이루어지지만, 자본의 한계생산물이 계속 감소하기 때문에 자본 축적만으로는 지속적인 경제성장이 불가능하다. 장기 균형성장경로에서는 경제성장률이 외생변수인 인구 증가율(노동력 증가율)과 기술 진보율에 의해서 결정된다. 이 책의 2장과 3장은 솔로우 성장모형과 Ramsey—Cass—Koopmans 모형을 소개한다.

신고전파 성장모형은 다양한 방식으로 모형의 가정을 완화함으로써 현실 적합성을 높인 모형으로 발전했다. 예를 들어, 자본의 개념을 인적자본과 물적자본으로 확대한 성장모형, 출산율을 내생화하여 인구 증가율을 모형 내에서 결정하는 모형, 경제 주체의 생애를 청년기와 노년기로 나누어 새로운 세대가 계속 이어지는 중복세대모형이 대표적이다. 이 책의 4장은 이러한 확장된 신고전파 성장모형을 소개한다.

1980년대 들어 내생적 요인이 경제의 지속 성장을 설명하는 내생적 경제성장모형(endogenous growth model)이 등장했다. Romer(1986, 1987, 1990)는 경제성장의 핵심 요소로서 자본의 외부효과와 기술진보를 강조하였고, Lucas(1988)는 인적자본의 개념을 중시했다. 일부 내생적 경제성장모형은 자본의 개념을 인적자본, 지식자본을 포함하는 개념으로 확대하여 자본의 한계생산물이 감소하지 않는 모형을 개발했다. 이러한 모형에서는 자본 축적만으로도 지속적인 경제성장이 가능하다.

기술진보가 모형 내에서 결정되는 '내생적 기술진보(endogenous technological change)' 모형은 대표적인 내생적 성장모형이다. Romer(1987, 1990)의 중간재 '종류 증대 모형(variety expansion model)'은 내생적 기술진보(endogenous technological change)를 처음 소개한 모형으로 신기술 개발자가 새로운 중간재를 생산자에게 공급하여 최종재 생산의 생산성을 높이면서 경제성장이 지속적으로 일어나는 과정을 설명한다. 반면에 Aghion and Howitt(1992)는 신기술의 발전이 기존의 기술을 대체하는 슘페터(Joseph Schumpeter)의 창조적 파괴(creative destruction)의 개념을 계승한 성장모형을 제시하였다. 이 모형은 '품질 향상 모형 (quality improvement model)'이라고 부르며 기술진보가 중간재의 수가 늘어나는 과정이 아닌 기존 중간재의 품질이 높아져서 생산성이 향상되는 것으로 본다. 최근 에는 제도가 기술처럼 경제 전체의 생산성에 영향을 미치고 장기 성장에 중요한 역할을 하는 경로를 강조하는 모형도 발전하였다. 이 책의 5장은 대표적인 내생적 성장모형을 살펴본다.

경제성장 모형은 산출량을 비롯한 주요 거시 변수들이 장기 균형성장경로를 따라 순조롭게 성장한다고 가정한다. 반면에 경기변동이론은 경제에 충격이 발생하였을 때 소비, 투자, 고용, 산출량이 균형성장경로를 벗어나서 어떠한 경로로 변동하는지를 분석한다. 학부의 경제원론 또는 거시경제학에서 다루는 경기변동 모형을 살펴 보면, 고전학파의 모형은 가격의 신축적인 조정에 의한 시장청산(market clearing)을 강조하고 경기변동을 주로 공급 충격에 의한 균형의 변화로 이해한다. 그리고 전통적인 케인즈 학파의 모형은 가격이 경직적이거나 비신축적으로 조정되어 시장의 불균형이 존재하고 경기변동을 수요 충격 때문에 발생하는 것으로 이해한다.

현대 경기변동이론은 전통적인 고전학파와 케인즈 학파 이론과 달리 미시적 기초(microeconomic foundation)를 강조하고 경제 충격에 대한 경제 주체들의 반응을 중요하게 고려한다. 이러한 분석방법은 경기변동에 대한 설명에 커다란 변화를 가져왔다. 처음 계기를 만든 것은 Kydland and Prescott(1982), Long and Plosser(1983)의 실물적 경기변동(RBC, Real Business Cycle) 이론 또는 실물경기변동 이론이다. RBC를 균형 실물경기변동(equilibrium real business cycle) 이론이라고도 한다. 이 이론은 고전학파의 전통을 이어 가격의 신축적 조정으로 시장이 균형을 이룰 때 생산성 변화와 같은 실물 충격이 어떻게 경기변동을 야기하는지 설명한다. 실물적 경기변동 모형의 중요한 특징은 화폐는 중립성을 가지고 경제 전반에 영향을 미치지 못한다는 것이다. 이 책의 6장은 실물적 경기변동이론을 자세히 설명하고, 7장에서 RBC 모형에 화폐와 불완전경쟁을 도입한 모형을 소개한다.

케인즈 이론을 계승한 케인즈 학파도 새로운 경기변동이론을 발전시켰다. 이들을 기존의 케인즈학파와 구별하며 뉴케인지언(New Keynesian) 또는 새케인즈학파라고 부른다. Mankiw(1985), Blanchard and Kiyotaki(1987) 등은 단순히 가격의 경직성을 외생적으로 가정하기보다는 경제주체들의 합리적인 선택의 결과로서 가격이 경직되는 이유를 설명하고 불완전경쟁으로부터 발생하는 경기변동을 설명한다. 8장은 새케인즈학파의 경기변동 모형을 살펴본다. 학부 거시경제학에서 케인즈학파 거시이론의 중심에 총공급 곡선과 필립스 곡선이 있다. 8장에서는 특히 기업의 합리적인 선택의 결과인 뉴케인지언 필립스 곡선을 도출하여 경제변동과 경제정책의 이해를 돕는다.

이후 새케인즈학파 이론의 가격조정 메커니즘과 RBC의 동태적 최적화와 경쟁균형이 결합한 동태적 확률 일반균형(dynamic stochastic general—equilibrium, DSGE) 모형이 나타났다. Rotemberg and Woodford(1997), Woodford(2003), Gali(2008) 등에 의해 발전한 DSGE 모형은 가격의 경직성을 도입한 일반균형모형을 구축하고 다양한 충격과 전파과정을 도입하여 경기변동을 설명하고 정책효과를 분석한다. 이 책의 9장은 DSGE 모형을 소개하며 특히 이를 이용하여 통화정책의 여러 측면을 분석한다.

연습문제

01   전 세계 국가의 경제, 사회 통계자료를 쉽게 얻을 수 있는 곳은 세계은행의 "World Bank Open Data(https://data.worldbank.org/)"이다.

(1) 이 자료의 "Indicators"로 가서 "GDP per capita, PPP(current international dollar)"에서 가장 최근의 한국, 나이지리아, 독일, 미국, 아르헨티나, 일본, 인도, 중국의 값을 찾아 비교해보시오. 이들 국가의 일인당 소득 격차의 가장 중요한 요인은 무엇이라고 생각하는가? 그 이유는?

(2) "GDP per capita growth(annual %)"를 찾아 한국을 포함한 관심 있는 3개 국가의 1970년대 이후 시계열 자료를 그림으로 그려 비교해 보시오. 장기에 걸쳐 일인당 평균 GDP 성장률의 차이를 가져온 가장 중요한 요인은 무엇이라고 생각하는가? 그 이유는? 한국과 다른 국가의 일인당 GDP 성장률은 비슷한 변동을 보이는가? 어떤 점에서 차이가 있는가?

02   국가 간 자료에서 각국의 저축률(또는 투자율)과 일인당 소득의 평균값(y)을 산점도(scatter plot)로 보면 정의 관계를 보인다. 왜 이 결과가 투자율을 높이면 일인당 소득이 증가한다는 것을 의미하지 않을까?

03   우리나라에서 경기변동을 공식적으로 정의하는 기관은 통계청이고, 미국에서는 NBER에서 호황과 불황의 시기를 규정한다. 이 두 기관이 어떻게 경기의 변동을 파악하는지 알아보고, 두 방법 사이의 공통점과 차이점에 대하여 논하시오.

04   동태적 거시경제이론과 관련한 연구 업적으로 최근에 노벨 경제학상을 받은 다음 학자들의 주요 연구는 무엇인지 알아보시오.

- Paul Romer 2018

- Thomas J. Sargent and Christopher A. Sims 2011

- Peter A. Diamond, Dale T. Mortensen and Christopher A. Pissarides 2010

- Edmund S. Phelps 2006

- Finn E. Kydland and Edward C. Prescott 2004

제**2**장

DYNAMIC**MACRO**

솔로우 성장모형

제2장 솔로우 성장모형

솔로우(Solow) 성장모형은 저축률이 항상 일정하다고 가정하는 신고전파 성장모형이다.[1) 저축률이 내생적으로 결정되는 3장의 신고전파 성장모형과 비교하면, 솔로우 성장모형은 분석이 비교적 간단하다. 솔로우 모형에서 우리가 도출할 수 있는 중요한 결론은 경제가 자본축적만으로는 지속적인 경제성장을 이룰 수 없으며 장기 균형성장경로에 도달한 경제의 일인당 생산량(소득)은 기술진보율에 따라 결정된다는 것이나. 그런데 솔로우 모형은 기술진보율을 외생변수로 가정하므로 기술진보율의 결정방식이 모형 내에서 설명되지 않는다.

2.1 솔로우 모형의 가정

2.1.1 솔로우 모형의 기본 가정들

솔로우 모형은 다음과 같은 가정들을 한다.

≫ 신고전파 생산함수

생산함수는 한 경제가 주어진 생산요소를 결합하여 최대로 생산할 수 있는 생산량과 생산요소의 관계를 나타낸다. 솔로우 모형에서는 다음과 같이 자본(K), 노동(L), 기술 또는 지식(A)의 세 가지 생산요소에 의해 생산(Y)이 결정되는 신고전학파 생산함수를 가정한다. 여기서 t는 특정 시점을 나타낸다. 시간

---

1) 솔로우 모형은 솔로우−스완 모형이라고도 하며 Solow(1956)와 Swan(1956)에 의해 개발되었다.

을 표시하지 않아도 될 때에는 앞으로 시점 t를 생략한다.

$$Y_t = F\left(K_t,\, A_t L_t\right) \tag{1}$$

여기서 A_t는 t기의 기술(technology) 수준을 의미하며 노동 효율성을 높이는 기능을 갖는다. 이를 노동증대형(labor-augmenting) 기술진보라고 한다. 즉, 노동증대형 기술진보는 노동자의 효율성을 높여 주어진 노동시간에 더 많은 양을 생산할 수 있도록 한다. 실제로 노동량이 늘어나는 것과 같은 효과가 있으므로 노동증대형 기술진보라고 한다. 만일 기술진보가 노동과 자본 효율성 모두를 증대시키는 경우에는 이를 중립적(neutral) 기술진보라 하며 $Y_t = A_t F\left(K_t,\, L_t\right)$와 같이 나타낸다. 이 장에서는 수학적 분석이 간편한 노동증대형 기술진보를 가정한다.[2]

노동증대형 기술진보모형에서는 AL이 새로운 노동력의 측정치로서 생산요소의 역할을 한다. 따라서 AL을 노동자의 효율성까지 고려한 노동력이라는 의미로 유효노동력(effective labor)이라고 부른다.

신고전파 생산함수는 아래의 몇 가지 특징을 갖는다.

① 일차동차성 또는 규모에 대한 보수불변(constant return to scale)

규모에 대한 보수불변은 생산요소인 자본과 노동(유효노동력)을 각각 λ배 증가시키면 생산량도 λ배만큼 늘어나는 생산함수의 특징을 의미한다. 이를 식으로 표현하면 다음과 같다.

$$F(\lambda K,\, \lambda AL) = \lambda F(K, AL)$$

이때 위의 생산함수에서 $\lambda = \dfrac{1}{AL}$ 인 경우를 고려하면,

---

2) 콥-더글러스 생산함수에서는 중립적 기술진보를 노동증대형 기술진보로 쉽게 변환할 수 있다. CES 생산함수의 경우는 중립적 기술진보나 자본증대형 기술진보를 가정하면 장기적으로 균형성장경로가 존재하지 않을 수 있다(2장 부록 참조).

$$\frac{Y}{AL} = F\left(\frac{K}{AL}, 1\right)$$

따라서 유효노동력당 생산량(Y/AL)은 유효노동력당 자본량(K/AL)만의 함수가 된다. 이를 고쳐 쓰면 다음의 집약형(intensive form) 생산함수를 얻는다.

$$y = f(k), \quad y \equiv \frac{Y}{AL}, \quad k \equiv \frac{K}{AL} \tag{2}$$

② $f(0) = 0, \, f'(k) > 0, \, f''(k) < 0$

집약형 생산함수에서 $f(0) = 0$ 은 k=0일 때 y=0인 값을 갖는다는 의미이다. 유효노동력당 자본량(k)의 한계생산물은 양($f'(k) > 0$)이고, 생산요소의 한계생산물은 체감($f''(k) < 0$)한다. <그림 2-1>은 이 조건들을 만족하는 생산함수를 보여준다.[3]

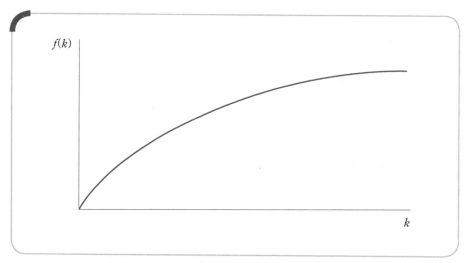

그림 2-1 신고전파 생산함수

---

3) 이 생산함수는 다음과 같은 이나다 조건(Inada condition)을 만족하는 것으로 추가로 가정한다. $\lim_{k \to 0} f'(k) = \infty$, $\lim_{k \to \infty} f'(k) = 0$.

(1) 식의 신고전파 생산함수를 통해 구한 자본의 한계생산물(MPK)과 노동의 한계생산물(MPL)을 유효노동력당 자본량(k)으로 표현하면 다음과 같다.

자본의 한계생산물

$$MPK_t = \frac{\partial Y_t}{\partial K_t} = \frac{\partial}{\partial K_t}(A_t L_t \cdot y_t) = \frac{\partial}{\partial K_t}\left(A_t L_t \cdot f\left(\frac{K_t}{A_t L_t}\right)\right) = f'(k_t)^{[4]}$$

노동의 한계생산물

$$MPL_t = \frac{\partial Y_t}{\partial L_t} = \frac{\partial}{\partial L_t}(A_t L_t \cdot y_t) = \frac{\partial}{\partial L_t}\left(A_t L_t \cdot f\left(\frac{K_t}{A_t L_t}\right)\right)$$
$$= A_t(f(k_t) - k_t f'(k_t))^{[5]}$$

신고전파 생산함수가 콥─더글러스(Cobb─Douglas) 함수인 경우를 생각해 보자.

$$Y_t = F(K_t, A_t L_t) = K_t^{\alpha}(A_t L_t)^{1-\alpha} \quad (0 < \alpha < 1)$$

위의 식을 유효노동력당 생산량과 유효노동력당 자본으로 전환하면,

$$y_t = f(k_t) = k_t^{\alpha}, \quad (0 < \alpha < 1)$$

따라서 생산요소의 한계생산물은 다음과 같다.

---

[4] 합성함수의 미분 공식인 다음의 연쇄법칙(chain rule)을 사용하여 미분한다. z=f(y), y=g (x)일 때 $\frac{dz}{dx} = \frac{dz}{dy}\frac{dy}{dx} = f'(y)g'(x)$.

[5] $y_t = f(k_t) = f\left(\frac{K_t}{A_t L_t}\right)$ 일 때, 노동의 한계생산물은 다음과 같이 계산된다.

$$\frac{\partial(AL \cdot y)}{\partial L} = Ay + AL\frac{\partial y}{\partial L} = Af(k) + AL\frac{\partial(K/AL)}{\partial L}\frac{\partial f(k)}{\partial k}$$
$$= Af(k) + AL\left(-\frac{K}{AL^2}\right)f'(k) = Af(k) - \frac{K}{L}f'(k) = A\left(f(k) - \frac{K}{AL}f'(k)\right) = A(f(k) - kf'(k))$$

자본의 한계생산물: $MPK_t = f'(k_t) = \alpha k_t^{\alpha-1}$

노동의 한계생산물: $MPL_t = A_t[f(k_t) - k_t f'(k_t)] = A_t[k_t^\alpha - \alpha k_t^\alpha]$
$$= A_t(1-\alpha)k_t^\alpha$$

유효노동력의 한계생산물: $MP(AL)_t = (1-\alpha)k_t^\alpha$

≫ 인구증가율은 노동력 증가율과 같고 일정하다.

$$\dot{L}_t \equiv \frac{dL_t}{dt} = nL_t \quad \Leftrightarrow \quad \frac{\dot{L}_t}{L_t} = n^{6)} \tag{3}$$

위의 식에서 n은 노동력 증가율을 나타내는 파라미터(parameter; 매개변수)이며 일정한 상수이다. 한 변수(X) 위의 점(·)은 시간에 대한 미분값(즉, 증가량)을 나타낸다. 즉, $\dot{X}_t \equiv \frac{dX_t}{dt}$. 변수(X)의 성장률은 $\frac{\dot{X}_t}{X_t}$로 표시한다.

한 변수의 성장률은 그 변수의 자연로그를 시간에 대해 미분한 값과 같다.[7] 따라서 노동력은 시점 0에서의 초기값(L_0)에서 n의 비율로 일정하게 성장하는 다음 식으로 표현할 수 있다.

$$L_t = L_0 e^{nt} \quad \Leftrightarrow \quad \frac{d(\ln L_t)}{dt} = n$$

≫ 기술진보율이 외생적으로 일정하게 주어져 있다.

$$\dot{A}_t = \frac{dA_t}{dt} = gA_t \quad \Leftrightarrow \quad \frac{\dot{A}_t}{A_t} = g \quad \Leftrightarrow \quad A_t = A_0 e^{gt} \tag{4}$$

---

6) 시간에 따른 변화를 이산시간(discrete time)으로 표시하면 다음과 같이 표현한다.
$\Delta L_t = L_{t+1} - L_t$ (혹은 $L_t - L_{t-1}$)
t와 t+1의 간격이 매우 작을 때는 연속 시간(continuous time)이 되고 시간의 변화량을 dt로 쓴다. 이 기간 동안 L의 변화량을 dL로 쓴다. L의 변화율(성장률)은 이산시간에서는
$\frac{\Delta L_t}{L_t} = \frac{L_{t+1} - L_t}{L_t}$로 표시하고, 연속 시간에서는 $\frac{\frac{dL_t}{dt}}{L_t} = \frac{\dot{L}_t}{L_t}$로 표시한다.

7) $\ln f(x)$에서 x를 시간(t)의 함수라고 하자. 이때 $\ln f(x)$를 시간에 대해 미분하면,
$d\ln f(x_t)/dt = d\ln f(x_t)/dx_t \cdot dx_t/dt = f'(x_t)/f(x_t) \cdot dx_t/dt = (df(x_t)/dt)/f(x_t)$가 된다.

솔로우 모형에서 기술진보율은 g의 일정한 값으로 외생적으로 주어진다. 만일 기술진보율이 0으로 주어지면 기술수준에는 변화가 없다. 즉, $A_t = A$로 일정하다.

>> 저축률은 $0 < s < 1$로 일정하게 주어진다.

민간은 소득의 일정 부분(s)을 저축한다고 가정한다. 단순한 솔로우 모형에서는 대외 거래가 없고 생산은 소비와 투자로 나뉜다. 총저축은 균형에서 (국내)총투자와 같으므로 (국내)투자율은 저축률과 같다.

>> 자본의 감가상각률은 $\delta > 0$로 일정하다.

2.1.2 솔로우 모형에서 노동-자본의 분배

솔로우 모형은 경제성장 과정에서 분배문제를 명시적으로 분석하지 않는다. 그러나 생산물 시장과 생산요소 시장에서의 완전 경쟁 시장을 가정하면 노동의 몫과 자본의 몫은 일정하고 전체 생산량이 자본의 몫과 노동의 몫으로 완전히 나누어지는 완전 배분을 달성한다.

생산요소 시장의 균형조건에 의해서 이자율(자본의 임대료)과 임금은 다음과 같이 결정된다.

① 이자율: $r_t = f'(k_t) - \delta$

위의 식에 대하여 생각해보자. 시장에서 이자율(r_t) 또는 임대료가 0.03(3%)으로 주어졌다고 하자. 1(억 원)의 기계를 임대하여 생산에 투입하면 기계가 1년에 0.05(5%)의 자본의 한계생산물($f'(k_t)$)을 만들어 낼 수 있고 매년 기계가 조금씩 마모되어 0.02(2%)의 감가상각(δ)이 발생한다면 순한계생산물($f'(k_t) - \delta$)이 시장 이자율과 같아서 이윤이 극대화되는 임대시장의 균형이 이루어진다. 만일 자본의 한계생산물이 0.06이어서 순한계생산물이 시장이자율보다 높다면 더 많은 생산자가 자금을 빌려 기계를 임대하려 할 것이다. 시장이자율이 상승하여 자본 임대시장은 다시 균형점에 도달하게 된다.

② 임금: $w_t = \dfrac{\partial Y_t}{\partial L_t} = A_t(f(k_t) - k_t f'(k_t))$

③ 완전 배분: $Y_t = w_t L_t + (r_t + \delta)K_t = w_t L_t + r_t K_t + \delta K_t$

전체 생산물은 노동의 보수(wL)와 자본의 보수(rK), 그리고 자본의 감가상각분(δK)으로 정확하게 배분된다. 감가상각분은 자연 또는 시간에 귀속되는 부분이라고 할 수 있다. 위의 식을 이용하여 y_t, k_t로 구성된 다음의 식이 성립하는 것을 확인할 수 있다.

$$y_t = \frac{w_t}{A_t} + r_t k_t + \delta k_t = [f(k_t) - k_t f'(k_t)] + [f'(k_t)k_t - \delta k_t] + \delta k_t$$

단순한 콥-더글러스 함수인 $y_t = f(k_t) = k_t^\alpha$, $(0 < \alpha < 1)$을 가정하면,

이자율: $r_t = MPK_t - \delta = f'(k_t) - \delta = \alpha k_t^{\alpha-1} - \delta$

임금: $w_t = MPL_t = A[f(k_t) - k_t f'(k_t)] = A[k^\alpha - \alpha k^\alpha] = A(1-\alpha)k_t^\alpha$

자본의 몫: $\dfrac{MPK_t \cdot K_t}{Y_t} = \dfrac{(r_t + \delta) \cdot (K_t/A_t L_t)}{(Y_t/A_t L_t)} = \dfrac{f'(k_t)k_t}{y_t}$

$\qquad\qquad = \dfrac{(\alpha k_t^{\alpha-1})k_t}{y_t} = \alpha$

노동의 몫: $\dfrac{MPL_t \cdot L_t}{Y_t} = \dfrac{w_t \cdot L_t}{Y_t} = \dfrac{A_t[f(k_t) - k_t f'(k_t)] \cdot L_t}{Y_t}$

$\qquad\qquad = \dfrac{f(k_t) - k_t f'(k_t)}{(Y_t/A_t L_t)} = \dfrac{f(k_t) - k_t f'(k_t)}{y_t} = \dfrac{(1-\alpha)k_t^\alpha}{y_t} = 1 - \alpha$

완전 배분: 자본의 몫과 노동의 몫의 합이 1이 된다.

$$\frac{MPK_t \cdot K_t}{Y_t} + \frac{MPL_t \cdot L_t}{Y_t} = \alpha + (1-\alpha) = 1$$

2.2 자본축적의 동태적 변화

2.2.1 자본축적의 균형 경로

시간에 따른 유효노동력당 생산량(y)의 변화는 유효노동력당 자본량(k)의 변화에 의해 이루어진다. 따라서 먼저 k의 동태적 변화를 살펴볼 필요가 있다.

우선 자본량(K)의 변화를 살펴보자. 자본량의 증감($\dot{K_t}$)은 총투자(I_t)에서 기존 자본의 감가상각분(δK_t)을 제외하고 남은 나머지와 같다. 총투자(I_t)가 총저축(S_t)과 같고 저축률(s)이 일정하다는 가정을 결합하여 다음의 식을 유도할 수 있다.

$$\dot{K_t} = I_t - \delta K_t = S_t - \delta K_t = s\,Y_t - \delta K_t \tag{5}$$

위 식을 유효노동력 단위로 전환하기 위해 양변을 $A_t L_t$로 나누어 준다.

$$\frac{\dot{K_t}}{A_t L_t} = s\,\frac{Y_t}{A_t L_t} - \frac{\delta K_t}{A_t L_t} = sf(k_t) - \delta k_t$$

미분의 연쇄법칙을 이용하면 다음 식을 얻는다.[8]

$$\frac{\dot{K_t}}{A_t L_t} = \dot{k_t} + (n+g)k_t$$

위의 두 식을 결합하여 정리하면,

$$\dot{k_t} = sf(k_t) - (n+g+\delta)k_t \tag{6}$$

---

8) $\dot{k_t} \equiv d(\dfrac{K_t}{A_t L_t})/dt = \dfrac{\dot{K_t}(A_t L_t) - K_t(A_t L_t)^{\cdot}}{(A_t L_t)^2} = \dfrac{\dot{K_t}(A_t L_t) - K_t(\dot{A_t}L_t + A_t \dot{L_t})}{(A_t L_t)^2}$

$\qquad = \dfrac{\dot{K_t}}{A_t L_t} - \dfrac{K_t}{A_t L_t}(\dfrac{\dot{A_t}}{A_t} + \dfrac{\dot{L_t}}{L_t}) = \dfrac{\dot{K_t}}{A_t L_t} - (g+n)k_t$

이 자본축적식에 따르면, 유효노동력당 자본이 새로 늘어나는 크기는 유효노동력당 총저축($sf(k_t)$)에서 기존의 유효노동력당 자본량을 유지하는 데 필요한 세 가지 항목, 즉 감가상각분(δk_t), 인구증가의 보전분(nk_t), 기술진보의 보전분(gk_t)을 뺀 값과 같다. 총저축에서 인구증가율(n)과 기술진보율(g)에 따른 자본량을 빼는 이유는 인구가 많아지거나 기술수준이 높아지면 유효노동력(AL)이 증가하는데, 이때 자본량(K)이 변하지 않으면 유효노동력당 자본(k)은 감소하기 때문이다. 분모인 유효노동력이 증가하면 분자인 자본량이 더 많이 증가해야 유효노동력당 자본량이 늘어날 수 있다.

<그림 2-2>의 (a)는 식 (6) 우변의 두 항을, (b)는 두 항의 차인 $\dot{k}_t$를 그래프로 나타낸 것이다. (a)의 두 선이 만나는 지점인 k^*는 $\dot{k}_t = 0$이 성립되는 균형점을 가리킨다. 현재 이 경제의 유효노동력당 자본량(k_0)이 균형에서의 자본량 k^*보다 작다고 가정하자. 이 경우 $\dot{k}_t = sf(k_t) - (n+g+\delta)k_t > 0$이 성립하므로 유효노동력당 자본량은 시간이 흐름에 따라 증가한다. 반대로 현재 유효노동력당 자본량이 k^*보다 크다고 하자. $\dot{k}_t < 0$이 성립하므로 유효노동력 자본량은 점차 줄어든다. k^*에서는 $\dot{k}_t = 0$이 성립하여 유효노동력당 자본량은 일정하다.

식 (6)의 양변을 k로 나누면 k의 성장률이 결정되는 다음 식이 유도된다.

$$\dot{k}_t/k_t = sf(k_t)/k_t - (n+g+\delta) \tag{7}$$

k의 성장률($\frac{\dot{k}}{k}$)에 영향을 미치는 것은 $\frac{f(k)}{k}$, 즉 자본의 평균생산물이다. 일차동차 생산함수에서 평균생산물은 k가 증가할수록 감소한다.[9] <그림 2-2>의 (c)는 k 변화에 따른 k 성장률을 보여준다. k^*에서는 성장률이 0이 되고 유효노동력당 자본량의 변화는 나타나지 않는다.[10]

---

[9] 평균생산물이 k가 증가할수록 감소하는 것을 수학적으로 증명하면,

$$\frac{d}{dk}\left[\frac{\dot{k}_t}{k_t}\right] = \frac{d}{dk}\left[s\frac{f(k)}{k} - (n+g+\delta)\right] = \frac{s(f'(k)\cdot k - f(k))}{k^2} = \frac{-s(f(k) - f'(k)\cdot k)}{k^2} < 0.$$

[10] 자본의 평균 생산물은 $k \to 0$이면 무한대의 값을 갖기 때문에 k의 성장률($\frac{\dot{k}}{k}$)은 매우 높은

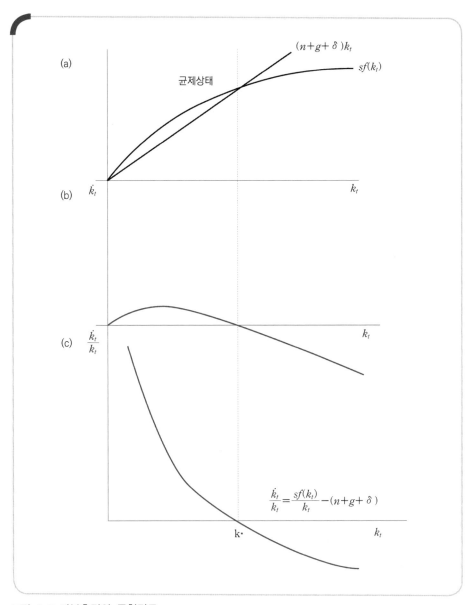

$(n+g+\delta)k_t$

균제상태

$sf(k_t)$

(a)

(b) $\dot{k}_t$

k_t

(c) $\dfrac{\dot{k}_t}{k_t}$

k_t

$$\frac{\dot{k}_t}{k_t}=\frac{sf(k_t)}{k_t}-(n+g+\delta)$$

k·

k_t

그림 2-2 자본축적의 균형경로

값에서 점차 하락하는 모양을 보인다. $\displaystyle\lim_{k\to 0}\frac{f(k)}{k}$ 는 로피탈의 법칙(l'Hôpital's rule)에 의해 분모와 분자의 1계 도함수의 극한을 구하면 무한대이다. 각주 5의 이나다 조건에 의해 $\displaystyle\lim_{k\to 0}f'(k)=\infty$ 이다.

2.2.2 균제상태[11)]

균제상태(steady state)는 장기적으로 균형인 상태로 경제의 실물변수들이 일정한 비율로 성장하는 상태를 말한다. 때로는 균형 성장경로(balanced growth path)라고 부른다.

이 모형에서는 시간이 지나도 유효노동력당 자본량의 변화가 없는 상태를 균제상태 또는 균형성장경로로 정의한다. 유효노동력당 자본량(k)의 변화가 없으면 유효노동력당 생산량(y)의 변화도 없게 된다. 즉, 균제상태는 유효노동력당 자본량과 유효노동력당 생산량의 변화가 없는 장기 균형상태를 의미한다.

균제상태에서 일인당 자본량(K/L)과 생산량(Y/L)은 기술진보율(g)과 같은 속도로 성장한다.[12)] 또한, 자본량(K)과 생산량(Y)은 노동력 증가율(n)과 기술진보율(g)을 합한 비율로 성장한다.

> 균제상태에서 k_t, y_t의 성장률 = 0
> 일인당 자본량(K/L)의 성장률, 일인당 생산량(Y/L)의 성장률 = g
> 자본(K)의 성장률, 생산량(Y)의 성장률 = (n+g)

솔로우 모형의 장기 균형하에서 자본 증가율은 인구증가율과 기술진보율의 합에 의해 결정되며 경제성장률 또한 인구증가율과 기술진보율의 합에 의해 결정된다. 여기서 경제성장률은 전체 생산량(Y)의 증가율로 간주된다. 개인의 평균 경제수준을 가늠하는 일인당 생산(소득) 증가율은 기술진보율에 의해서 결정된다.

외생적인 기술진보율이 양의 값을 갖는 경제에서는 균제상태에서도 총자본(K)과 총생산(Y)이 인구증가율(n)을 넘어서 기술진보율(g)만큼 추가적으로 성장한다. 이는 기술진보가 끊임없이 이루어진다면 경제의 지속적인 성장이 가능함을 의미한다. 결국, 기술진보야말로 솔로우 성장모형에서 일인당 소득의 지속

---

11) 균제상태란 'steady state'의 번역어로 균형을 이루어 고르고 가지런한 상태를 의미한다. 정상상태라고도 번역하는데 이 때의 정상은 일정한 상태를 유지하여 변함이 없다는 한자어로 다른 의미를 갖는 정상과 혼동되기 쉬워 이 책에서는 '균제상태'라는 표현을 사용한다.

12) $y = (Y/L)/A$을 로그 미분하면 다음과 같은 식이 성립한다. $\dot{y_t}/y_t \equiv (Y_t/A_tL_t)/(Y_t/A_tL_t)$ $= (\dot{Y_t}/L_t)/(Y_t/L_t) - g$. 분자(Y/L)의 성장률과 분모(A)의 성장률이 같으면 y의 값은 일정하다.

적인 성장을 가능하게 하는 역할을 한다.

　균제상태에서 유효노동력당 자본량과 유효노동력당 생산량은 유효노동력당 자본량의 성장률이 0이 되는 다음의 식을 만족해야 한다.

$$\dot{k_t} = 0 = sf(k^*) - (n + g + \delta)k^*$$

콥-더글라스 생산함수인 $y_t = f(k_t) = k_t^{\alpha}$의 경우를 가정해 보자.

$$sf(k^*) = s(k^*)^{\alpha} = (n + g + \delta)k^*$$

　균제상태의 유효노동력당 자본량과 유효노동력당 생산량을 다음과 같이 구할 수 있다.

$$k^* = \left(\frac{s}{n + g + \delta}\right)^{\frac{1}{1-\alpha}}, \ y^* = \left(\frac{s}{n + g + \delta}\right)^{\frac{\alpha}{1-\alpha}} \tag{8}$$

　우리는 저축률 s와 인구증가율 n, 감가상각률 δ, 기술진보율 g가 균제상태에서 유효노동력당 자본량 k^*과 유효노동력당 생산 y^*에 미치는 영향을 알 수 있다. s가 클수록, n, g, δ가 작을수록 k^*, y^*의 값이 커진다.

　(8)식에 의하면 기술진보율이 상승하면 균제상태에서의 유효노동력당 자본량과 생산량은 감소한다. 여기서 유효노동력당 자본(k)이 줄어드는 이유는 변수의 분모에 있는 기술수준 A가 기술진보에 따라 높아지기 때문이다. 그러나 일인당 자본량(K/L)과 일인당 소득(Y/L)은 줄어들지 않는다. 다음의 균제상태에서 일인당 생산량을 나타내는 식을 통해 그 이유를 알 수 있다.

$$\left(\frac{Y_t}{L_t}\right)^* = y^* A_t^* = \left(\frac{s}{n + g + \delta}\right)^{\frac{\alpha}{1-\alpha}} A_0 e^{gt} \tag{9}$$

위 식에서 기술진보율 g가 상승하면 y^*는 감소하지만, 동시에 균제상태에서의 A_t수준은 이전보다 높아진다. 따라서, t값이 커질수록 $(\frac{Y_t}{L_t})^*$는 오히려 증가한다. A_t의 증가는 경제가 균제상태에 이른 후에도 지속된다. 결과적으로 외생적인 기술진보율이 상승하면 유효노동력당 생산량(y_t^*)은 새로운 균제상태에서 일정하지만, 일인당 생산량(Y/L)은 이전보다 높은 속도로 성장하기 때문에 개인의 평균 생활수준의 진보가 더 빨라진다.

솔로우 모형에서 기술진보율 상승은 인구증가율 상승이나 저축률 상승과는 구별되는 중요한 시사점을 갖는다. (9)식에서 보듯이 인구증가율이나 저축률 상승은 일인당 소득수준을 일시적으로 변화시킬 뿐 새로운 균제상태에 도달하면 성장률에는 영향을 주지 못한다. 반면, 기술진보율 상승은 일인당 소득의 성장률을 영구적으로 상승시킨다.

2.2.3 이동경로

이동경로(transition path)는 현재의 유효노동력당 자본량(k_0)과 생산량(y_0)에서 균제상태의 자본량(k^*)과 생산량(y^*)으로 접근해가는 과정을 말한다. 이동경로에서 유효노동력당 자본량(k_t)의 변화식은 (6)과 (7)식에 의해 결정된다.

<그림 2−2>의 그래프 (c)를 보면 $k_0 < k^*$에서 출발하여 균제상태로 가는 이동경로에서 유효노동력당 자본량은 점차 증가하며 균제상태에 접근할수록 그 증가속도(성장률)가 체감한다. 이는 유효노동력당 자본의 성장률을 결정하는 자본의 평균생산물이 자본량 증가에 따라 점차 줄어들기 때문이다. 따라서 $\frac{\dot{k_t}}{k_t}$는 k_t가 증가할수록 하락한다.

모든 경제가 균제상태나 그 근방에 있지는 않다. 많은 개발도상국들은 균제상태로 가는 이동경로에 있다. 다른 조건(s, n, g, δ)이 같다면 k(혹은 y)가 클수록 k의 성장률 $\frac{\dot{k}}{k}$(혹은 y의 성장률 $\frac{\dot{y}}{y}$)은 낮다.

2.2.4 저축률 변화의 효과

(8)식에서 저축률 s가 높을수록 k_t^* 의 값이 커진다. 저축률 상승은 경제성장률을 일시적으로 끌어올려 경제가 이전보다 높은 균제상태에서의 유효노동력당 자본량을 달성할 수 있게 한다. 그러나 경제가 균제상태에 도달하면 경제성장률(생산량의 증가율)은 인구증가율(n)과 외생적 기술진보율(g)에 의해서 결정되기 때문에 저축률 상승의 효과가 소멸된다.

<그림 2-3>은 $s_A, s_B(s_A < s_B)$의 다른 저축률이 주어진 경우에 유효노동력당 자본량이 k_0에서 각기 다른 균제상태 k_A^{ss}, k_B^{ss}로 향하는 이동경로를 보여준다. 더 높은 저축률인 s_B하에서 유효노동력당 자본량은 더 높은 성장률의 이동경로를 따라 높은 균제상태의 유효노동력당 자본량($k_B^{ss} > k_A^{ss}$)에 도달한다. 균제상태에 일단 도달하면 유효노동력당 자본량은 더 이상 증가하지 않는다.

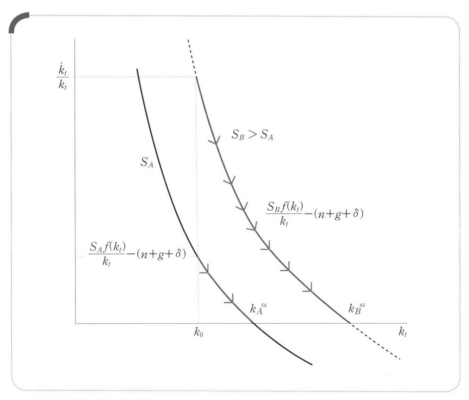

그림 2-3 저축률 상승의 효과

k_0에서 저축률이 s_A인 경제가 저축률을 s_B로 높이면 어떤 일이 일어날 것인가? k는 더 높은 성장률의 이동경로를 거쳐 이전보다 높은 수준을 향한다. 성장률은 점차 하락하여 새로운 균제상태(k_B^{ss})에서 0이 된다. 저축률이 높아지면 성장률이 일시적으로 상승하지만 결국은 다시 0으로 수렴하는 것이다. 결국, 저축률 상승은 경제성장에 일시적 효과만을 가져온다. 그 이유는 저축률 상승이 성장률을 일시적으로 높이지만, 자본량 증가와 자본의 생산성 하락으로 인해 성장률이 하락하기 때문이다.

저축률, 투자율의 변화는 소득의 성장률에 영구적인 효과를 주지 못한다. 다만 소득수준에만 영구적 변화를 가져온다. 이러한 현상을 저축률의 변화는 수준효과(level effect)만 있고, 성장률 효과(growth effect)는 없다고 표현한다. 아래 그림은 t_0 시점 이전에 균제상태여서 유효노동력당 자본량이 일정한 경제를 가정한다. 저축률이 t_0시점에서 상승하여 경제가 시간이 가면서 더 높은 균제상태의 유효노동력당 자본량(k_B^{ss})에 도달하면 성장률은 0이 되어 일정한 유효노동력당 자본량의 값을 갖게 되는 수준효과를 보여준다.

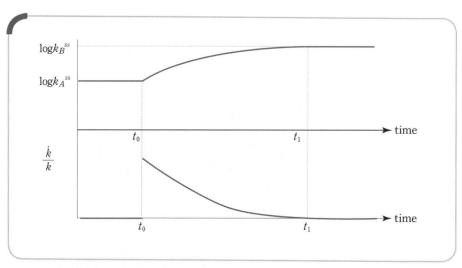

그림 2-4 저축률 상승에 따른 자본량 수준과 성장률 변화

2.3 자본축적의 황금률

저축률이 높을수록 경제가 균제상태에서 더 높은 유효노동력당 자본량을 달성하여 더 높은 수준의 일인당 생산량(소득)을 누린다는 것을 살펴보았다. 그렇다면 다른 파라미터들의 변화가 없다고 가정할 때, 저축률이 가능한 한 높을수록 좋은 것일까? 어느 수준의 균제상태의 자본량(또는 유효노동력당 자본량)이 최적이며 최적의 자본축적을 가져오는 저축률 수준은 얼마인가? 이러한 질문을 생각해보자.

Phelps(1966)가 제시한 자본축적의 황금률(golden rule)이란 자본축적 또는 저축률이 최적인 조건을 말한다. 여기서 최적 기준인 황금률은 균제상태에서의 일인당 소비를 극대화하는 자본축적 또는 저축률을 가리킨다.

균제상태에서 유효노동력당 소비를 c^*라고 하자.[13]

$$c^* = f(k^*) - sf(k^*) \tag{10}$$

위 식에 균제상태의 조건인 $sf(k^*) = (n + g + \delta)k^*$를 대입하여 정리하면

$$c^* = f(k^*) - (n + g + \delta)k^*$$

1계 극대화 조건을 풀면 c^*를 극대화하는 자본 축적량 k_g^*를 구할 수 있다.

$$\frac{dc^*}{dk^*} = 0 \iff f'(k_g^*) = (n + g + \delta) \tag{11}$$

이때 k_g^*는 황금률을 만족하는 유효노동력당 자본량이다. 황금률을 만족하는 균제상태에서 유효노동력당 소비량(c_g^*)은 아래와 같이 쓸 수 있다. k_g^*와 c_g^*는 저축률의 함수로 표시한다.

---

13) 유효노동력당 소비를 극대화하는 유효노동력당 자본량을 구하는 것은 일인당 소비를 극대화하는 일인당 자본량을 구하는 것과 같다.

$$c_g^*(s) = f(k_g^*(s)) - (n + g + \delta)k_g^*(s)^{14)}$$ (12)

황금률을 만족하는 최적 저축률 s_g는 균제상태의 조건 $s_g f(k_g^*) = (n + g + \delta)k_g^*$ 과 (11)식의 황금률 조건을 결합하여 도출된다.

$$s_g = \frac{f'(k_g^*)k_g^*}{f(k_g^*)}$$ (13)

위 식에서 알 수 있듯이 황금률을 만족하는 최적 저축률은 총생산 가운데 자본의 몫과 같다.

(11)식의 황금률 조건을 고쳐 쓰면 황금률을 만족하는 이자율(실질이자율)의 값을 구할 수 있다.

$$r_g^* \equiv f'(k_g^*) - \delta = n + g$$ (14)

황금률을 만족하는 이자율은 외생적으로 주어진 (n+g)와 같다. 균제상태에서 전체 생산량의 증가율이 (n+g)이므로 황금률을 만족하는 이자율은 균제상태의 경제성장률과 같아진다.

<그림 2−5>에서 균제상태는 sf(k) 곡선과 (n+g+δ)k 직선이 만나는 점으로 표현된다. 균제상태에서 일인당 소비수준(유효노동력당 소비수준)은 그래프상에서 f(k)와 sf(k)의 차이다. 균제상태에서는 항상 sf(k) 곡선과 (n+g+δ)k 직선이 만나기 때문에 f(k)와 (n+g+δ)k의 두 선 사이의 수직 거리가 가장 먼 점이 균제상태에서 소비 수준이 극대화되는 지점이다. 직관적으로 (n+g+δ)k 의 기울기와 f(k)의 기울기가 같아지는($f'(k) = n + g + \delta$)) 지점에서 두 기울기가 평행하기 때문에 f(k)와 (n+g+δ)k 간의 거리가 극대화된다. 이 균제상태에서의 자본량(k_g^*)이 황금률을 만족한다. 또한 그때의 자본량을 균제상태로 만드는 저축률 s_g는 황금률을 만족시키는 저축률이 된다.

---

14) k(s)는 k가 저축률의 함수라는 의미이다. 저축률 변화에 따라 황금률을 만족하는 자본량 k 도 변동한다.

<그림 2-5>에서 두 번째 그래프의 x축은 k^*(균제상태의 자본량)이고, y축은 c^*(균제상태의 자본량에 대응하는 소비량)이다. c^*의 값이 극대화되는 균제상태의 자본량은 k_g^*이다. 여기서 저축률이 변화하면 k^*와 c^*의 값이 변화한다. 만일 저축률이 0이 되면, k^*와 c^*는 모두 0이다. 반대로 저축률이 1이 되면 k^*는 최대가 되지만 c^*는 0이다. 황금률을 만족하는 저축률 s_g는 0과 1 사이에서 c^*를 극대화시키는 균제상태의 자본량 k_g^*를 유도한다.

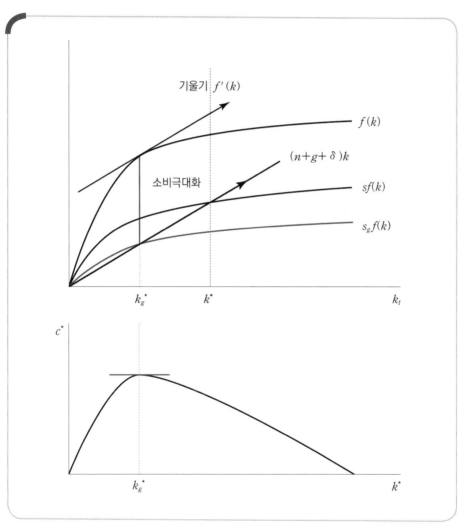

그림 2-5 황금률의 자본축적량

2.4 동태적 비효율성

솔로우 모형에서는 저축률이 외생적으로 주어지기 때문에 경제가 황금률의 자본축적을 반드시 달성한다는 보장이 없다. 저축률이 황금률 수준의 저축률보다 높은 경우 균제상태의 일인당 자본량이 황금률 수준의 자본량보다 많게 되고 경제는 과잉 저축(투자)으로 최적 소비수준을 달성하지 못한다. 이 경우를 동태적 비효율성(dynamic inefficiency)이 있다고 한다.

<그림 2-6>의 (a)는 $s_A > s_g$인 경우로 균제상태에서 과잉저축임을 나타낸다. 과잉저축인 경제에서 저축률을 낮추면, 이동경로의 모든 순간(t)에 일인당 소비가 늘어나므로 경제주체가 이전보다 행복할 수 있다. 동태적 비효율성이란 어떤 시점에 저축률을 변화시켰을 때, 이후의 모든 순간(t)에 경제주체가 더 행복할 수 있는 경우를 의미한다. 저축률 변화로 경제주체의 후생이 이전보다 나아질 수 있다는 것은 현재 저축률이 동태적으로 비효율적이라는 것을 드러낸다. 따라서 현재의 저축률 s를 황금률 수준으로 낮추는 것이 바람직하다. 만일 매기간 경제주체가 다르다고 가정하면, 저축률을 낮추는 것이 모두의 후생을 높여준다.

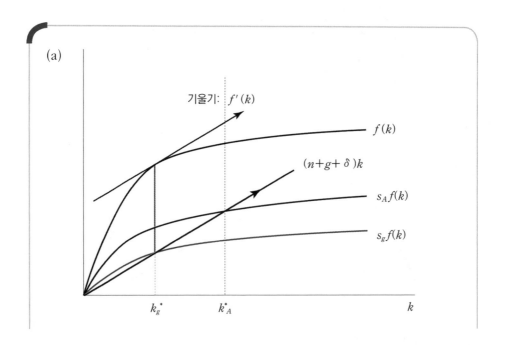

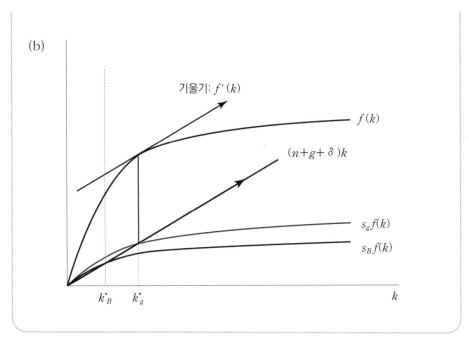

(b)

기울기: $f'(k)$

$f(k)$

$(n+g+\delta)k$

$s_g f(k)$

$s_B f(k)$

k_B^* k_g^* k

그림 2-6 저축률과 과잉·과소 자본축적

　　반대로 저축률이 황금률의 저축률보다 낮은 경우를 살펴보자. 과소저축(투자)이 발생하고 경제는 균제상태에서 최적소비수준을 달성하지 못한다. 그렇다면 이 경우 저축률을 높여서 황금률 수준의 최적소비를 달성하면 되는 것일까? 이것이 꼭 바람직하다고 할 수는 없다. 왜냐하면 황금률을 달성하기 위해서는 현재의 소비를 줄이고 저축을 늘려야 하기 때문이다. 즉, 미래소비를 늘리기 위해서 현재의 소비를 희생해야 한다. 만일 경제주체들이 미래보다 현재를 중시한다면, 현재소비를 줄이는 것은 오히려 효용 감소를 가져올 수 있다. 그러므로 황금률을 달성하는 것이 절대적으로 바람직한 것은 아니다.

　　<그림 2-6>의 (b)는 $s_B < s_g$로 자본의 과소 축적이 일어나는 경우이다. 이 경우 s_B가 동태적 비효율성을 갖는 상태라고 말할 수 없다. s_B에서 s_g로 저축률을 높이기 위해서는 현재소비가 희생되기 때문에 전체 이동경로에서 경제주체의 후생이 나아진다고 볼 수 없다. 물론, 저축률 s_B하에서 균제상태의 일인당 소비수준이 s_g보다 비효율적이라고 생각할 수 있다. 그러나 동태적 분석에서는 모든 기간을 고려하기 때문에 현재의 저축률을 황금률 수준으로 높이는 것이

꼭 바람직하다고 할 수 없다.[15) 즉, 저축률이 황금률의 저축률보다 낮아 자본의 과소 축적이 일어나는 상태는 동태적으로 비효율적이 아니다.

2.5 수렴 현상

2.5.1 솔로우 모형의 조건부 수렴

식 (7)의 자본축적 경로를 살펴보면, 파라미터(s, n, g, δ)가 일정할 때 k가 클수록 k의 성장률 $\frac{\dot{k}}{k}$은 낮아진다. 자본량이 생산량을 결정하므로 y가 클수록 y의 성장률 $\frac{\dot{y}}{y}$ 또한 낮아진다. 한 경제가 성장하면서 자본축적과 자본의 생산성 하락으로 경제성장률이 점차 하락하는 것이다. 이는 일인당 자본량이 적은 경제 일수록 경제성장률이 더 높을 것을 의미한다. 즉, 일인당 소득 수준이 낮은 국가는 소득 수준이 높은 국가보다 빠른 속도로 성장하여 각 국가의 일인당 소득이 비슷한 수준에 도달하는 수렴(convergence) 현상이 발생한다.

수렴에는 절대적 수렴(absolute convergence)과 조건부 수렴(conditional convergence)이 있다. 절대적 수렴이란 시간이 지나면서 반드시 국가 간 일인당 소득격차가 줄어든다는 것이다. 반면에 조건부 수렴은 일정한 조건하에서만 국가 간 소득격차가 줄어드는 수렴을 말한다. 솔로우 모형에서는 파라미터(s, n, g, δ)가 비슷한 (즉, 비슷한 균제상태로 접근해 가는) 국가들 간의 수렴 현상이 발생하기 때문에 조건부 수렴이 성립한다.

솔로우 모형에 의하면 모든 국가의 일인당 소득은 각각 자신의 균제상태로 수렴한다. 균제상태의 일인당 소득은 저축률, 인구증가율, 기술진보율, 감가상각률에 의해 결정된다. 이들 파라미터 값이 비슷한 국가 간에만 시간이 지남에 따라 소득 격차가 줄어들고, 균제상태에서의 일인당 소득수준이 비슷해지는 수렴 현상이 일어난다.

---

15) 만일 현재 저축을 늘리고 소비를 줄인 가계와 미래에 경제가 균제상태에 도달한 후 황금률의 소비 c_g^*를 누리는 세대가 다를 경우, 현재 세대는 소비를 줄이고 저축을 늘릴 유인이 없다. 즉, 자본의 과소축적 상태에서 저축률을 황금률 수준으로 높이는 것이 모두를 행복하게 하지는 않는다.

2.5.2 수렴속도

한 경제가 현재 유효노동력당 자본량(소득)에서 균제상태로 얼마나 빠르게 수렴하는가? 어느 정도 시간이면 균제상태에 도달할까? 또는 갑작스러운 저축률 상승, 기술진보율 상승과 같은 변화가 발생했을 때 새로운 균제상태로 가는데 얼마나 시간이 걸릴까?

자본축적식을 사용하면 균제상태로 가는 속도와 걸리는 시간을 구할 수 있다. 수학적으로 $\dot{k_t} = sf(k_t) - (n+g+\delta)k_t$를 $k_t = k^*$ 근방에서 1계 테일러 전개(first-order Taylor expansion)를 하면 아래 식을 구할 수 있다.[16]

$$\dot{k_t} = \left[sf(k^*) - (n+g+\delta)k^* \right] + \left[sf'(k^*) - (n+g+\delta) \right]\left(k_t - k^* \right)$$

균제상태에서 $sf(k^*) - (n+g+\delta)k^* = 0$을 만족하므로 이를 위의 테일러 전개에 대입하면 우변의 첫 번째 항은 사라진다.

$$\dot{k_t} = \left[sf'(k^*) - (n+g+\delta) \right]\left(k_t - k^* \right) \tag{15}$$

균제상태에서 $sf(k^*) = (n+g+\delta)k^* \Leftrightarrow s = \dfrac{k^*(n+g+\delta)}{f(k^*)}$를 (15)에 대입하여 정리하면,

$$\dot{k_t} = \left[\frac{k^*(n+g+\delta)}{f(k^*)}f'(k^*) - (n+g+\delta) \right]\left(k_t - k^* \right)$$

$$\dot{k_t} = \left[\frac{f'(k^*)k^*}{f(k^*)} - 1 \right](n+g+\delta)\left(k_t - k^* \right)$$

$$\dot{k_t} = -\left[1 - \frac{f'(k^*)k^*}{f(k^*)} \right](n+g+\delta)\left(k_t - k^* \right)$$

$$\Rightarrow \dot{k_t} = -\phi\left(k_t - k^* \right) \tag{16}$$

---

16) 수학부록 A.6 테일러 전개를 참조하시오.

단, $\phi = \left[1 - \dfrac{f'(k^*)k^*}{f(k^*)}\right](n+g+\delta) = (1 - \alpha(k^*))(n+g+\delta)$

파라미터 ϕ는 수렴속도(speed of convergence)라고 하며 $k_t = k^*$ 근방에서 $\partial \dot{k_t}/\partial k_t$ (k_t가 변화할 때 $\dot{k_t}$의 변화 정도)를 나타낸다. ϕ의 값이 클수록 k_t는 k^*를 향하여 빠르게 수렴한다. $\alpha(k^*)$는 균제상태에서 자본의 몫으로 k^*의 값에 의해 결정된다. $0 < \alpha(k^*) < 1$이면 $\phi > 0$이다. ϕ가 0이면 시간이 가도 k_t는 변화가 없고 k^*로 전혀 수렴하지 않는다.

가령, 현재 일인당 자본량이 10,000인 경제에서 균제상태의 k^*가 30,000이라고 생각해보자. $\phi = 0$인 경우에 수렴속도는 0이므로 수렴이 발생하지 않는다. 만일 $\phi = 0.04$이고 시간 단위가 1년이라면, k는 첫 해에 800($=0.04*20,000$)을 따라잡아 일인당 자본량이 10,800으로 증가한다.

콥–더글러스 생산함수를 가정할 경우, 자본의 몫이 α이므로 수렴속도는 다음과 같이 나타낼 수 있다.

$$\phi = (1-\alpha)(n+g+\delta) \tag{17}$$

수렴속도는 α, n, g, δ의 파라미터에 의해 결정된다. 대략 균제상태에서 자본의 몫(α) $= 1/3$이고 연율로 인구증가율(n) $= 0.01$, 기술진보율(g) $= 0.02$, 감가상각률(δ) $= 0.03$을 가정하면 수렴속도 $\phi = 0.04$이다. ϕ를 나타낸 위 식에서 각 파라미터와 ϕ의 관계를 살펴보면, $\alpha \uparrow, n \downarrow, g \downarrow, \delta \downarrow \to \phi \downarrow$이 성립한다.

2.5.3 반감기

만일 수렴속도 $\phi = 0.04$라면, 수렴을 완성하여 균제상태에 도달하기까지 걸리는 시간은 얼마일까? 유효노동력당 자본량이 현재의 10,000에서 균제상태의 30,000까지 4%의 속도로 수렴한다고 가정할 때, 첫 해에 균제상태까지의 거리는 800만큼 줄어든다. 수렴구간이 20,000의 4%씩 매년 줄어들면 경제가 균제상태에 도달하기까지 총 25년이 소요될 것 같지만, 훨씬 오래 걸린다. 왜냐하면 첫 해에는 20,000의 4%인 800만큼 거리가 줄어들지만, 그 다음 해에는 남은 거리 19,200의 4%인 768이 줄어들기 때문이다. 해가 지날수록 좁히는 거리가 점차 줄어든다. 사실상 시간이 아무리 지나도 일인당 자본량은 균제상태인 30,000에 매우 가까워질 뿐 정확하게 일치하지 않는다. 따라서 수렴에 소요되는 시간을 구할 때, 경제가 완전히 균제상태를 따라잡는 시간이 아니라 균제상태까지 거리의 절반을 줄이기까지 걸리는 시간을 고려한다. 이를 반감기(half−life)라고 한다.

그렇다면 유효노동력당 자본축적량이 수렴구간의 절반을 달성하기까지 걸리는 시간을 구해보자.

$$\dot{k}_t = -\phi\left(k_t - k^*\right)$$

위 식을 아래와 같은 1계 선형 미분방정식으로 고쳐 쓸 수 있다. 이때 k^*는 상수로 일정하다.

$$\dot{k}_t + \phi k_t = \phi k^*$$

위의 1계 선형 미분방정식을 풀어보자.
양변에 $e^{\phi t}$를 곱한다.

$$e^{\phi t}\dot{k}_t + \phi e^{\phi t}k_t = \phi e^{\phi t}k^* \quad \Leftrightarrow \quad \left(e^{\phi t}k_t\right)^{\cdot} = \phi e^{\phi t}k^*$$

이어서 양변을 시간(t)에 대해 t=0부터 t기까지 정적분을 한다.

$$\int_0^t \left(e^{\phi t}k_t\right)^{\cdot}dt = \int_0^t \phi e^{\phi t}k^* dt$$

이를 풀면 다음과 같다.

$$\left[e^{\phi t}k_t\right]_0^t = \left[e^{\phi t}k^*\right]_0^t$$

$$e^{\phi t}k_t - k_0 = e^{\phi t}k^* - k^*$$
$$e^{\phi t}k_t = e^{\phi t}k^* - k^* + k_0$$

위의 식을 정리하면,

$$k_t = e^{-\phi t}k_0 + \left(1 - e^{-\phi t}\right)k^* \tag{18}$$

여기서 현재의 유효노동력당 자본량이 균제상태의 유효노동력당 자본량의 절반에 도달하는 시간을 $\hat{t}$, 이 시점의 유효노동력당 자본량을 $\hat{k}_t$라고 하자. 위의 (18)식과 $\hat{k}_t = 0.5\left(k_0 + k^*\right)$를 결합하면 $e^{-\phi t} = \dfrac{1}{2}$을 만족하는 $\hat{t}$를 구할 수 있다. 수렴속도 ϕ가 0.04이면, $\hat{t} = 17.5$가 된다. 약 18년 정도가 반감기로 소요되는 것이다.

2.6 솔로우의 성장회계

성장회계(growth accounting)는 각 생산요소인 자본(K), 노동(L), 기술(A)이 경제성장(생산량의 증가)에 기여하는 정도를 가늠하는 방법이다. 아래의 노동증대형 기술진보를 가정한 생산함수를 가정하여 성장회계를 생각해보자.

$$Y_t = F(K_t, A_t L_t)$$

위의 생산함수를 시간(t)으로 미분하면 다음과 같다.

$$\dot{Y}_t = \frac{\partial Y_t}{\partial K_t}\dot{K}_t + \frac{\partial Y_t}{\partial (A_t L_t)}(A_t\dot{L}_t) = \frac{\partial Y_t}{\partial K_t}\dot{K}_t + \frac{\partial Y_t}{\partial (A_t L_t)}(A_t\dot{L}_t + L_t\dot{A}_t)$$

양변을 Y로 나누어 정리하면, 다음과 같다.

$$\frac{\dot{Y}_t}{Y_t} = \frac{\partial Y_t}{\partial K_t} \frac{K_t}{Y_t} \frac{\dot{K}_t}{K_t} + \frac{\partial Y_t}{\partial (A_t L_t)} \frac{A_t L_t}{Y_t} \left(\frac{\dot{L}_t}{L_t} + \frac{\dot{A}_t}{A_t} \right)$$

이를 정리하면 다음과 같다.

$$\frac{\dot{Y}_t}{Y_t} = \alpha_K \frac{\dot{K}_t}{K_t} + \alpha_L \frac{\dot{L}_t}{L_t} + R_t \tag{19}$$

단, α_K=자본의 몫, α_L=노동의 몫

만일 콥－더글러스 함수인 경우이면,

$$Y_t = K_t^{\alpha} (A_t L_t)^{1-\alpha} \quad (0 < \alpha < 1)$$

이 경우 성장회계는 다음과 같다.

$$\frac{\dot{Y}_t}{Y_t} = \alpha \frac{\dot{K}_t}{K_t} + (1-\alpha) \frac{\dot{L}_t}{L_t} + R_t$$

위의 콥－더글러스 함수와 성장회계 식을 유효노동력당(또는 일인당) 생산량과 유효노동력당(일인당) 자본으로 전환하면,

$$y_t = k_t^{\alpha} A_t^{1-\alpha} \tag{20}$$

$$\frac{\dot{y}_t}{y_t} = \alpha \frac{\dot{k}_t}{k_t} + R_t \tag{21}$$

R은 기술진보율이 노동 효율성을 높여 경제성장에 기여하는 부분이다. 이를 총요소생산성(TFP, Total Factor Productivity)이라고 부른다. 성장회계는 경제

의 성장요인을 생산요소인 노동과 자본의 기여분과 총요소생산성의 기여분으로 나눈다. 그러나 총요소생산성을 직접 측정하지는 못한다. R은 생산량 증가분 가운데 요소증가를 통해 설명한 부분을 제외한 나머지(residual)로 측정된다. 이 나머지가 생산성 향상 외에도 다른 요인에 의해 영향을 받을 수 있다. 실제로 R을 '우리가 알지 못하는 부분(our ignorance)' 또는 '솔로우 잔차(Solow residual)'라고 부른다. 특히 단기자료를 사용하여 성장회계를 하는 경우 자료의 미비로 설비가동률(capital utilization rate), 실업률 등의 변화를 고려하지 않는 경우 TFP의 추정치는 단기적인 경기변동의 결과를 반영하게 되고 장기적인 생산성의 변화와는 무관하게 될 가능성이 있다.

참고로 성장회계가 산출량의 증가분(growth)을 각 요소의 기여도로 분해하는 방법인 반면, 발전회계(development accounting)는 일인당 산출량 수준(level)의 차이를 생산요소와 기술(TFP) 수준의 차이로 분해한다.[17] 발전회계는 소득수준회계라고도 한다. 만일 (20)식과 같은 콥−더글러스 함수를 가정하면 두 국가 1과 2의 일인당 소득의 비율은 다음과 같이 일인당 자본량 비율과 TFP 비율의 곱으로 표현할 수 있다. 이 때 두 국가에서 자본의 몫을 α_1, α_2로 다르게 표시하였다.

$$\frac{y_1}{y_2} = \left(\frac{k_1^{\alpha_1}}{k_2^{\alpha_2}} \right) \left(\frac{A_1^{1-\alpha_1}}{A_2^{1-\alpha_2}} \right) \tag{22}$$

2.7 솔로우 모형의 시사점과 한계

솔로우 모형에서 균제상태의 경제성장률은 인구증가율(노동력 증가율)과 기술진보율의 합에 의해 결정된다. 따라서 균제상태에서 일인당 생산량(소득)의 성장률은 기술진보율에 의해 결정된다. 솔로우 모형은 인구증가율과 기술진보율을 모두 외생변수로 가정하므로 장기 경제성장률이 외생 변수에 의해 결정된다는 점에서 모형의 한계가 드러난다.

균제상태의 일인당 소득 수준은 인구증가율, 기술진보율과 더불어 저축률에

---

17) Hall and Jones(1999), Weil(2014) 을 참고하시오.

의해 결정된다. 그러나 저축률 역시 외생적으로 주어진 변수이기 때문에 국가 간 소득격차를 외생변수들로 설명한다는 점에서도 한계가 있다. 다음 3장의 최적성장 모형에서는 저축률을 내생화하여 저축률이 항상 일정하지 않고 개인의 효용 극대화를 통해 결정된다.

솔로우 모형은 자본축적과 경제성장의 관계에 초점을 맞춘다. 이 모형에서는 일인당(유효노동력당) 소득 격차를 일인당(유효노동력당) 자본량의 격차로 설명한다. 그러나 자본축적의 차이만으로 일인당 소득 격차를 설명하기는 어렵다.

예를 들어, $y = k^{\alpha}$, $\alpha = \dfrac{1}{3}$의 집약형 생산함수 하에서 국가 간 일인당 소득 격차를 설명할 수 있는지 살펴보자. 이 생산함수에서 자본의 한계생산물을 구하면,

$$MPK = \alpha k^{\alpha-1} = \alpha \left(k^{\alpha}\right)^{\frac{\alpha-1}{\alpha}} = \alpha y^{\frac{\alpha-1}{\alpha}}$$

여기서 $\alpha = \dfrac{1}{3}$이라면, $MPK = \dfrac{1}{3} y^{-2}$이다. 예를 들어, $y_A = 5 y_B$, 즉 A국가의 일인당 소득이 B국가의 5배인 경우를 가정하자. 이 경우 $MPK_A = \dfrac{1}{25} MPK_B$이기 때문에 B국의 자본 생산성이 A국보다 25배 높다. 자본축적의 크기만으로 소득 격차를 설명하려 할 때, 자본축적이 적은 국가의 자본 한계생산성이 제곱 승으로 높아야 하고 따라서 일인당 자본이 적은 저소득국가에서는 자본투자가 매우 빠르게 일어나야 한다. 그러나 현실에서는 저소득국의 자본투자가 매우 빠르게 일어나지 않고 자본은 선진국에서 후진국으로 쉽게 이동하지 않는다. 따라서 일인당 자본량의 차이만으로 현실의 일인당 소득 격차나 자본 생산성의 격차를 설명하기 어렵다. 현실에서는 국가 간에 기술 수준, 제도, 인적자본의 차이가 존재하고 이들 변수가 자본 생산성과 일인당 소득의 격차에 많은 영향을 미치기 때문이다. 1980년대 이후 등장한 신성장이론은 솔로우 모형을 확장하거나 새로운 내생적 성장모형을 도입하여 장기 경제성장에서 인적자본, 기술, 제도의 중요성을 강조한다.

부록 ● **CES 생산함수와 솔로우 모형의
균형성장경로**

솔로우 모형에서 사용한 신고전파 생산함수는 한계생산 감소의 법칙을 따르며, 규모에 대한 보수불변(일차동차성)의 특징을 갖는다. 간단한 예로 콥−더글러스(Cobb−Douglas) 생산함수를 가정하였다.

좀 더 일반적인 생산함수를 가정하여 솔로우 모형의 균형성장경로를 살펴보자. CES(constant elasticity of substitution) 생산함수는 자본과 노동 간의 대체탄력성이 일정한 함수이다.

$$Y_t = [\alpha (A_t^K K_t)^\rho + (1-\alpha)(A_t^L L_t)^\rho]^{1/\rho} \tag{A1}$$

Y_t: 생산량, L_t: 노동 투입량, K_t: 자본 투입량, α는 0과 1 사이의 값으로 자본이 최종재 생산에 기여하는 정도를 나타내는 파라미터이다. A_t는 기술 수준을 의미한다.

기술진보의 형태에 따라 중립적(neutral) 기술진보, 노동증대형(labor−augmenting) 기술진보, 자본증대형(capital−augmenting) 기술진보를 가정할 수 있다. 위의 함수는 자본증대형 기술(A_t^K)과 노동증대형 기술(A_t^L)을 모두 고려한 일반적인 경우이다. 중립적 기술진보의 경우 $A_t^K = A_t^L = A_t$로 CES 생산함수가 다음과 같이 간단히 표현된다.

$$Y_t = [\alpha (A_t K_t)^\rho + (1-\alpha)(A_t L_t)^\rho]^{1/\rho} = A_t [\alpha K_t^\rho + (1-\alpha) L_t^\rho]^{1/\rho} \tag{A2}$$

CES 생산함수에서 ρ는 노동과 자본 간의 대체파라미터이며 $\rho < 1$의 값을 갖는다. ρ는 대체탄력성인 σ를 결정한다.

$$\sigma = \frac{1}{1-\rho} \tag{A3}$$

대체탄력성 σ은 생산요소인 자본과 노동의 상대가격 변화에 따라 자본과 노동이 대체되는 정도를 나타내는 지표로 다음과 같이 정의한다.

$$\sigma = -\left[\frac{dlog(MPK/MPL)}{dlog(K/L)}\right]^{-1} \tag{A4}$$

생산함수를 이용해 위의 우변을 풀면 (A3)을 증명할 수 있다. 대체탄력성 $\sigma=1$인 CES 생산함수는 콥-더글러스 생산함수이다.[18]

이제 CES 생산함수를 도입한 솔로우 성장모형에서 자본과 노동 간의 대체탄력성에 따른 장기 균형성장경로를 살펴보자.[19] 대체탄력성 σ이 1이면, CES 생산함수는 콥-더글러스 생산함수로 수렴하므로 경제가 성장하면서 균제상태에 도달하고 성장률이 일정하다. 반면에 대체탄력성 σ이 1이 아니면, σ의 크기에 따라 장기 균형성장경로가 달라진다.

CES 생산함수를 도입한 솔로우 모형의 자본 축적 식을 살펴보자. 자본증대형 기술(A_t^K)과 노동증대형 기술(A_t^L)이 존재하지만, 기술수준은 매기 일정하다고 가정한다. 먼저 CES 생산함수를 일인당 자본량으로 나타내면,

$$y = f(k) = \left[\alpha\left(A_t^K k_t\right)^\rho + (1-\alpha)\left(A_t^L\right)^\rho\right]^{1/\rho} \tag{A5}$$

위의 일인당 생산함수를 솔로우 모형의 자본 축적식에 대입하면 다음과 같다.

$$\dot{k} = sf(k) - (n+\delta)k \quad = s\left[\alpha(A_t^K k_t)^\rho + (1-\alpha)(A_t^L)^\rho\right]^{1/\rho} - (n+\delta)k_t$$

$$\frac{\dot{k}}{k} = \frac{sf(k)}{k} - (n+\delta) \quad = s\left[\alpha(A_t^K)^\rho + (1-\alpha)(A_t^L)^\rho k_t^{-\rho}\right]^{1/\rho} - (n+\delta) \tag{A6}$$

---

18) 연습문제 4번을 참조하시오. $\sigma \to \infty$일 때, 생산함수는 자본과 노동이 완전히 대체되는 선형 생산함수($Y_t = \alpha A_t^K K_t + (1-\alpha)A_t^L L_t$)가 된다.

19) Barro and Sala-i-Martin(2004, chapter 4.5.2)를 참조하시오.

앞서 식에서 자본축적으로 $sf(k)/k$가 감소하면서 일인당 자본의 성장률은 하락한다. 이때 대체탄력성 σ이 1보다 큰 경우와 작은 경우에 장기균형성장경로가 달라진다.

1) 대체탄력성이 1보다 작거나 같을 때($\sigma \leq 1$): (A5)식에서 자본의 한계생산물과 평균생산물을 구하여 계산하면, 자본축적량이 무한에 가까워질수록, 자본의 한계생산물과 평균생산물은 0으로 수렴한다.

$$\lim_{k \to \infty}[f'(k)] = \lim_{k \to \infty}[f(k)/k] = 0 \tag{A7}$$

따라서 $\sigma \leq 1$인 경우 (A6)식에서 경제가 $\dfrac{\dot{k}}{k} = 0$인 지점에 도달하여 유일한 균제상태의 일인당 자본량(k^*)을 갖는다.

2) 대체탄력성이 1보다 클 때($\sigma > 1$): 자본축적량이 점점 커지면서 자본의 한계생산물과 평균생산물은 양의 상수 값으로 수렴한다.

$$\lim_{k \to \infty}[f'(k)] = \lim_{k \to \infty}[f(k)/k] = A_t^K a^{1/\rho} > 0 \tag{A8}$$

따라서 (A6)식에서 $sA_t^K \alpha^{1/\rho}$가 $n + \delta$보다 크면, k가 증가함에 따라 일인당 자본의 성장률 $\dfrac{\dot{k}}{k} > 0$은 양의 값으로 수렴한다. 즉, 경제는 일인당 자본 성장률이 0이 되는 균제상태가 아닌 환경에서 지속 성장이 가능하다.

만일 $sA_t^K \alpha^{1/\rho}$가 $n + \delta$보다 작다면, $\dfrac{\dot{k}}{k} = 0$이 되어 경제는 균제상태에 도달하고 일인당 자본량(k^*)이 일정한 값을 갖게 된다. 생산요소 간의 대체탄력성이 높은 경제에서 일인당 자본 성장률이 양의 값을 가질 수 있는 이유는 축적된 자본이 노동을 빠르게 대체할 수 있으면 자본의 생산성이 크게 하락하지 않고 경제가 양의 성장률에서 균형을 이룰 수 있기 때문이다.

자본증대형 기술(A_t^K)과 노동증대형 기술(A_t^L)이 일정하지 않고 서로 다른 외생적인 기술 진보율에 따라 성장하는 CES 생산함수를 생각해보자.

$$\dot{A}_t^K = g_\kappa A_t^K$$
$$\dot{A}_t^L = g_L A_t^L$$

$g_K \neq 0, g_L \neq 0$인 경우, 콥-더글러스 생산함수이면 일인당 자본(생산)의 성장률은 균제상태로 수렴한다. 대체탄력성 $\sigma = 1$이므로 아래처럼 자본증대형 기술진보가 노동증대형 기술진보로 대체될 수 있기 때문이다.

$$Y_t = (A_t^K K_t)^\alpha (A_t^L L_t)^{(1-\alpha)} = K_t^\alpha ((A_t^L A_t^{K(\alpha/(1-\alpha))}) L_t)^{(1-\alpha)} = K_t^\alpha (A_t L_t)^{(1-\alpha)}$$

대체탄력성 $\sigma \neq 1$인 경우에 경제가 균제상태로 가기 위해서는 장기적으로 기술진보가 노동증대형이 되어야 한다.[20]

콥-더글러스 함수와 비교해 CES 생산함수의 소득분배율 변화는 복잡하다. 요소소득의 몫은 다음과 같이 구한다.

자본소득분배율: $\dfrac{MPK_t \times K_t}{Y_t} = \alpha \left[\dfrac{A_t^K K_t}{Y_t} \right]^\rho$

노동소득분배율: $\dfrac{MPL_t \times L_t}{Y_t} = (1-\alpha) \left[\dfrac{A_t^L L_t}{Y_t} \right]^\rho$

완전 경쟁시장에서 노동자의 임금(w)은 노동의 한계생산물과 같고 자본의 임대료(r)는 자본의 한계생산물과 같다. 그렇다면 노동소득(wL)과 자본소득

---

20) (A6)식에서 $\dfrac{\dot{k}}{k}$가 일정하기 위해 $\dfrac{f(k)}{k} = [\alpha(A_t^K)^\rho + (1-\alpha)(A_t^L)^\rho k_t^{-\rho}]^{1/\rho}$가 일정해지는 조건을 구하면 된다. Barro and Sala-i-Martin(2004)과 Acemoglu(2008)의 1장의 1.5.3을 참조하기 바란다. Acemoglu(2008)는 노동-자본 간 대체탄력성이 1보다 작고 자본증대형 기술진보율이 노동증대형 기술진보보다 클 때, 장기적으로 기술진보는 노동증대형이 되고 노동증대형 기술진보율에 의해 지속적인 경제 성장이 가능함을 보인다.

(rK)의 상대적 분배율은 다음과 같다.

$$\frac{r_t K_t}{w_t L_t} = \frac{\alpha}{1-\alpha}\left(\frac{A_t^K K_t}{A_t^L L_t}\right)^\rho \tag{A9}$$

자본축적에 따른 노동−자본 간 상대적 분배율의 변화는 대체탄력성의 값에 따라 다르다.

1) $\sigma = 1(\rho = 0)$일 때: 콥−더글러스 생산함수의 경우이다. 자본과 노동의 투입비율 변화가 자본과 노동의 상대가격 변화를 상쇄하기 때문에 상대적 소득분배율이 항상 일정하다. 반면에, 대체탄력성 $\sigma \neq 1$일 때, 자본과 노동의 투입비율 변화는 자본과 노동의 소득분배율 변화를 가져온다.

2) $\sigma > 1(0 < \rho < 1)$일 때: 노동과 자본은 서로 대체관계(gross substitutes)라고 정의하며, 자본과 노동의 상대가격 변화에 대해 자본과 노동 투입비율의 변화가 크다. 일인당 자본량 $\frac{K_t}{L_t}$가 증가하면서 자본−노동 소득분배율($\frac{r_t K_t}{w_t L_t}$)이 상승한다.

3) $\sigma < 1(\rho < 0)$일 때: 노동과 자본은 서로 보완관계(gross complements)라고 정의하며, 자본과 노동의 상대가격 변화에 대해 자본과 노동의 투입비율 변화가 상대적으로 작다. 일인당 자본량 $\frac{K_t}{L_t}$가 증가하면서 자본−노동 소득분배율($\frac{r_t K_t}{w_t L_t}$)은 하락한다.

대체탄력성이 1보다 큰 경우, 자본 축적과정에서 자본−노동 소득분배율이 상승한다. 즉, 총생산 가운데 노동의 상대적 몫이 줄어든다. 자본축적과 더불어 노동의 몫이 줄어드는 현상은 많은 국가에서 관찰되는데, 이는 생산 과정에서 자본이 노동을 빠르게 대체하는 것으로 설명된다. 일인당 자본량($\frac{K_t}{L_t}$)이 증가할 때, 자본 임대료(이자율)와 임금의 비율($\frac{r_t}{w_t}$)이 하락하는 생산요소의 상대가격 변화가 나타난다. 대체탄력성이 1보다 크면, 자본임대료－임금 비율이 일인당 자본량 증가와 비교하여 적게 하락하더라도 자본－노동의 상대적 수요가 크게 증가하여 균형을 이룰 수 있다. 따라서 자본의 몫은 커지고 노동의 몫은 줄어들어 자본－노동 소득분배율이 상승한다.

기술진보의 관점에서도 노동의 몫이 줄어드는 현상을 설명할 수 있다. (A9) 식에서 $\frac{A_t^K}{A_t^L}$이 일정하지 않고 계속 증가한다면(즉, $g_K > g_L$), 대체탄력성 σ이 1보다 큰 경우 노동의 상대적 몫은 감소한다. 반면에 대체탄력성 σ이 1보다 작다면, 노동의 상대적 몫은 증가한다. 급속한 노동증대형 기술진보로 유효노동력이 빠르게 증가하는 경우를 고려하자. 이 경우 ($\frac{A_t^L L_t}{A_t^K K_t}$)의 증가가 노동수요를 증가시킨다. 따라서 노동과 자본의 대체탄력성이 1보다 작다면, 균형을 맞추기 위해 노동－자본가격 비율($\frac{w_t}{r_t}$)의 하락폭이 커지면서 노동의 상대적 몫이 작아지게 된다.

연습문제

01 인구증가율이 n으로 저축률이 s로 고정된 솔로우 경제성장모형에서 생산함수가 다음과 같이 주어졌다.

$$Y_t = F(K_t, \; L_t A_t) = K_t^{\alpha} (L_t e^{gt})^{1-\alpha}, \qquad 0 < \alpha < 1$$

단, g는 외생적 기술진보율을 표시한다($g > 0$). 자본의 감가상각률은 δ로 주어졌다.

(1) $L_t e^{gt}$를 "유효노동력"으로 정의하고 유효노동력당 자본량 $k_t = \dfrac{K_t}{L_t e^{gt}}$의 동태적 경로를 보이는 식을 구하고 균제상태에서 k_t의 값과 자본의 한계생산물을 구하시오. 균제상태에서 $\dfrac{K_t}{L_t}$, $\dfrac{Y_t}{L_t}$의 성장률을 구하시오.

(2) 황금률을 유도하고 설명하시오. 이 경제의 균제상태에서 k_t값은 어떤 경우에 황금률을 만족하는가?

(3) 균제상태에서 저축률이 갑자기 2배로 상승하였다. 저축률 상승이 경제의 $\dfrac{Y_t}{L_t}$의 이동경로와 균제상태의 성장률에 어떠한 영향을 미치는지 설명하시오.

02 위 문제의 균제상태에서 출산율의 갑작스러운 하락으로 인구증가율이 절반으로 줄었다.

(1) 출산율 하락이 경제의 Y_t와 $\dfrac{Y_t}{L_t}$의 이동경로와 균제상태의 성장률에 어떠한 영향을 미치는지 설명하시오.

(2) 균제상태의 유효노동력당 자본량과 유효노동력당 생산량의 값은 어떻게 바뀌는가?

(3) 이제 솔로우 모형에서 인구와 생산가능인구(노동력)를 구분하자. 출산율 하락으로 미래에 노동력 감소가 일어나는 시점에서 Y_t와 $\dfrac{Y_t}{L_t}$의 변화를 설명해 보시오.

03 인구가 n의 비율로 일정하게 증가하고$(n > 0)$, 저축률이 s, 감가상각률이 δ로 고정된 솔로우의 경제성장모형에서 생산함수가 다음과 같이 주어졌다.

$$Y_t \ = \ F(K_t, \ L_t A_t) = K_t^{0.5}\,(L_t A_t)^{0.5}, \qquad 0 < \alpha < 1$$

단, 기술수준 A_t는 초기값 $A_0 = 1$이며 외생적 기술진보율 g로 증가한다$(g > 0)$.

(1) $L_t e^{gt}$를 "유효노동력"으로 정의하고 유효노동력당 자본량 $k_t = K_t / (L_t e^{gt})$의 동태 경로를 보이는 식을 구하고 그림으로 그리시오. 균제상태에서 k_t의 값과 성장률을 구하시오.

(2) 이 경제의 저축률은 0.5이다. 균제상태의 k값은 황금률을 만족하는가? 균제상태에서 저축률이 갑자기 반으로 줄어서 0.25로 감소하였다. 새로운 균제상태의 k값을 황금률의 값과 비교하시오. 새로운 균제상태는 동태적으로 비효율적인가? 이를 설명하시오.

04 어느 한 경제의 생산함수가 다음과 같이 노동(L)과 자본(K) 간의 CES 생산함수로 주어졌다고 하자. 노동력은 $n > 0$, 기술수준(A)은 $g > 0$로 일정하게 성장한다고 하자.

$$Y_t = (K_t, A_t L_t) \ = \ \left[\alpha K_t^{\psi} + (1-\alpha)(A_t L_t)^{\psi} \right]^{\frac{1}{\psi}}, \ 0 < \alpha < 1, \ \psi < 1, \ \psi \neq 0$$

(1) 이 경제의 노동과 자본의 대체탄력성은 $\sigma = \dfrac{1}{1 - \psi}$로 일정함을 보이고 여기서 $\psi \to 0$이면 $\sigma = 1$로 Cobb-Douglas 생산함수가 됨을 보이시오.

(2) 위의 생산함수를 $y = f(k)$의 형태로 표시하시오 $(k_t \equiv K_t/(A_t L_t))$. 자본의 한계생산물 $MPK = f'(k)$와 평균생산물 $APK = f(k)/k$를 구하시오. 자본 축적에 따라 자본의 한계생산물과 평균생산물은 어떻게 변화하는가?

(3) 노동의 한계생산물(MPL)의 값을 구하시오. 임금이 노동의 한계생산물과 같을 때 노동의 몫을 구하시오. 자본 축적에 따라 노동의 한계생산물과 노동의 몫은 어떻게 변화하는가?

(4) 솔로우의 자본축적식을 사용하여 $\sigma > 1$인 경우 균제상태에서 k_t의 성장률을 구하시오. k_t의 성장률이 0이 아닌 양의 값을 가지고 지속적으로 성장할 수 있는 조건을 설명하시오.

05 1980년대 이후 세계적으로 노동소득 분배율이 하락하는 추세이다. 노동소득은 임금×노동량, 자본소득은 자본임대료×자본량으로 정의할 수 있다. 전체소득은 이 둘의 합이다. 아래의 CES 생산함수를 가정하자.

$$Y_t = [\alpha(A_t^K K_t)^\rho + (1-\alpha)(A_t^L L_t)^\rho]^{1/\rho}$$

단, Y_t: 생산량, L_t: 노동 투입량, K_t: 자본 투입량, A_t: 기술수준, $0 < \alpha < 1$, $\rho = \dfrac{\sigma-1}{\sigma}$는 노동과 자본 간의 대체파라미터임($\rho < 1$, σ는 자본과 노동 간 대체탄력성).

(1) 임금은 노동의 한계생산물과 같다. 임금을 구하고 (Y/L)과의 관계를 설명하시오.

(2) 노동소득의 상대적 분배율(rK/wL)을 구하시오. 노동과 자본의 대체탄력성이 1보다 큰 경우를 가정하여 자본 축적과 함께 노동소득의 상대적 분배율이 감소할 수 있음을 설명하시오.

(3) 노동의 몫이 줄어든 원인이 기술진보 때문이라는 주장이 있다. 어떤 경우에 노동증대형 기술진보가 노동의 몫을 줄이는지 설명하시오.

06 솔로우 성장 모형은 파라미터(s, n, g)가 비슷한 국가 간에 시간이 가면서 일인당 소득 차이가 점점 줄어드는 조건부 수렴 현상을 예측한다.

(1) 조건부 수렴 현상이 성립하는지를 1980~2020년의 국가 간 자료(cross−country)로 검증하려 한다. 1980년에 일인당 소득(일인당 실질 GDP의 로그 값)이 낮은 국가일수록 이후 기간에 평균 경제 성장률이 더 높았는지 회귀분석(regression)으로 검증하려 한다. 어떤 자료를 구하여 어떻게 회귀분석을 해야 하는지 설명해 보시오.

(2) 회귀 분석의 추정 결과로 수렴속도를 계산하려 한다. 어떻게 할 수 있는지 설명하시오.

제3장

DYNAMICMACRO

신고전파
최적 성장모형

DYNAMICMACRO

Ramsey(1928), Cass(1965), Koopmans(1965) 등에 의해 발전한 Ramsey─Cass─Koopmans 모형은 대표가계가 무한기에 걸쳐 매기마다 소비와 저축을 결정하는 신고전파 성장모형이다. 이 모형에서 자본축적은 대표가계의 효용 극대화를 위한 소비와 저축 결정으로 이루어지기 때문에 저축률이 일정하지 않고 모형 내에서 결정된다. 3장에서는 이러한 경제에서 자본축적이 솔로우 모형과 어떻게 달라지는지 알아본다. 먼저 3.1절에서 단순한 모형을 가정하여 동태적 의사결정 문제의 해를 구하는 최적 제어이론의 방법을 소개한다. 3.2절은 소비자와 생산자가 동일하거나 사회적 계획자가 존재하여 동태적 최적 의사결정을 하는 모형을 소개한다. 3.3절은 Ramsey─Cass─Koopmans의 일반적인 모형으로 시장 경제에서 소비자와 생산자가 각각 동태적 최적 의사결정을 한다. 3.4절은 정부 부문을 도입하여 재정정책의 효과를 분석한다.

3.1 단순한 동태적 최적 의사결정 모형

Ramsey─Cass─Koopmans 모형은 최적 제어이론(optimal control theory)이라는 동태적 최적화의 수학 기법을 사용한다. 최적 제어 이론은 목적함수를 극대(또는 극소)로 하는 제어변수(control variable)의 최적 시간 경로를 구하는 방법이다. 해밀토니언(Hamiltonian) 함수를 설정하고 극대화 원리(maximum principle)를 사용하여 해를 구한다. 자세한 설명은 수학 부록에 있는 최적 제어 이론을 참고하기 바란다.

이를 이해하기 위해 간단한 모형을 가정하자. 무인도에 홀로 표류한 로빈슨 크루소가 0기부터 T기에 걸쳐 효용의 현재가치 합계를 극대화하는 소비(C)와 생산(Y)을 결정하는 문제다. 여기서 경제주체는 소비자 겸 생산자로서 동태적 의사결정을 내리며 무한 기가 아닌 유한 기를 가정한다.

t기의 효용함수: $u(C_t)$ 한계효용 감소 가정

t기의 생산함수: $Y_t = F(K_t, L_t) = F(K_t)$ 한계생산물 감소 가정

                $L_t = 1$ 일정

자본 축적식: $\dot{K_t} = I_t - \delta K_t$

t기의 생산물 시장 균형식(자원제약): $Y_t = C_t + I_t$ 따라서 $S_t = I_t$

초기 자본량: $K_0 > 0$

마지막 기의 자본량: $K_T \geq 0$

로빈슨 크루소는 t=0에서 염소 다섯 마리를 초기 자본량으로 갖는다고 하자. 이제 매 순간마다 염소를 투자에 사용할 것인가? 아니면 소비에 사용할 것인가? 로빈슨 크루소는 이를 결정한다. 이 경우 투자는 로빈슨 크루소가 염소에게 먹이를 주고 새끼를 낳으면 키워서 농사에 사용하는 행위를 말한다. 소비는 로빈슨 크루소가 염소를 죽여서 고기를 먹는 경우이다. 사람(소비자 겸 생산자)의 수는 로빈슨 크루소 한 명으로 항상 일정하다고 하자.

최적 제어이론을 적용할 수 있도록 문제를 구성해보자. 여기서는 문제를 구성하여 해를 구하는 방법과 그 경제적 의미를 살펴볼 것이다.

$$Max \int_0^T u(C_t)e^{-\rho t}dt, \; \rho > 0 \tag{1}$$

s.t.

$$\dot{K_t} = Y_t - C_t - \delta K_t$$
$$\quad\; = F(K_t) - C_t - \delta K_t$$

$$K_0 > 0$$

$$K_T \geq 0$$

앞서 식 (1)의 목적함수(objective function)는 0기부터 T기간에 걸쳐 소비로 얻는 효용의 현재가치 합계를 극대화한다. ρ는 시간선호율(time preference rate)이며 $e^{-\rho t}$항은 시간에 따른 할인을 나타낸다.[1] ρ가 클수록 현재소비를 미래소비보다 더 중요하게 생각한다는 뜻이다.

첫 번째 제약식을 보면 매기마다 소비(C_t)가 정해지면 자본축적($\dot{K}_t$)이 결정된다. 경제주체가 매기 결정하는 소비를 제어변수 또는 선택변수(control variable)라 하고 이에 따라 결정되는 자본량(K_t)을 상태변수(state variable)라 한다. 첫 번째 제약조건식은 자본 축적식을 의미하고 두 번째와 세 번째 제약조건식은 0기와 T기의 상태변수(K)에 대한 제약을 각각 표시하며 경계값 조건(boundary condition)이라고 한다.

문제 구성을 마쳤으니 해를 구해보자. 문제를 풀기 위해 먼저 해밀토니언(Hamiltonian) 함수를 만든다. 그리고 최적화의 1계 조건(first-order condition)을 구하여 이를 만족하는 변수 값을 구한다.

≫ 1단계 해밀토니언 함수를 구성한다.

$$H(C_t, K_t, \lambda_t, t) = u(C_t)e^{-\rho t} + \lambda_t [F(K_t) - C_t - \delta K_t] \tag{2}$$

위의 해밀토니언은 매기 소비의 효용(현재가치)과 소비에 따라 결정되는 자본량 변화가 가져오는 효용(현재가치)을 합친 전체 효용이다. λ_t는 상태변수와 대응하며 공동상태변수(costate variable)라고 부른다. 그 경제적 의미는 K_t의 잠재가격(shadow price)의 현재가치이다. 정태적 최적화 문제의 라그랑지 승수(Lagrange multiplier)와 비슷한 역할을 하지만 λ_t는 시간에 따라 값이 변한다.

---

1) 연속 시간이 아닌 이산 시간으로 표현하면 다음과 같을 것이다. 즉, 매기마다 소비의 효용을 ρ로 할인하여 합계한다. $u(C_0) + \dfrac{u(C_1)}{1+\rho} + \dfrac{u(C_2)}{(1+\rho)^2} + \ldots = \displaystyle\sum_{t=0}^{T} \dfrac{u(C_t)}{(1+\rho)^t}$

≫ 2단계 극대화 원리(maximum principle)에 따라 다음과 같은 세 개의 최
　　적화의 1계 조건(FOCs)을 구한다.

ⅰ. $\dfrac{\partial H}{\partial C_t}=0$ 　　: $u'(C_t)e^{-\rho t}=\lambda_t$ 　　　　　　　　　　　(3)

ⅱ. $\dfrac{\partial H}{\partial K_t}=-\dot{\lambda}_t$ 　: $\lambda_t[F'(K_t)-\delta]=-\dot{\lambda}_t$ 　　　　　(4)

ⅲ. $\dfrac{\partial H}{\partial \lambda_t}=\dot{K}_t$ 　　: $\dot{K}_t=F(K_t)-C_t-\delta K_t$ 　　　　(5)

　첫 번째는 해밀토니언을 제어변수로 미분한 값이 0이라는 조건이다. 여기서
$u'(C_t)e^{-\rho t}$는 t기의 소비 한 단위로부터 얻는 효용의 현재가치를 의미한다. λ_t
는 K_t의 잠재가격(shadow price)의 현재가치로서 t기의 투자 한 단위가 앞으로
가져다줄 평생 수익의 현재가치를 나타낸다. 즉, 위의 조건은 균형에서 t기의 소
비 한 단위로 얻는 효용의 현재가치가 소비로 인해 포기한 투자의 현재가치와
같다는 것이다.
　두 번째는 해밀토니언을 상태변수로 미분한 값이 음의 공동상태변수의 시간미
분 값과 같다는 조건이다. t기에서 자본의 순한계생산물의 가치($\lambda_t[F'(K_t)-\delta]$)가
자본의 잠재가격의 하락분($-\dot{\lambda}_t$)과 같아야 한다는 뜻이다. 자본을 t기 생산에 사용
하면 한계생산물을 얻지만, 동시에 미래에 사용할 수 없으므로 자본의 잠재가격이
하락한다. 조건식의 좌변과 우변이 같아지는 지점에서 균형이 이루어진다.
　두 번째 조건에서 공동상태변수를 제어변수로 치환하면 제어변수의 균형경로를
알 수 있다. 이를 오일러 방정식(Euler equation)이라 부른다.
　세 번째 식은 해밀토니언을 공동상태변수로 미분한 값이 상태변수의 시간미
분 값과 같다는 조건이다. 이는 (1)번 문제의 첫 번째 제약식과 일치한다.

≫ 3단계 횡단 조건(TVC, Transversality Condition)을 고려한다.

　동태적 최적화 문제를 풀기 위해서는 초기와 말기에 상태변수(state variable)
값의 조건이 필요하다. 초기 값의 경우, 대부분 특정한 값이 주어진다. 하지만
말기 값은 특정한 값이 아니라 부등식의 형태로 주어질 수도 있고, 제약이 주어

지지 않을 수도 있다. 우리가 풀고 있는 문제 (1)에서 K의 T기 값은 0 또는 양의 값으로 주어져 있다. 이와 같이 상태변수의 말기 값이 특정한 값으로 주어지지 않을 때에는 해를 구하기 위해 횡단 조건이 필요하다. 횡단 조건은 다음과 같다.

$$K_T \lambda_T = 0, \lambda_T \geq 0 \tag{6}$$

이 TVC 조건의 의미는 λ_T와 K_T 중의 하나가 0이 되어야 한다는 것이다. 즉, $\lambda_T = 0$이거나 $\lambda_T > 0$인 경우 $K_T = 0$이 성립해야 한다. 먼저 $\lambda_T > 0$인 경우를 생각해보자. 이는 마지막 T기 자본의 잠재가격 또는 한계효용이 0보다 크다는 것을 뜻한다. 따라서 가계는 효용 극대화를 위해 자본을 남기지 않고 말기까지 소비하여 K_T가 0이 되어야 TVC를 충족한다. 반면에 $K_T > 0$로 마지막 기에 자본량이 0보다 크면서 동시에 효용이 극대화되기 위해서는 T기 자본의 가치가 없어야 한다. 이 경우 자본의 잠재가격의 현재가치(λ_T)가 0이어야 TVC가 성립한다. 로빈슨 크루소 문제에서는 크루소가 마지막 기에 소비하면 효용을 주는 염소를 완전히 먹어 치우거나 만일 남기는 경우 마지막 기에 남은 염소가 로빈슨 크루소에게 효용이 발생하지 않는(너무 마른 염소처럼) 두 가지 경우가 횡단 조건을 만족한다.

지금까지 살펴본 최적화를 위한 1계 조건과 TVC 조건을 통해 세 개의 관심변수 (C_t, K_t, λ_t)의 동태적 경로를 파악할 수 있다. 여기서 동태적 경로는 미분방정식 형태의 함수로 표현되며 0기부터 T기에 걸친 변수 값을 구할 수 있다.

효용함수와 생산함수가 간단한 함수인 경우를 생각해보자. 효용함수는 로그(log) 함수이고 생산함수는 콥-더글러스 생산함수를 가정한다.

$$u(C_t) = \ln(C_t), \ \ Y_t = K_t^{\alpha}$$

(3) 식에서 $\lambda_t, \dot{\lambda_t}$을 구해 (4)에 대입, λ_t를 소거하면 다음 식을 얻는다.

$$\frac{\dot{C_t}}{C_t} = \alpha K_t^{\alpha-1} - \delta - \rho$$

위 식에서 K값이 C의 변화를 결정한다. 자본의 한계생산성($\alpha K_t^{\alpha-1}$)이 높을수록 시간선호율(ρ)이 낮을수록 C의 성장률이 높아진다. 자본이 축적될수록 자본의 생산성이 감소하면서 소비의 성장률은 하락한다.

(5)의 제약식을 고쳐 쓰면,

$$\dot{K_t} = K_t^{\alpha} - C_t - \delta K_t$$

위 식에서는 K값과 C값이 K의 변화를 결정한다. 위의 두 식과 K의 초기값, 횡단 조건(TVC)을 결합하면 C_t, K_t의 동태적 경로가 구체화된다.

3.2 소비자 겸 생산자를 가정한 Ramsey-Cass-Koopmans 모형

이제 무한 기에 걸친 최적성장모형인 Ramsey−Cass−Koopmans 모형을 살펴보자. 일반적인 모형을 분석하기에 앞서 다음과 같은 가정을 추가하여 단순화된 모형을 먼저 분석한다. 단순화한 모형이지만 Ramsey−Cass−Koopmans 모형의 핵심을 모두 이해할 수 있다.

대표가계가 존재하여 소비자 겸 생산자로서 무한 기에 걸쳐 의사결정을 한다. 이는 사회 계획자가 존재하여 동태적 최적 의사결정을 하는 경우와 같다.
인구증가율은 가계 구성원 수의 증가율과 같으며 n으로 일정하다: $n > 0$.
기술 수준은 항상 일정하다: $A_t = A_0 = 1$.

대표가계를 상정하여 경제주체를 한 단위로 보면 의사결정이 단순해진다. 대표가계의 소비는 가구원 1인의 소비에 가구원 수를 곱한 것과 같다. 가구의 수를 1로 표준화하면 가구원 수는 전체 인구 수와 같다.

3.2.1 대표가계의 효용함수

대표가계는 t=0 시점부터 무한 기에 걸쳐 생애효용의 현재가치를 극대화하는 소비를 결정하는 동태적 최적화를 행한다. 가계의 소비 결정이 무한 기에 걸친 효용을 감안한다는 점에서 현재의 가계 구성원뿐만 아니라 다음 자녀세대와 그 다음 자녀세대의 소비까지도 현재 의사결정의 고려대상이 된다.

매 시점에서 순간효용함수를 $u(c_t)$로 표시하고 매기의 효용을 할인하여 합산한 목적함수를 다음과 같이 설정한다.

$$U = \int_0^\infty u(c_t) L_t e^{-\rho t} dt$$

c_t는 가구원 1인의 소비이며 L_t은 가구원 수로 n의 비율로 일정하게 증가한다. $L_t = L_0 e^{nt}$ 그리고 $L_0 = 1$로 단순화한다.

$$U = \int_0^\infty u(c_t) e^{nt} e^{-\rho t} dt$$

$$= \int_0^\infty u(c_t) e^{-(\rho-n)t} dt \tag{7}$$

단, $\rho > n$.

위 식에 따라 대표가계는 $(\rho-n)$만큼 미래의 효용을 할인한다. 할인율이 ρ가 아닌 $\rho-n$인 이유는 시간이 지나면서 가구원 수의 증가가 전체 가계효용을 늘리기 때문이다. 이때 $\rho > n$의 가정은 시간선호율이 가구원 수 증가에 따른 효용 증가 속도보다 높아야 한다는 것이다. 이는 가계가 자신의 소비를 통한 효용 증가를 자녀세대의 효용증가보다 중요시한다는 의미로 해석될 수 있다. $\rho < n$인 경우 인구증가만으로도 효용이 끊임없이 증가하므로 최적 소비를 구할 필요 없이 자손을 늘리는 것이 효용극대화의 해답이 된다. 수학적으로 $\rho > n$은 boundness 조건이며, $\rho < n$인 경우 시간이 지남에 따라 효용 값이 무한대로 가기 때문에 적분이 불가능하다.

3.2.2 경제 전체의 제약조건

신고전파 생산함수 $Y_t = F(K_t, L_t)$를 가정한다. 집약형으로 고쳐 쓰면,

$$y_t = f(k_t), \ y_t \equiv \frac{Y_t}{L_t}, \ k_t \equiv \frac{K_t}{L_t}$$

경제 전체의 생산물 시장 균형조건은,

$$Y_t = C_t + I_t \ \Leftrightarrow \ I_t = S_t$$

대표가계의 자본축적식은 다음과 같다.

$$\dot{K_t} = I_t - \delta K_t$$
$$\dot{K_t} = F(K_t, L_t) - C_t - \delta K_t \tag{8}$$

위 식에서 C는 가구 전체의 소비를 말한다. 모두 일인당으로 고쳐 쓰면,

$$\frac{\dot{K_t}}{L_t} = f(k_t) - c_t - \delta k_t$$

위 식을 $\dot{k_t} \equiv (\frac{\dot{K_t}}{L_t}) = \frac{\dot{K_t}}{L_t} - nk_t$을 이용하여 고쳐 쓰면,[2]

$$\dot{k_t} = f(k_t) - c_t - (n + \delta)k_t \tag{9}$$

---

[2] $\dot{k} \equiv d(\frac{K_t}{L_t})/dt = \frac{\dot{K_t}L_t - K_t\dot{L_t}}{L_t^2} = \frac{\dot{K_t}}{L_t} - \frac{K_t}{L_t}\frac{\dot{L_t}}{L_t} = \frac{\dot{K_t}}{L_t} - nk_t$

(9) 식은 솔로우 모형의 자본축적식과 다르다. 솔로우 모형에서는 저축률이 고정되어 $f(k_t) - c_t = sf(k_t)$이다. 이 식을 (9)에 대입하면, $\dot{k}_t = sf(k_t) - (n+\delta)k_t$로 단순화된 솔로우 모형의 자본축적경로가 성립한다. 하지만 최적 성장모형에서는 매기의 소비가 일정한 저축률에 의해 결정되는 것이 아니라 가계의 효용 극대화를 통해 결정되기 때문에 차이점이 존재한다.

마지막으로 경계값 조건이 필요하다. K의 초기값은 주어지고 말기(무한 기) 자본량은 (자본이 음수가 될 수 없기 때문에) $\lim_{t \to \infty} K_t \geq 0$이라고 하자. 또는 무한기의 자본의 현재가치가 음수가 아니라는 조건이 필요하다. $\bar{r}$는 현재가치 할인에 사용한 평균 이자율을 표시한다.

$$\lim_{t \to \infty} K_t e^{-\bar{r}t} = \lim_{t \to \infty} k_t e^{-(\bar{r}-n)t} \geq 0 \tag{10}$$

위의 조건들을 고려하여 소비자 겸 생산자인 대표가계의 효용 극대화 모형을 설정한다.

3.2.3 소비자 겸 생산자의 문제

$$\underset{c_t}{Max} \int_0^\infty u(c_t)e^{-(\rho-n)t}dt$$

s.t. $\dot{k}_t = f(k_t) - c_t - (n+\delta)k_t$

　　초기 자본량 제약: $k_0 > 0$

　　마지막 기의 자본량에 대한 제약: $\lim_{t \to \infty} k_t e^{-(\bar{r}-n)t} \geq 0$

≫ 최적 제어이론을 이용한 풀이

우선 해밀토니언 함수를 구성한다.

$$H(c_t, k_t, \lambda_t, t) = u(c_t)e^{-(\rho-n)t} + \lambda_t[f(k_t) - c_t - (n+\delta)k_t] \tag{11}$$

이제 최적화 1계 조건을 구한다.

i. $\dfrac{\partial H}{\partial c_t} = 0$

$$u'(c_t)e^{-(\rho-n)t} - \lambda_t = 0$$

$$\lambda_t = u'(c_t)e^{-(\rho-n)t} \tag{12}$$

ii. $\dfrac{\partial H}{\partial k_t} = -\dot{\lambda}_t$

$$\lambda_t[f'(k_t) - (n+\delta)] = -\dot{\lambda}_t \tag{13}$$

iii. $\dfrac{\partial H}{\partial \lambda_t} = \dot{k}_t$

$$\dot{k}_t = f(k_t) - c_t - (n+\delta)k_t \tag{14}$$

횡단 조건(TVC)을 구한다.

여기서 무한대로 가는 시점 t에 대해 상태변수인 자본량의 말기 값이 특정한 값이 아닌 부등식의 형태로 주어졌다. 이 경우 TVC는 다음과 같다.

$$\lim_{t\to\infty} k_t\lambda_t = 0, \quad \lim_{t\to\infty} \lambda_t \geq 0,$$

위 TVC의 의미는 k_t와 λ_t 중의 하나는 0의 값을 가져야 한다는 것이다. $\lambda_t = 0$은 무한 기에 자본의 잠재가격(의 현재가치)이 0이어야 한다는 것을 의미한다.

(13) 식에서 λ_t의 변화식을 다음과 같이 고쳐 쓸 수 있다.

$$\lambda_t = \lambda_0 e^{-\int_0^t (f'(k_v) - n - \delta)\,dv}$$

이 식을 TVC에 대입하고 λ_0는 0기 소비의 한계효용, $u'(c_0)$, 과 같아 (+)의 값을 갖기 때문에 생략하면,

$$\lim_{t \to \infty} \lambda_t k_t = 0 \Leftrightarrow \lim_{t \to \infty} k_t e^{-\int_0^\infty (f'(k_v) - n - \delta)\, dv} = 0 \qquad (15)$$

균제상태의 k_t 값이 0이 아니라면, 위의 TVC를 만족하기 위해서는 균제상태의 순한계생산물 $f'(k_t) - \delta$, 즉 이자율이 인구증가율보다 높아야 한다. 즉, $f'(k_t) - \delta = r > n$. 이 조건은 앞으로 다룰 동태적 효율성(dynamic efficiency) 의 조건과 같으며 이 모형의 균제상태에서 항상 만족된다.

위의 TVC의 λ_t를 (12) 식으로 대체하면 다음과 같이 고쳐 쓸 수 있다.

$$\lim_{t \to \infty} u'(c_t) e^{-(\rho - n)t} = 0$$

c_t가 균제상태에서 0으로 가지 않으면 $u'(c_t)$은 어떤 일정한 값으로 가게 된다. $e^{-(\rho - n)t}$은 $\rho > n$ 가정에 의해 0으로 수렴하여 $\lim_{t \to \infty} \lambda_t = 0$이 성립한다.

최적화의 1계조건인 (12), (13), (14)를 통해 구한 세 개의 미분방정식은 세 개의 관심변수인 (c_t, k_t, λ_t)로 구성되어 있다. 이들 방정식을 연립해서 풀면, 각 변수는 시간에 따라 변화하는 식으로 표현된다. 즉, 주어진 제약 하에 목적함수를 극대화하기 위해서는 각 변수가 시간에 따라 움직이는 최적 경로를 구해야 한다.

⊗ 최적화 1계 조건의 풀이와 해석

먼저 (12) 식에서 λ_t, $\dot{\lambda}_t$을 구해 (13)에 대입하여 λ_t를 소거한다.
(12) 식을 시간 미분하면,

$$\dot{\lambda}_t = u''(c_t)\dot{c}_t e^{-(\rho - n)t} - u'(c_t)(\rho - n) e^{-(\rho - n)t} \, ^{3)}$$

---

3) $\dfrac{d(u'(c_t))}{dt} = \dfrac{du'(c_t)}{dc_t} \dfrac{dc_t}{dt} = u''(c_t)\dot{c}_t$

위의 식을 (12) 식으로 양변을 나눈다.[4]

$$\frac{\dot{\lambda_t}}{\lambda_t} = \frac{u''(c_t)\dot{c_t}}{u'(c_t)} - (\rho - n)$$

(13) 식을 고쳐 쓰면,

$$\frac{\dot{\lambda_t}}{\lambda_t} = -[f'(k_t) - (n + \delta)]$$

위의 두 식을 결합하면,

$$\frac{u''(c_t)\dot{c_t}}{u'(c_t)} - (\rho - n) = -[f'(k_t) - (n + \delta)]$$

위 식을 정리하면 다음의 오일러 방정식(Euler equation)이 도출된다.

$$\dot{c_t} = -\frac{u'(c_t)}{u''(c_t)}[f'(k_t) - \delta - \rho]$$

$$\Leftrightarrow \quad \frac{\dot{c_t}}{c_t} = \frac{1}{\theta}[f'(k_t) - \delta - \rho] \qquad (16)$$

$$\text{단, } \theta \equiv -\frac{u''(c_t)c_t}{u'(c_t)} > 0$$

(16) 식에서 소비증가율 $(\frac{\dot{c_t}}{c_t})$의 결정요인을 살펴보자. 소비 증가율에 영향을 미치는 요인은 순자본생산성($f'(k_t) - \delta$), 시간선호율인 미래할인율(ρ), 그리고 위험회피도를 나타내는 파라미터인 θ가 된다. 이들이 다음의 그림에서 가계가 A 경로를 따라 소비할 것인지가, 혹은 B 경로를 따라 소비할 것인지를 결정한다.

---

4) (12) 식을 로그 미분해도 같은 식을 구할 수 있다.

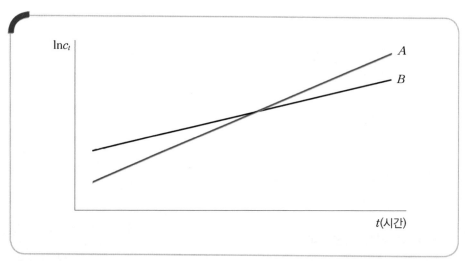

그림 3-1 소비의 경로

자본시장이 균형을 이룰 때, $f'(k_t) - \delta = r_t$이 성립한다. 이윤 극대화 조건을 만족시키는 균형에서는 감가상각분을 제한 자본의 한계생산물이 실질이자율과 같아지기 때문이다. 따라서 (16)의 소비증가율은 $\dfrac{\dot{c_t}}{c_t} = \dfrac{1}{\theta}(r_t - \rho)$로 나타낼 수 있다. 이때 좌변은 $\dfrac{d(\ln c_t)}{dt}$와 같고, 우변은 <그림 3−1> 그래프의 기울기를 보여준다.

(16) 식에 따르면 현재소비 대비 미래소비의 증감은 자본의 순생산성($f'(k_t) - \delta$) 또는 이자율(r_t)과 시간선호율(ρ) 간의 차에 달려 있다. 만일, $r_t > \rho$라면 가계는 현재소비를 줄이고 저축을 늘려 미래소비를 늘리려 할 것이다. 미래소비가 현재소비보다 증가하기 때문에 소비증가율은 양의 값, 즉 $\dfrac{\dot{c_t}}{c_t} > 0$을 의미한다. 반대로 $r_t < \rho$이면 가계가 저축을 줄이고 현재소비를 늘려 $\dfrac{\dot{c_t}}{c_t} < 0$이 된다. 만일 $r_t = \rho$이면 현재소비와 미래소비가 같고 이 경우 $\dfrac{\dot{c_t}}{c_t}$는 0이다.

간단한 2기 모형에서의 소비자의 효용 극대화 문제의 결과를 고려해보자.[5] 소비자의 주관적 할인율(ρ)과 r이 비슷하다면 현재소비와 미래소비를 균등하게 (smoothing) 만들려 한다($c_t = c_{t+1}$). 1기의 소비에서 얻는 한계효용과 2기의 소비에서 얻는 한계효용이 같아지도록 소비하면 2기에 걸친 효용을 극대화할 수 있다. 주관적 할인율이 고정되어 있다면, 결국 2기에 걸친 소비의 결정은 이 자율에 달려 있다. 이자율이 할인율보다 높으면 2기의 소비를 더 하려 하고, 이 자율이 낮으면 현재 소비를 늘린다.

(16)에서 θ는 $(f'(k_t) - \delta)$와 ρ의 차이에 반응하는 정도를 결정한다. θ는 상 대적 위험회피계수(coefficient of relative risk aversion)로 θ의 값이 클수록 위 험을 회피하려는 정도가 크다.[6]

$$\theta = -\frac{u''(c_t)c_t}{u'(c_t)} = -\frac{du'(c_t)/u'(c_t)}{dc_t/c_t} \tag{17}$$

θ는 소비 변화율에 따른 한계효용의 변화 정도를 의미한다. θ가 클수록 효용 곡선이 더 오목한 (무차별 곡선은 볼록한) 형태를 보인다. C와 u(C)의 관계를 나타내는 효용 곡선이 오목할수록 소비자는 위험을 더 기피한다.[7] θ는 항상 0 보다 크다. 위 식에서 C_t, $u'(C_t)$, $u''(C_t)$의 부호가 각각 (+), (+), (−)이기 때 문에 항상 양의 θ가 성립한다. 효용함수가 $u(c_t) = \ln c_t$의 로그 함수인 경우, θ는 1의 값을 갖는다.

---

5) 6장의 6.1.2를 참조하시오.
6) θ를 '상대적' 위험회피계수라고 부르는 것은 그 값이 소비수준과 상관없이 일정하기 때문이 다. $-\dfrac{u''(c_t)}{u'(c_t)}$는 '절대적' 위험회피계수라고 한다. 상대적 위험회피계수가 일정할 때, 소비수 준이 증가하면 절대적 위험회피계수는 하락한다.
7) 예를 들어, 다음 기의 소비가 불확실하여 두 가지 상황이 발생하고 그 때 소비는 C_1, C_2이고 각각의 효용은 $U(C_1)$, $U(C_2)$이다. 소비가 C_1일 확률이 1/2, C_2일 확률이 1/2이라고 가정하 자. 기대 효용은 $[U(C_1) + U(C_2)]/2$이다. 이때의 효용을 어느 상황에도 확실한 소비 $(C_1 + C_2)/2$를 하여 $U[(C_1 + C_2)/2]$의 효용을 얻는 경우와 비교해보자. 효용함수를 그려서 비교해보면, 효용 곡선이 직선이면 (즉, '상대적' 위험회피계수 $\theta = 0$이면) 불확실한 경우나 확실한 경우나 얻는 효용이 같다. 효용함수가 오목할수록, 즉 θ가 클수록, $U[(C_1 + C_2)/2]$의 값이 $[U(C_1) + U(C_2)]/2$보다 크다. 즉, 이 소비자는 확실한 소비를 더 선호하고 위험을 회피 하려는 성향이 크다.

여기서 $1/\theta$는 소비의 기간 간 대체탄력성(intertemporal elasticity of substitution)이라고 하며 현재소비와 미래소비 간의 소비를 대체하는 정도를 말한다. 상대적 위험회피계수인 θ가 클수록, 소비의 기간 간 대체탄력성은 낮아진다.

3.2.4 소비와 자본축적의 동태적 경로

최적 제어이론의 최적화 1계 조건은 다음과 같은 k_t, c_t의 동태적 경로(dynamic path)를 유도한다.

$$\frac{\dot{c_t}}{c_t} = \frac{1}{\theta}[f'(k_t) - \delta - \rho] \tag{16}$$

$$\dot{k_t} = f(k_t) - c_t - (n+\delta)k_t \tag{14}$$

두 식은 주어진 k_t의 초기 값(k_0)에 따른 c_t와 k_t의 동태적 움직임을 보여준다. (16) 식에 따르면 k_t가 증가하면 한계생산물 $f'(k_t)$이 감소하면서 c_t의 증가율이 점점 하락한다. 초기에 자본량이 적고 자본의 한계생산물이 높은 상태 $(f'(k_t) - \delta > \rho)$에서 출발하였다면 $\frac{\dot{c_t}}{c_t} > 0$로 c_t가 증가하지만, 점차 $f'(k_t)$가 감소하여 $\frac{\dot{c_t}}{c_t} = 0$이 된다. 결국, 일인당 소비 c_t가 일정한 상태가 된다. c_t에 변화가 없으면 (14) 식으로부터 k_t도 변화가 없음을 알 수 있다.

≫ 균제상태(steady state)

이 모형에서는 시간이 지나면 일인당 소비, 일인당 자본량의 변화가 없는 상태에 도달한다. 이 상태를 균제상태 또는 균형성장경로로 정의한다. 한 경제가 균제상태에 도달하면, $\dot{c_t} = \dot{k_t} = 0$이 성립하고 이를 만족하는 k^*, c^*값은 (16) 식과 (14) 식을 통해 도출된다.

$$\frac{\dot{c}}{c} = 0 \iff f'(k^*) = \delta + \rho \tag{18}$$

$$\dot{k} = 0 \iff c^* = f(k^*) - (n+\delta)k^* \tag{19}$$

위 연립방정식을 그래프로 그려 k^*, c^*값을 구해보자.

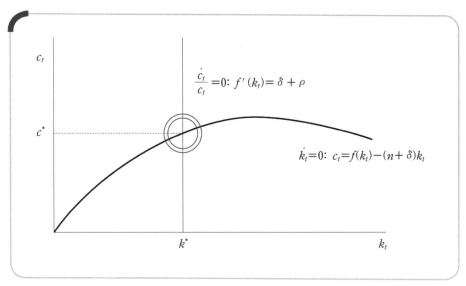

그림 3-2 일인당 소비(c_t)와 일인당 자본량(k_t)의 균제상태

위 그림에서 수직선은 소비의 변화가 0인 (18) 식을 만족하는 좌표평면상의 c와 k의 조합을 의미한다. 다른 곡선은 자본의 변화가 0인 (19)식을 만족하는 c와 k의 조합을 가리킨다. 두 선이 만나는 지점인 (k^*, c^*)에서 균제상태가 만족된다.

균제상태에서는 다음 관계가 성립한다.

$f'(k^*) = \delta + \rho \iff r^* = f'(k^*) - \delta = \rho$: 균제상태에서 자본의 순생산물, 즉 이자율은 시간선호율과 같다.

$c^* = f(k^*) - (n+\delta)k^*$: 균제상태의 일인당 소비는 일인당 총생산에서 일인당 자본을 일정하게 유지하는 데 필요한 자본량을 뺀 것과 같다.

균제상태에서 일인당 소비와 일인당 자본량의 증가율은 0이다. 현재 단순화한 Ramsey−Cass−Koopmans 모형에서는 기술진보가 없다고 가정하였기 때문에 전체 소비(C)와 자본량(K)의 증가율은 인구증가율(n)과 같다. 따라서 생산량의 증가율, 즉 경제성장률($\frac{\dot{Y}}{Y}$)은 인구증가율과 같다.

Ramsey−Cass−Koopmans 모형은 솔로우 모형과 마찬가지로 외생적 기술진보가 없을 때, 경제가 균제상태에 도달하면 일인당 소득의 지속적 성장이 일어나지 않는다. 즉, 자본축적만으로는 지속적 성장이 불가능하다.

⟫ 수정 황금률(modified golden rule)

Ramsey−Cass−Koopmans 모형에서 황금률을 만족하는 자본량은 (19) 식을 통해 구할 수 있다.

황금률의 자본량은 $c^* = f(k^*) - (n+\delta)k^*$에서 c^*가 극대화되는 다음 조건을 만족한다.

황금률 $k_g^* : f'(k_g^*) = n + \delta$

한편 Ramsey−Cass−Koopmans의 균제상태는 다음을 만족한다.

$$k^* : f'(k^*) = \delta + \rho \tag{20}$$

균제상태의 자본량과 황금률의 자본량을 비교해보면, $\rho > n$ 가정 하에 황금률의 자본량이 더 크다. $\rho > n$이면, $f'(k^*) > f'(k_g^*)$이고 자본의 한계생산물은 자본량과 역의 관계이므로 $k^* < k_g^*$이다. 따라서 균제상태의 일인당 소비는 황금률의 일인당 소비보다 작다. 일인당 소비가 극대화되는 지점이 황금률의 자본량을 만족하기 때문이다. <그림 3−3>을 보면, 균제상태에서 일인당 자본량(k^*)이 k_g^*보다 작고 k^*에서의 소비수준이 k_g^*의 소비수준보다 낮다.

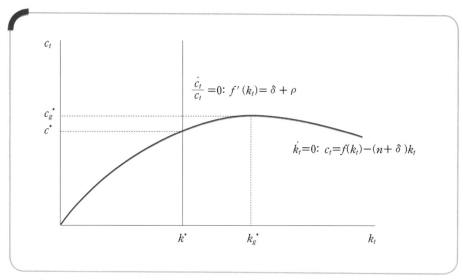

그림 3-3 c_t와 k_t의 동태적 경로

균제상태에서 일인당 자본량(k^*)이 k_g^*보다 항상 작은 이유가 무엇일까? 무한기를 사는 소비자 겸 생산자가 일정 시기를 지나 균제상태에 이르면 일인당 소비는 일정한 수준이 된다. 균제상태의 일정한 소비수준이 황금률의 소비보다 작은 이유는 무한 기에 걸친 효용을 극대화하는 과정에서 미래소비의 효용을 할인하기 때문이다. 즉, 가계가 현재소비에 더 많은 효용을 부여하고 미래소비의 효용을 할인하기 때문에 경제가 균제상태에 이르렀을 때에는 일인당 소비가 황금률의 소비보다 낮게 형성되는 것이다.

그렇다면 경제가 k^*에서 k_g^*로 옮겨가는 것이 최적인지 생각해볼 필요가 있다. 만일 대표가계가 현재소비를 줄이고 투자를 늘려서 황금률의 자본량 k_g^*와 황금률의 소비 c_g^*를 달성한다고 하자. 이는 무한 기에 걸친 효용의 합계를 오히려 낮추는 결과를 낳기 때문에 바람직하다고 볼 수 없다. 따라서 k^*에서 k_g^*로 옮겨가는 것은 최적이 아니다. 만일 현재 자본량이 황금률 k_g^*이라면, 현재 저축을 줄이고 소비를 늘려서 자본량을 k^*로 낮추는 것이 바람직하다. 그 이유는 미래소비의 효용이 할인되기 때문에 균제상태의 소비를 줄이고 현재소비를 늘리는 것이 전체 효용을 증가시키기 때문이다.

Ramsey−Cass−Koopmans 모형에서는 균제상태의 자본량 k^*를 수정 황금률의 자본량이라고 한다. 수정 황금률의 자본축적은 지금부터 미래 무한 기에 걸친 모든 기에서 효용의 현재가치 합계를 극대화하는 자본축적이다. 수정 황금률을 만족하는 자본축적은 동태적 효율성(dynamic efficiency)을 갖기 때문에 과소 또는 과잉저축이 일어나지 않는다. Ramsey−Cass−Koopmans 모형에서 경제는 황금률의 자본축적을 달성하지 못하지만, 수정 황금률의 자본축적을 달성한다.

≫ 이동 경로

지금까지 균제상태의 자본량(k^*)과 소비(c^*)에 대해 알아보았으니 균제상태 밖에서의 k와 c의 이동경로(transition path)를 살펴보자. <그림 3−4>는 $\dot{k}_t = f(k_t) - c_t - (n+\delta)k_t$, $\dot{k}_t = 0$를 만족하는 (k, c) 평면상의 그래프이다.

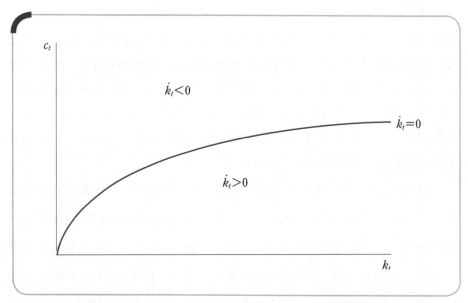

그림 3-4 k_t의 동태적 경로

앞서 그림에서 곡선의 아래쪽에서는 c가 $\dot{k}_t = 0$을 만족하는 소비보다 적기 때문에 (14)식에서 $\dot{k}_t > 0$이 성립하고 k가 증가한다. 반대로 위쪽에서는 k가 감소한다.

<그림 3-5>는 $\dfrac{\dot{c}_t}{c_t} = \dfrac{1}{\theta}[f'(k) - \delta - \rho] = 0$을 만족하는 (k,c) 평면상의 그래프로 c의 동태적 경로를 파악할 수 있다.

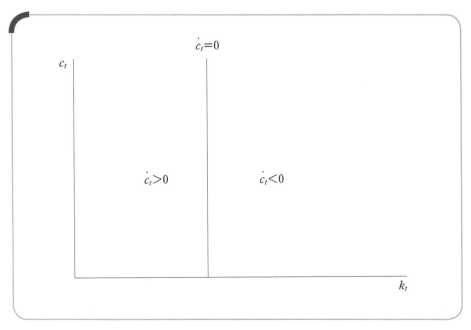

그림 3-5 c_t의 동태적 경로

수직선의 왼쪽에서는 k가 $\dot{c}_t = 0$을 만족하는 자본량보다 적으므로 $f'(k)$가 더 높아서 (16) 식에서 $\dot{c}_t > 0$이 성립하고 c가 증가한다. 반대로 오른쪽에서는 c가 감소한다.

위의 결과를 결합하여 균제 상태 밖에서 k, c의 이동경로를 보여주는 위상도(phase diagram)를 그리면 <그림 3-6>과 같다. 두 선이 만나는 점이 균제상태이고 이 지점에서 k_t, c_t는 변화가 없다. 두 선이 만나면서 네 구역(위상)이 나뉘고 각각의 구역 내에서는 (k_t, c_t)의 이동 방향이 같다.

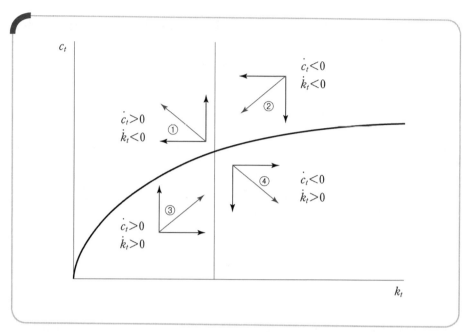

그림 3-6 k_t와 c_t의 위상도

①, ④에서 출발한 경제는 균제상태에 도달할 수 없을 뿐만 아니라 모형의
가정에 의해 최적경로에서 배제된다. ①의 경로로 이동하는 경제에서 k는 점차
줄어들어 $k_t = 0$이 되는 수직축에 도달한다. 이 경우 생산이 0이 되고 소비도 0
이 되어 (k,c)는 원점으로 추락한다. 이는 소비를 균등하게 하여 무한 기에 걸친
효용의 현재가치 합계를 극대화하는 경로가 아니다. 반면에 ④의 경로에서는 k
가 늘어남에 따라 c가 줄어들면서 0에 가까운 값을 향한다. 자본의 한계 생산성
이 낮아지고 소비의 한계효용이 높아짐에도 불구하고 자본축적이 지속되기 때
문에 최적화의 원리에 부합하지 않는다. 소비의 한계효용이 거의 무한대까지 이
르는데도 가계가 소비를 늘리지 않고 자본의 한계 생산성이 매우 낮아도 저축과
자본축적을 지속한다면 무한 기에 걸친 효용 극대화를 이루지 못하는 것이다.

결국 ②와 ③을 통해 경제는 균제상태에 이르는 경로를 그린다. ②에서는 k,
c가 동시에 증가하고 ③에서는 k,c가 동시에 감소하여 균제상태에 도달한다.
②, ③에서 균제상태로 이동하는 경로는 유일하며 마치 말의 안장과 같은 형태
라고 하여 안장 경로(saddle path)라고 부른다.

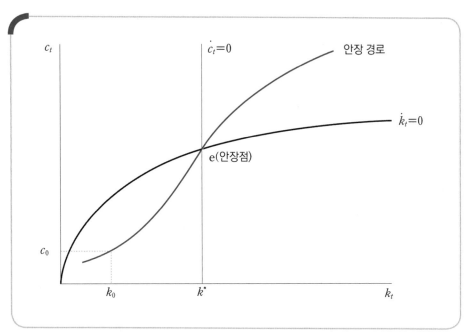

그림 3-7 c_t와 k_t의 안장 경로

안장 경로가 유일한 이유는 경제의 이동경로가 안장 경로를 조금이라도 벗어나는 경우 ①, ④ 구역으로 발산하게 되기 때문이다.[8] <그림 3−7>에서 보면, 경제가 균제상태인 안장점 e로 이동하기 위해서는 주어진 초기 자본량 k_0에 대해 유일한 안장 경로인 (k_0, c_0)의 점을 선택해야 한다. 만일 초기 소비가 c_0보다 높으면 경제는 안장 경로를 벗어나 <그림 3−6>의 ①의 경로로 가게 된다. 초기 소비가 c_0보다 낮다면 경제는 안장 경로를 벗어나 ④의 경로로 이동하게 된다.

k_0에서 k^*로 이동하는 안장 경로에서 k, c의 성장률을 살펴보자. (16) 식 $\dfrac{\dot{c_t}}{c_t} = \dfrac{1}{\theta}[f'(k_t) - \delta - \rho]$에 의하면 k_t가 증가하면서 자본의 한계생산성 $f'(k_t)$가 낮아지기 때문에 $\dfrac{\dot{c_t}}{c_t}$ 는 하락하여 균제상태에서는 0이 된다. 결국, 일인당 소비

---

8) 수학적으로는 $\dot{k_t} = 0$와 $\dot{c_t} = 0$을 만족하는 c_t, k_t의 연립 미분방정식을 풀면 c_t, k_t의 변화식이 안장 경로와 같다.

c_t가 일정한 균제상태에 도달하면 k_t도 변화가 없다.

안장 경로에서 자본량의 증가율은 좀 더 복잡하다. (14) 식을 고쳐 쓰면,

$$\frac{\dot{k_t}}{k_t} = \frac{f(k_t)}{k_t} - \frac{c_t}{k_t} - (n+\delta)$$

$\dfrac{f(k_t)}{k_t}$는 자본의 평균생산성으로 k_t가 증가하면서 그 값이 하락한다. 문제는 k_t가 증가할 때 $\dfrac{c_t}{k_t}$의 변화 방향이 확실하지 않다는 점이다. 자본량이 늘어남에 따라 $\dfrac{c_t}{k_t}$가 상승하면 $\dfrac{\dot{k_t}}{k_t}$는 점차 하락하지만, $\dfrac{c_t}{k_t}$가 하락하고 하락속도가 $\dfrac{f(k_t)}{k_t}$보다 빠르면 $\dfrac{\dot{k_t}}{k_t}$는 상승한다. 그런데 $\dfrac{c_t}{k_t} = [1-s]\dfrac{f(k_t)}{k_t}$이기 때문에 k_t 증가에 따라 $\dfrac{f(k_t)}{k_t}$가 빠르게 하락하면서 전체가 하락할 가능성이 크다. 저축률 (s)은 효용함수와 생산함수의 파라미터들의 값에 따라 일정하거나 초기 저축률에서 균제상태의 저축률로 점점 커지거나 줄어들며 수렴한다.[9] 일반적으로 일인당 자본(소득)이 늘어날수록 저축률이 높아지는 성향을 보인다. 어쨌든 $\dfrac{\dot{k_t}}{k_t} = s(k)\dfrac{f(k_t)}{k_t} - (n+\delta)$에서 k_t 증가에 따라 저축률(s)이 계속 상승하는 일이 없이 $\dfrac{f(k_t)}{k_t}$가 빠른 속도로 하락하면 $\dfrac{\dot{k_t}}{k_t}$가 하락하여 0으로 수렴한다. 경제가 균제상태에 이르면 일인당 자본의 축적이 일정 수준에서 멈춘다. 따라서 솔로우 모형과 마찬가지로 Ramsey-Cass-Koopmans 모형 또한 자본축적만으로는 지속적인 경제성장이 불가능하다는 점을 말해준다.

---

9) Barro and Xala-i-Martin(2004, chapter 2.6.4)를 참조하시오.

3.3 Ramsey-Cass-Koopmans 모형

이제 Ramsey−Cass−Koopmans의 일반적인 모형을 분석한다. 시장 경제에서 소비자와 생산자는 각각 동태적 최적 의사결정을 한다. 소비자의 효용 극대화와 생산자의 이윤 극대화를 만족하는 자원 배분이 이루어지고 이에 따라 경제가 성장한다. 이제 기술진보를 도입한다. 기술진보율은 솔로우 모형과 마찬가지로 외생적으로 주어진다.

$$\frac{\dot{A}_t}{A_t} = g \Leftrightarrow A_t = A_0 e^{gt}$$

초기 기술 수준을 1로 가정하여($A_0 = 1$), $A_t = e^{gt}$.

3.3.1 생산자의 의사결정

경제는 무수히 많은 기업이 존재하는 완전경쟁 시장이라고 가정한다. 생산함수는 아래의 신고전파 생산함수를 사용한다.

$$Y_t = F(K_t, A_t L_t) \Leftrightarrow y_t = f(k_t)$$

단, $y_t \left(\equiv \dfrac{Y_t}{A_t L_t} \right)$는 유효노동력당 생산량, $k_t \left(\equiv \dfrac{K_t}{A_t L_t} \right)$는 유효노동력당 자본량.

기업은 완전경쟁 요소시장에서 노동력을 고용하고 자본을 빌린다. 개별 기업은 시장에서 주어진 임금과 이자율(자본의 임대료)에 맞추어 다음의 이윤 극대화 조건을 만족하는 생산요소를 결정한다.

$$r_t \equiv MPK_t - \delta = f'(k_t) - \delta \tag{20}$$
$$W_t = A_t [f(k_t) - k_t f'(k_t)] \tag{21}$$

일인당 임금(W_t)을 유효노동력($A_t L_t$)당 임금으로 전환하면,

$$w_t = f(k_t) - k_t f'(k_t), \quad \text{단 } w_t \equiv W_t / A_t$$

3.3.2 소비자의 의사결정

t=0기부터 무한 기까지 사는 대표가계를 가정하자. 이 대표가계는 가구원 전체의 소비에 대한 의사결정을 한다. 전체 가계소비는 가구원 1인의 소비에 가구원 수를 곱한 것과 같고, 가구원 수는 인구 수와 같다. 매기 인구증가율은 n 으로 일정하다.

$$\frac{\dot{L}_t}{L_t} = n \Leftrightarrow L_t = L_0 e^{nt} \ (L_0 = 1 \text{ 가정 }) \Rightarrow L_t = e^{nt}$$

대표가계는 t=0 시점에서 모든 기에 걸쳐 가계 효용의 현재가치 합계를 극대화하는 동태적 최적화를 한다. 목적함수는 다음과 같다.

$$U = \int_0^\infty u(C_t) L_t e^{-\rho t} \, dt$$
$$= \int_0^\infty u(C_t) e^{-(\rho - n)t} dt$$

단, 2절과 다르게 일인당 소비를 C_t로 표시한다. c_t는 아래에서 유효노동력당 소비를 표시한다.

≫ 대표가계의 효용함수

가계의 목적함수에서 $u(C_t)$는 주어진 시점에서 가계 구성원의 효용 수준을 나타내는 순간효용함수(instantaneous utility function)이다. 순간효용함수로 상대적 위험회피계수가 항상 일정한 다음의 CRRA(Constant Relative Risk Aversion) 효용함수를 가정하자.

$$u(C_t) = \frac{C_t^{1-\theta}}{1-\theta}, \quad \theta > 0 \text{ 10)}$$

(22)

---

10) $\theta \to 1$인 경우에 순간효용함수는 $\ln C_t$가 된다. 이를 보이려면 먼저 CRRA효용함수에서

CRRA 효용함수에서 상대적 위험회피계수(coefficient of relative risk aversion)인 θ가 일정한 것은 다음의 식을 통해 쉽게 알 수 있다.

$$\theta = -\frac{u''(C_t)\,C_t}{u'(C_t)} = -\frac{du'(C_t)/u'(C_t)}{dC_t/C_t}$$

≫ 가계의 예산제약

대표가계는 매기마다 가계소득을 소비하고 남은 나머지를 저축하여 자산(금융자산, 실물자산)을 축적한다. 가계소득은 근로소득과 자산소득의 합계이다. 가계의 예산제약은 자산 보유량의 변동(즉, 저축)을 표시하는 $\dot{B}_t$의 결정식으로 표현된다.

$$\dot{B}_t = Y_t - C_t L_t = w_t(A_t L_t) + r_t B_t - C_t L_t$$

단, B_t: 대표가계의 매기 (금융)자산 보유량,

　　$w_t(A_t L_t)$: 근로소득, $r_t B_t$: (금융)자산소득

위의 식을 유효노동력당 자산 보유량으로 표시하기 위해 예산 제약식의 양변을 $A_t L_t$로 나누면 다음과 같다.

$$\frac{\dot{B}_t}{A_t L_t} = w_t + r_t b_t - c_t, \quad \left(b_t \equiv \frac{B_t}{A_t L_t}, \; c_t \equiv \frac{C_t}{A_t} \right)$$

$\dot{b}_t \equiv \left(\dfrac{\dot{B}_t}{A_t L_t} \right) = \dfrac{\dot{B}_t}{A_t L_t} - (n+g)b_t$를 이용하여 위 식을 정리하면 다음과 같다.

$$\dot{b}_t = w_t + (r_t - n - g)b_t - c_t \tag{23}$$

$1/(1-\theta)$를 뺀다. 이렇게 효용함수를 상수만큼 변화시켜도 소비자 행위에는 변화가 없다. 변화한 효용함수를 로피탈의 법칙(l'Hôpital's rule)에 의해 분모와 분자의 1계 도함수의 극한을 구하면 로그 효용함수가 된다.

⨂ 노폰지 게임 조건(no-Ponzi game condition)

가계는 마지막 기(무한 기)에 부채를 남길 수 없다. 무한 기에 가계가 부채를 남길 수 있다면, 효용 극대화를 위한 소비자의 최적 선택은 무한대로 빌려서 무한대로 소비하는 것이다. 이는 자원이 무한해야 가능한 이야기다. 무한 기(마지막 기)에 가계가 빚을 남길 수 없다는 조건을 노폰지 게임(no-Ponzi game) 조건이라고 한다. 이 조건은 마지막 기 자산의 현재가치가 0보다 크거나 같아야 한다는 다음의 식으로 표현된다.

$$\lim_{t \to \infty} B_t e^{-\int_0^t r_v \, dv} \geq 0 \qquad\qquad (24)$$

매기마다 이자율이 변화한다는 가정하에 위와 같은 형태로 나타난다.[11] 복합 이자율을 $R_t = \int_0^t r_v \, dv$로 치환하여 다시 쓰면,

$$\lim_{t \to \infty} B_t e^{-R_t} \geq 0$$

이자율이 매기마다 일정하면 다음과 같다.

$$\lim_{t \to \infty} B_t e^{-rt} \geq 0$$

만일 가계가 무한 기까지 자산이 아닌 부채를 보유하고 있다면, $\lim\limits_{t \to \infty} B_t < 0$ 이고 위의 조건을 만족하지 못한다. 이는 노폰지 게임을 위반한다.

---

11) 이산 시간인 경우 T기 가계자산 B_T의 현재가치는 $\dfrac{B_T}{(1+r_1)(\cdots)(1+r_{T-1})}$ 이다.

≫ 0부터 무한 기에 걸친 가계 예산제약

대표가계는 매 시점에서 주어진 임금(w), 이자율(r)에 의해 결정된 전체 소득(근로소득과 자산소득의 합계)을 소비하고 남은 나머지로 자산을 축적한다. 이 자산은 기업이 보유한 물적 자본에 대한 증권을 가계가 구입하여 보유하는 것으로 생각할 수 있다. 매 시점의 예산 제약식(flow budget constraint)은 다음과 같다.

$$\dot{B}_t = w_t (A_t L_t) + r_t B_t - C_t L_t$$
$$\rightarrow \dot{B}_t - r_t B_t = w_t (A_t L_t) - C_t L_t \tag{25}$$

위 식을 다시 정리하면, 아래의 식을 얻는다.[12]

$$\int_0^\infty C_t L_t e^{-\int_0^t r_v dv} dt = \int_o^\infty w_t (A_t L_t) e^{-\int_0^t r_v dv} dt + B_0 - \lim_{t \to \infty} B_t e^{-\int_0^t r_v dv} \tag{26}$$

위의 예산 제약식(intertemporal budget constraint)에 따르면 소비의 현재가치 합계는 근로소득의 현재가치 합계와 최초 자산의 합계에서 마지막 기에 남는 자산의 현재가치를 제한 값과 같다. 이때 노폰지 게임 조건 하에 합리적 소비자는 $\lim_{t \to \infty} B_t e^{-\int_0^t r_v dv} = 0$을 선택하기 때문에 마지막 항은 0이 되어 예산제약식에서 제외된다. 이 조건은 다음 절의 횡단 조건(transversality condition)과 같다.

≫ 가계의 동태적 최적화

이제 위의 조건들을 고려하여 대표가계의 효용 극대화 모형을 설정한다.

$$Max \ U \ = \int_0^\infty u(C_t) L_t e^{-\rho t} \, dt = \int_0^\infty \frac{C_t^{1-\theta}}{1-\theta} e^{-(\rho-n)t} \, dt$$

---

12) 3장의 부록을 참조하시오.

$$s.t. \quad \dot{B}_t = w_t A_t L_t + r_t B_t - C_t L_t$$

$$\lim_{t \to \infty} B_t e^{-R_t} \geq 0$$

단, $R_t = \int_0^t r_v \, dv$

B_0, w_t, r_t는 주어진다.

위의 문제를 유효노동력당 소비(c)와 유효노동력당 자산(b)으로 나타내면 다음과 같다.[13]

$$Max \quad U = \int_0^\infty \frac{(c_t A_t)^{1-\theta}}{1-\theta} e^{-(\rho-n)t} \, dt$$

$$= \int_0^\infty \frac{c_t^{1-\theta}}{1-\theta} e^{(1-\theta)gt} e^{-(\rho-n)t} \, dt \quad = \int_0^\infty \frac{c_t^{1-\theta}}{1-\theta} e^{-(\rho-n-(1-\theta)g)t} \, dt$$

$$= \int_0^\infty \frac{c_t^{1-\theta}}{1-\theta} e^{-Xt} \, dt \, (\, 단, \, X \equiv \rho - n - (1-\theta)g \,)$$

$$s.t. \quad \dot{b}_t = w_t + (r_t - n - g)b_t - c_t$$

$$\lim_{t \to \infty} b_t e^{(n+g)t} e^{-R_t} \geq 0$$

b_0, w_t, r_t는 주어진다.

이 문제에서 아래 조건을 추가한다.

$$X \equiv \rho - n - (1-\theta)g > 0$$

이를 boundness 조건이라고 하며 무한기로 가면서 목적함수가 발산하지 않도록 한다. 이 조건이 만족되어야 목적함수가 미래의 유효노동력당 소비에서 얻

---

13) 효용함수를 유효노동력당 소비 $c_t \equiv \dfrac{C_t}{A_t}$를 이용하여 아래처럼 고쳐 쓴 식을 대입하였다.

$$\frac{C_t^{1-\theta}}{1-\theta} = \frac{(c_t A_t)^{1-\theta}}{1-\theta} = \frac{c_t^{1-\theta}}{1-\theta} A_0^{1-\theta} e^{(1-\theta)gt} = \frac{c_t^{1-\theta}}{1-\theta} e^{(1-\theta)gt} \quad (A_0 = 1)$$

는 효용을 할인하여 합친 적분 값으로 구해진다. 이 조건이 성립하지 않으면, 시간이 지남에 따라 순간효용의 값이 계속 커져서 최적화 문제의 의미가 사라진다. $g = 0$인 경우 $\rho > n$와 같다. 이는 가계가 자신의 현재소비를 자손들의 미래소비보다 중요하게 생각한다는 의미다. 만약 $\rho < n$이면, n을 상승시키는 것이 가계 효용 극대화의 해법일 것이다.

최적제어이론을 적용하여 가계의 동태적 최적화의 문제를 풀어보자.

>> 1단계 해밀토니언(Hamiltonian) 함수를 구성한다.

$$H(c_t, b_t, \lambda_t, t) = \frac{c_t^{1-\theta}}{1-\theta} e^{-Xt} + \lambda_t [w_t + (r_t - n - g)b_t - c_t] \tag{27}$$

>> 2단계 최적화 1계 조건들을 구하면 다음과 같다.

$$\frac{\partial H_t}{\partial c_t} = 0 \quad \Rightarrow \quad u'(c_t)e^{-xt} = \lambda_t \quad \Leftrightarrow \quad c_t^{-\theta} e^{-xt} = \lambda_t \tag{28}$$

$$\frac{\partial H_t}{\partial b_t} = -\dot{\lambda}_t \quad \Rightarrow \quad (r_t - n - g)\lambda_t = -\dot{\lambda}_t \tag{29}$$

$$\frac{\partial H_t}{\partial \lambda_t} = \dot{b}_t \quad \Rightarrow \quad \dot{b}_t = w_t + (r_t - n - g)b_t - c_t \tag{30}$$

>> 3단계 횡단 조건(TVC, Transversality Condition)

$$\lim_{t \to \infty} \lambda_t b_t = 0 \tag{31}$$

(28) 식을 보면 λ_t는 t기 소비의 한계효용의 현재가치이다. λ_t는 b_t의 잠재가격의 현재가치와 같다. (29) 식은 자산 가치가 시간에 따라 변화하는 것을 나타낸다. (30)식은 예산제약식이다. TVC는 효용 극대화를 위해서 마지막 기에 남은 b_t의 현재가치가 0이 되어야 한다는 제약을 나타낸다. (29) 식에서 λ_t의 변화식을 다음과 같이 고쳐 쓸 수 있다.

$$\lambda_t = \lambda_0 e^{-\int_0^\infty (r_v - n - g)\, dv}$$

이 식을 TVC에 대입하여 고쳐 쓰면(λ_0는 0기 소비의 한계효용($u'(c_0)$)과 같아 (+)의 값을 갖기 때문에 제외),

$$\lim_{t\to\infty}\lambda_t b_t = 0 \Leftrightarrow \lim_{t\to\infty} b_t e^{-\int_0^\infty (r_v - n - g)\, dv} = 0 \quad \Leftrightarrow \quad \lim_{t\to\infty} B_t e^{-\int_0^t r_v\, dv} = 0$$

위의 TVC를 만족하려면 균제상태의 이자율 r_t가 $(n+g)$보다 커야 한다. 위 식은 마지막 기에 남는 가계자산의 현재가치가 0이 되어야 한다는 것을 뜻한다. 최적화의 1계 조건을 결합하면 c_t, b_t의 동태적 경로를 구할 수 있다.

(28) 식을 log 미분하면, $\quad -\theta\dfrac{\dot{c}_t}{c_t} - X = \dfrac{\dot{\lambda}_t}{\lambda_t}$

(29) 식을 고쳐 쓰면, $\quad \dfrac{\dot{\lambda}_t}{\lambda_t} = -(r_t - n - g)$

위 두 식을 결합하면, 소비의 동태적 변화를 나타내는 오일러 방정식을 얻는다.

$$\begin{aligned}
\frac{\dot{c}_t}{c_t} &= \frac{1}{\theta}[(r_t - n - g) - X]\\
&= \frac{1}{\theta}[r_t - n - g - [\rho - n - (1-\theta)g]]\\
&= \frac{1}{\theta}[r_t - \rho - \theta g]\\
&= \frac{1}{\theta}(r_t - \rho) - g
\end{aligned}$$

따라서 경제의 최적 소비와 자산의 동태적 경로는 오일러 방정식과 예산제약 식으로 결정된다.

$$\frac{\dot{c}_t}{c_t} = \frac{1}{\theta}(r_t - \rho) - g \qquad\qquad (32)$$

$$\dot{b}_t = w_t + (r_t - n - g)b_t - c_t \qquad\qquad (30)$$

3.3.3 소비와 자본축적의 동태적 경로

지금까지는 가계의 입장에서 소비자의 효용 극대화를 위한 동태적 최적화를 살펴보았다. 시장 균형을 위해서는 생산자의 이윤 극대화 조건이 만족되어야 한다. 소비자와 생산자의 의사가 일치하는 지점에서 시장 균형이 달성된다.

생산자의 이윤 극대화 조건은 다음과 같다.

$$r_t \equiv MPK_t - \delta = f'(k_t) - \delta$$
$$w_t = f(k_t) - k_t f'(k_t)$$

시장 균형 조건은 매기에 소비자가 축적하는 (금융)자산과 생산자가 생산에 사용하는 (실물)자본량이 일치하는 것이다.

$$b_t = k_t$$

(32), (30), (31) 식에 위의 식들을 대입하여 정리하면 다음과 같다. 여기서 기술진보율 $g = 0$이면, 소비와 자본축적 경로를 보여주는 아래의 식은 앞 절의 단순화된 Ramsey$-$Cass$-$Koopmans 모형과 같다.[14]

$$\frac{\dot{c}_t}{c_t} = \frac{1}{\theta}[f'(k_t) - \delta - \rho] - g \qquad\qquad (33)$$

$$\dot{k}_t = f(k_t) - c_t - (n + g + \delta)k_t \qquad\qquad (34)$$

---

14) 이를 통해 이전 모형에서 소비자 겸 생산자인 중앙집권계획자(central planner), 즉 사회계획자(social planner)가 자원배분을 최적화하여 결정하는 경제 성장경로와 시장 균형으로 결정되는 경제 성장경로가 일치함을 알 수 있다. 시장 실패가 없다면, 시장 균형과 중앙집권자의 균형은 같다. 이를 '후생경제학의 제1정리'라고 한다.

$$\text{TVC: } \lim_{t\to\infty}\lambda_t k_t = 0 \Leftrightarrow \lim_{t\to\infty} k_t e^{-\int_0^\infty (f'(k_v) - \delta - n - g)\,dv} = 0 \tag{35}$$

≫ 균제상태

균제상태는 유효노동력당 소비의 증가율과 유효노동력당 자본의 증가율이 모두 0이 되는 상태($\dfrac{\dot{c_t}}{c_t} = \dfrac{\dot{k}}{k_t} = 0$)를 말한다. 균제상태의 c_t, k_t는 다음과 같이 구해진다.[15]

$$\dot{c_t} = 0 = \frac{1}{\theta}[f'(k^*) - \delta - \rho - \theta g]c^* \Rightarrow f'(k^*) = \delta + \rho + \theta g \tag{36}$$

$$\dot{k_t} = f(k^*) - c^* - (n + g + \delta)k^* = 0 \Rightarrow c^* = f(k^*) - (n + g + \delta)k^* \tag{37}$$

≫ 수정 황금률

앞 절에서 살펴본 것처럼 수정 황금률을 만족하는 자본축적량과 소비량은 황금률의 자본축적량과 소비량보다 적다. 수정 황금률을 만족하는 균제상태의 소비량과 자본량을 각각 c_{mg}^*, k_{mg}^* 라고 하자. 그렇다면 아래의 두 식이 성립한다.

$$f'(k_{mg}^*) = \delta + \rho + \theta g$$
$$c_{mg}^* = f(k_{mg}^*) - (n + \delta + g)k_{mg}^*$$

황금률을 만족하는 균제상태의 소비량과 자본량을 각각 c_g^*, k_g^* 라고 하자. 아래의 두 식이 성립한다.

$$f'(k_g^*) = n + \delta + g$$
$$c_g^* = f(k_g^*) - (n + \delta + g)k_g^*$$

---

15) (36), (37)식은 기술진보율 g=0이면 (18), (19)식과 같다.

효용함수의 boundness 조건인 $(\rho - n - (1-\theta)g > 0)$을 이용하면,

$$f'(k_g^*) < f'(k_{mg}^*) \quad \Leftrightarrow \quad k_g^* > k_{mg}^*, \quad c_g^* > c_{mg}^*$$

Ramsey $-$ Cass $-$ Koopmans 모형에서 수정 황금률을 만족하는 자본축적은 동태적 효율성을 갖는다.[16] k_{mg}^*를 k_g^*로 이동시키는 것은 현재소비를 감소시켜 효용 극대화 측면에서 바람직하지 않다.

≫ 이동경로

초기값 k_0가 주어졌을 때, 경제가 균제상태로 이동해가는 경로를 알아보자. <그림 3$-$8>은 (33)과 (34)식을 만족하는 c_t와 k_t의 동태적 경로를 보여준다.

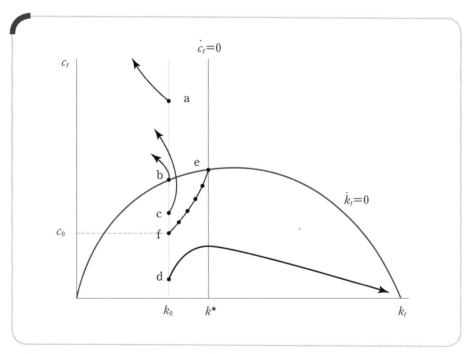

그림 3-8 c_t와 k_t의 초기값에 따른 동태적 경로

---

16) 균제상태의 이자율 r이 (n+g)보다 큰 동태적 효율성의 조건은 TVC를 반드시 만족한다.

주어진 k_0에 대해 경제는 안장 경로에 위치한 c_0를 결정한다. 최초 균형점 f 에서 출발한 경제는 안장 경로를 타고 균제상태인 점 e로 수렴한다. 앞서 그림 에서 초기 소비수준이 안장 경로의 소비보다 높은 a, b, c의 경우 자본량 k가 $\dot{k}_t = 0$선 위에서 감소하게 된다. k가 0이 되는 순간 생산과 소비가 모두 0이 되 고 소비가 불연속적으로 감소하면서 (33) 식의 최적화 1계 조건을 위반한다. 자 본량이 음의 구간으로 진입하면서 소비를 지속할 경우 가계가 무한 기까지 부채 를 축적하게 되어 노폰지 게임 조건을 위반한다.

초기의 소비수준이 안장 경로의 소비보다 적은 d의 경우는 $\dot{k}_t = 0$선 밑에서 자본이 지속적으로 증가해 소비는 감소한다. 자본량 k가 수정 황금률을 넘어서 서 많아지면 $f'(k_t) < \delta + \rho + \theta g$이 되고 일인당 소비가 극대화되는 황금률의 자본축적을 넘어서면 $f'(k_t) < n + \delta + g$이 된다. 이는 과잉저축, 투자 상태 로 TVC 조건을 위배하게 되므로 합리적인 의사결정(효용 극대화)에 어긋난다. 따라서 c_t와 k_t의 동태적 경로상에 유일한 안장 경로가 존재한다.

3.4 정부지출의 효과

지금까지 정부 부문이 도입되지 않은 Ramsey-Cass-Koopmans 모형을 분 석하였다. 이제 정부를 도입하여 모형을 확장하자. 여기서는 정부가 모든 구성 원에게 같은 금액의 정액세(lump-sum tax)를 부과하여 소비지출에 재원을 사 용하는 경우 경제적 효과를 분석하고자 한다. 정부는 소득세를 부과할 수도 있 고 세금 수입으로 투자지출을 할 수도 있다. 이 경우 정부는 가계의 소비 결정 과 생산자의 생산에 직접적인 영향을 미치게 된다.

다음의 가정에서 정부의 정부지출과 세금부과는 매기에 영구적으로 이루어 진다.

매 t기의 세금: T_t → 유효노동력당 세금: τ_t

매 t기의 정부지출: Z_t → 유효노동력당 정부지출: z_t

균형예산(매기 균형예산을 하여 정부가 세금 수입만큼 지출한다고 가정한다): $z_t = \tau_t$

3.4.1 대표가계의 문제

대표가계의 예산제약에서 매기 세금을 납부하는 만큼 가처분 소득이 줄어들기 때문에 가계의 최적화 문제를 아래와 같이 고쳐 쓸 수 있다.

$$Max \quad U = \int_0^\infty \frac{c^{1-\theta}}{1-\theta} e^{-(\rho-n-(1-\theta)g)t} \, dt$$

$$s.t. \quad \dot{b}_t = w_t + (r_t - n - g)b_t - c_t - \tau_t$$

위 극대화 문제를 최적제어이론을 이용하여 풀면, 다음과 같은 c_t, b_t의 동태적 경로를 얻을 수 있다. 정부 개입이 없는 경우와 비교하면 예산제약에만 변화가 있다.

$$\frac{\dot{c}_t}{c_t} = \frac{1}{\theta} [r_t - \delta - \rho - \theta g]$$

$$\dot{b}_t = w_t + (r_t - n - g)b_t - c_t - \tau_t$$

3.4.2 기업의 이윤 극대화와 시장균형

기업의 이윤극대화와 시장균형 조건은 정부지출과 세금이 없을 경우와 같다.

$$r_t \equiv MPK_t - \delta = f'(k_t) - \delta$$

$$w_t = f(k_t) - k_t f'(k_t)$$

$$b_t = k_t$$

3.4.3 소비와 자본축적의 동태적 경로

대표가계의 효용 극대화 문제에 기업의 이윤 극대화 조건과 시장 균형 조건을 결합하여 정리하면 c_t, k_t의 동태적 경로를 구할 수 있다.

$$\frac{\dot{c_t}}{c_t} = \frac{1}{\theta}\left[f'(k_t) - \delta - \rho - \theta g\right] \tag{38}$$

$$\dot{k_t} = f(k_t) - c_t - \tau_t - (n + g + \delta)k_t \tag{39}$$

(38) 식은 정부 개입 전과 변화가 없고 (39) 식에서만 변화가 나타난다. 균제상태의 c_t, k_t의 값은 다음과 같다.

$$\dot{c_t} = \frac{1}{\theta}\left[f'(k^*) - \delta - \rho - \theta g\right]c^* = 0 \Rightarrow f'(k^*) = \delta + \rho + \theta g \tag{40}$$

$$\dot{k_t} = f(k^*) - c^* - \tau_t - (n+g+\delta)k^* = 0 \Rightarrow c^* = f(k^*) - \tau_t - (n+g+\delta)k^* \tag{41}$$

(40) 식은 세금 부과 전과 변화가 없고 (41) 식에서만 변화가 있다. 세금부과로 균제상태의 k는 변화가 없지만, c는 세금부과로 인해 τ_t만큼 줄어든다.

이제 정부지출이 영구적인 경우와 일시적인 경우의 효과를 나누어 살펴보자.

3.4.4 영구적 정부지출의 효과

<그림 3-9>를 보면 점 e는 세금 부과 전의 균제상태를, 점 e'는 세금 부과 후 (40), (41) 식을 만족하는 균제상태를 나타낸다. 현재 경제는 세금 부과 전의 균제상태인 점 e에 있다고 가정하자. 균형점 e에서 갑작스럽게 정부가 매기 τ_t만큼 세금을 부과한다고 발표하면, 가계는 정부의 세금부과가 영구적으로 지속될 것임을 인지한다. 영구적인 세금 부과가 가계의 항상소득을 감소시키기 때문에 가계소비는 매기마다 세금부과액 τ_t만큼 즉각 줄어든다. 정부가 매기마다 τ_t만큼의 세금을 부과하면, 무한 기에 걸친 소비의 현재가치 합계는 무한 기에 걸친 세금의 현재가치 합계만큼 줄어드는 것이다(3장 부록 참조). 따라서 경제는 기존의 균제상태인 점 e에서 새로운 균제상태인 점 e'로 즉각적으로 이동한다.

만일 경제가 균제상태보다 낮은 k_0에 위치한 상황에 세금이 부과된다면, 경제는 새로운 안장 경로로 즉각 이동하여 새로운 균제상태 e'로 수렴한다. 가계는 정부가 영구적으로 세금을 부과하는 사실을 알고 항상소득 감소를 예상하여 즉각적으로 소비를 줄인다.

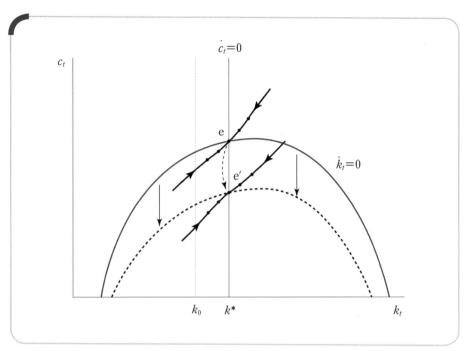

그림 3-9 영구적 정부지출의 효과

3.4.5 일시적 정부지출의 효과

정부가 일시적으로 세금을 부과하는 경우를 가정해보자. 세금부과가 일시적인 경우 가계의 항상소득 감소가 매기 세금부과액 τ_t보다 작게 되어 소비 감소가 영구적 세금부과보다 작은 크기로 발생한다.

<그림 3-10>에서 정부가 갑자기 세금부과를 발표하면 소비가 감소한다. 그러나 세금 납부가 언젠가는 종료될 것을 아는 가계의 항상소득은 부과된 세금 τ_t보다 적게 감소한다. 따라서 소비자는 세금부과 기간 동안 τ_t보다 적은 규모로 소비를 줄였다가 세금부과가 종료되면 원래대로 소비를 회복한다. 그래프상에서 경제는 다시 원래의 안장 경로로 돌아가서 균제상태 e로 이동한다.

소비는 항상소득의 함수이므로 일시적인 소득의 감소는 소비에 큰 영향을 주지 않는다. 대신 소득이 일시적으로 감소하면 가계는 저축을 줄이면서 대응하기 때문에 자본축적이 일시적으로 줄어든다. 그림에서 보면 일시적인 세금부과(정부지출)로 가계가 저축을 줄여 소비하면서 자본축적이 줄어드는 기간이 발생한

다. 이 기간에는 자본의 생산성이 오르면서 실질 이자율이 올라가는 현상이 나타난다. 이와 달리 영구적 세금부과(정부 지출)의 경우는 자본축적에 변화가 없고 실질이자율도 변화가 없었다.

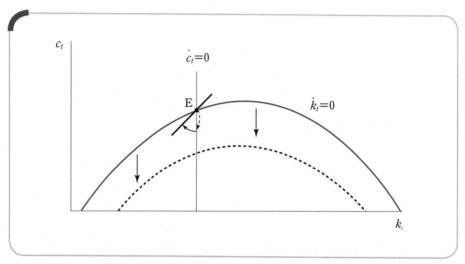

그림 3-10 일시적 정부지출의 효과

기간 간 예산제약식을 무한기에 걸친 예산제약으로 바꾸어 보자.

(1) 대표가계의 예산제약

$$\dot{B}_t = w_t(A_tL_t) + r_tB_t - C_tL_t$$
$$\rightarrow \dot{B}_t - r_tB_t = w_t(A_tL_t) - C_tL_t \tag{A1}$$

위 식의 양변에 $X_t = e^{\int_t^\infty r_v dv}$ 를 곱한다.

$$X_t\dot{B}_t - r_tX_tB_t = X_tw_t(A_tL_t) - X_tC_tL_t \tag{A2}$$

이제 모든 항을 t=0부터 무한 기에 걸쳐 적분하면,

$$\int_0^\infty \frac{d}{dt}(X_tB_t)dt = \int_0^\infty w_t(A_tL_t)X_t\,dt - \int_0^\infty C_tL_tX_t\,dt$$

$$\rightarrow \lim_{t\to\infty}B_t - e^{\int_0^\infty r_v dv}B_0 = \int_0^\infty w_t(A_tL_t)e^{\int_t^\infty r_v dv}dt - \int_0^\infty C_tL_te^{\int_t^\infty r_v dv}dt \tag{A3}$$

$e^{-\int_0^\infty r_v dv}$ 를 양변에 곱하여 정리하면,

$$\lim_{t\to\infty}B_te^{-\int_0^t r_v dv} - B_0 = \int_0^\infty w_t(A_tL_t)e^{-\int_0^t r_v dv}dt - \int_0^\infty C_tL_te^{-\int_0^t r_v dv}dt$$

이를 정리하면 다음과 같다.

$$\int_0^\infty C_t L_t e^{-\int_0^t r_v dv} dt = \int_o^\infty w_t (A_t L_t) e^{-\int_0^t r_v dv} dt + B_0 - \lim_{t\to\infty} B_t e^{-\int_0^t r_v dv} \quad \text{(A4)}$$

노폰지 게임 조건 하에서 효용극대화를 하는 소비자는 마지막에 자산을 남기지 않을 것이므로 합리적 소비자의 최적 선택은 $\lim_{t\to\infty} B_t e^{-\int_0^t r_v dv} = 0$이다. 따라서 무한 기에 걸친 가계의 예산제약식(intertemporal budget constraint)은 다음과 같다.

$$\int_0^\infty C_t L_t e^{-\int_0^t r_v dv} dt = \int_o^\infty w_t (A_t L_t) e^{-\int_0^t r_v dv} dt + B_0 \quad \text{(A5)}$$

즉, 소비의 현재가치 합계는 최초의 자산과 근로소득의 현재가치의 합계와 같다.

(2) 영구적 정부지출이 있는 경우

3.4에서 영구적으로 세금이 부과된 경우 유효노동력당 예산 제약식은 다음과 같다.

$$\dot{b}_t = w_t + (r_t - n - g)b_t - c_t - \tau_t$$
$$\to \dot{b}_t - (r_t - n - g)b_t = w_t - c_t - \tau_t \quad \text{(A6)}$$

위 식의 양변에 $X_t = e^{\int_t^\infty (r_v - n - g) dv}$ 를 곱한다.

$$X_t \dot{b}_t - (r_t - n - g) X_t b_t = w_t X_t - c_t X_t - \tau_t X_t \quad \text{(A7)}$$

이제 모든 항을 t=0부터 무한 기에 걸쳐 적분하면,[17]

$$\int_0^\infty \frac{d}{dt}(X_t b_t)dt = \int_0^\infty w_t X_t\, dt - \int_0^\infty c_t X_t\, dt - \int_0^\infty \tau_t X_t\, dt \tag{A8}$$

$$[\,X_t b_t\,]_0^\infty = \int_0^\infty w_t X_t\, dt - \int_0^\infty c_t X_t\, dt - \int_0^\infty \tau_t X_t\, dt$$

위 식을 풀면,

$$\lim_{t\to\infty} b_t - e^{\int_0^\infty (r_v - n - g)dv} b_0 = \int_0^\infty w_t e^{\int_t^\infty (r_v - n - g)dv}\, dt - \int_0^\infty c_t e^{\int_t^\infty (r_v - n - g)dv}\, dt$$

$$- \int_0^\infty \tau_t\, e^{\int_t^\infty (r_v - n - g)\,dv}\, dt$$

양변에 $e^{-\int_0^\infty (r_v - n - g)dv}$ 를 곱하여 정리하면,

$$\lim_{t\to\infty} b_t e^{-\int_0^t (r_v - n - g)dv} - b_0 = \int_0^\infty w_t\, e^{-\int_0^t (r_v - n - g)\,dv}\, dt - \int_0^\infty c_t e^{-\int_0^t (r_v - n - g)dv}\, dt$$

$$- \int_0^\infty \tau_t\, e^{-\int_0^t (r_v - n - g)\,dv}\, dt$$

이를 정리하면 다음과 같다.

단, 노폰지 게임에 의해 $\lim_{t\to\infty} b_t\, e^{-\int_0^t (r_v - n - g)dv} = 0$을 가정한다.

$$\int_o^\infty c_t e^{-\int_0^t (r_v - n - g)dv}\, dt = \int_0^\infty w_t e^{-\int_0^t (r_v - n - g)dv}\, dt \tag{A9}$$

$$+ b_0 - \int_o^\infty \tau_t e^{-\int_0^t (r_v - n - g)dv}\, dt$$

---

17) $\dfrac{dX_t}{dt} = -(r_t - n - g)X_t$를 이용한다.

위 식을 살펴보면 무한 기에 걸친 소비의 현재가치 합계는 무한 기에 걸친 근로소득의 현재가치 합계 $\int_0^\infty w_t e^{-\int_0^t (r_v - n - g)dv} dt$와 초기 자산($b_0$)의 합에서 무한 기에 걸친 세금부과액의 현재가치 합계 $\int_0^\infty \tau_t e^{-\int_0^t (r_v - n - g)dv} dt$를 제한 것과 같다.

연습문제

01   현재 시점 t=0에서 사회 전체를 대표하는 소비자의 효용은 아래와 같다.

$$\int_0^\infty e^{-\rho t} U(c_t)\ L_t\ dt = \int_0^\infty e^{-\rho t} U(c_t)\ L_o e^{nt}\ dt$$

단, c는 일인당 소비이고 L은 인구이다. 인구의 매기 증가율은 n > 0이다.

(1) 위의 효용함수를 연속 모형이 아닌 이산적 모형으로 풀어서 t=0, 1, 2, ..., ∞에 걸친 효용의 합계로 써 보시오.

(2) ρ의 경제적 의미를 설명하시오. ρ의 값이 0보다 크다고 한다. 이 제약의 경제적 의미를 설명해 보시오. ρ의 값이 인구증가율 n보다는 커야 하는 이유는 무엇인가?

(3) t기 소비자의 예산 제약을 금융자산 B_t의 변화로 나타내고 설명해 보시오. 일인당 금융자산 $b_t(= B_t/L_t)$의 변화로 고쳐서 나타내어 보시오. 단, 실질이자율은 r_t, 실질임금은 w_t로 주어졌다.

(4) 이 대표 소비자의 경우 동태적 최적화를 할 때 노폰지게임(no−Ponzi game) 조건을 만족해야 한다고 한다. 이 조건을 식으로 쓰고 설명해 보시오.

(5) 대표 소비자의 동태적 최적화의 1차 조건들로부터 일인당 금융자산(b)과 일인당 소비(c)의 변화식을 구하시오. 단, 현재 시점 t=0에서 일인당 금융자산은 $b_0 > 0$으로 주어졌다. c와 b의 성장률이 시간이 가면서 어떻게 변화하는지 설명하시오.

3장 신고전파 최적 성장모형 **105**

02 아래와 같은 소비자 겸 생산자의 의사결정 문제를 가정하자. 이 경제의 기술수준(A)은 항상 $A_0 = 1$로 일정하며 인구(노동력)의 크기는 초기에 1의 값을 갖고 n의 율로 성장한다. 처음 기의 자본량은 $K_0 > 0$로 주어졌다.

$$Max \int_0^\infty e^{-\rho t} (\ln c_t) \, L_t \, dt,$$
$$s.t. \dot{K}_t = AK_t^\alpha L_t^{1-\alpha} - C_t - \delta K_t, \quad 0 < \alpha < 1, \, \delta > 0$$

(1) 제약조건을 일인당 자본($k_t = K_t/L_t$)과 일인당 소비($c_t = C_t/L_t$)의 함수로 고쳐 쓰고 최적제어이론을 이용하여 최적화의 1계 조건들과 횡단 조건을 구하시오.

(2) 최적화의 1계 조건들로부터 c_t, k_t의 성장률의 변화식을 구하고 자본량이 점차 증가해 가면서 c와 k의 성장률이 어떻게 변화해 가는지 설명하시오.

(3) 이 경제가 균제상태에 도달하였다고 하자. 이 경제의 일인당 자본량의 일인당 소득의 값과 성장률을 구하시오..

03 아래처럼 무한기에 걸친 효용의 현재가치 합계가 극대화하도록 일인당 소비(c)와 일인당 자본(k)을 결정하는 소비자 겸 생산자의 의사결정 문제를 가정하자. 이 경제의 기술 수준(A)은 항상 일정하다.

$$Max \, U = \int_0^\infty e^{-\rho t} u(c_t) L_t dt = \int_0^\infty \frac{c_t^{1-\theta}}{1-\theta} e^{-(\rho - n)t} dt$$

$$s.t. \dot{k}_t = Ak_t^\alpha - c_t - (n+\delta)k_t, \quad 0 < \alpha < 1,$$

$$\lim_{t \to \infty} k_t e^{-(\bar{r}-n)t} \geq 0$$

단, 일인당 자본의 처음 값은 $k_0 > 0$, 인구증가율은 n으로 주어졌다($\rho > n > 0$).

(1) 위의 최적화 문제의 1계 조건들을 구하고 횡단 조건을 설명하시오.

(2) c와 k의 변화식을 구하시오. 균제상태의 c와 k의 값을 구하시오.

(3) 이 경제가 균제상태 값보다 적은 k_0에서 균제상태로 갈 때 c와 k의 변화를

위상도로 표시하시오. k_0값에서 안장 경로의 값보다 더 많은 소비를 하면 왜 동태적 최적화를 하지 못하는가?

(4) 이 경제는 균제상태에 있다. 정부가 경제성장률을 높이려 한다고 하자. 정부가 투자율을 높이기 위해 투자 1단위에 τ의 보조금을 지금부터 영구적으로 준다고 갑자기 발표했다. 이 재원은 정액세(lump-sum tax)로 조달한다고 하자. 이 경제의 위상도는 어떻게 달라지는가? 발표 이후 c와 k의 변화를 설명하시오.

04 아래와 같은 소비자 겸 생산자의 의사결정 문제를 가정하자. 생산함수는 다음과 같이 주어졌다.

$$Y_t = F(K_t, A_t L_t) = K_t^\alpha (A_t L_t)^{1-\alpha}, \qquad 0 < \alpha < 1$$

이 경제의 기술수준(A_t)은 g > 0으로 일정하게 증가하며 초기값은 1로 주어졌다. 인구증가율은 n > 0으로 주어졌다. 대표가계는 무한기에 걸쳐 다음과 같은 효용함수를 극대화한다. (단, C_t 는 일인당 소비를 표시한다.)

$$Max \int_0^\infty e^{-\rho t} (\ln C_t) L_t dt$$

(1) 동태적 최적화의 1차 조건들로부터 유효노동력당 자본(k)과 유효노동력당 소비(c)의 변화식을 구하시오. 자본량이 점차 증가해 가면서 c와 k의 성장률이 어떻게 변화해 가는지 설명하시오. ($c_t = C_t / A_t, \ k_t = K_t / A_t L_t$)

(2) 균제상태에서의 c_t, k_t의 값을 구하고 이때 일인당 소비와 일인당 자본량의 성장률을 계산하시오. 균형에서 실질이자율의 값은 얼마인가?

(3) 균제상태의 유효노동력당 자본량(k_t)은 수정 황금률(modified golden rule)을 만족함을 보이시오. 왜 수정 황금률을 만족하는 자본축적은 황금률의 자본축적보다 작은지를 설명하시오.

(4) 자본량이 점차 증가해 가면서 이 경제가 균제상태로 가는 과정을 위상도로 보이고 설명하시오.

05   어느 경제의 대표가계는 무한기에 걸쳐 다음과 같은 효용함수를 극대화한다. 단, c_t는 일인당 소비를 표시한다.

$$Max\ U = \int_0^\infty e^{-\rho t} u(c_t) L_t dt = \int_0^\infty \frac{c_t^{1-\theta}}{1-\theta} e^{-(\rho-n)t} dt$$

(단, $\rho - n > 0$, 인구증가율 $n > 0$을 가정하시오.)

(1) 매기의 대표가계의 자산 보유량을 B_t라고 하고, 실질이자율은 r_t, 유효노동 력당 노동자의 실질임금은 w_t, 매 t기의 정액세(lump-sum tax)가 T_t로 주어질 때 t기 소비자의 예산 제약을 표시하시오. 일인당 자산을 $b_t(= B_t/L_t)$ 로 표시하고 소비자의 예산 제약을 일인당 자산의 변화로 나타내시오. 이 경제에서 조세는 비생산적인 정부 소비 활동으로 매기마다 G_t로 낭비된다. 매기에 균형예산이 만족한다.

(2) 이제, 이 경제의 생산함수가 아래와 같이 주어졌다고 하고 경쟁시장의 균형조 건을 이용하여 소비자의 예산 제약조건을 일인당 물적 자본(k_t)으로 표시하 시오. 단, 이 경제에서 기술수준(A)은 일정하다.

$Y_t = F(K_t, A_t L_t) = K_t^\alpha (A_t L_t)^{1-\alpha}$, $0 < \alpha < 1$

(3) 동태적 최적화의 1차 조건들로부터 일인당 물적 자본(k_t)과 일인당 소비(c_t) 의 변화식을 구하시오. 이 경제의 균제상태에서 c_t, k_t의 값을 구하시오.

(4) 이 경제의 균제상태에서 정부가 지출을 매기마다 일정하게 줄이고 세금을 감면하였다고 하자. 이 경제의 소비와 자본 축적의 변화를 위상도로 설명하 시오.

06   Ramsey-Cass-Koopmans의 모형에서 한 경제가 균제상태의 균형성장경로에 있 다고 하자. 갑자기 이 경제에서 치명적인 감염병의 위험이 커지면서 소비자의 미래 할인율이 갑자기 높아졌다. 이 경제의 균형성장 경로와 일인당 소비와 일인당 자본량 수준에 어떤 영향을 미치는지 위상도를 사용하여 설명하시오.

제 **4** 장

확장한
신고전파
성장모형

DYNAMICMACRO

제4장 **확장한 신고전파 성장모형**

DYNAMICMACRO

이 장은 신고전파 성장모형을 확장하여 자주 사용되는 모형들을 중심으로 분석한다. 4.1절은 인적자본의 개념이 도입된 신고전파 성장모형을 소개하고 인적자본이 경제성장에 미치는 영향을 분석한다. 4.2절은 인구증가율이 주어진 상수가 아닌 출산율에 의해 결정되는 성장모형과 사망률을 도입한 성장모형을 각각 소개한다. 4.3절은 중복세대모형(또는 중첩세대 모형, overlapping generations model)을 소개한다. Ramsey-Cass-Koopmans의 최적성장모형과 달리 중복세대모형은 새로운 세대가 경제에 끊임없이 진입하는 것을 가정한다.

4.1 인적자본을 도입한 신고전파 성장모형

4.1.1 인적자본의 개념과 결정 요인

인적자본(human capital)은 개인이 보유한 능력(ability), 기술숙련도(skill), 지식(knowledge)을 포괄하는 개념으로 노동의 질적 수준을 의미한다. 인적자본을 더 많이 보유한 노동자는 적게 보유한 노동자보다 생산성이 높고 노동시장에서 더 많은 임금을 받을 수 있다. 인적자본에 관한 경제학 연구는 1960년대부터 노벨 경제학상 수상자인 테오도르 슐츠(Theodore Schultz)와 게리 베커(Gary Becker)에 의해 활발하게 이루어졌으며 이후 경제성장이론에 도입되었다.

인적자본은 노동자에게 체화(embodied)되어 있는 기술 숙련도나 지식으로서 개별 노동자가 생산에 기여하는 수준의 차이를 가져온다. 따라서 특정 노동자의 인적자본을 사용하고자 한다면, 그 노동자의 노동시간에 대한 값을 지불해야 한다. 이에 반해, 기술(technology)은 노동자에게 체화되어 있지 않기 때문에 기술 자체만을 구매하여 누구나 사용할 수 있다.

　인적자본에 영향을 주는 중요한 요인으로는 교육, 건강, 직업 훈련 등이 있다. 교육 수준이 높고, 건강하고, 직업 훈련을 많이 받은 노동자일수록 생산성이 높기 때문이다. 특히, 교육 수준은 노동 생산성과 인적자본의 차이를 가져오는 매우 중요한 요인이다. 교육을 받은 사람과 교육을 받지 않은 사람 간에는 임금 격차가 존재하며 임금은 노동시장에서 평가한 교육 수준에 따른 생산성의 가치를 반영한다. 이에 대해 교육이 생산성을 결정하는 것이 아니라 단지 노동자의 고유한 능력을 선별(screening)할 수 있게 만든다는 반론이 있다. 사실상 노동자를 고용하는 기업이나 고용주는 노동자의 생산성을 쉽게 측정하기 어렵기 때문에 '교육 수준'이 생산성의 판단 기준이 된다는 것이다. 이에 근거하여 노동자들은 생산성을 높이고자 교육을 받는 것이 아니라 생산성이 높음을 확인받고자 교육을 받는다고 주장한다. 그러나 대부분의 실증연구에서 교육이 노동 생산성을 높이는 것으로 나타난다.

　교육년수는 객관적으로 비교하기가 쉬워 인적자본의 추정치로 많이 사용된다.[1] 교육과 인적자본의 관계를 살펴보자. 개인이 s년 동안 교육을 받을 때, 노동 생산성은 교육년수 1년에 ψ만큼씩 일정 비율로 늘어난다고 가정한다. 그렇다면 s년 이후의 생산성은 $(1+\psi)^s$만큼 늘어나고, 이를 지수함수의 연속시간으로 표현하면 $e^{\psi x}$로 표현할 수 있다. 따라서 인적자본 h와 교육년수 s, 교육의 수익률 ψ은 다음의 관계를 갖는다. 교육을 전혀 받지 않은 노동자의 생산성을 h_0로 놓고, $h_0 = 1$로 표준화한다.

$$h = h_0 e^{\psi s} = e^{\psi s}, \ \psi > 0 \tag{1}$$

　위 식은 교육에 투자한 시간에 비례하여 생산성이 ψ 비율로 일정하게 증가하는 경우를 가정한다. 그러나 교육이 생산성에 미치는 효과는 교육단계나 교육의 질적 수준에 따라 달라질 수 있다. 가령 초등학교, 중학교, 고등학교, 대학교에서 얻게 되는 생산성 또는 교육의 수익률이 다를 수 있다는 것이다. 인적자본이 교육 수준에 관계없이 일정한 비율로 증가한다고 가정하는 것은 교육의 질적

---

[1] Barro and Lee(2013)는 전 세계 146개국의 성인의 평균 교육수준을 교육 단계(무학, 초등, 중등, 대학)와 성별, 연령별로 세분하여 추정하였다.

수준이 다를 수 있다는 점을 고려하지 않는다. 또한, 교육 시설, 교사의 질, 교육 방법 등 어떤 교육을 받느냐에 따라 교육의 질적 차이가 크기 때문에 같은 교육 년수를 투자하더라도 생산성 또는 수익률에 차이를 가져온다.

한 경제에서 개인이 달성하는 교육의 양은 개인 또는 개인이 속한 가계의 의사결정과 정부 정책에 의해 정해진다. 교육은 결과적으로 개인의 생산성을 높여 미래에 수익(임금)을 가져다주지만, 그 과정에서는 비용이 발생한다. 비용은 학교 수업료뿐만 아니라 학교에 다니는 기간 동안 일자리를 갖지 못하는 기회비용을 포함한다. 따라서 개인은 비용과 수익을 고려하여 교육에 투자할 크기를 결정한다. 법정 의무교육, 국가 장학금, 정부의 교육투자 등 정부의 정책은 개인의 교육 투자로부터 발생하는 수익과 비용에 영향을 미친다.

이제 경제 전체의 노동력에 대해 노동자 수나 노동시간 등의 양적 측면뿐만 아니라 질적 측면을 고려한 경우를 살펴보자. 경제에 n명의 노동자가 있고 개별 노동자 i는 인적자본 h_i를 보유하고 노동시간 L_i를 투입한다. 일인당 평균 인적자본은 h라고 하자. 그렇다면 경제 전체의 인적자본 총량은 다음과 같이 정의할 수 있다.

$$H = hL \tag{2}$$

단, H: 인적자본을 고려한 전체 노동력 또는 전체 인적자본량

h : 일인당 평균 인적자본($h = \dfrac{1}{L}\sum_{i=1}^{n} h_i L_i$)

L : 총 노동자 수 또는 총 노동시간($L = \sum_{i=1}^{n} L_i$)

여기서 총 노동 L은 노동의 양적인 측면만 고려하고 인적자본 H는 노동의 양뿐만 아니라 질적 차이를 고려한다. 모든 노동자가 인적자본을 전혀 보유하지 않으면, $h_i = h_0 = 1$로 H는 L과 같다.

생산함수에 단순한 노동력 대신 인적자본을 도입해 보자.

$$Y = F(A,\ K,\ H) \ \rightarrow\ Y = F(A,\ K,\ h{\cdot}L)$$

단, H는 경제 전체의 인적자본량, h는 일인당 평균 인적 자본량, L은 노동자 수를 표시한다.[2]

중립적 기술진보를 가정하면,

$$Y = AF(K, \ h \cdot L) \tag{3}$$

콥-더글라스 생산함수를 가정하고 일인당 생산함수로 나타내면,

$$Y = AK^{\alpha}H^{1-\alpha} \ \rightarrow \ Y = AK^{\alpha}(hL)^{1-\alpha} \tag{4}$$

$$\rightarrow \ y = Ak^{\alpha}h^{1-\alpha}, \ 0 < \alpha < 1 \tag{5}$$

$$\text{단, } y = \frac{Y}{L}, \ k = \frac{K}{L}$$

위의 식에서 모든 노동자는 완전 대체(perfect substitutes)가 가능하다고 가정한다. 즉, 생산과정에서 생산성이 다른 노동자의 2배인 노동자 1명은 다른 노동자 2명을 항상 대체할 수 있다. $h = \frac{1}{L}\sum_{i=1}^{n}h_{i}L_{i}$이므로 인적자본이 $h_{i} = 2$인 노동자는 $h_{i} = 1$인 노동자 2명과 같다.

현실에서는 인적자본이 전혀 없는 노동자(노동시간)와 인적자본을 보유한 노동자(노동시간) 간에 불완전 대체(imperfect substitutes)일 가능성이 크다.

모든 노동자가 인적자본과 관계없이 단순한 노동시간 L을 제공(즉, $h_{0} = 1$)할 수 있다고 가정하자. 여기서 L은 총 노동시간이다. 그리고 인적자본을 보유한 노동자가 인적자본 H를 추가로 제공한다고 가정할 때, 노동력 L과 H 간의 불완전 대체관계를 도입한 생산함수를 살펴본다. 인적자본과 노동은 서로 다른 생산요소로 분리된다.[3]

---

2) 생산함수에서 기술과 인적자본의 역할 차이가 무엇일까? 특히, 인적자본과 노동증대형 기술진보를 도입한 생산함수는 $Y = F(K, A \cdot h \cdot L)$의 형태가 된다. 기술진보는 인적자본과 마찬가지로 노동생산성을 높이는 똑같은 역할을 한다. 그러나 인적자본은 노동자에게 체화된 반면, 기술은 노동자에게 체화되어 있지 않다. 이 경제에 여러 기업을 가정하자. 개별 기업 j의 생산함수는 $Y_{j} = F(K_{j}, A \cdot h_{j} \cdot L_{j})$이다. A는 경제 전체의 기술로 모든 기업이 공동으로 소비할 수 있으나 노동력은 기업 j에 속한 노동자의 인적자본만을 사용할 수 있다.

3) 단순 노동력만을 제공하는 노동자도 인적자본 $h_{0} = 1$을 제공하는 것으로 가정한다. 단순 노동

$$Y = F(A,\ K,\ H,\ L)\ \rightarrow\ Y = F(A,\ K,\ h \cdot L,\ L)$$

단, H는 경제 전체의 인적자본량, h는 인적자본이 있는 노동자의 일인당 평균 인적 자본량, L은 전체 노동자 수를 표시한다. 중립적 기술진보를 가정하면,

$$Y = AF(K,\ H,\ L) \tag{6}$$

콥－더글라스 생산함수를 가정하고 일인당 생산함수로 표현하면,

$$Y = AK^{\alpha}H^{\beta}L^{1-\alpha-\beta} \rightarrow\ Y = AK^{\alpha}(hL)^{\beta}L^{1-\alpha-\beta} \tag{7}$$
$$\rightarrow y = Ak^{\alpha}h^{\beta},\ 0 < \alpha < 1,\ 0 < \beta < 1,\ \alpha + \beta < 1 \tag{8}$$

위의 콥－더글라스 생산함수에서 노동력 L과 인적자본 H의 대체탄력성은 1이다. 총 생산에서 L, 즉 단순 노동의 몫은 $(1-\alpha-\beta)$이고 인적자본 H의 몫은 β이다. 이 둘을 합치면 전체 노동의 몫은 $(1-\alpha)$이고 (4) 식과 같다.

(4) 식에서는 인적자본의 크기와 관계없이 모든 노동자가 완전 대체 가능하기 때문에 단순 노동 그룹과 인적자본을 보유한 그룹 중에 어느 한 그룹이 없어도 생산을 지속할 수 있다.[4] 그러나 (7) 식은 단순 노동과 인적자본을 구별하고 서로 불완전 대체를 가정하기 때문에 두 그룹 중 하나가 없으면 생산을 지속할 수 없다.

력만을 제공하는 노동자가 인적자본을 제공하지 않는 것으로 가정하여 생산함수를 고쳐쓸 수 있다. 낮은 인적자본(예로 중졸 이하 학력)의 저숙련 노동자 그룹과 높은 인적자본(예로 고졸 이상 학력)의 고숙련 노동자 그룹으로 나누고 두 그룹간에 불완전 대체가 존재하는 것으로 모형을 바꿀 수도 있다.

4) (4) 식의 생산함수를 갖는 경제는 물적자본 K와 인적자본 H가 일정한 비율로 증가하면 일정한 경제성장률로 지속적인 성장이 가능하다. 이는 5.3절에 소개하는 인적자본 축적을 통한 내생적 성장모형의 예가 된다. 반면에 (7)식에서는 물적자본 K와 인적자본 H가 일정한 비율로 계속 증가해도 단순 노동 L이 존재하므로(요소 간 대체탄력성이 크지 않다면) 총자본(물적 자본과 인적자본의 합계)의 한계생산성이 체감하여 지속적인 경제 성장이 발생하지 않는다.

4.1.2 인적자본을 도입한 신고전파 경제성장모형

인적자본은 한 국가의 경제성장에 다양한 경로로 영향을 미칠 수 있다. 첫째, 앞의 생산함수에서 보았듯이 인적자본은 노동생산성을 높여서 직접적으로 경제성장에 이바지한다. 둘째, 인적자본은 물적 자본축적에 따른 생산성 하락 속도를 늦추어 경제가 오랜 기간 동안 높은 성장률을 유지할 수 있도록 한다. 셋째, 인적자본 간에 서로 생산성을 높여주는 양의 외부효과(externality)가 발생하여 노동 생산성을 높이고 성장을 지속시키는 효과가 있다. 그 외에도 인적자본은 기술 혁신과 모방의 중요한 투입 요소로서 기술진보율을 높여 경제성장률을 높인다. 이에 관해서는 5장의 내생적 성장이론에서 논한다.

노동과 인적자본 간의 불완전 대체를 가정한 (7), (8)의 생산함수에서 기술수준이 매기에 1로 일정한 경우($A_t = 1$)를 가정한다. 이때 기술진보율은 0이다. 생산함수를 시간 첨자를 포함하여 다시 쓰면,

$$y_t = k_t^\alpha h_t^\beta$$

⊛ 인적자본이 일정한 모형

먼저 h가 시간에 따라 변하지 않고 고정된 경우($h_t = h$) 일인당 물적자본량 k의 축적경로를 구해보자.

$$\dot{K_t} = s\,Y_t - \delta K_t$$
$$\rightarrow \dot{k_t} = sy_t - (n+\delta)k_t$$
$$\rightarrow \dot{k_t} = sk_t^\alpha h^\beta - (n+\delta)k_t \tag{9}$$

균제상태에서 일인당 물적자본량(k)과 일인당 생산량(y)의 성장률은 0이 되고 일인당 생산량은 일정하다. 위 식에서 k_t의 변화가 0이 되려면, 다음의 식이 성립해야 한다.

$$sk_t^\alpha h^\beta = (n+\delta)k_t$$

$$k^* = \left(\frac{s}{n+\delta}\right)^{\frac{1}{1-\alpha}} \cdot h^{\frac{\beta}{1-\alpha}} \tag{10}$$

k^*의 값을 위의 일인당 생산함수에 대입하면, y^*가 결정된다.

$$y^* = k^{*\alpha}h^\beta = \left(\frac{s}{n+\delta}\right)^{\frac{\alpha}{1-\alpha}} \cdot h^{\frac{\beta}{1-\alpha}} \tag{11}$$

신고전파 성장이론에 의하면 한 경제의 성장률, 즉 생산 증가율은 장기적으로 인구(노동력)증가율과 외생적으로 주어지는 기술진보율에 의해 결정된다. 기술진보율이 0인 현재 모형에서는 노동력 증가율이 균제상태의 경제성장률을 결정한다.

인적자본 h의 증가가 균제상태의 성장률을 높일 수는 없지만, (10), (11)식에서와 같이 균제상태의 k, y의 수준을 높일 수 있다. 인적자본은 균제상태의 일인당 자본량(k^*)과 일인당 생산량(y^*)에 $\frac{\beta}{1-\alpha}$ 승수만큼의 차이를 낳는다. 이는 h가 국가 간 일인당 소득 격차를 설명하는 중요한 역할을 할 수 있음을 의미한다. 가령 위 (11) 식에서 $\alpha = \beta = \frac{1}{3}$이면, h는 제곱근(1/2)의 승수로 균제상태의 k^*, y^*에 영향을 미친다.

이제 인적자본의 개념을 도입하면, 솔로우 모형을 통해 국가 간 소득 격차를 설명하는 것이 용이해진다. $\alpha = \beta = \frac{1}{3}$이면, h가 다른 국가의 2배인 한 국가의 y^*값은 다른 국가의 1.4배(2의 제곱근)이다. 또 다른 예로 평균 교육년수가 6년인 경제와 12년인 경제의 인적자본의 격차를 생각해보자. 만일 교육 수익률이 10%로 일정하다고 가정하면, (1) 식을 이용하여 각 경제의 교육년수를 인적자본 h_6, h_{12}로 나타낼 수 있다. $h_{12}/h_6 = e^{0.1*(12-6)} = 1.82$이므로 교육년수가 12년인 경제의 인적자본이 6년인 경제의 1.82배이다. 따라서, 교육년수가 12년인 경제의 일인당 소득 y^*는 6년인 경제의 1.34배(1.82의 제곱근)가 된다.

(9) 식을 물적자본 성장률에 관한 식으로 고쳐 쓰면,

$$\frac{\dot{k_t}}{k_t} = s k_t^{\alpha-1} h^\beta - (n+\delta)$$

균제상태로 가는 이동 경로를 보면, h가 클수록 성장률이 높아진다. 인적자본의 증가가 물적자본의 생산성 하락 속도를 늦추어 이동 경로상의 성장률을 높이는 것이다.

⊗ 인적자본에 대한 저축률을 도입한 모형[5]

이제 인적자본이 주어진 상수가 아닌 인적자본에 대한 저축률(투자율)로 결정된다고 가정하자. h를 늘리기 위해서는 투자가 필요하고 인적자본에 대한 투자는 생산자원을 할당하여 이루어진다. 인적자본의 저축률은 일정하다고 가정한다.

우선 물적 자본량(K)의 변화를 살펴보자. 물적 자본량은 물적 자본에 대한 총투자(I_k)에서 기존 물적자본의 감가상각분을 제한 나머지만큼 증가하거나 감소한다. 총투자는 총생산 가운데 물적자본 축적을 위해 저축되는 양과 같으므로 아래 식을 유도할 수 있다. 여기서 물적자본 저축률은 $0 < s_k (\equiv \frac{S_k}{Y}) < 1$로 일정하다

$$\dot{K_t} = I_{kt} - \delta K_t = S_{kt} - \delta K_t = s_k Y_t - \delta K_t$$

생산함수는 노동과 인적자본 간의 불완전 대체를 가정하는 콥-더글라스 생산함수를 가정하고 위 식을 일인당 자본량으로 정리하면,

$$\dot{k_t} = s_k k_t^\alpha h_t^\beta - (n+\delta) k_t \tag{12}$$

---

5) Mankiw, Romer, Weil(1992)이 발전시킨 모형이다.

인적 자본량(H)의 변화를 살펴보자. 인적 자본량의 증감은 인적자본 총투자(I_H)에서 기존의 인적자본의 감가상각분을 제한 나머지와 같다. 단순화하기 위해 인적자본의 감가상각률은 물적자본의 것과 같다고 하자. 인적자본의 저축률을 $0 < s_h \left(\equiv \dfrac{S_h}{Y} \right) < 1$ 로 가정하여 h의 동태적 변화를 나타내면,

$$\dot{H}_t = I_{ht} - \delta H_t = S_{ht} - \delta H_t = s_h Y_t - \delta H_t$$
$$\to \dot{h}_t = s_h k_t^{\alpha} h_t^{\beta} - (n+\delta) h_t \tag{13}$$

균제상태에서 일인당 물적 자본량(k)과 일인당 인적 자본량(h)의 성장률은 0이 된다. (12), (13) 식에서 k_t와 h_t의 성장률이 0이면,

$$s_k k_t^{\alpha} h_t^{\beta} = (n+\delta) k_t \tag{14}$$
$$s_h k_t^{\alpha} h_t^{\beta} = (n+\delta) h_t \tag{15}$$

위의 두 식을 통해 균제상태의 일인당 물적 자본량(k^*)과 일인당 인적 자본량(h^*)을 구하면,

$$k^* = \left(\frac{s_k^{1-\beta} s_h^{\beta}}{n+\delta} \right)^{\frac{1}{1-\alpha-\beta}} \tag{16}$$

$$h^* = \left(\frac{s_k^{\alpha} s_h^{1-\alpha}}{n+\delta} \right)^{\frac{1}{1-\alpha-\beta}} \tag{17}$$

위의 값들로 균제상태의 일인당 소득을 구하면,

$$y^* = \left(\frac{1}{n+\delta} \right)^{\frac{\alpha+\beta}{1-\alpha-\beta}} s_k^{\frac{\alpha}{1-\alpha-\beta}} s_h^{\frac{\beta}{1-\alpha-\beta}} \tag{18}$$

물적자본과 인적자본의 저축률이 높을수록, 인구증가율과 감가상각률이 낮을수록 균제상태의 일인당 소득은 높아진다. 균형성장경로에서의 일인당 소득 증가율은 0이 된다.

이 모형을 통해 균제상태에서 일인당 인적자본의 차이가 두 국가의 일인당 소득(생산량)의 차이를 얼만큼 설명할 수 있는지를 알아보자. (18) 식에서 인적자본의 저축률에 따라 국가의 일인당 소득이 달라진다. $\alpha = \beta = \frac{1}{3}$이면, 저축률 s_h는 1의 승수로 일인당 생산량의 차이를 가져온다.

(18) 식에서 s_h를 h^*에 관한 식으로 치환하면, 균제상태의 일인당 소득과 균제상태의 일인당 인적 자본량의 관계를 유도할 수 있다.

$$y^* = \left(\frac{1}{n+\delta}\right)^{\frac{\alpha}{1-\alpha}} s_k^{\frac{\alpha}{1-\alpha}} h^{*\frac{\beta}{1-\alpha}} \tag{19}$$

위 식에 따르면 일인당 인적자본 격차의 $(\frac{\beta}{1-\alpha})$ 승수만큼 두 국가의 일인당 소득(생산량) 격차를 설명한다. $\alpha = \beta = \frac{1}{3}$이면, h^*의 차이는 $(1/2)$의 승수로 일인당 생산량에 차이를 가져온다.

이제 물적자본과 인적자본이 각각의 균제상태에 도달하기까지 적용되는 수렴 속도에 대해 알아본다. 2장과 같이 균제상태$(k_t = k^*)$, $(h_t = h^*)$ 근방에서 1계 테일러 근사를 통해 자본축적식을 구한다. (12) 식인 일인당 물적자본 축적경로의 근사식을 구해보자.

$$\dot{k_t} = \left[s_k \alpha k^{*\alpha-1} h^{*\beta} - (n+\delta) \right](k_t - k^*) + s_k \beta k^{*\alpha} h^{*\beta-1}(h_t - h^*) \tag{20}$$

(14), (15) 식을 통해 균제상태에서는 $s_h(k_t - k^*) = s_k(h_t - h^*)$의 관계가 성립한다.[6] 이 식을 (20) 식에 대입하고 (14), (15) 식을 이용하여 물적자본의 저

---

6) $\dfrac{s_k}{s_h} = \dfrac{k_t}{h_t} \Leftrightarrow s_h k_t = s_k h_t \Leftrightarrow s_h(k_t - k^*) = s_k(h_t - h^*)$

축률(s_k)과 인적자본의 저축률(s_h)을 소거하면,

$$\dot{k_t} = - \, [1 - \alpha - \beta]\,(n + \delta)\big(k_t - k^*\big) \tag{21}$$

따라서 수렴속도는 $\phi = (1 - \alpha - \beta)(n + \delta)$ 이다. 2장 솔로우 모형의 수렴속도는 기술진보를 가정하지 않을 때, $\phi = (1 - \alpha)(n + \delta)$ 이다. α는 물적자본의 몫이고 $(1 - \alpha)$는 노동의 몫이다. 인적자본을 도입한 모형에서는 인적자본의 몫이 $\beta > 0$이므로 솔로우 모형과 비교해 단순 노동의 몫이 줄어든다. 이에 따라 수렴속도는 단순 노동의 몫$(1 - \alpha)$에서 인적자본의 몫(β)만큼 줄어들어 균제상태까지의 수렴 기간이 상대적으로 길어진다. 이를 해석하면, 물적자본과 더불어 인적자본이 축적되는 경우 자본의 한계생산성이 체감하는 속도가 느려지기 때문에 경제가 균제상태에 도달하기까지 더 오랜 시간이 걸리는 것이다.

극단적인 경우로 단순 노동은 생산에 사용되지 않고 인적자본과 물적자본만 생산에 투입된다고 가정하자. 물적자본과 인적자본의 몫은 합치면 1이다. 이 경우 수렴속도는 0이 되고 경제는 균제상태로 수렴하지 않는다. 이는 5장의 내생적 성장모형에서 다루게 될 'AK' 성장모형과 같다.

4.2 인구와 경제성장[7]

신고전파 성장모형(솔로우 모형과 최적성장모형)에서는 인구증가율은 균제상태의 일인당 자본량과 일인당 소득에 영향을 미친다. 인구증가율의 상승은 균제상태의 일인당 자본량과 일인당 소득을 줄이는 효과가 있다. 반면에 경제가 균제상태에 도달하면, 인구증가율이 일인당 소득의 성장률에는 영향을 주지 못한다. 신고전파 성장모형은 인구증가율이 외생적으로 주어진다고 가정한다. 그러나 현실에서 인구증가율은 매기 출산율과 사망률에 의해 내생적으로 결정된다. 출생률과 사망률은 개인적 요인뿐만 아니라 경제, 사회적 요인에 의해 영향을 받는다. 특히, 출산은 개인(부모)의 의사 결정이 매우 중요하게 작용한다.

---

7) Weil(2014, chapter 4), Barro and Sala-i-Martin(2004, chapter 9)을 참조하시오.

총 인구수를 L로 놓으면 다음의 관계가 성립한다.

$$\dot{L}_t = nL_t$$
$$\Rightarrow \dot{L}_t = (b-d)L_t$$

단, b는 출생률(birth rate), d는 사망률(death rate)이다. 즉, 총 인구 중에서 새롭게 태어나는 인구의 비율과 사망하는 인구의 비율이 각각 b, d이다. 출생률은 자녀의 수를 의미하며 흔히 합계출산율(total fertility rate)로 불리는 "성인 여성 1인이 가임 기간 중 갖는 자녀의 수"를 기준으로 측정한다. 사망률은 질병과 의료기술의 발전 등에 의해 영향을 받는다. 인구증가율에서 우리가 주로 관심을 갖는 것은 출산율이다. 인구증가율을 내생변수로 가정하는 경제모형은 일반적으로 출산율이 모형 내에서 결정되는 경우를 의미한다.

인구증가율에 관한 전통적인 이론으로는 맬서스 모형이 있다. 영국의 목사였던 토마스 맬서스(Thomas Malthus)는 식량이 자연 상태에서 시간이 가면서 산술급수적으로(linearly) 늘어나지만, 인구는 기하급수적으로(exponentially) 늘어나는 경향이 있다고 주장했다. 자연 상태에서 충분한 식량이 주어지면 더 많은 자녀를 출산하여 인구가 빠르게 늘어난다. 맬서스는 인구가 증가하면서 산출량(식량)의 증가속도가 인구 증가속도를 따라가지 못하고 일인당 산출량이 감소하면 생활수준이 떨어져서 출산율이 하락한다고 보았다. 결국, 장기 균형에서 인구증가율은 0이 된다는 주장이다.

맬서스 모형의 예측은 현실에서 발생하지 않았다. 인구가 증가하고 자본축적과 기술진보가 빠르게 일어나면서 일인당 생산량은 오히려 증가하였다. 또한, 일인당 소득 수준이 높아짐에 따라 가계가 자녀의 수를 줄이면서 인구가 폭발적으로 늘어나지 않았다.

그렇다면 가계의 자녀 수에 대한 의사 결정은 어떻게 이루어지며 결정요인은 무엇일까? 가계가 극대화하는 목적함수(효용함수)에 자녀의 수를 도입하면, 인구증가율이 내생적으로 결정되는 모형을 설정할 수 있다. 앞서 3장의 Ramsey-Cass-Koopmans의 최적성장모형을 살펴보면, 대표가계는 t=0 시점부터 모든 기에 걸친 효용의 현재가치 합계를 극대화한다. 매 시기의 효용을 현재가치로 할인하여 합계한 목적함수는 다음과 같다. 기술진보는 가정하지 않는다.

$$U(c_t) = \int_0^\infty e^{-\rho t} u(c_t) L_t dt \longrightarrow U = \int_0^\infty e^{-(\rho-n)t} u(c_t) dt, \quad \rho > n$$

목적함수에서 c_t는 t시점의 가구원 1인의 소비이며 L_t는 가구원(자녀)의 수이다. 가구원(인구) 증가율은 n으로 일정하다. 위의 모형에서 자녀의 수가 매기 일정한 비율로 증가하면서 대표가계의 효용은 자녀 수와 비례하여 증가한다. 무한기에 걸쳐 이어지는 가구, 즉 미래 세대의 효용을 자신의 효용과 같게 고려하기 때문이다. 따라서 인구 증가는 미래 효용의 할인율을 $\rho - n$으로 줄이는 효과가 있다. 그러나 이 경우는 매우 이타적인 부모에 해당하여 비현실적이라 할 수 있다. 현실에서 부모는 자신의 소비(효용)를 자녀의 소비(효용)보다 중요시할 수 있기 때문이다.

대표가계가 매기 가계 구성원의 효용을 중요시하는 정도(ψ)를 고려하고 자녀의 수(n_t)가 주는 효용을 순간 효용함수에 반영하면, 목적함수는 다음과 같이 변형된다.

$$U = \int_0^\infty e^{-\rho t} u(c_t, n_t) L_t^\psi dt \tag{22}$$

L_t는 t(0부터 무한 기) 시점에서 가계 구성원의 수를 의미하며 ψ는 가계의 이타적 성향의 크기를 나타내는 파라미터이다. $\psi < 1$을 가정한다. 이 경우 가계 효용은 가구원(자녀)의 수(L_t)에 비례하여 늘어나지 않고, 자녀세대 효용의 할인율은 $\rho - n$보다 높아진다. 여기서 매기 효용은 자녀의 수에 의해 직접 영향을 받는다고 가정하여 n_t가 순간효용함수에 추가된다. n_t는 가계가 매기마다 결정하는 출산율(자녀의 수)로 인구증가율과 같게 표시하였다. c_t와 n_t의 한계효용은 체감한다.

자녀의 수가 매기 효용함수에 도입되면서 매기 가계의 예산제약에도 변화가 발생한다. 자녀를 출산·양육하기 위해 필요한 비용을 고려한다. 자녀 양육비용을 $\psi(n_t)$, $\psi' > 0$로 가정하면, 대표가계의 일인당 자산 보유량 변화는 다음과 같이 표현된다.

$$\dot{b}_t = w_t + (r_t - n_t)b_t - c_t - \psi(n_t) \tag{23}$$

대표가계는 효용을 극대화하기 위해 소비뿐만 아니라 최적의 자녀 수(출산율)를 결정한다. 효용함수와 예산제약의 구체적 형태가 주어지면, c_t, n_t의 동태적 경로와 균제상태의 값을 구할 수 있다.[8] 이 모형에서 출산율은 일정하지 않고 경제성장 과정에서 변화하는데, 자녀의 한계효용이 클수록, 양육비용이 적을수록 균제상태의 출산율은 높아진다.

자녀의 수는 추가적인 자녀가 부모에게 주는 한계효용과 한계비용에 의해 결정된다. 자녀가 주는 한계효용으로는 부모가 자녀를 양육하면서 얻는 기쁨과 자녀의 행복으로부터 오는 효용이 있다. 또한, 과거 농경사회에서는 자녀가 미래의 중요한 생산요소로서 생산을 이어받고 부모를 봉양하는 노후보장의 역할을 하였다. 따라서 소득이 많은 가계일수록 더 많은 자녀를 선호하였고, 아이가 많을수록, 그리고 남아일수록 부모는 노후보장에서 얻는 효용이 컸다. 그러나 현대사회로 접어들면서 전통적인 부모와 자녀 관계가 변화하고, 자녀의 한계효용은 줄어들었다. 이러한 변화에 금융시장과 연금제도 및 사회보장제도의 발전이 중요한 역할을 했다. 부모가 스스로 노후를 돌볼 수 있게 되면서 자녀의 한계효용이 줄어든 것이다.

자녀의 한계비용은 양육을 위한 금전적인 비용뿐만 아니라 부모의 기회비용(출산, 양육 기간 동안 포기해야 하는 비용)을 포함한다. 특히, 여성(어머니)의 기회비용이 중요하다. 왜냐하면 출산과 양육을 위해 어머니가 많은 시간을 쓰는 것이 일반적이기 때문이다. 따라서 여성의 교육 수준은 출산율에 큰 영향을 미친다. 일반적으로 교육을 받는 기간 동안 아이를 가질 수 없으므로 조기 결혼과 출산이 줄어든다. 그리고 높은 교육 수준은 높은 임금으로 연결되기 때문에 여성의 기회비용은 커진다. 결국 여성의 교육 수준이 상승하면서 기회비용(한계비용)이 커지게 되고 자녀의 수는 줄어든다.

---

8) Barro and Sala-i-Martin(2004, chapter 9.2)에서는 다음과 같은 구체적 함수를 가정한다. 효용함수는 $L_t^\psi u(c_t, n_t) = \dfrac{L_t^\psi (c_t n_t^\gamma)^{1-\theta}}{1-\theta}$, $(\theta > 0, \theta \neq 1, \psi > 0, \gamma > 0)$이다. 단, $\psi < 1, \gamma(1-\theta) < 1$을 가정하여 자녀의 한계효용은 감소한다. 자녀 양육비용은 $\psi(n) = vnb$, $(v > 0)$로 자녀의 수(n)와 자산 보유량(b)에 비례한다. 이 경제에서 자산(자본량)이 많을수록 임금이 높아져 기회비용이 커지는 함수를 가정한다.

경제 발전과 함께 인구가 줄어드는 이유로 부모가 자녀의 양(quantity)과 질(quality)을 구별하여 자녀를 양적으로 늘리기보다는 적은 수의 자녀에 대해 질적 투자를 늘리는 경향을 들 수 있다.[9] 굳이 표현하자면 자녀는 내구 소비재이자 투자재의 성격을 갖는다. 가령 컴퓨터를 구매할 경우 질이 좋은(가격이 높은) 제품 하나를 살 수도 있고, 질이 낮은(가격이 낮은) 제품 여러 개를 살 수도 있다. 마찬가지로 부모는 자녀의 양과 질에 대해 선택한다. 소득이 높아지면서 자녀에 대한 수요가 늘어난다고 가정하자. 이때 출산 및 육아 시간의 기회비용이 매우 빠르게 증가한다면, 부모는 자녀의 수보다는 질을 선택한다. 이 경우 출산율은 오히려 하락하고 자녀에 대한 교육 투자를 늘릴 것이다.

또 다른 모형으로 신고전파 최적 경제성장모형에 사망률을 도입하여 경제주체가 무한 기가 아닌 유한 기를 사는 경우를 생각해볼 수 있다.[10] 이 경우 경제주체는 일정 기간이 지나면 사라지고 새로운 경제주체가 등장한다.

j시점에 태어난 소비자의 사망률이 나이와 상관없이 $p > 0$로 일정하다고 하자. 이 소비자가 t시점에 살아 있을 확률은 $e^{-p(t-j)}$, $t \geq j$이다. 시간이 지날수록 생존확률은 0에 가까워지고 기대 수명은 $1/p$이다. 따라서 소비자가 t시점에 사망할 확률은 $1 - e^{-p(t-j)}$이다. 이 모형에서 각 소비자는 사망률을 반영한 효용함수를 극대화한다. 이때의 효용은 살아 있을 확률을 고려한 기대 효용이 된다.

$$E_t U = \int_t^\infty e^{-(\rho+p)(v-t)} u(c_{jv}) dv \tag{24}$$
$$\text{s.t. } \dot{b}_{jv} = w_v + (r_v + p)b_{jv} - c_v$$

예산 제약식에서 보유자산에 대한 이자율은 시장 이자율 r_t(무위험 이자율)에 사망률 p를 더한 값과 같다. 이는 사망할 확률에 해당하는 만큼 위험부담이 가산되어 이자율이 결정나는 것으로 생각할 수 있다. 이제 j기에 태어난 개별 소비자가 효용을 극대화하는 소비와 자산축적 경로를 구할 수 있다. 이 모형에서

9) Becker and Barro(1988)
10) Yarri(1965), Blanchard(1985)의 모형이다. Barro and Sala-i-Martin(2004, chapter 3.6)을 참조하시오.

는 다른 기에 출생한 세대가 동시에 살게 되고 각 세대의 수가 같지 않다. 따라서 모든 소비자를 합하여 경제 전체의 자본축적과 경제성장 경로를 구한다.

다음은 경제주체가 무한 기가 아닌 청년기와 노년기의 2기를 산다고 가정하는 중복세대모형을 소개한다.

4.3 중복세대모형(overlapping generations model)

Samuelson(1958)과 Diamond(1965)의 중복세대모형(overlapping generations model)은 유한 기를 사는 세대의 교체가 지속되는 모형이다. 이를 OLG 모형 또는 OG 모형이라고 부른다. 신고전파 최적성장모형이 무한 기를 사는 대표가계를 가정한 것과 달리 중복세대모형에서 경제주체는 2기 동안 산다. 경제주체의 생애는 청년기와 노년기로 나뉘고, 노년세대의 퇴장과 청년세대의 진입이 매기마다 반복적으로 일어나 (이전 기에 태어난) 노년세대와 (이번 기에 새로 태어난) 청년세대가 같은 기에 살게 된다. 중복세대 모형에서는 Ramsey — Cass — Koopmans 모형과 다르게 균제 상태에서 동태적 비효율성이 발생할 수 있다.

4.3.1 간단한 중복세대모형과 동태적 비효율성

신고전파 성장모형은 연속 시간을 사용하지만, 중복세대모형은 이산시간으로 표현해야 분석이 용이하다. <그림 4−1>에 보면 각 t기($t = 0, 1, 2, \cdots$)에 태어난 소비자는 t기에는 청년 세대(young; 아래 첨자 1로 표기), t+1기에는 노년 세대(old; 아래 첨자 2로 표기)이다. 이 소비자의 t기, t+1기 소비는 각각 c_{1t}, c_{2t+1}로 나타낸다. $t = 0$에서는 노년 세대만 존재한다고 가정한다. 매기 출생인구 수 $L_t(L_0, L_1, L_2, \ldots)$는 $n > 0$의 비율로 일정하게 증가한다.

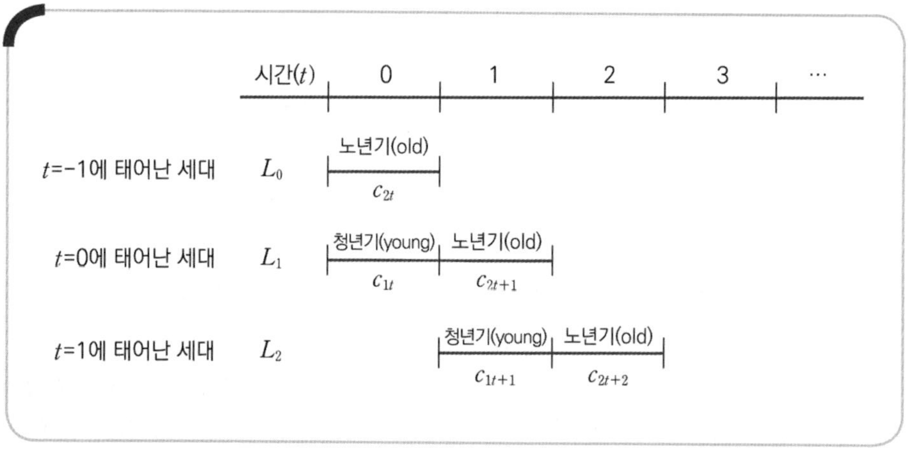

그림 4-1 중복세대모형의 청년 세대와 노년 세대

매기의 소득은 각각 y_{1t}, y_{2t+1}로 주어졌다고 가정하자.

$$y_{1t} > 0, \ y_{2t+1} > 0$$

균형이자율은 r로 단순 경제에서 소비하지 않고 남은 수확물에 대한 자연이 자율과 같다. 닭을 t기에 소비하지 않고 남겨두었을 때, t+1기에 닭과 달걀이 된다면 달걀은 이자에 해당한다.

t기에 태어난 소비자의 2기에 걸친 효용함수와 예산제약은 다음과 같다.

효용함수 $u(c_{1t}, c_{2t+1})$

예산제약 $c_{1t} + \dfrac{c_{2t+1}}{1+r} = y_{1t} + \dfrac{y_{2t+1}}{1+r}$

효용 극대화의 1계 조건은 아래와 같다.

$$\text{F.O.C.} \ \Rightarrow \ 1+r = \frac{u'_{1t}\left(c^*_{1t}, c^*_{2t+1}\right)}{u'_{2t+1}\left(c^*_{1t}, c^*_{2t+1}\right)} = 1 + \bar{r} \tag{25}$$

무차별곡선의 기울기인 한계대체율($MRS_{c_{1t},\,c_{2t+1}}$)이 예산선의 기울기인 $(1+r)$ 과 일치하는 지점에서 균형점이 형성된다. 즉, 아래 그림과 같이 점 A가 균형점이 된다. 만일 t기에 저장하거나 저축한 생산물을 $t+1$기에 소비할 수 없는 경우라면, 균형점은 점 E가 된다.

지금까지의 모형에서는 청년 세대와 노년 세대 간의 직접적인 거래가 불가능하다. 계속하여 새로운 젊은 세대가 나타나고 노년 세대와 같이 살지만 저축한 생산물을 빌리거나 빌려주면 그 다음 기에 돌려받지 못하므로 거래가 이루어지지 않는다.[11]

이 모형에서 균형점 A는 동태적으로 비효율(dynamically inefficient)일 가능성이 있다. 왜냐하면 세대 간 재분배(intergenerational redistribution)를 통해 모든 세대의 후생이 더 나아질 수 있기 때문이다.

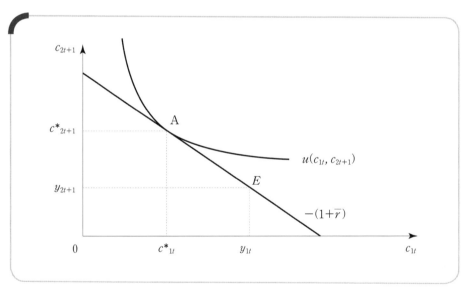

그림 4-2 청년기와 노년기의 2기에 걸친 최적 소비결정

---

11) 만일 금융중개기관이 존재하여 청년 세대가 균형이자율($\bar{r}$)로 (닭을) 저축하고, 노년기에 원금과 이자(닭과 달걀)를 금융기관으로부터 돌려받는 경우를 가정할 수 있다. 그러나 금융 기관이 저축한 닭을 받아 노년 세대에 빌려주면 돌려 받지 못하므로 보관하고 있을 수밖에 없다.

$\overline{r} < n$이 성립하는 경우 균제상태의 일인당 저축(자본축적)이 황금률의 저축보다 커지기 때문에 동태적 비효율성이 발생한다. 이 경제에서 세대 간 재분배가 가능하다고 가정하자. 사회계획자 또는 정부는 매기에 청년 세대로부터 소득의 일부(X)를 거두어 해당 시점의 노년 세대에게 나누어준다. t기에 X를 납부한 청년 세대는 t+1기에 인구증가를 반영해 $(1+n)X$를 받을 수 있다.[12] 아래 그림과 같이 $\overline{r} < n$인 경우 균형점이 기존의 a에서 b로 이동하여 소비자는 이전보다 높은 효용을 얻을 수 있다. $\overline{r} < n$이 만족되면, 젊은 세대는 노년기에 X에 이자를 합친 것보다 많은 $(1+n)X$를 받을 수 있기 때문에 더 높은 효용을 얻는 것이다. 따라서 이 경우 동태적 비효율성이 존재한다. 이때 사회계획자가 세대 간 재분배로 동태적으로 효율적인 상태를 만들 수 있는 것은 세대가 영속하여 무한기로 이어지기 때문이다. 유한하다면 마지막 기의 젊은 세대가 노년 세대를 지원하면 다음 기에 돌려받지 못하므로 후생이 감소한다.

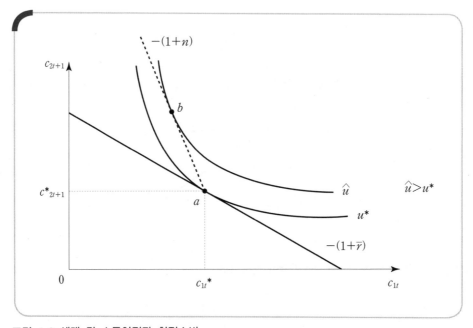

그림 4-3 세대 간 소득이전과 최적소비

---

12) 아래 중복세대모형의 정부 정책 효과(공적 연금제도의 도입)에서 (53) 식을 참조하시오.

4.3.2 일반적인 중복세대모형

이제 다이아몬드의 중복세대모형을 소개한다(Diamond, 1956). 이 모형에서는 매기마다 청년 세대와 노년 세대의 두 세대가 존재하며, 생산이 가능하고 자본축적이 이루어진다. 세대가 계속 교체된다고 가정할 때 소비, 생산의 결정과 자본 축적과정이 어떻게 이루어지는지 분석해보자.

≫ 소비자의 의사 결정

가. 가정

(1) 각 소비자는 t기, t+1기의 2기를 산다.
(2) t기에 태어난 청년 세대의 각 개인은 노동소득(w_t)으로 소비(c_{1t})와 저축(s_t)을 결정하고 t+1기에 노년 세대가 되어 청년기에 저축한 금액을 소비(c_{2t+1})한다.
(3) 인구 증가율은 $n > 0$으로 일정하다: $L_t = L_{t-1}(1+n)$

나. 효용함수

t기에 태어난 청년 세대의 각 개인은 t기 소비(c_{1t})와 t+1기의 소비(c_{2t+1})로부터 얻을 효용 U를 극대화한다.

$$U = u(c_{1t}, c_{2t+1}) = \frac{c_{1t}^{1-\theta}}{1-\theta} + \frac{1}{1+\rho}\frac{c_{2t+1}^{1-\theta}}{1-\theta}, \quad (\theta > 0, \theta \neq 1) \tag{26}$$

단, ρ는 시간선호율이며 $\rho > 0$을 가정한다. ρ가 클수록, 개인은 현재소비를 미래소비보다 중요하게 생각한다. 순간효용함수는 상대적 위험회피계수가 일정한 CRRA 효용함수를 가정한다. θ는 상대적 위험회피계수이다.

다. 예산제약

t기에 태어난 개인의 t기와 t+1기의 예산 제약은 다음과 같다.

청년기: $c_{1t} + s_t = w_t$

노년기: $c_{2t+1} = (1+r_{t+1})s_t$

단, r_{t+1}은 t기(청년기)의 저축에 대한 $t+1$기(노년기) 이자율이다. 청년 세대는 노동소득으로 소비와 저축을 결정하고, 노년이 되면 저축과 이자소득을 소비한다. $s_t = w_t - c_{1t}$를 노년기의 예산 제약식에 대입하면,

$$c_{2t+1} = (1+r_{t+1})[w_t - c_{1t}]$$

위 식을 소비에 대해 정리하면, 다음과 같은 2기에 걸친 예산 제약식을 얻을 수 있다.

$$c_{1t} + \frac{c_{2t+1}}{1+r_{t+1}} = w_t \tag{27}$$

라. 소비자의 효용 극대화 문제

2기 예산 제약식 하에 효용함수를 극대화하는 소비자의 극대화 문제를 설정한다.

$$Max \quad U = \frac{c_{1t}^{1-\theta}}{1-\theta} + \frac{1}{1+\rho}\frac{c_{2t+1}^{1-\theta}}{1-\theta}$$

$$s.t. \quad c_{1t} + \frac{c_{2t+1}}{1+r_{t+1}} = w_t$$

위의 극대화 문제를 라그랑지안을 사용하여 풀면,

$$\mathcal{L}(c_{1t}, c_{2t+1}, \lambda) = \left[\frac{c_{1t}^{1-\theta}}{1-\theta} + \frac{1}{1+\rho}\frac{c_{2t+1}^{1-\theta}}{1-\theta}\right] + \lambda\left[w_t - c_{1t} - \frac{c_{2t+1}}{1+r_{t+1}}\right]$$

c_{1t}와 c_{2t+1}에 대한 극대화의 1계 조건은 다음과 같다.

$$\frac{\partial\mathcal{L}}{\partial c_{1t}} = 0 \quad \Leftrightarrow \quad c_{1t}^{-\theta} = \lambda \tag{28}$$

$$\frac{\partial\mathcal{L}}{\partial c_{2t+1}} = 0 \quad \Leftrightarrow \quad c_{2t+1}^{-\theta}(1-\rho)^{-1} = \lambda(1+r_{t+1})^{-1} \tag{29}$$

(28) 식과 (29) 식을 연립하여 풀면,

$$\frac{c_{2t+1}}{c_{1t}} = \left[\frac{1 + r_{t+1}}{1 + \rho}\right]^{\frac{1}{\theta}} \tag{30}$$

(30) 식에서 소비증가율은 이자율과 주관적 미래 할인율(시간 선호율)에 의해 결정된다. 상대적 위험회피 계수가 $\theta > 0$이므로 이자율이 상승하면, 현재소비가 감소하고 미래소비는 증가한다. 즉, 저축이 증가한다. 이를 기간 간 대체(intertemporal substitution) 효과라고 한다. 미래의 위험을 기피하는 정도가 클수록, 즉 θ의 값이 클수록 이자율 상승에 대한 반응 정도가 작게 나타난다.

(30) 식을 (27)식의 예산 제약식에 대입하여 정리하면, 1기 소비와 저축을 저축률에 관한 식으로 나타낼 수 있다.

$$c_{1t} = [1 - s(r_{t+1})]\, w_t \tag{31}$$
$$s_t = s(r_{t+1})\, w_t \tag{32}$$

$$단,\ s(r_{t+1}) = \frac{(1 + r_{t+1})^{\frac{1-\theta}{\theta}}}{(1+\rho)^{\frac{1}{\theta}} + (1 + r_{t+1})^{\frac{1-\theta}{\theta}}} \tag{33}$$

여기서 $s(r_{t+1})$는 1기에 저축이 소득에서 차지하는 비율, 즉 저축률을 나타낸다. 저축률은 이자율의 함수로 표현된다.

≫ 이자율과 저축률의 관계

이자율이 상승하면 저축률은 어떻게 변화할까? (33) 식에서 보면, 저축률은 상대적 위험회피계수 θ 의 값에 따라 이자율 변화에 대한 반응이 달라진다. 이자율이 상승할 때, 기간 간 대체효과와 소득효과가 동시에 발생하기 때문이다. 이자율이 오르면 현재소비의 기회비용이 높아져서 소비자가 저축(미래소비)을 늘리려고 하는 기간 간 대체효과가 발생한다. 반면에 이자율이 오르면 이자소득이 증가하면서 적은 금액의 저축으로 같은 크기의 소비가 가능해지기 때문에 저축을 줄이려는 소득효과가 발생한다. 상대적 위험회피계수가 작을수록 이자율 상승에 대해 현재소비를 미래소비로 대체하려는 기간 간 대체가 크게 발생한다. 따라서 이자율이 상승할 때, 저축률이 상승할 가능성이 커진다.

이자율과 저축률의 관계를 알아보기 위해 (33) 식을 이자율에 대해 미분하면,

$$\frac{\partial s}{\partial r_{t+1}} = \frac{1-\theta}{\theta}(1+r_{t+1})^{\frac{1-2\theta}{\theta}}(1+\rho)^{\frac{1}{\theta}}\left[(1+\rho)^{\frac{1}{\theta}}+(1+r_{t+1})^{\frac{1-\theta}{\theta}}\right]^{-2} \tag{34}$$

θ의 값에 따라 위 식의 부호가 결정된다.

① $\theta = 1 \quad \Rightarrow \quad \dfrac{\partial s(r_{t+1})}{\partial r_{t+1}} = 0$

상대적 위험회피계수가 1이면, 대체효과와 소득효과의 크기가 같아져서 이자율 변동에도 저축률은 변하지 않는다.

위의 (33) 식에서 $\theta = 1$이면 저축률 $s = \dfrac{1}{2+\rho}$이고, 이를 (31), (32)식에 대입하면,

$$c_{1t} = \frac{1+\rho}{2+\rho}w_t \tag{35}$$

$$s_t = \frac{1}{2+\rho}w_t \tag{36}$$

따라서 소비와 저축은 이자율의 영향을 받지 않는다.

② $\theta < 1 \quad \Rightarrow \quad \dfrac{\partial s(r_{t+1})}{\partial r_{t+1}} > 0$

상대적 위험회피계수가 1보다 작으면, 대체효과가 소득효과보다 크다. 이 경우 이자율이 상승하면, 저축률도 상승한다.

③ $\theta > 1$　　$\Rightarrow$　　$\dfrac{\partial s\,(r_{t+1})}{\partial r_{t+1}} < 0$

상대적 위험회피계수가 1보다 크면, 소득효과가 대체효과보다 크다. 이 경우 이자율이 상승할 때, 저축률은 하락한다.

≫ 생산자의 의사 결정 문제

가. 가정

(1) 신고전파 생산함수를 가정한다.

$$Y_t = F(K_t, A_t L_t) \quad \Leftrightarrow \quad y_t = f(k_t)$$

(2) 분석을 단순화하기 위해 매기에 일정한 기술 수준(기술진보율이 0인 경우)을 가정한다.[13]

$$A_t = 1$$

(3) 자본축적

t기의 생산에 사용되는 자본량 K_t는 $(t-1)$기의 청년 세대(t기의 노년 세대)가 축적한 것으로 노년세대가 소유하고, t기의 청년 세대가 생산에 사용한다.

(4) 감가상각은 없다고 가정한다.

나. 이윤 극대화 조건

$$r_t = f'(k_t)$$
$$w_t = f(k_t) - k_t f'(k_t)$$

---

13) 기술 수준이 일정한 비율로 증가하는 경우는 연습문제 7과 Romer(2019) 2.B 또는 Diamond (1965)를 참조하시오.

≫ 시장 균형

t기 청년 세대의 총 저축을 구하면,

$$L_t s_t = L_t s(r_{t+1}) w_t \qquad (37)$$

시장 균형에서 t기 총 저축은 $(t+1)$기 생산자(청년 세대)가 필요로 하는 총 자본량과 같아야 한다.

$$K_{t+1} = L_t s_t \qquad (38)$$

≫ 균형 자본축적 경로

시장 균형을 만족하는 자본량의 축적은 다음과 같이 구해진다.

$$K_{t+1} = L_t s_t = L_t s(r_{t+1}) w_t \qquad (39)$$

위 식에 이윤 극대화의 조건인 이자율(r_t)과 임금(w_t)을 대입하여 정리하면,

$$L_{t+1} k_{t+1} = L_t s(r_{t+1}) [f(k_t) - k_t f'(k_t)]$$
$$\rightarrow k_{t+1} = (1+n)^{-1} s(f'(k_{t+1})) [f(k_t) - k_t f'(k_t)] \qquad (40)$$

위의 k_{t+1}와 k_t의 관계식은 음함수로 $k_{t+1} = \psi(k_t)$와 같이 표현할 수 있다. (40) 식은 k의 초기 값이 주어졌을 때, 시간에 따른 k의 값을 보여준다. 이는 수학적으로 차분방정식(difference equation)에 속한다. 위의 식과 균제상태의 조건인 $k_{t+1} = k_t$이 성립하는 지점에서 균제상태가 이루어지며 이때 k의 값은 일정하다.

≫ 단순한 생산함수와 효용함수를 가정한 경우

자본축적 경로와 균제상태의 자본량을 도출하기 위해 아래와 같은 로그효용 함수와 콥－더글러스 생산함수를 가정하자.

$$U = u(c_{1t}, c_{2t+1}) = \ln c_{1t} + \frac{1}{1+\rho} \ln c_{2t+1}$$

$$y_t = k_t{}^\alpha$$

소비자의 효용 극대화 문제를 풀면, 저축률은 다음과 같다. (41) 식은 (33) 식에 $\theta = 1$을 대입한 결과와 같다.

$$s(r_{t+1}) = \frac{1}{2+\rho} \tag{41}$$

일인당 저축은 $s_t = s(r_{t+1})w_t$이고, $w_t = (1-\alpha)k^\alpha$이므로 일인당 저축 은 다음과 같다.

$$s_t = \frac{1}{2+\rho} w_t = \frac{1}{2+\rho}(1-\alpha)k^\alpha \tag{42}$$

이 결과를 (40)의 자본축적식에 대입하여 정리하면, 다음과 같은 자본축적 경로를 얻을 수 있다.

$$k_{t+1} = \frac{(1-\alpha)}{(1+n)(2+\rho)} k_t{}^\alpha \tag{43}$$

균제상태에서는 일인당 자본축적의 변화가 0인 $k_{t+1} = k_t$을 만족해야 한다. 위 식에 $k_{t+1} = k_t$를 대입하여 정리하면, 균제상태의 일인당 자본량 k^*를 구할 수 있다.

$$k^* = \left[\frac{(1 - \alpha)}{(2 + \rho)(1 + n)} \right]^{\frac{1}{1-\alpha}} \tag{44}$$

<그림 4-4>에서 곡선은 (43) 식을, 원점에서 45도인 직선은 $k_{t+1} = k_t$를 나타낸다. 두 선이 만나는 지점인 a에서 균제상태의 k^*가 결정된다. (44) 식은 균제상태의 일인당 자본량을 결정하는 요인들을 보여준다. k^*는 $(1-\alpha)$의 증가 함수이고 ρ, n의 감소함수이다.[14] 노동자의 몫$(1-\alpha)$이 증가하면, 균제상태의 일인당 자본량이 커지는 이유는 저축이 증가하기 때문이다. 미래소비에 대한 할 인율(ρ)이 높으면, 저축률이 낮아지므로 균제상태의 일인당 자본량은 줄어든다. 인구증가율(n)이 높을수록, 매기 자본을 필요로 하는 젊은 세대가 늘어나므로 균제상태의 일인당 자본량은 줄어든다.

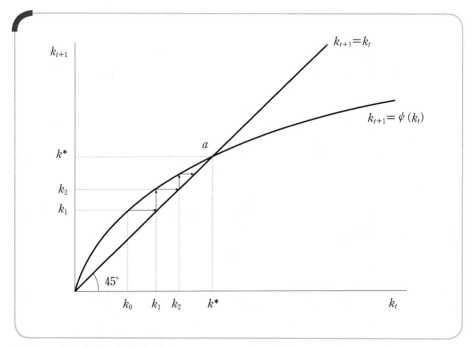

그림 4-4 자본축적의 동태적 경로

---

14) k^*가 $(1-\alpha)$의 증가함수인 것은 $k^* = (Ax)^{1/x}$, $A = \frac{1}{(2+\rho)(1+n)}$, $x = (1-\alpha)$에서 $\ln k^*$를 x로 미분한 도함수인 $\frac{1}{k^*} \frac{dk^*}{dx}$의 값이 0보다 크다는 사실로부터 알 수 있다.

초기의 일인당 자본량 k_0가 주어졌을 때, 일인당 자본량이 균제상태로 향하는 이동 경로를 살펴보자. (43) 식에서 $k_0 = 0$인 경우 원점이 균제상태가 된다. 즉, 초기 자본량이 0이면 자본축적은 일어나지 않는다. 그러나 $k_0 > 0$이고 초기 자본량이 k^*보다 작으면, 일인당 자본량은 점차 증가하여 k^*로 수렴한다. <그림 4-4>를 보면, k_0인 지점에서 $k_{t+1} = \psi(k_t)$선이 $k_{t+1} = k_t$의 선보다 위에 위치한다. 따라서 $k_1 > k_0$이 성립한다. 이제 k_1에 대한 다음 기 일인당 자본량 k_2는 $k_2 > k_1$인 지점에 위치한다. 이 과정을 반복하면 k_t가 점차 커지면서 k^*로 수렴한다. 반대로 k_0가 k^*보다 큰 값에서 시작하면, 일인당 자본량은 점차 감소하여 k^*로 수렴한다.

≫ 균형의 존재와 안정성

이 모형에서 균형이 존재하기 위해서는 $\psi''(k_t) < 0$, $\lim_{k \to 0} \psi'(k_t) > 1$ 이 만족되어야 한다. <그림 4-4>에서 보면, 위의 조건은 $k_{t+1} = \psi(k_t)$ 선이 45도 선보다 위에서 출발하는 오목한 함수 $\psi(k_t)$를 뜻한다. 앞서 살펴본 단순모형은 $f''(k_t) < 0$, $\lim_{k \to 0} f'(k_t) = \infty$이므로 균형의 존재를 위한 필요조건이 성립한다.

균형의 안정성 조건은 균형점인 k^*에서 $\psi(k_t)$ 함수의 기울기가 1보다 작아야 한다는 것이다. 즉, $\psi'(k^*) < 1$이 성립해야 한다. 단순모형의 <그림 4-4>에서는 균제상태인 a점에서 조건이 성립한다. 초기 자본량 $k_0 > 0$이 어느 점에서 출발해도 a점으로 수렴하기 때문에 a점은 안정적인 균형이라 할 수 있다.

균형의 존재 조건과 안정성 조건이 내포하는 의미를 생각해보자. (40) 식의 $k_{t+1} = \psi(k_t)$을 다음과 같이 고쳐 써 보자.

$$k_{t+1} = (1+n)^{-1} s(f'(k_{t+1})) [f(k_t) - k_t f'(k_t)]$$

$$= (1+n)^{-1} s(f'(k_{t+1})) \frac{[f(k_t) - k_t f'(k_t)]}{f(k_t)} f(k_t)$$

위 식에서 k_{t+1}은 저축률과 노동소득(노동의 몫×일인당 생산량)의 변화에 따라 결정된다. 따라서 자본축적에 따른 저축률과 노동소득의 변화를 각각 살펴본다. k_t가 커지면서 한계생산성 $f'(k_{t+1})$은 점점 하락한다. 이자율이 하락하면 저축률 변화는 상대적 위험회피계수에 따라 달라진다. 상대적 위험회피계수가 1보다 작으면, 대체효과가 소득효과보다 크기 때문에 이자율 하락이 저축률 하락으로 이어진다. 전체 생산량 $f(k_t)$는 한계생산성 하락으로 인해 증가속도가 줄어든다. 결국 노동의 몫이 지속적으로 증가하지 않는다면, $\psi''(k_t) < 0$의 조건은 만족된다. 균형 존재의 또 다른 조건 $\lim_{k \to 0} \psi'(k_t) > 1$은 k_t가 0에 가까운 작은 값일 때 저축률과 노동의 몫이 0에 가깝지 않으면 성립한다.

균형이 존재하더라도 일반적인 효용함수와 생산함수를 가정하면 균형이 여러 개일 수도 있고, 불안정한 균형이 발생할 수도 있다. 균형의 안정성 조건인 $\psi'(k^*) < 1$은 균형점 k^*에서 자본량의 증가속도가 1보다 작아야 한다는 것을 의미한다. 이는 균제상태 근방에서 자본축적에 따라 저축률과 노동소득이 증가하는 속도에 달려 있다.

≫ 동태적 비효율성(Dynamic Inefficiency)

중복세대모형에서 개별 경제주체는 유한한 기간을 살지만, 경제 전체는 무한기에 걸쳐 성장한다. 신고전파 성장모형과 다르게 중복세대모형에서는 시장 균형으로 결정되는 자본축적량이 동태적 비효율성을 보일 가능성이 존재한다.

먼저 중복세대모형에서 균제상태의 일인당 소비를 극대화하는 황금률의 일인당 자본량 k_g^*를 구해보자. 균제상태에서 경제 전체의 총 소비는 아래와 같다.

$$C_t = c_{1t}L_t + c_{2t}L_{t-1} \tag{45}$$

$\qquad C_t$: 경제 전체 소비량

$\qquad c_{1t}L_t$: t기 청년 세대의 총 소비

$\qquad c_{2t}L_{t-1}$: t기 노년 세대의 총 소비,

t기의 노년 세대 인구는 L_{t-1}로 $(t-1)$기에 정해지고 청년 세대 인구는

$L_t = (1+n)L_{t-1}$이다.

균제상태에서 일인당 소비를 극대화하는 황금률의 자본량은 솔로우 모형(감가상각과 기술진보가 없는, 즉 $\delta = 0, g = 0$으로 단순한 경우를 가정)과 마찬가지로 $f'(k_g^*) = n$를 만족한다. 이를 증명해보자. 중복세대모형의 경제 전체의 예산제약은 아래와 같다.

$$K_t + F(K_t, L_t) = K_{t+1} + c_{1t}L_t + c_{2t}L_{t-1} \tag{46}$$

$$K_t : \text{t기 자본량}$$

$$F(K_t, L_t) : \text{t기 생산}$$

$$K_{t+1} : (t+1)\text{기의 자본량}$$

$$c_{1t}L_t + c_{2t}L_{t-1} : \text{소비}$$

위의 예산 제약을 유효노동력당 자본량으로 바꾸면 다음과 같다.

$$k_t L_t + f(k_t) L_t = k_{t+1} L_{t+1} + C_t \tag{47}$$

균제상태 조건에 의해서, $k_t = k_{t+1} = k^*$이다. 이를 예산 제약식에 대입하여 정리하면,

$$k^* L_t + f(k^*) L_t = k^* L_{t+1} + C_t = k^* (1+n) L_t + C_t$$

위 식을 C_t에 대해서 정리하면,

$$C_t = f(k^*) L_t - k^* n L_t$$

양변을 L_t로 나누면, 균제상태의 유효노동력당 소비를 다음과 같이 구할 수 있다.

$$c_t^* = f(k^*) - nk^*$$

균제상태의 유효노동력당 소비와 일인당 소비를 극대화하는 1계 조건은 아래와 같으며, 이는 솔로우 모형의 조건과 일치한다.

$$f'(k_g^*) = n \tag{48}$$

이제 중복세대모형의 균제상태의 자본축적량과 황금률의 자본축적량을 비교해보자. $\theta = 1$의 로그효용함수와 $y_t = k_t{}^\alpha$의 콥-더글러스 생산함수를 가정하여 균제상태의 자본축적량과 이자율을 구하면,

$$k^* = \left[\frac{(1 - \alpha)}{(2 + \rho)(1 + n)} \right]^{\frac{1}{1 - \alpha}}$$

$$r^* = f'(k^*) = \frac{\alpha}{1 - \alpha}(1 + n)(2 + \rho)$$

만일 균제상태의 자본량이 황금률의 자본량보다 많다면($k^* > k_g{}^*$), 동태적 비효율성이 발생한다. 즉, $r^* < n \left(\Leftrightarrow f'(k^*) < f'(k_g^*) \Leftrightarrow k^* > k_g^* \right)$인 경우 경제는 동태적 비효율성을 갖는다.

$$r^* = \frac{\alpha}{1 - \alpha}(1 + n)(2 + \rho) < n \tag{49}$$

노동자의 몫인 $1 - \alpha$가 클수록, ρ가 작을수록 총 저축이 늘어나고 이자율이 하락하여 과잉 저축이 발생할 수 있다. 과잉 저축은 경제의 동태적 비효율성을 낳는다.

중복세대모형에서는 소비자의 효용 극대화와 생산자의 이윤 극대화를 동시에 만족하는 시장 균형에서 황금률을 초과하는 과잉 투자가 발생할 가능성이 존재한다. 만일 시장기구가 아닌 소비자 겸 생산자의 역할을 하는 사회계획자가 최적 의사 결정을 수행한다면, 자원배분을 통해 모든 사람의 일인당 소비를 늘릴 수 있다. 사회계획자는 세대가 계속 이어지는 특성을 이용하여 청년 세대의 일부 소득을 노년 세대에게 이전하여 모든 기에 걸친 효용의 현재가치 합계를 극대화할 수 있다.

≫ 정부 정책의 효과

이제 정부를 도입하여 중복세대모형을 확장한다. 정부가 적절한 정책을 사용하면, 경제의 동태적 비효율성을 해결할 수 있다.

(1) 정부지출의 효과

정부가 t기에 T_t 규모의 정액세(lump-sum tax)를 청년 세대에게 부과하여 t기에 정부지출 G_t를 단행한다고 가정하자. 균형예산을 가정하면 $G_t = T_t$이다.

로그 효용함수와 콥-더글러스 생산함수를 가정한 단순 모형을 고려하자. 정부지출이 없다면 개별 소비자의 예산제약은 $c_{1t} + \dfrac{c_{2t+1}}{1 + r_{t+1}} = w_t$이다. 정부지출을 도입한다면 새로운 예산제약은 다음과 같다.

$$c_{1t} + \frac{c_{2t+1}}{1 + r_{t+1}} = w_t - \tau_t \tag{50}$$

τ_t는 일인당 세금(정액세)이다. 일인당 자본축적의 동태적 경로를 구하면 아래와 같다.

$$k_{t+1} = \frac{1}{(1 + n)(2 + \rho)}[(1 - \alpha)k_t^\alpha - \tau_t] \tag{51}$$

<그림 4-5>에서 점선은 세금 부과 후의 자본축적 경로를 보여준다. 세금 부과 이전과 비교하면, 세금 부과 이후 자본축적 경로는 아래로 이동한다. 새로운 $k_{t+1} = \psi(k_t)$ 선과 $k_{t+1} = k_t$ 선이 만나는 점이 새로운 균형점이 되고, 경제는 균형점 a에서 b로 이동한다. 이에 따라 새로운 균제상태의 일인당 자본량은 감소한다. 결과적으로 정부지출 증가는 균제상태의 자본량을 줄이고 실질이자율을 높이는 효과를 낳는다. 이는 Ramsey-Cass-Koopmans의 최적성장모형과 다른 결과이다. 최적성장모형에서 영구적인 정부지출은 세금 부과액만큼 소비를 감소시킨 반면, 저축(투자)에는 영향을 미치지 않는다. 중복세대모형에

서는 경제주체가 2기의 유한 기를 살기 때문에 청년 시기에 세금을 납부하게 되면 소비와 저축을 모두 줄인다.

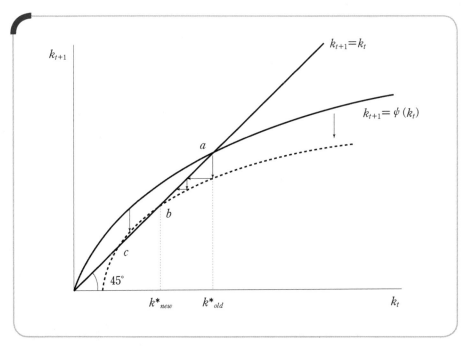

그림 4-5 정부지출의 효과

<그림 4-5>에서 정부의 세금 부과 이후 두 개의 균형점 b, c가 생겨난다. b점은 균형의 안정성 조건인 $\psi'(k^*) < 1$을 만족하므로 주어진 초기 자본량에 따라 자본량은 균형점 b로 수렴한다. 반면에 균형점 c에서의 기울기가 1보다 크기 때문에 점 c는 안정성 조건을 만족하지 못한다. 따라서 점 c는 불안정한 균형이다. 만일 초기 자본량이 점 c보다 높은 곳에서 출발하면 자본량은 b점으로 수렴하고, 점 c보다 낮은 곳에서 출발하면 자본량은 점점 줄어든다.

(2) 공적 연금제도의 도입

정부는 사회보장 제도로 공적 연금을 도입할 수 있다. 연금은 청년 세대의 일부 소득을 노년 세대에게 이전하는 제도이다.

t기의 청년 세대는 일인당 연금을 d_t만큼 적립하고 $(t+1)$기에 b_t를 돌려받는다고 하자. 연금은 운영방식에 따라 적립형과 부과형으로 나뉜다.

① **적립 방식(funded system)**: 적립식이란 국민이 낸 보험료 혹은 사회보장세를 정부가 적립해 기금을 만들고 기금으로부터 발생하는 수익으로 연금을 지급하는 방식이다. t기에 청년 세대가 d_t를 납입(투자)하면, $(t+1)$기에 그 원금과 이자를 받는 방식이다. b_t에 관한 다음 식이 성립한다.

$$b_{t+1} = (1 + r_{t+1})d_t \tag{52}$$

이 방식은 정부가 민간 저축의 일부를 대신하는 것과 같은 효과가 있다. 따라서 경제에 미치는 효과는 없다. 즉, 균제상태의 자본 축적량에는 변화가 없다. t기와 t+1기 예산 제약식은 다음과 같다.

청년기: $c_{1t} + s_t + d_t = w_t$

노년기: $c_{2t+1} = (1+r_{t+1})s_t + b_{t+1} \rightarrow c_{2t+1} = (1+r_{t+1})(s_t + d_t)$

위의 예산제약식과 (52) 식을 결합하면, 연금이 없는 경우의 예산제약과 같다.

② **부과 방식(unfunded system)**: 이 방식은 페이고(pay-as-you-go)라고도 한다. 부과 방식은 현재 노동자들의 노동소득으로부터 거둔 돈을 은퇴한 사람들에게 지급하는 방식이다. 즉, 청년 세대가 낸 보험료를 $(t+1)$기의 노년 세대에게 바로 지급한다.

$$b_{t+1} = (1 + n)d_{t+1} \tag{53}$$

젊은 세대의 수가 인구증가율 n의 비율로 늘어나면, 노년 세대가 일인당 받을 수 있는 연금 액수는 증가한다. 부과 방식은 균제상태의 자본 축적량을 감소시킨다. 이에 대해 자세히 살펴보자.

2기 (t기, t+1기) 효용함수로 $\theta = 1$인 로그 함수를 가정하자.

$$U_t = \ln c_{1t} + \frac{1}{1+\rho}\ln c_{2t+1}$$

t기와 t+1기의 예산 제약식은

청년기: $c_{1t} + s_t + d_t = w_t$
노년기: $c_{2t+1} = (1+r_{t+1})s_t + b_{t+1}$

노년기의 예산제약식에 (53) 식을 대입하면,

$$c_{2t+1} = (1 + r_{t+1})s_t + (1 + n)d_{t+1} \qquad (54)$$

청년 세대는 매기마다 같은 양의 연금을 납부한다고 가정한다($d_t = d_{t+1} = d$).
(54) 식에서 청년기 예산제약식을 이용하여 s_t를 소거하면,

$$c_{1t} + \frac{c_{2t+1}}{1+r_{t+1}} = w_t - d + \frac{(1+n)}{1+r_{t+1}}d \qquad (55)$$

2기 효용함수와 예산 제약을 결합한 t기에 태어난 소비자의 효용 극대화 문제는 다음과 같다.

$$Max \quad U_t = \ln c_{1t} + \frac{1}{1+\rho}\ln c_{2t+1}$$

$$s.t. \quad c_{1t} + \frac{c_{2t+1}}{1+r_{t+1}} = w_t - d + \frac{(1+n)}{1+r_{t+1}}d$$

위의 극대화 문제를 라그랑지안을 통해 풀면 다음과 같다.

$$\pounds = \ln c_{1t} + \frac{1}{1+\rho}\ln c_{2t+1} + \lambda\left[w_t - d + \frac{1+n}{1+r_{t+1}}d - c_{1t} - \frac{c_{2t+1}}{1+r_{t+1}}\right]$$

극대화 1계 조건을 구하면,

$$\frac{c_{2t+1}}{c_{1t}} = \frac{1+r_{t+1}}{1+\rho} \qquad (56)$$

위 식을 예산제약에 대입하여 s_t에 관해 정리하면 다음과 같다.

$$s_t = \frac{1}{2+\rho}w_t - \frac{1}{2+\rho}\left[1 + (1+\rho)\frac{(1+n)}{1+r_{t+1}}\right]d \qquad (57)$$

연금 부과가 저축에 미치는 영향을 구하면,

$$\frac{\partial s_t}{\partial d} = \frac{-1}{2+\rho}\left[1 + (1+\rho)\frac{(1+n)}{1+r_{t+1}}\right] < 0$$

즉, 부과 방식 연금제도의 도입은 저축을 감소시킨다. 저축이 감소하는 크기는 인구 증가율과 이자율에 의해 결정된다. $n > r_{t+1}$이면 저축 감소의 크기가 d 증가보다 크다.

앞서 구한 저축을 통해 자본축적식을 구하면 다음과 같다. 시장 균형 조건, $K_{t+1} = L_t s_t$, 즉 $k_{t+1}(1+n) = s_t$에 저축을 대입하면,

$$k_{t+1} = \frac{1}{(1+n)(2+\rho)}\left[(1-\alpha)k_t^\alpha\right]$$
$$- \frac{1}{(1+n)(2+\rho)}\left[1 + (1+\rho)\frac{(1+n)}{1+r_{t+1}}\right]d \qquad (58)$$

부과 방식 연금제도의 도입은 정부지출 증가의 경우와 마찬가지로 $k_{t+1} = \psi(k_t)$ 선을 아래로 이동시키고 균제상태의 일인당 자본량 k^*를 줄인다. 그렇다면 이러한 제도가 바람직한 것인가? 답은 연금제도 도입 이전의 자본축적경로에 있다. 만일 연금제도 도입 이전의 자본 축적상태가 과잉 축적이라면, 부과 방식 연금제도의 도입은 동태적 비효율성을 해결하는 바람직한 역할을 수행할 수 있다.

연습문제

01   인구증가율 n, 저축률 s, 감각상각률 δ로 고정된 솔로우의 경제성장모형에서 생산함수가 다음과 같이 주어졌다.

$$Y_t \;=\; F(K_t, A_t h L_t) = K_t^{\alpha}\,(A_t h L_t)^{1-\alpha}, \qquad 0 < \alpha < 1$$

단, h는 노동자의 평균 인적자본량으로 일정한 값을 갖는다. 기술수준 A는 $g > 0$로 일정하게 성장한다고 하자.

(1)   이 경제의 유효노동력당 산출량 $y_t = \dfrac{Y_t}{A_t L_t}$와 일인당 산출량 $\dfrac{Y_t}{L_t}$의 균제상태의 값을 구하시오.

(2)   위에서 구한 값을 사용하여 국가 간에 저축률, 평균 인적자본량의 차이가 균제상태에서 일인당 산출량(소득)의 차이를 얼마나 발생시키는지 설명하시오.

(3)   노동자의 평균 인적자본량의 크기는 평균 교육년수로 측정한다고 하자. 인적자본의 크기가 7인 경제 A와 14인 경제 B의 경제성장률이 이동경로와 균제상태에서 어떻게 다른지 설명하시오.

02   4.2절에서 소개한 인적자본이 일정한 저축률로 축적되는 Mankiw, Romer, Weil (1992) 모형을 가정하시오. 단, 생산함수는 $Y_t = K_t^{\alpha} H_t^{\beta}(A_t L_t)^{1-\alpha-\beta}$로 주어지고 기술수준 A_t는 외생적 기술진보율 g로 증가한다. 다른 조건은 같다.

(1)   이 모형에서 유효노동력당 물적자본($k \equiv \dfrac{K}{AL}$)과 유효노동력당 인적자본 ($h \equiv \dfrac{H}{AL}$)의 증가율은 시간이 가면서 어떻게 변화하는지 설명해 보시오.

(2) 이 경제에서 (K/H)의 비율은 어떻게 변화하는지 설명해 보시오.

(3) 균제상태의 유효노동력당 물적자본, 유효노동력당 인적자본, 유효노동력당 산출량을 구하시오.

(4) 균제상태의 일인당 국민소득을 이용하여 일인당 인적자본의 차이는 두 국가의 일인당 국민소득(생산량)의 차이를 얼마나 설명하는지 보이시오.

03   다음과 같은 맬서스 모형을 고려하자. 생산함수는 다음과 같이 노동력과 주어진 토지의 양에 의해 제약을 받는다.

$$Y_t = X^{1/2} L_t^{1/2}$$

단, X는 토지의 양이며 X= X_0 =10,000으로 주어졌다. 일인당 소득(Y/L)이 늘면 인구증가율(n)이 늘어난다고 하자. 두 변수 간에 다음의 관계가 있다고 하자.

$$n = Y_t/L_t - 10$$

(1) 생산함수에서 L과 Y/L의 관계를 그래프로 그리시오. 인구가 $n > 0$으로 증가율로 계속 늘면 Y/L의 값은 어떻게 되는가?

(2) 균제상태에서 L의 값을 구하시오. 의미를 설명하시오.

04   아래와 같은 생산함수를 가정하시오.

$$Y_t = \left[\alpha_L \left(A_t^L L_t \right)^{(\sigma-1)/\sigma} + \alpha_H \left(A_t^H H_t \right)^{(\sigma-1)/\sigma} \right]^{\sigma/(\sigma-1)}$$

단, Y_t: 생산량, L_t: 비숙련 노동(low-skilled) 투입량, H_t: 숙련 노동(high-skilled) 자본 투입량, A_t^L: L-확장적 기술, A_t^H: H-확장적 기술. 이 경제에서 γ_L는 A_t^L의 증가율, γ_H는 A_t^H의 증가율을 의미하며, $\gamma_H > \gamma_L$이다.

(1) 이 생산함수에서 H와 L 간의 대체탄력성은 σ임을 보이고 H와 L의 한계생산물의 비율을 구하시오. 대체탄력성이 1보다 크면 H, L의 상대적 수요와

상대 가격 간에 어떤 관계가 있는가?

(2) 이 경제에서 H/L의 상대적 공급이 증가하면서 오히려 H의 상대임금이 계속 상승하는 일이 발생했다. 어떻게 이 일이 가능한지 설명해 보시오.

05 어느 한 경제의 생산함수가 아래와 같이 주어졌다.

$$Y_t = A_t K_t^{1/3}(h_t L_t)^{2/3} \rightarrow y_t = A_t k_t^{1/3} h_t^{2/3}$$

이 경제에서 1970년에서 2010년 40년간 일인당 인적자본량(h)과 총요소생산성의 증가가 각각 일인당 소득의 증가에 얼마나 기여했는지 알아보려 한다. 솔로우 성장회계를 사용하려면 어떤 자료를 가지고 어떻게 계산할지 그 방법을 설명하시오. 계산된 기여도는 일인당 인적자본이나 총요소생산성의 증가가 일인당 국민소득(생산량)을 그만큼 증가시켰다는 인과관계로 해석할 수 있는가?

06 Samuelson(1958)에 기초한 다음과 같은 간단한 중복세대 모형을 가정하자. t기에 L_t만큼의 개인이 태어나서 2기를 생존한다. $L_t = (1+n)L_{t-1}$를 가정하자. t기에 태어난 개인은 다음과 같은 미래할인율이 없는 로그 형태의 효용함수를 갖는다: $U_t = \ln(C_{1t}) + \ln(C_{2t+1})$. t기에 태어난 개인은 A 단위만큼의 경제의 유일한 재화를 항상 부여받고 이 재화는 소비하거나 저장할 수 있다. 저장한 재화 1단위는 다음 기에 $x > 0$가 된다. 마지막으로, 최초 0기에는 0기 만을 사는 $[1/(1+n)]L_0$ 만큼의 개인이 있으며, 이 최초 세대는 A_0 만큼의 재화를 갖고 있고 이들의 효용은 0기에서의 소비(C_{20})에 따라 $\ln(C_{20})$로 결정된다.

(1) 이 경제의 경쟁시장 균형을 설명하시오.

(2) 개인의 부존 재화 중 저장되는 비율(s_t)이 시간에 따라 일정한 경로를 고려하자. 이 경로상에서 일인당 총소비를 s의 함수로 나타내시오. (여기서, 총소비는 모든 젊은 세대와 소비와 모든 노년세대의 소비의 합이다.) 만일 $x < 1 + n$ 이라면, 일인당 소비를 극대화하는 s의 값은 얼마인가? 이러한 경우에 경쟁시장 균형은 파레토 효율적인가? 만일 그렇지 않다면, 사회계획자는 어떻게 후생을 증가시킬 수 있는가?

07 인구 (L_t)는 n으로 증가하며, 실물자본 (K_t)만이 존재하는 2기에 걸친 중복세대 모형을 가정하자. t기에 태어난 소비자의 2기에 걸친 효용함수는 아래와 같다.

$$U(c_{1t,}\, c_{2t+1}) = \alpha \ln c_{1t} + (1-\alpha) \ln c_{2t+1},\ 0\, <\, \alpha\, <\, 1$$

생산함수는 아래와 같다.

$$Y_t = F[K_t, (1+g)^t L_t] = K_t^{\beta} [(1+g)^t L_t]^{1-\beta},\quad 0\, <\, \beta\, <\, 1\, ,\ g\, >\, 0$$

단, g는 외생적인 노동생산성의 증가율이다.

(1) 유효노동력당 자본 $k_t \equiv K_t \big/ \big[(1+g)^t L_t\big]$로 정의하고 k가 일정한 균제상태에서 k의 값과 이자율을 구하시오.

(2) 균제상태에서의 경제 전체(청년세대와 노년세대)의 소비를 극대화하는 황금률의 자본량과 이자율을 구해 보시오. 이 경제에서 황금률이 달성되는지 설명해 보시오.

(3) 균제상태에서의 경제 전체의 '후생'을 극대화하는 자본량과 이자율을 구하시오. (2)에서 구한 황금률과의 관계를 설명하시오.

(4) 이 경제에서 적립식 사회보장제도의 도입이 갖는 효과를 설명하시오.

제**5**장

내생적
성장모형

DYNAMIC**MACRO**

제5장 내생적 성장모형

1950년대부터 1980년대 초반까지 대표적인 경제성장모형으로 자리잡은 신고 전파 성장모형(neoclassical growth model)은 장기 경제성장률(일인당 소득의 증가율)의 결정 요인을 외생적 기술진보로 설명한다. 신고전파 성장모형의 한계 는 장기 경제성장이 외생변수에 의해 결정된다는 점과 현실에 존재하는 국가 간 일인당 소득 격차, 성장률 격차를 만족하게 설명할 수 없다는 점이다. 이러한 불 만에 기반하여 1980년대 중반부터 장기 성장요인을 모형 내부에서 찾는 내생적 성장모형(endogenous growth model)이 등장하였다. 내생적 성장모형의 두 가 지 큰 흐름으로 자본의 외부효과, 인적자본의 개념을 도입하여 자본의 생산성이 체감하지 않는 Romer(1986), Lucas(1988) 등의 모형과 연구개발 투자와 지식 축적을 통한 내생적 기술진보를 강조하는 Romer(1990), Aghion and Howitt (1992)의 모형이 있다. 이 장에서는 기술 모방과 도입으로 기술이 발전하는 기 술 확산 모형을 추가로 소개하고 마지막 절에서는 제도와 문화의 역할을 강조하 는 최근 성장이론의 흐름을 소개한다.

5.1 자본의 한계 생산성이 감소하지 않는 내생적 성장모형

이 절에서는 기술진보 없이 지속적인 성장이 가능한 내생적 성장모형을 소개 한다. 신고전파 성장모형은 자본량이 증가하면서 자본의 한계 생산성이 체감하 는 생산함수를 가정하기 때문에 지속적인 경제성장이 불가능하다. 그러나 자본 의 외부효과(externalities)나 인적자본의 개념을 도입하면, 넓은 의미의 자본에 대한 수확체감이 발생하지 않아 지속적인 성장이 가능하다.

5.1.1 AK 성장모형

AK 성장모형은 자본의 한계 생산성이 일정한 생산함수를 가정한다. 다음과 같이 자본의 생산성이 A로 일정한 'AK'형 생산함수를 살펴보자.

$$Y_t = AK_t, \;\; A > 0 \tag{1}$$

자본 생산성을 나타내는 A는 일정한 상수로 가정한다. 여기서 자본(K_t)은 넓은 의미의 자본으로 물적자본뿐만 아니라 인적자본, 지식자본을 모두 포함한다. 인적자본과 구별되는 단순노동은 생산에 사용되지 않는다고 가정한다. 각각의 자본에 대한 생산성은 체감하지만, 전체 자본의 생산성은 체감하지 않을 수 있다.

전체 인구수 L_t는 일정한 n의 율로 증가한다고 가정한다. 위의 생산함수를 일인당 생산량으로 표현하면,

$$y_t = Ak_t \tag{2}$$

단, $y_t \left(\equiv \dfrac{Y_t}{L_t} \right)$는 일인당 생산량, $k_t \left(\equiv \dfrac{K_t}{L_t} \right)$는 일인당 자본량.

먼저 솔로우 모형과 같이 저축률이 일정한 경우의 균형 자본축적경로를 구해보자. 일인당 자본의 동태적 경로는 다음과 같다.

$$\dot{k}_t = sf(k_t) - (n + \delta)k_t = sAk - (\delta + n)k_t \tag{3}$$

양변을 일인당 자본량으로 나누면,

$$\frac{\dot{k}_t}{k_t} = sA - \delta - n \tag{4}$$

만일 $sA - \delta > n$을 만족하는 양의 일인당 자본 성장률을 가정하면, 경제가

자본축적을 지속하더라도 일인당 자본의 성장률은 하락하지 않고 일정하다. <그림 5-1>은 자본축적에 대해 일정한 일인당 자본 성장률을 보여준다. (2)식의 생산함수에 따라 일인당 생산량의 증가율은 일인당 자본량의 증가율과 같다($\frac{\dot{y_t}}{y_t} = \frac{\dot{k_t}}{k_t}$). 따라서 AK 생산함수를 가정한 경제는 자본축적으로 지속적인 성장이 가능하다.

그림 5-1 AK 성장모형의 자본축적: 저축률이 일정한 경우

이제 저축률이 내생적으로 결정되는 경우의 균형 자본축적경로를 살펴본다. CRRA 효용함수를 가정하여 대표가계의 효용 극대화 문제를 설정한다. 여기서 기술진보는 가정하지 않는다.

$$Max\, U = \int_0^\infty u(c_t)\, L_t\, e^{-\rho t}\, dt = \int_0^\infty \frac{c_t^{1-\theta}}{1-\theta}\, e^{-(\rho-n)t}\, dt \qquad (5)$$

$$s.t. \quad \dot{b_t} = w_t + (r_t - n)b_t - c_t \qquad (6)$$

$$\lim_{t \to \infty} b_t e^{-(r-n)t} \geq 0 \qquad (7)$$

단, $c_t \left(\equiv \dfrac{C_t}{L_t} \right)$는 일인당 소비, $b_t \left(\equiv \dfrac{B_t}{L_t} \right)$는 일인당 자산 보유량이다. (7)식

의 제약조건은 노폰지게임 조건으로 이자율 r_t가 r로 일정한 경우를 가정한다 (아래 (11)식에서 볼 수 있듯이 이자율은 일정하다).

위 문제를 최적제어이론을 통해 풀면, c_t, b_t의 동태적 경로를 구할 수 있다.

$$\frac{\dot{c_t}}{c_t} = \frac{1}{\theta}(r_t - \rho) \tag{8}$$

$$\dot{b_t} = w_t + (r_t - n)b_t - c_t \tag{9}$$

$$\text{TVC: } \lim_{t \to \infty} b_t e^{-(r-n)t} = 0 \tag{10}$$

기업의 이윤 극대화 조건은 다음과 같다. 무수히 많은 기업이 존재하는 완전경쟁시장에서 개별 기업은 시장에 주어진 임금과 이자율(임대료)에 맞추어 다음의 이윤 극대화 조건을 만족하는 자본을 구매(임대)한다.

$$r_t = A - \delta \tag{11}$$

$$w_t = 0 \tag{12}$$

A가 일정하면 이자율도 일정하다. (12)식은 노동(단순노동)이 생산에 사용되지 않기 때문에 노동생산성이 0이고 임금도 0임을 의미한다. 단순노동과 구별되는 인적자본은 자본 K에 포함되어 물적자본과 같이 순자본생산성($A - \delta$)의 보수를 받는 것으로 생각할 수 있다.

이윤 극대화 조건 (11), (12)식과 시장 균형 조건 $b_t = k_t$를 (8), (9), (10)의 식들에 대입하여 정리하면, 다음과 같은 소비와 자본축적 경로를 얻는다.

$$\frac{\dot{c_t}}{c_t} = \frac{1}{\theta}(A - \delta - \rho) \tag{13}$$

$$\dot{k_t} = Ak_t - c_t - (n + \delta)k_t \tag{14}$$

$$\text{TVC: } \lim k_t e^{-(A-\delta-n)t} = 0 \tag{15}$$

(13)식에서 일인당 소비는 일정한 증가율로 성장한다. (14)식을 통해 균형성장경로에서 일인당 자본량의 증가율이 일인당 소비의 증가율과 같다는 사실을 알 수 있다.[1] (2)식의 생산함수에서 일인당 생산량의 증가율은 일인당 자본량의 증가율과 같으므로 아래의 관계가 성립한다.

$$\frac{\dot{y}_t}{y_t} = \frac{\dot{k}_t}{k_t} = \frac{\dot{c}_t}{c_t} = \frac{1}{\theta}\,(A - \delta - \rho) > 0 \tag{15}$$

$(A - \delta) > \rho$를 만족하는 양의 성장률을 가정하자. 저축률이 일정한 경우와 마찬가지로 경제는 외생적 기술진보가 없어도 성장률이 하락하지 않고 지속적인 경제성장이 가능하다. <그림 5-2>는 자본축적에 대해 일정한 일인당 자본 성장률을 나타낸다. 경제성장률은 모형의 A, δ, ρ, θ 파라미터 값에 의해 내생적으로 결정된다. A가 클수록, δ, ρ, θ가 작을수록 균형 경제성장률이 높아진다.

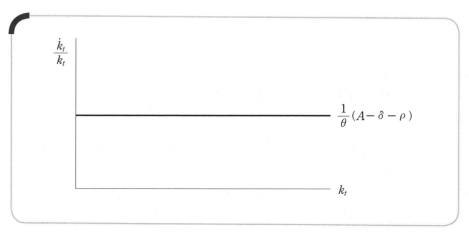

그림 5-2 AK모형의 자본축적: 저축률이 내생 변수인 경우

---

1) (14)식을 고쳐 쓰면 $\dot{k}_t/k_t = A - c_t/k_t - (n + \delta)$. 균형성장경로에서 $\dot{k}_t/k_t$가 일정하려면 c_t/k_t는 일정한 값을 가져야 한다. 따라서 $\dot{k}_t/k_t = \dot{c}_t/c_t$이 성립한다. 즉, 일인당 소비와 일인당 자본의 성장률이 균형성장경로에서 같다.

5.1.2 자본의 외부효과 모형

내생적 성장이론의 출발점인 Romer(1986) 모형은 자본의 외부효과를 고려한다. 개별 기업은 자본축적을 할수록 생산성이 체감하지만, 경제 전체 자본의 한계생산성은 자본의 외부효과로 인해 체감하지 않을 수 있다고 본 것이다. 자본은 인적자본, 지식자본을 포함하는 광의의 자본이다.

≫ 개별 기업 i의 생산함수

생산은 기업 i가 투입하는 자본과 노동뿐만 아니라 경제 전체의 자본에 의해서도 영향을 받는다. 콥–더글러스 생산함수를 가정하고, 식으로 표현하면 다음과 같다(시간 표시 생략).

$$Y_i = A(K)F(K_i, L_i) = A(K)K_i^{\alpha}L_i^{1-\alpha}, \qquad 0 < \alpha < 1 \tag{16}$$

경제 전체의 자본 K는 경제의 생산성을 높여서 개별 기업의 생산성을 향상시키는 외부성(externalities) 혹은 파급효과(spillover effect)를 갖는다. 경제 전체가 사용하는 기술수준 A는 경제 전체가 사용하는 자본량 K에 의해 결정된다. 기술수준 A와 K 간에 다음 관계를 가정한다.

$$A = A(K) = BK^{\beta}, \qquad \beta > 0 \tag{17}$$

B는 상수이다. 따라서 (17)식을 (16)에 대입하면, 자본의 외부효과를 고려한 기업 i의 생산함수는 아래와 같다.

$$Y_i = AK_i^{\alpha}L_i^{1-\alpha} = BK^{\beta}K_i^{\alpha}L_i^{1-\alpha} \tag{18}$$

일인당 생산함수로 다음과 같이 고쳐 쓸 수 있다.

$$y_i = Bk^{\beta}k_i^{\alpha}L^{\beta} \tag{19}$$

≫ 경제 전체의 생산함수

경제 전체에 있는 모든 기업(기업 i = 1, 2, ... , M)을 대상으로 생산량을 합산해보자. 경제에는 무수히 많은 M개의 기업이 존재하여 개별 기업 i의 자본량(K_i)은 경제 전체 자본량(K) 가운데 아주 작은 부분을 차지한다고 가정한다. 경제 전체의 인구(노동력)는 단순화를 위해 고정되어 있다고 가정한다.

$$\sum_{i=1}^{M} Y_i = BK^{\beta}(\sum_{i=1}^{M} K_i^{\alpha} L_i^{1-\alpha})$$

이제 모든 기업의 크기(Y_i, K_i, L_i)가 같다고 가정하면, 다음 관계가 성립한다.

$$K = \sum_{i=1}^{M} K_i = MK_i \ , \ L = \sum_{i-1}^{M} L_i = ML_i, \ Y = \sum_{i=1}^{M} Y_i = MY_i$$

이를 (18)식에 대입하여 정리하면,

$$Y = BK^{(\alpha+\beta)} L^{1-\alpha} \tag{20}$$

위 생산함수에서 K^{β}는 자본의 양의 파급효과(spillover effect)를 반영한다. 만일 개별 기업의 자본 생산성이 체감하더라도($0 < \alpha < 1$), 경제 전체로는 자본의 양의 파급효과가 발생하여 자본의 한계 생산성이 감소하지 않을 수 있다. $\alpha + \beta = 1$일 경우, 경제 전체의 자본의 한계 생산성(또는 일인당 자본의 한계생산성)은 $BL^{1-\alpha}$로 항상 일정하다. 이는 앞서 살펴본 AK 모형($A = BL^{1-\alpha}$인 경우)과 같으므로 자본 증가율과 경제성장률이 일정하게 지속될 수 있다.

(20)식을 일인당 생산함수로 고쳐 쓰면 다음과 같다.

$$y = Bk^{(\alpha+\beta)} L^{\beta} \tag{21}$$

이제 개별 기업의 자본의 한계생산물을 구해보자. 개별 기업이 시장 전체에서 차지하는 비중이 매우 작기 때문에 (18)식의 기업 i의 생산함수 $Y_i = BK^\beta K_i^\alpha L_i^{1-\alpha}$ 에서 기업 i의 자본량(K_i) 변화는 경제 전체의 자본량(K)을 변화시키지 않는다. 즉, $\frac{\partial K}{\partial K_i} = 0$을 가정하여 경제 전체의 자본량($K$)을 상수로 간주하고 개별 기업의 자본량 변화에 따른 생산량 변화를 구한다. Y_i를 K_i로 미분하면,

$$\frac{\partial Y_i}{\partial K_i} = \alpha BK_i^{\alpha-1} L_i^{1-\alpha} K^\beta = \alpha Bk_i^{\alpha-1} k^\beta L^\beta$$

이는 (19)식에서 y_i를 k_i로 미분한 값과 같다. 이 경제에서는 동일한 기업을 가정하고 있기 때문에 개별 기업의 일인당 자본량과 경제 전체의 일인당 자본량이 같고 개별 기업의 일인당 생산량도 경제 전체의 일인당 생산량과 같다 ($k_i = k$, $y_i = y$). 따라서 위 식에 $k_i = k$를 대입하면 개별기업의 일인당 자본의 한계생산성이 경제 전체의 일인당 자본량(k)의 함수로 도출된다.

$$\frac{\partial y_i}{\partial k_i} = \alpha Bk^{\alpha+\beta-1} L^\beta \tag{22}$$

만약 사회 계획자(Social Planner)가 존재한다면, 사회 계획자는 자본의 외부효과를 고려하여 자본의 한계생산물을 구할 것이다. 따라서 경제 전체의 생산함수인 (20)식 또는 (21)식을 통해 자본의 한계생산물을 다음과 같이 구한다.

$$\frac{\partial y}{\partial k} = (\alpha + \beta) Bk^{\alpha+\beta-1} L^\beta \tag{23}$$

(22)식과 (23)식은 각각 개별 기업이 구한 자본의 한계생산물과 사회 계획자가 구한 자본의 한계생산물을 나타낸다. 두 식을 비교하면, (22)식의 자본의 한계생산물은 (23)식의 값보다 $\beta Bk^{\alpha+\beta-1} L^\beta$만큼 작다. 즉, 개별 기업이 자본축적에 관한 의사 결정을 할 때 최적 수준보다 낮은 자본의 한계생산성이 반영되는 것이다. 결국, 시장경제에서는 자본의 한계생산성을 과소평가하여 사회 최적 수

준보다 적은 과소 투자가 발생한다.

≫ 시장 균형 경제성장률의 결정

소비자의 무한 기의 효용 극대화 문제에서 최적화의 해는 CRRA 효용함수를 가정하면 다음과 같이 구해진다. 이 모형은 인구증가율을 0으로 가정한다.

$$\frac{\dot{c}_t}{c_t} = \frac{1}{\theta}(r_t - \rho)$$

$$\dot{b}_t = w_t + r_t b_t - c_t$$

이윤 극대화 조건을 만족하는 임금과 이자율, 시장 균형 조건($b_t = k_t$)을 위 식에 대입하여 정리하면 다음과 같은 일인당 소비와 일인당 자본의 동태적 경로를 얻는다.

$$\frac{\dot{c}_t}{c_t} = \frac{1}{\theta}\left(\alpha B k_t^{\alpha + \beta - 1} L^{\beta} - \delta - \rho\right) \tag{24}$$

$$\dot{k}_t = B k_t^{(\alpha + \beta)} L^{\beta} - c_t - \delta k_t \tag{25}$$

균형 성장경로에서 일인당 자본 증가율과 일인당 생산 증가율은 일인당 소비 증가율과 같아진다.[2] 따라서 소비 증가율을 중심으로 경제 성장률을 살펴보면 <그림 5-3>과 같다. (24)식에서 자본축적에 따른 소비 증가율은 $\alpha + \beta$의 값에 따라 달라진다.

---

2) (25)식을 k_t로 나누면 $\alpha + \beta = 1$인 경우 좌변의 k_t의 성장률이 일정하기 위하여 우변의 c_t / k_t의 비율이 일정해야 한다. 따라서 균형성장경로에서 k_t의 성장률과 c_t의 성장률이 같아 야 한다. AK 생산함수에서 자본의 증가율과 생산량의 증가율은 같다. $\alpha + \beta$가 1이 아닌 경우 일인당 소비와 일인당 자본량이 계속 증가 또는 감소할 수 있다.

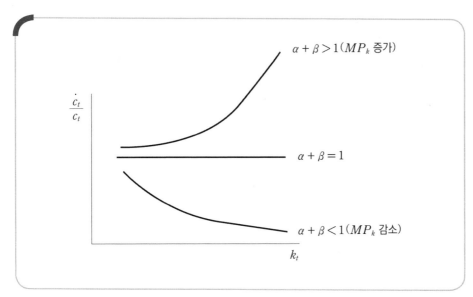

그림 5-3 자본의 외부효과와 경제 성장 경로

만일 자본의 외부효과가 커서 $\alpha + \beta$의 값이 1이면, 경제 성장률이 일정하게 지속된다. 자본의 외부효과가 충분히 커서 $\alpha + \beta$의 값이 1을 초과하면, 경제 성장률은 지속적으로 높아진다.

⊗ 정부 개입의 효과

지금까지 살펴본 바와 같이 자본의 외부효과가 존재하면, 시장 실패가 발생한다. 시장에서 결정되는 균형 성장률은 양의 외부효과를 반영하지 않기 때문에 최적 성장률보다 낮다. 따라서 사회 계획자(social planner)의 의사 결정을 통한 자원배분이 이루어진다면, 경제는 최적 성장률을 달성할 수 있다. 사회 계획자를 도입한 경제의 소비 성장률은 다음과 같이 달라진다.

$$\frac{\dot{c_t}}{c_t} = \frac{1}{\theta}((\alpha + \beta)Bk_t^{\alpha+\beta-1}L^\beta - \delta - \rho) \tag{26}$$

(24)와 (26)식을 비교하면 시장경제의 균형 성장률이 최적 성장률보다 낮음을 알 수 있다.

현실에서는 전지전능한 사회계획자는 존재하지 않는다. 다만 정부는 다음과 같은 적절한 방법으로 개입하여 최적 경제 성장률을 달성할 수 있다.

(1) 보조금을 지급하는 방법

개별 기업의 자본 한계생산물이 $MP_k = (\alpha + \beta)Bk^{\alpha + \beta - 1}L^{\beta}$이 되도록 정부가 투자 보조금 $\beta Bk^{\alpha + \beta - 1}L^{\beta}$을 지급하는 방법이다. 이를 통해 개별 기업은 투자를 늘리고 경제 성장률이 높아진다. 이자율이나 임대료를 낮추는 것 또한 유사한 효과를 이끌어낸다.

(2) $\dfrac{\partial k}{\partial k_i} \neq 0$이 되도록 조정하는 방법

개별 기업의 자본 투자가 경제 전체의 자본을 늘릴 수 있도록 정부가 동시에 모든 기업들의 투자를 유도하는 방법이다. 이는 기업 간의 협조를 통해 경제가 최적의 성장률을 달성할 수 있도록 정부가 조정자(coordinator) 역할을 하는 것이다. 만일 개별 기업이 자본의 한계 생산성($\dfrac{\partial y_i}{\partial k_i}$)을 구할 때 $\dfrac{\partial k}{\partial k_i} = 0$이 아닌 $\dfrac{\partial k^{\beta}}{\partial k_i} = \beta k^{\beta - 1}$이 적용된다면, 기업이 구한 자본의 한계생산물은 사회 계획자가 구한 자본의 한계생산물과 같아진다. 이는 기업들의 자본량 증가에 따른 파급효과가 추가적으로 반영된 결과이다.

(3) 국유화하여 정부가 직접 생산하는 방법

국유기업이 경제 전체의 외부효과를 고려하여 투자를 결정한다. 현실에서는 정부가 개입하여 시장 균형보다 더 나은 최적 경제 성장률을 달성할 수 있다는 보장이 없다. 정부가 개입할 때 오히려 정부 실패, 부패, 자원배분의 왜곡 등의 다양한 문제가 발생할 수 있다. 외부효과에 대한 정보도 완전하지 않다. 예를 들어, 양의 외부효과가 있는 기업에 보조금을 주는 정책은 바람직하지만, 정치인과 결탁한 기업에 외부효과 이상의 보조금을 지급할 수도 있고, 파산해야 할 부실기업이 보조금을 받아 연명할 수도 있다. 양의 외부성을 갖는 기업이 독과점 기업이라면, 시장 균형보다 과소생산을 하고 초과이윤을 달성하는 독점기업에 보조금을 주는 문제가 발생한다. 보조금의 재원 조달도 문제이다. 세금으로 조달할 때 자원배분의 왜곡을 초래할 수 있기 때문이다.

5.1.3 인적자본과 내생적 성장

Lucas(1988)는 인적자본을 생산함수에 도입하여 인적자본에 의해 내생적 경제성장이 지속될 수 있음을 보였다. 루카스 모형은 앞서 소개한 Romer 모형의 자본의 외부효과를 인적자본의 관점에서 적용시킨 모형이다. 루카스는 인적자본이 경제 전체에 축적되어 개별 생산에 미치는 파급효과에 주목한다. 그리고 인적자본은 한계생산성의 체감 없이 지속적인 축적이 가능하기 때문에 내생적 성장 요인으로 간주된다. 루카스 모형을 단순화하여 소개한다.

다음과 같은 경제 전체의 생산함수를 가정하자. 물적자본과 인적자본이 생산요소로 사용되는 콥–더글라스 생산함수는 다음과 같다. 기술 수준 A는 일정한 값을 갖는다.

$$Y_t = AK_t^\alpha(uH_t)^{1-\alpha} \tag{27}$$

단순 노동은 사용되지 않고 u는 경제 전체의 인적자본(H) 가운데 최종 생산물 Y 생산에 투입되는 비율이다. 균형에서 u는 0과 1 사이의 일정한 값을 갖는다.

인적자본 H는 전체 노동력에 평균 인적자본을 곱한 값으로 고려하자. 전체 노동인구는 주어졌다고 하자. 인적자본은 평균인적자본이 증가하면 계속 증가할 수 있다. 인적 자본량은 인적자본 축적에 투입된 인적자본 투자분($B(1-u)H_t$))에서 기존의 인적자본 감가상각분을 제한 나머지만큼 늘어난다. H의 동태적 변화식은 다음과 같다.

$$\dot{H}_t = B(1-u)H_t - \delta H_t \tag{28}$$

여기서 B는 효율성 지표로서 같은 크기의 인적자본투자가 얼마나 인적자본을 빨리 증가시키는지를 결정한다. 이 모형에서 경제 주체(또는 사회 계획자)는 전체 인적자본 중 일정 부분 $(1 - u)$을 인적자본 축적에 투자하고, 나머지 u는 (27)식과 같이 생산공정에 투입한다. 인적자본 증가율은 다음과 같이 구해진다. 여기서 u가 일정하면 인적자본 증가율은 일정한 값을 갖는다. 따라서 균제상태에서 인직자본은 일정한 증기율로 성장한다.

$$\frac{\dot{H}_t}{H_t} = B(1 - u) - \delta \tag{29}$$

물적자본 축적식을 살펴보면, 물적자본량은 최종생산물 가운데 소비를 제한 순투자에 의해 증가한다.

$$\dot{K}_t = I_t - \delta K_t = Y_t - C_t - \delta K_t = A K_t^\alpha (u H_t)^{1-\alpha} - C_t - \delta K_t \tag{30}$$

(30)식을 고쳐 쓰면, $\dot{K}_t / K_t = A(u H_t / K_t)^{1-\alpha} - C_t / K_t - \delta$이다. 따라서 균형성장경로에서 K_t가 일정한 비율로 증가하기 위해서는 H_t와 K_t, 그리고 C_t가 모두 같은 비율로 증가해야 한다.

(27)식의 생산함수를 고쳐 쓰면,

$$Y_t = A(K_t / u H_t)^\alpha u H_t \Leftrightarrow A(u H_t / K_t)^{1-\alpha} K_t$$

균형성장경로에서 H_t와 K_t가 일정한 비율로 증가한다는 사실을 감안하면 이 생산함수는 'AK'형 생산함수가 된다. 균형성장경로에서 Y_t의 증가율은 K_t, H_t의 성장률과 같다.

$$\frac{\dot{Y}_t}{Y_t} = B(1 - u) - \delta \tag{31}$$

위의 균형 경제성장률을 살펴보면, 인적자본 투자율$(1-u)$이 높고 투자 효율성(B)이 높을수록 경제성장률이 높다. 인적자본 투자율은 소비자의 의사 결정과 물적 자본축적식을 통해 모형 내에서 내생적으로 구할 수 있다.

CRRA 효용함수를 가정하여 대표가계의 효용 극대화 문제를 고려하자. 가계 구성원의 수, 즉 인구는 일정하다.

$$Max \, U \, = \int_0^\infty u(C_t) \, e^{-\rho t} \, dt = \int_0^\infty \frac{C_t^{1-\theta}}{1-\theta} \, e^{-\rho t} \, dt$$

최적제어이론을 적용하여 가계의 동태적 최적화의 문제를 풀어보자. 이 모형의 해밀토니언(Hamiltonian) 함수를 구성하면 소비 C_t와 인적자본의 배분 u_t를 2개의 제어변수(선택변수)로 하고 (30)식의 $\dot{K}_t$에 관한 제약과 (28)식의 $\dot{H}_t$에 관한 제약을 모두 포함하게 된다.[3]

$$J(C_t, u_t, K_t, H_t, v_t, \mu_t, t) = \frac{C_t^{1-\theta}}{1-\theta} e^{-\rho t} + v_t \left[A K_t^\alpha (u_t H_t)^{1-\alpha} - C_t - \delta K_t \right]$$

$$+ \mu_t \left[B(1-u_t) H_t - \delta H_t \right] \tag{32}$$

최적화 1계 조건들을 구하면 다음과 같다.

$$\frac{\partial J_t}{\partial C_t} = 0, \; \frac{\partial J_t}{\partial u_t} = 0, \; \frac{\partial J_t}{\partial K_t} = -\dot{v}_t, \; \frac{\partial J_t}{\partial H_t} = -\dot{\mu}_t, \; \frac{\partial J_t}{\partial v_t} = \dot{K}_t, \; \frac{\partial J_t}{\partial \mu_t} = \dot{H}_t$$

2개의 제어변수, 2개의 상태 변수, 2개의 공동상태 변수가 존재하여 총 6개의 식이 주어지고 이들을 결합하면 6개 변수의 동태적 변화식을 구할 수 있다.

위의 1계 조건을 합쳐서 균형 경제성장률 γ와 u의 균형값을 구하면 다음과 같다.[4]

---

3) 해밀토니언(Hamiltonian) 함수를 인적자본 H와의 혼동을 피하기 위해 J로 표시하였다.
4) 이 장의 부록을 참조하시오.

$$\gamma^* = \frac{\dot{C}}{C} = \frac{\dot{K}}{K} = \frac{\dot{H}}{H} = \frac{\dot{Y}}{Y} = \frac{1}{\theta}(B - \delta - \rho) \tag{33}$$

$$u^* = \frac{[\rho + \delta(1-\theta)]}{B\theta} + \frac{(\theta-1)}{\theta} \tag{34}$$

위 식에서 인적자본 생산의 효율성 B가 높을수록 인적자본 투자율$(1-u)$이 높아지고 경제성장률이 높다. 이 모형은 물적자본과 인적자본 간의 비율이 동태적으로 변화하며 균형성장경로로 간다. 경제가 균제상태로 가는 이행과정에서 성장률의 변화를 구할 수 있다.

(28)식에서 인적자본 축적은 인적자본만을 사용한다. 인적자본 생산식을 인적자본뿐 아니라 물적자본을 함께 사용하는 것으로 일반화할 수 있다. 인적자본과 물적자본 생산이 같은 생산기술을 사용하도록 추가로 가정할 수도 있다. 인적자본의 투자가 (30)식의 물적자본 투자와 마찬가지로 최종생산물의 일정량을 사용하는 것으로 단순화할 수도 있다.[5]

5.2 내생적 기술진보 모형

신고전파 성장 모형에서 장기적인 일인당 소득 증가율을 결정하는 기술진보에 대하여 자세히 알아본다. 내생적 기술진보 모형은 기술 발전이 외생적으로 주어지지 않고 모형 내에서 결정된다. 이를 통해 기술진보를 결정하는 요인을 분석한다.

5.2.1 기술의 개념

내생적 기술진보모형에서 기술은 생산에 영향을 미치는 생산 기술(technology)을 포함하여 포괄적인 개념을 뜻한다. 폴 로머(Paul Romer)에 따르면 자본은 유형의 '물체(object)'인 데 반하여 기술은 무형의 '아이디어(idea)'다. 아이디어는

---

5) Barro and Xala－i－Martin(2004, chapter 5)의 5.1을 참조하시오. 연습문제 5.4는 이 모형을 보여 준다.

기술과 비슷한 특성을 가지면서 생산에 영향을 미치는 지식, 제도 등 여러 가지 개념을 포함한다.

기술은 생산요소로서 자본이나 노동과 구별되는 다음의 특성을 갖는다.

(1) **비경합성(non-rivalry)**: 기술은 여러 명이 동시에 사용할 수 있다. 여러 소비자나 생산자가 함께 사용해도 각자의 소비가 줄지 않기 때문이다.

(2) **배제 가능**: 기술은 동시 사용이 가능하지만, 공공재(public goods)는 아니다. 기술은 공공재와 달리 특정한 경제 주체가 사용하지 못하도록 배제 가능(excludable)하다. 예를 들어, 새로운 컴퓨터 프로그램의 사용료를 내지 않는 소비자를 적절한 방법으로 이용하지 못하게 할 수 있다.

(3) **기술 생산의 수확 체증**: 기술개발의 경우 처음에 고정비용이 많이 들지만, 이후 추가 한 단위 생산에 필요한 비용은 적다. 따라서 기술은 많이 생산할수록 평균비용이 줄어든다. 기술은 개발 이후 투입량당 생산량이 점점 많아지는 수확체증의 특징을 갖는다.

(4) **불완전경쟁**: 초기에 대규모 투자를 실행하고 기술 개발에 성공하면 평균비용이 감소하기 때문에 시장 지배력을 갖는 독과점 생산자가 기술을 생산할 가능성이 크다.

기술 진보 또는 기술 혁신은 새로운 상품을 만들거나 새로운 생산방식을 개발하여 특정기업이나 산업의 생산성을 높이는 경우도 있고 범용기술(general-purpose technology) 개발과 같은 큰 변화를 가져오는 경우도 있다. 범용기술은 기업의 생산방식뿐만 아니라 개인의 삶과 사회의 운영방식에 변화를 가져오는 근본적인 기술을 의미한다. 과거 증기기관, 전기, 대량생산방식, 컴퓨터, 인터넷 등이 새로운 범용기술로서 인류의 삶을 변화시킨 것과 같이 현재 '4차 산업혁명'의 인공지능, 로봇 등 신기술은 지금 시대가 기대하는 새로운 범용기술이라 할 수 있다.

5.2.2 단순한 내생적 기술진보 모형

Romer(1990)에 기초하여 단순화한 내생적 기술진보 모형을 소개한다. 이 모형에서는 기술투자를 통해 기술이 발전하고 모형 내에서 기술진보율이 결정된다. 기술투자는 연구개발(R&D, Research and Development) 투자가 중심이다. 단순한 내생적 기술 진보모형을 다음과 같이 설정한다.

생산함수: $Y_t = A_t L_y$ (35)

기술진보: $\dot{A}_t = \psi L_A A_t,\ \psi > 0$ (36)

총노동력: $\overline{L} = L_A + L_y$ (37)

모형의 단순화를 위해 경제 전체의 생산요소를 자본을 배제한 노동력(L)으로만 나타낸다. 노동력은 인적자본을 포함하는 개념으로 생각할 수 있다. 총 노동력의 크기는 $\overline{L}$로 고정되어 있고, 생산과 기술투자의 두 부문으로 나누어 사용한다. L_y는 실제 생산에 투입된 노동력이고, L_A는 기술(A) 진보를 위해 투입된 노동력으로 일종의 연구개발(R&D) 인력이다. ψ는 효율성 지표다. 이는 같은 크기의 연구개발투자가 얼마나 기술수준을 빠르게 증가시키는지를 결정한다.

≫ 기술생산함수

다음의 일반적인 기술생산함수가 위의 기술진보식의 토대이다. 기술은 지식(아이디어)의 개념이므로 기술생산함수는 지식생산함수(knowledge production function)라고도 부른다.

$$\dot{A}_t = f(L_A, A_t),\ f'_{L_A} > 0,\ f'_A > 0$$

A가 증가하는 속도는 먼저 L_A에 달려 있다. 즉, 연구개발에 많이 투자할수록 기술이 빠른 속도로 진보한다. 그러나 기술 개발에 대한 투자가 얼마나 기술진보에 영향을 미치는지를 알기 위해서는 구체적인 함수 형태가 중요하다. 연구개발투자가 기술진보를 가져다주더라도 점점 투자의 생산성이 하락할 수 있기

때문이다. 마치 신고전파 생산함수에서 자본의 생산성이 체감하는 것처럼 연구개발 투자의 생산성도 하락할 수 있다. 현실에서 기술투자가 중복될 가능성은 투자의 생산성을 낮춘다. 연구소를 하나 더 만든다고 하자. 만일 기존에 똑같은 연구를 진행하는 연구소가 존재한다면 둘 중에 더 빨리 성공한 연구만이 신기술로 인정받고 다른 연구소의 연구는 필요가 없게 된다. 이런 상황을 영어로 '발등 밟기(stepping on toes)'라고 표현한다. 옆 사람 발을 밟아 방해하는 경우를 의미한다. 이를 고속도로에 많은 차가 몰려 혼잡해져서 교통을 방해하는 경우로 비유하여 혼잡효과(congestion effect)라고도 한다.

위 식에서는 기존에 축적된 총 기술(A)의 크기 또한 새로운 기술 발전속도에 영향을 미친다. 기술진보의 의미를 신제품의 개발이라고 가정해보자. 신제품을 개발하기 위해서 연구인력(L_A)을 늘리는 것이 중요하지만, 지금까지 축적한 기술(A), 즉 신제품을 개발한 경험도 중요하다. 아이작 뉴턴은 "거인의 어깨 위에 올라타기(standing on the shoulders of giants)"라는 표현을 썼다. 이전 과학자들의 훌륭한 연구가 바탕이 되어 새로운 연구가 가능하다는 것이다. 마찬가지로 기존의 기술수준이 높은 경제에서 새로운 기술 개발이 빠르게 일어날 수 있다.

기존에 축적된 기술수준이 새로운 기술 발전에 긍정적인 효과만을 주는 것은 아니다. 이미 개발된 기술(신제품) 수가 많으면, 새로운 기술을 생산하는 것이 힘들어질 수도 있다. 개발할 수 있는 전체 신기술의 개수가 한정되어 있다면, 경쟁자들의 개발로 인해 추가로 개발할 신기술이 줄어들기 때문이다. 쉬운 기술부터 개발이 이루어진다면 신기술 개발은 더욱 어려워진다. 이는 호수에서 물고기를 잡는 상황에 비유할 수 있다. 잡기 쉬운 물고기를 다른 사람들이 잡아가면 남은 물고기를 잡기가 점점 힘들어진다.

따라서 기술진보식의 일반적인 형태는 다음과 같다.

$$\dot{A}_t = \psi L_A^\lambda A_t^\phi \qquad 0 < \lambda \le 1, \, 0 \le \phi \le 1 \tag{38}$$

이 식에서 L_A의 승수 파라미터 λ의 값이 $0 < \lambda \le 1$로 제약을 받는다. $\lambda = 1$이면 L_A의 한계 생산성이 일정하다. 연구개발투자를 2배로 늘리면(연구소를 2배로 만들고 연구인력을 2배로 늘리면) 기술발전($\dot{A}_t \equiv dA_t/dt$)이 2배로

이루어진다. $0 < \lambda < 1$이라면, 혼잡효과가 발생하여 L_A의 한계 생산성이 감소한다.

(38)식에서 A의 승수를 나타내는 파라미터 ϕ는 $0 \leq \phi \leq 1$의 값을 갖는다. $\phi = 0$이면 지금까지 축적한 기술(A)은 기술 발전속도에 영향을 미치지 못한다. $\phi = 1$이면 A의 크기는 새로운 기술 발전에 비례하여 영향을 미친다. $\phi < 1$인 상황은 위에서 설명한 신기술 개발이 호수에서 물고기를 잡는 것처럼 점점 어려워지는 효과를 반영한다. 위 식을 A의 증가율, 즉 기술진보율에 관하여 고쳐 쓰면,

$$\frac{\dot{A}_t}{A_t} = \psi L_A^{\lambda} A_t^{\phi-1} \tag{39}$$

만일 $\phi = 1$이면, 기술진보율은 일정하다.

≫ 단순한 기술진보식을 가정할 때의 균형성장률

앞서 (36)식의 기술진보식은 일반적인 함수식 (36)에서 $\lambda = \phi = 1$인 단순한 경우이다.

(36)식을 다시 고쳐 쓰면,

$$\dot{A}_t = \psi L_A A_t = \psi s_A \overline{L} A_t \tag{40}$$

s_A는 경제 전체의 $\overline{L}$에서 A 생산(기술 개발)에 투입된 노동력의 비율을 의미한다.

$$L_A = s_A \cdot \overline{L} \quad , 0 < s_A < 1 \tag{41}$$

(40)식을 통해 기술진보율을 구하면, 다음과 같이 일정한 값을 갖는다.

$$\frac{\dot{A}_t}{A_t} = \psi s_A \overline{L} \tag{42}$$

이 경제에서 장기 경제성장률을 구해보자. (35)식의 생산함수를 고쳐 쓰면,

$$Y_t = A_t(1 - s_A)\overline{L} \tag{43}$$

균형에서 기술 개발에 투입하는 노동력의 비율(s_A)이 일정하면 생산량 증가율(경제 성장률)은 기술진보율과 같다.

$$\frac{\dot{Y_t}}{Y_t} = \frac{\dot{A_t}}{A_t} = \psi s_A \overline{L} \tag{44}$$

기술 개발을 위한 연구인력 투자율(s_A)이 높거나 투자의 효율성(ψ)이 높으면 경제성장률이 높아진다. 기술진보율이 모형 내의 파라미터들에 의해 내생적으로 결정되고 이에 따라 국가별 장기 성장률이 다르게 결정될 수 있음을 보여준다. 여기서는 s_A가 내생적으로 결정되는 경우를 다루지 않았으나 다음 절에서 살펴보겠지만 기업이 기술투자로부터 얻는 이윤을 극대화하는 투자 의사결정을 적용하여 모형을 확장할 수 있다.

(44)식에서 경제성장률의 결정에 인구 규모($\overline{L}$)도 중요한 역할을 한다. 이를 규모 효과(scale effect)라고 한다. 기술 투자율이 경제성장률을 결정하지만, 같은 투자율하에 노동력 또는 자원의 양이 많을수록 더 많은 노동력을 기술 개발에 투입할 수 있어 성장률이 높아진다. 만일 이 모형이 현실에 적용 가능하다면 인구가 많은 나라일수록 경제성장률이 높다. $\overline{L}$의 범위를 대졸 이상의 인력 등 실제로 기술 개발에 투입할 수 있는 노동력, 또는 인적자본의 크기로 제한하더라도 연구인력의 수가 많으면 성장률이 높아진다. (44)식에서 경제성장률과 기술 진보율은 $\overline{L}$의 크기에 비례하기 때문에 연구개발 투자율이 일정할 때 전체 인구가 2배로 늘면 경제성장률이 2배가 된다.

Kremer(1993)는 과거 선사시대부터 현재까지 인구와 경제 성장률을 바탕으로 인구 규모와 성장률 간에 양의 상관관계가 존재한다는 것을 보였다. 실제로 과거에 많은 사람들이 모여 살면서 분업이 가능해지고, 기술진보가 가속화된 경험적 증거가 있다. 그러나 현실에서는 인구 규모가 늘고 고학력자가 많아져도 경제성장률이 이에 비례하여 상승하지는 않는다. 이후 발전한 내생적 기술진보 모형은 규모 효과를 배제하거나 효과를 제한한다(Jones, 1995).

≫ 기술투자의 일시적 경기후퇴 효과

(42)식에서 기술은 다음의 경로로 축적된다.

$$A_t = A_0 e^{(\psi s_A \overline{L})t}$$

이 식을 (42)식에 대입하면,

$$Y_t = A_0 e^{(\psi s_A \overline{L})t}(1 - s_A)\overline{L} \tag{45}$$

s_A가 일정한 값을 갖고 경제가 (45)식에 따라 성장한다고 가정하자. s_A가 갑작스럽게 상승하면 어떤 일이 발생하는지 분석한다. (45)식에서 $(1 - s_A)$가 하락하여 Y_t가 즉각적으로 감소한다. 즉, 주어진 노동력(자원) 배분이 기술생산에 치중되면서 Y_t가 감소한다. 그러나 시간이 가면서 s_A 상승이 기술진보율을 높이고 Y_t가 증가하기 시작한다. 기술투자로 신기술을 개발할 때, 산업 생산이 감소하여 경제가 일시적으로 후퇴하였다가 다시 더 빠른 속도로 성장한다.

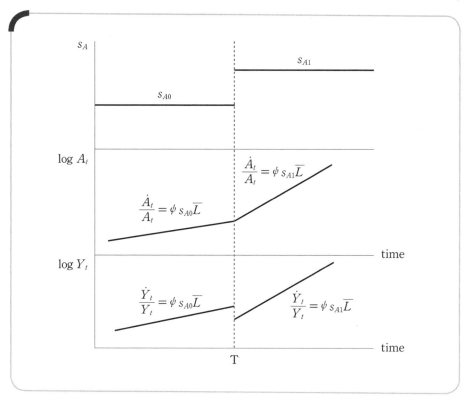

그림 5-4 기술 투자율 상승의 효과

<그림 5-4>는 기술 투자율 s_A가 T 시점에 상승할 때 기술수준과 생산량의 변화를 보여준다. 로그 단위로 표시한 A_t, Y_t 선의 기울기는 각각의 증가율에 해당한다. Y_t에 투입된 자원 일부가 기술진보에 사용되면서 T 시점에 Y_t는 감소한다. T 시점 이후에 Y_t의 증가속도가 이전보다 가속화되어 생산이 더 가파른 기울기로 증가한다. A_t의 증가율과 Y_t의 증가율은 비례하므로 두 선분은 T 이전과 이후에 모두 평행하다. 기술진보가 일시적인 경기후퇴를 야기하지만, 장기적으로는 영구적인 소득 증가를 가져온다. 기술진보의 일환으로 제도개혁을 예로 들면, 성장기반 확대를 위한 제도개혁을 단행할 경우 일시적으로는 경제가 악화되는 비용이 수반되지만, 장기 경제 성장률이 올라가는 결과를 낳을 수 있다.

≫ 규모 효과가 없는 단순한 내생적 기술진보 모형

만일 $\dfrac{\dot{A}_t}{A_t} = \psi s_A \overline{L}$ 식에서 인구가 일정하지 않고 n의 비율로 증가 $\left(\dfrac{\dot{L}_t}{L_t} = n\right)$ 한

다면, 성장률이 끊임없이 상승한다는 결론이 도출된다. 이러한 비현실성을 배제하기 위해 규모 효과가 없는 모형을 소개한다.

규모 효과를 제거하기 위해 기술진보식에서 A의 승수 파라미터 ϕ를 1보다 작은 값으로 가정한다. L_A의 승수 파라미터 λ의 값은 $0 < \lambda \le 1$로 일반적인 경우이다.

$$\dot{A}_t = \psi L_A^\lambda A_t^\phi \quad 0 \le \phi < 1 \tag{46}$$

이 식을 고쳐 쓰면,

$$\frac{\dot{A}_t}{A_t} = \psi s_A^\lambda L_t^\lambda A_t^{\phi-1} \tag{47}$$

A의 승수 $\phi - 1$이 0보다 작으므로 기존 기술수준이 높을수록 기술진보율은 하락한다. 즉, A가 높아지면서 성장률을 떨어뜨리는 효과가 있다.

이 모형에서 $\dfrac{\dot{A}_t}{A_t}$의 균형 성장률을 구해보자. (47)식의 양변에 log를 취하면,

$$\ln \frac{\dot{A}_t}{A_t} = \ln \psi + \lambda \ln s_A + \lambda \ln L_t + (\phi - 1)\ln A_t$$

양변을 t로 미분하면,

$$d\frac{\ln \dfrac{\dot{A}_t}{A_t}}{dt} = \frac{d\ln \psi}{dt} + \frac{\lambda d\ln s_A}{dt} + \frac{\lambda d\ln L_t}{dt} + \frac{(\phi - 1)d\ln A_t}{dt}$$

좌변은 $\dfrac{\dot{A_t}}{A_t}$의 변화율을 의미하며 균형에서는 $\dfrac{\dot{A_t}}{A_t}$값이 일정하다. 따라서 좌변을 0의 값으로 놓고 일정한 s_A와 ψ에 대한 미분을 소거하면,

$$0 = \lambda \frac{\dot{L_t}}{L_t} + (\phi - 1)\frac{\dot{A_t}}{A_t}$$

인구 증가율을 n으로 가정할 때 균형에서 기술진보율을 구하면,

$$\frac{\dot{A_t}}{A_t} = \frac{\lambda n}{1 - \phi} \tag{48}$$

균형 성장경로에서 기술진보율과 경제성장률은 L의 크기와 직접적인 관계가 없다. 이제 기술진보율과 경제 성장률을 결정하는 파라미터는 L의 절대적 규모가 아니라 L의 증가율이다. 이는 규모 효과가 사라졌음을 의미한다. (46)식에서 연구인력의 수(L_A)가 늘어나면 신기술 발전이 빨라진다. 그러나 경제가 균형에 도달하면, 기술진보율$(\dfrac{\dot{A}}{A})$은 연구인력의 수가 아닌 연구인력의 증가율에 의해 결정된다. 또한, 승수 λ, ϕ의 값이 클수록 기술진보율이 높아진다.

이 모형에서 갑작스럽게 s_A가 상승하면 기술진보율에 어떤 일이 발생하는지 분석해보자. (47)식에서 s_A가 상승하면 기술진보율이 즉각적으로 상승한다. 그러나 A_t가 축적될수록 기술진보율은 점점 하락하여 (48)식의 균형 성장률로 돌아온다.

5.2.3 품종 증대 기술진보 모형[6]

단순한 내생적 기술진보 모형에서 기술은 기술진보식(지식생산함수)에 의해 발전하고 최종 생산물의 생산에 사용된다. 이보다 현실적인 모형은 기술을 개발하는 경제 주체가 연구개발의 성과물을 생산자에게 판매하는 경우를 가정한다. 생산자에게 공급하는 신기술은 새로운 생산방법일 수도 있고 더 우수한 부품일

---

[6] 이 절과 다음 절의 자세한 내용은 Barro and Xala-i-Martin(2004, chapter 6, 7)을 참조하시오.

수도 있다. 대표적인 내생적 기술진보 모형에서는 신기술 개발자가 새로운 부품이나 중간재를 생산자에게 공급하면 많은 종류의 중간재를 생산에 사용할 수 있어서 최종재 생산의 생산성(효율성)이 높아진다. 대표적인 내생적 기술진보모형인 Romer(1987, 1990)의 중간재 '품종 증대 모형(variety expansion model)' 살펴보자.

Romer(1990)는 연구 개발을 다양한 신품종의 중간재를 개발하는 과정으로 보았다. 이 모형에서 생산물은 최종재 생산에 투입되는 중간재(intermediate goods)와 중간재를 직접 소비하는 최종재(final goods)로 구분된다. 최종재 생산을 위한 중간재는 여러 품종이 모두 필요하다고 가정한다.

기업 i는 노동력과 중간재를 결합하여 다음과 같은 콥-더글러스 생산함수에 따라 최종재를 생산한다. 시간 표시는 생략한다.

$$Y_i = AL_i^{(1-\alpha)} X_i^{\alpha}, \ 0 < \alpha < 1 \tag{49}$$

생산함수는 일차동차함수이고 노동과 중간재의 한계생산물은 체감한다. 생산에서 중간재의 몫은 α로 일정하다.

기업 i가 생산에 투입하는 중간재 X_i는 다양한 중간재를 결합한 복합재(composite goods)이다. 현재 N만큼의 다양한 종류의 중간재가 최종재 생산에 사용되고, 이들 중간재는 대체탄력성이 일정한 불완전 대체재이다.

$$X_i = [\sum_{j=1}^{N} (X_{ij})^{\rho}]^{1/\rho}, \ \rho < 1 \tag{50}$$

ρ는 여러 종류의 중간재 간의 대체성을 나타내는 파라미터로 대체탄력성은 $\sigma = \dfrac{1}{1-\rho}$ 이다. 문제를 단순화하기 위해 $\rho = \alpha$를 가정하고 (47)식을 (46)에 대입하면,

$$Y_i = AL_i^{(1-\alpha)} \sum_{j=1}^{N} (X_{ij})^{\alpha} \tag{51}$$

(51)식에서 모든 중간재의 한계생산성은 같다. 시장 균형에서 중간재의 가격이 같으면, 생산자는 모든 중간재에 대해 같은 양을 소비한다. 따라서, $\overline{X_i} = X_{ij}$로 표시할 수 있다. 이때 위 식은 다음과 같이 고쳐 쓸 수 있다.

$$Y_i = AL_i^{1-\alpha} N \overline{X_i}^{\alpha} = AL_i^{1-\alpha} N^{1-\alpha} (N\overline{X_i})^{\alpha} \qquad (52)$$

위의 함수에서 N은 다양한 중간재의 수를 의미한다. N은 생산함수의 기술수준과 같은 역할을 한다. 새로운 중간재 개발은 N을 늘려 가는 과정으로 이해할 수 있다. 위 식에서 생산물(Y)는 노동 (L)과 중간재의 총량($N\overline{X_i}$)에 대해 규모보수불변의 1차 동차함수이다. 따라서 중간재 총량에 대해 한계생산성은 체감한다. 그러나 N을 늘리면 중간재의 총량의 증가 효과에 추가하여 생산물 Y가 증가하는 파급효과가 $N^{1-\alpha}$을 통해 작용한다. 중간재 수의 증가가 마치 기술진보와 같은 역할을 한다. 이는 중간재가 불완전 대체재이기 때문에 기업이 같은 종류의 부품을 더 많이 쓰기보다는 여러 종류의 부품을 결합하는 것이 생산성을 높이기 때문이다.

이 경제에서 최종생산물 기업은 모두 동일하다고 가정하자. 그렇다면 개별 생산자 i의 j 중간재 소비량은 동일하고 이를 합한 시장 전체의 j 중간재 소비를 $\overline{X}$로 나타내면 경제 전체의 생산함수는 다음과 같다.

$$Y = AL^{1-\alpha} N \overline{X}^{\alpha} = AL^{1-\alpha} N^{1-\alpha} (N\overline{X})^{\alpha} \qquad (53)$$

중간재 개발을 위해서 기술 개발자는 R&D 투자가 필요하고 이후에 중간재 판매에 따른 수익을 얻는다. 이러한 R&D 비용과 중간재 판매로부터 얻는 수입(기대 수입)을 고려한 이윤 극대화 과정을 통해 중간재 생산자는 최적 R&D투자를 결정한다. 이에 따라 중간재 수가 늘어나는 속도인 기술진보율($\frac{\dot{N}}{N}$)이 모형 내에서 결정된다. 이때 기술개발 투자를 위해서는 중간재 개발자에게 기술에 대한 독점적인 수익을 보장해야 하므로 중간재 시장은 불완전경쟁이 된다.

간단한 중간재 품종 증대 모형에서 균형성장경로의 기술진보율과 경제 성장률을 구해보자. 먼저 중간재 수요와 공급에 대해 모형 설정이 필요하다. (51)식의 생산함수에서 j 중간재의 한계생산물을 구하면,

$$\frac{\partial Y_i}{\partial X_{ij}} = A\,\alpha L_i^{1-\alpha} X_{ij}^{\alpha-1} \tag{54}$$

j 중간재의 가격이 p_j라면 이윤 극대화 조건은,

$$p_j = A\,\alpha L_i^{1-\alpha} X_{ij}^{\alpha-1} \tag{55}$$

위 식으로부터 j 중간재의 수요량을 다음과 같이 구할 수 있다.

$$X_{ij} = L_i (A\alpha/p_j)^{1/(1-\alpha)} \tag{56}$$

모든 최종재 생산자가 j 중간재를 구매하므로 i 최종재 생산자의 수요를 합하여 시장 전체의 j 중간재 수요량 X_j를 구한다.

$$X_j = L (A\alpha/p_j)^{1/(1-\alpha)} \tag{57}$$

노동시장에서 주어지는 임금 w는 다음과 같이 이윤 극대화 조건을 만족한다.

$$w = A(1-\alpha)L_i^{-\alpha} X_i^{\alpha} = (1-\alpha)\frac{Y_i}{L_i} \tag{58}$$

최종재 생산물 시장은 생산자가 무수히 많은 완전경쟁 시장이므로 개별 생산자는 가격 순응자(price taker)이고 초과이윤은 0이다. 반면에 중간재 생산자는 가격 설정자(price setter)로서 단기에서 독점이윤을 얻는다. 중간재의 단위당 생산비용은 단순화를 위해 1로 가정한다. j 중간재 생산자의 매기 이윤은 다음과 같다.

$$\pi_j = (p_j - 1)X_j = (p_j - 1)L(A\alpha/p_j)^{1/(1-\alpha)} \tag{59}$$

중간재 생산자는 매기 이윤을 극대화하는 p_j를 결정한다. 이윤 극대화의 1계 조건을 만족하는 중간재 가격 p_j를 구하면,

$$p_j = p = 1/\alpha \tag{60}$$

위 식에서 모든 중간재의 가격이 동일함을 알 수 있다. (60)의 가격을 (57)에 대입하여 중간재 j의 시장 수요량 X_j의 값을 구한다.

$$X_j = \overline{X} = A^{1/(1-\alpha)}\alpha^{2/(1-\alpha)}L \tag{61}$$

위 식은 모든 j 중간재의 시장 수요량이 동일함을 보여준다. 중간재의 수요 량을 (53)식에 대입하여 경제 전체의 최종생산물을 구하면,

$$Y = A^{1/(1-\alpha)}\alpha^{2\alpha/(1-\alpha)}LN \tag{62}$$

중간재 생산자의 매기 이윤은 (60)식의 가격을 (59)식의 이윤함수에 대입하여 구한다.

$$\pi_j = \overline{\pi} = A^{1/(1-\alpha)}\left(\frac{1-\alpha}{\alpha}\right)\alpha^{2/(1-\alpha)}L = \Psi L \tag{63}$$
$$단, \ \Psi \equiv A^{1/(1-\alpha)}\left(\frac{1-\alpha}{\alpha}\right)\alpha^{2/(1-\alpha)} > 0$$

모든 중간재 생산자의 매기 이윤은 동일하며 노동력(L)의 크기에 비례한다. 이때 노동력의 크기는 중간재 시장 규모를 결정한다. 노동력이 많을수록 생산량 이 커지고 중간재 수요가 늘어난다.

이제 N+1번째의 새로운 중간재를 개발하려는 생산자의 의사결정을 살펴보 자. 생산자는 새로운 중간재를 한 번 개발하면 무한 기에 걸쳐 판매 수익과 독

점 이윤을 얻는다. 새로운 중간재 개발에 $\eta > 0$의 초기 R&D 투자비용을 부담한다고 가정하자. t시점부터 무한 기에 걸친 이윤의 현재가치 합계는 다음과 같이 표현된다.

$$V_t = \int_t^\infty \overline{\pi} e^{-\overline{r}(t,v) \cdot (v-t)} dv = \Psi L \int_t^\infty e^{-\overline{r}(t,v) \cdot (v-t)} dv \qquad (64)$$

단, $\overline{r}(t,v) \equiv [1/(v-t)] \int_t^v r(\omega) d\omega$

$\overline{r}(t,v)$는 $t \sim t+v$에 걸친 평균 이자율이다. 중간재 생산자는 이윤의 현재가치 합계가 기술개발 투자비용보다 커야 중간재 개발을 할 것이다. 즉, $V_t \geq \eta$이 만족되어야 한다. 중간재 시장의 자유로운 진입(free entry)을 가정하면 초과 이윤이 있는 한 생산자들의 진입이 일어나므로 균형에서는 $V_t = \eta$이 성립한다. $V_t = \eta$를 풀면,[7]

$$r_t = \overline{r} = \overline{\pi}/\eta = \Psi L/\eta \qquad (65)$$

이자율 r_t는 매기마다 일정하고 η가 증가하면 하락한다. 이자율은 R&D 투자의 수익률과 같으므로 수익률은 이윤이 증가하면 상승하고 초기 R&D 투자비용이 증가하면 하락한다.

이 경제에서는 물적 자본이 존재하지 않지만 지적 자본(intellectual capital)이라고 할 수 있는 중간재 기업의 R&D 자본이 존재한다. 기업의 가치는 R&D 자본의 가치에 의해 결정된다. 중간재 생산 기업의 총 자본 가치는 $V_t N_t = \eta N_t$이 된다.

지금까지는 기업의 이윤 극대화 조건을 알아보았다. 이제 대표가계의 효용 극대화 문제를 살펴본다(이하 시간 표시 생략). CRRA 효용함수를 가정하면 가계의 효용 극대화 문제는 다음과 같다. 이 모형에서 인구(노동력)는 고정되어

---

7) Leibniz's rule for differentiation of a definite integral을 이용하면, $r_t = \pi/V_t + \dot{V}_t/V_t$을 구한다. 이 조건은 (채권) 수익률 r_t와 R&D 투자 수익률이 같아야 한다는 조건으로 이해할 수 있다. R&D 투자 수익은 이윤(π/V_t)과 자산가격 변화율($\dot{V}_t/V_t$)을 합친 것과 같다. 자유 진입 조건에 의해 $V_t = \eta$이므로 자산가격 변화율은 0이다.

있다.

$$\max \int_0^\infty \frac{c^{1-\theta}-1}{1-\theta} L e^{-\rho t} \, dt$$

$$s.t. \quad \dot{a} = ra + w - c$$

극대화의 1계 조건을 통해 다음의 방정식이 성립한다.

$$\frac{\dot{c}}{c} = \frac{r-\rho}{\theta}$$

이 경제의 균형에서 이자율은 R&D 투자 수익률과 같다. (65)식을 대입하고 경제 전체의 소비 C로 표현하면,

$$\frac{\dot{C}}{C} = \frac{1}{\theta} \left[(\Psi L / \eta) - \rho \right] \tag{66}$$

가계의 총 자산은 기업의 R&D자본의 총 가치와 같다. 즉, $aL = \eta N$. 따라서 $\dot{a}L = \eta \dot{N}$이다. 이와 함께 (58), (61), (62), (65)식을 이용하여 가계의 예산 제약 $(\dot{a}L = raL + wL - C)$을 고쳐 쓰면,[8] 경제 전체의 예산 제약을 얻는다.

$$\eta \dot{N} = Y - C - NX \tag{67}$$

(66), (67)식은 소비와 중간재 수(즉, 기술)의 동태적 변화를 보여준다. (67)식을 고쳐 쓰면 $\eta \dot{N}/N = Y/N - C/N - X$. 균형성장경로에서 N의 증가율이 $\gamma = \dfrac{\dot{N}}{N}$로 일정하려면 N, Y, C 모두 같은 속도로 성장해야 한다. 따라서 균형 성장률은,

$$\gamma = \frac{\dot{C}}{C} = \frac{\dot{N}}{N} = \frac{\dot{Y}}{Y} = \frac{1}{\theta} \left[(\Psi L / \eta) - \rho \right] \tag{68}$$

---

8) $raL = \alpha(1-\alpha)Y$, $wL = (1-\alpha)Y$, $NX = \alpha^2 Y$을 가계 예산제약식에 대입한다.

위 식에서 R&D 투자 비용(η)이 증가하면 R&D 수익률($\Psi L/\eta$)이 하락하고 균형 경제성장률(γ)은 하락한다.

이 모형에서 균형 경제성장률은 노동력(인구)에 비례한다. 이를 규모 효과 (scale effect)가 발생한다고 한다. 앞서 본 것과 같이 중간재 개발자의 이윤이 경제 전체의 노동력 L에 비례하여 커지므로 (62)식의 R&D 투자 수익률도 노동 력에 비례하는 것이다. 그 결과 균형 경제성장률도 L이 클수록 높아진다. 이는 초기 R&D 투자비용과 단위당 생산비용은 일정한 반면, 이윤은 L에 비례하여 증 가한다는 가정에 근거한다. 이러한 규모 효과를 제거하기 위해서는 새로운 중간 재 개발로 N이 증가함에 따라 새로운 기술개발이 이전보다 힘들어지도록 모형 을 수정하여야 한다.

5.2.4 품질 향상 기술진보 모형

Aghion and Howitt(1992)는 조셉 슘페터(Joseph Schumpeter)의 '창조적 파 괴(creative destruction)'라는 개념을 계승한 내생적 기술진보 모형을 제시하였 다. 창조적 파괴는 새로운 기술이 도입되면서 기존의 기술이 그 중요성을 잃고 사용되지 않는 현상을 말한다. Schumpter(1934)는 창조적 파괴를 가져오는 기 업가의 기술혁신이 자본주의의 발전을 가져오는 원동력이라고 보았다.

Aghion and Howitt의 모형은 Romer의 중간재 '품종 증대 모형'과 구분하여 '품질 향상 모형(quality improvement model)'이라고 부른다. 이 모형에서는 기 술진보는 중간재의 수가 늘어나는 과정이 아닌 기존 중간재의 품질(quality)이 높아짐으로써 생산성이 향상되는 것을 의미한다. 품질이 좋은 중간재가 개발되 면, 최종 생산자는 기존 중간재를 더 나은 것으로 대체하고 기존 중간재를 더는 사용하지 않는다.

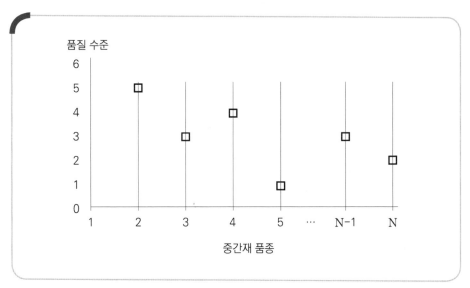

그림 5-5 중간재 품종과 품질 사다리

위 그림에서 x축은 중간재의 품종(총 N개) 그리고 y축은 품질 수준을 나타낸다. 여기서는 N이 고정되어 있으며 각각의 중간재의 품질 수준이 다르다. 균형은 각각의 중간재에서 현재까지 개발된 가장 높은 품질(사각형으로 표시한 높이)의 중간재가 최종재 생산에 사용된다.

Romer의 중간재 '품종 증대모형'에서는 중간재 수가 늘어나는 속도인 기술진보율($\frac{\dot{N}}{N}$)이 모형 내에서 결정되어 경제성장률을 결정한다. '품질 향상 모형'에서는 N은 고정되어 있다. 아래에서 설명하겠지만 생산에 사용가능한 중간재의 종합적인 품질(기술수준)을 Q로 표시하면 기술진보율($\frac{\dot{Q}}{Q}$)가 모형 내에서 결정되고 경제성장률을 결정한다.

기업 i가 생산에 투입하는 중간재 X_i는 다양한 중간재 X_{ij}를 결합하고 각각의 중간재는 다른 품질을 갖는다고 하자. 중간재 종류는 N으로 고정되어 있다. 생산함수를 다음과 같이 쓸 수 있다.

$$Y_i = A L_i^{(1-\alpha)} \sum_{j=1}^{N} (\widetilde{X_{ij}})^\alpha, \ \widetilde{X_{ij}} = q^{k_j} X_{ij}$$

$$Y_i = AL_i^{(1-\alpha)} \sum_{j=1}^{N} (q^{k_j} X_{ij})^\alpha, \ q > 1 \tag{69}$$

q^{k_j}는 j번째 중간재의 현재 품질 수준을 나타내는 파라미터이다. 신기술이 개발되면, $q^1, q^2, q^3, \ldots, q^k$와 같이 품질을 나타내는 파라미터 값이 커지고 기술수준이 높아진다. 이 모형을 '품질 사다리' 모형이라고도 한다. 각각의 중간재가 사다리의 한 선을 이루고 품질 수준이 높아질 때마다 사다리 한 칸을 올라가는 모양을 그린다. 중간재마다 현재 시점의 기술발전 단계(즉, k_j)가 다르다. 즉, 사다리에서 중간재는 서로 다른 높이에 있을 수 있다. 생산함수를 보면 최종재 생산자는 각각의 중간재마다 가장 품질이 좋은 제품만을 사용한다. 중간재 생산의 단위 비용이 같다고 가정하면, 품질이 높을수록 한계생산물이 높기 때문이다.

Romer의 품종 증대 모형과 마찬가지로 이 모형에서 중간재를 생산하는 기술 개발자는 품질 향상을 위해 필요한 R&D 투자와 기술 개발에 성공하였을 때 얻을 수 있는 미래 수입(기대 수입)을 고려하여 이윤을 극대화하는 최적 R&D 투자를 결정한다. 이에 따라 중간재 품질의 향상 속도인 기술진보율이 모형 내에서 결정된다. 이 모형에서는 더 나은 품질의 중간재가 나타나면 기존 중간재는 영구적으로 대체되기 때문에 기술 개발자가 어느 정도 기간에 걸쳐 독점적 이윤을 가질 수 있는가를 예상하여 기대 수입과 기대 이윤을 계산한다.

(69)식의 생산함수에서 j번째 중간재의 한계생산물을 구하면,

$$\frac{\partial Y_i}{\partial X_{ij}} = A\alpha L_i^{(1-\alpha)} q^{\alpha k_j} X_{ij}^{\alpha-1} \tag{70}$$

기업의 이윤은

$$\pi_i = Y_i - wL_i - \sum_{j=1}^{N} P_j X_j \tag{71}$$

이윤 극대화 조건으로 j번째 중간재의 수요량을 구할 수 있다.

$$\frac{\partial Y_i}{\partial X_{ij}} = P_j = A\alpha L_i^{(1-\alpha)} q^{\alpha k_j} X_{ij}^{\alpha-1} \tag{72}$$

P_j는 상품 j의 가격이다. 한계생산물이 가격과 같으면 기업의 이윤극대화 조건을 만족한다. 위의 이윤극대화 조건에서 X_{ij}로 식을 정리하면 중간재 j에 대한 수요를 구할 수 있다.

모든 최종 생산물 생산자의 수요를 합계하면 j 중간재의 시장 전체 수요 함수는

$$X_j = L(A\alpha q^{\alpha k_j}/P_j)^{1/(1-\alpha)} \tag{73}$$

이제 품질이 더 우수한 중간재를 개발하는 R&D 기업의 의사 결정을 살펴보자. 이 기업은 2단계에 걸친 의사 결정을 한다.

1단계: R&D에 투자할 것인가를 결정한다.
2단계: 개발에 성공하면 이윤을 극대화하는 가격을 설정한다.

2단계를 먼저 살펴보자. k_j번째 기술 개발자가 j 중간재의 품질을 q^{k_j-1}에서 q^{k_j}로 향상하면 아래와 같은 독점 이윤을 얻는다. 중간재 생산의 한계비용은 1로 가정한다.

$$\pi(k_j) = (P_j - 1)X_j$$

매기 이윤을 극대화하는 가격을 설정하면

$$P_j = \frac{1}{\alpha} \tag{74}$$

이윤극대화 조건을 (73)식에 대입하면 다음과 같은 중간재 j의 총 생산량을 구할 수 있다.

$$X_j = LA^{\frac{1}{1-\alpha}} \alpha^{\frac{2}{1-\alpha}} q^{k_j \frac{\alpha}{1-\alpha}} \tag{75}$$

위에서 구한 가격과 중간재 총생산량을 이용하여 기술 개발자의 이윤을 다시 계산할 수 있다.

$$\pi(k_j) = (\frac{1}{\alpha}-1)LA^{\frac{1}{1-\alpha}} \alpha^{\frac{2}{1-\alpha}} q^{k_j \frac{\alpha}{1-\alpha}} = \overline{\pi} q^{k_j \frac{\alpha}{1-\alpha}} = \psi L q^{k_j \frac{\alpha}{1-\alpha}} \tag{76}$$

단, $\overline{\pi} = (\frac{1}{\alpha}-1)LA^{\frac{1}{1-\alpha}} \alpha^{\frac{2}{1-\alpha}} = \psi L$

$\overline{\pi}$는 품종증대 모형에서 구한 매기 이윤과 같다. 품질이 초기 수준에서 항상 일정하다면(즉, $k_j = 0$), 이윤이 두 모형에서 같다. 그러나 이 모형에서는 위 식에 볼 수 있듯이 품질 향상이 일어나면 이윤이 증가한다. 품질이 제품의 수요에 중요한 역할을 한다.

생산함수에 중간재의 수요를 대입해 기업 i의 생산량을 구하고 시장 전체로 합계하면 총생산을 구할 수 있다.

$$Y_i = AL_i^{(1-\alpha)} \cdot \sum_{j=1}^{N} (q^{k_j \rho} L_i^{\alpha} A^{\frac{\alpha}{1-\alpha}} \alpha^{\frac{2\alpha}{1-\alpha}} q^{k_j \frac{\alpha^2}{1-\alpha}}) = A^{\frac{1}{1-\alpha}} \alpha^{\frac{2\alpha}{1-\alpha}} L_i \sum_{j=1}^{N} q^{k_j \frac{\alpha}{1-\alpha}}$$

$$\Rightarrow Y = A^{\frac{1}{1-\alpha}} \alpha^{\frac{2\alpha}{1-\alpha}} L \sum_{j=1}^{N} q^{k_j \frac{\alpha}{1-\alpha}} = A^{\frac{1}{1-\alpha}} \alpha^{\frac{2\alpha}{1-\alpha}} LQ \tag{77}$$

$$Q \equiv \sum_{j=1}^{N} q^{k_j \frac{\alpha}{1-\alpha}} \tag{78}$$

Q는 전체 중간재의 총 품질을 나타내는 지수(index)이다. 생산에 사용 가능한 기술의 수준을 나타내는 지수라고 할 수 있다. Q는 기술 혁신에 따라 변화하고 성장한다. Q가 높아지면 생산량이 증가한다.

경제 전체의 중간재 총생산량은 (75)식을 모든 j에 대해 합계하면 다음과 같이 Q의 함수로 쓸 수 있다.

$$X = LA^{\frac{1}{1-\alpha}} \alpha^{\frac{2}{1-\alpha}} Q \tag{79}$$

이제 중간재를 개발하는 R&D 기업의 1단계 의사 결정을 살펴보자. j분야의 기술 혁신, 즉 품질을 k_j에서 $k_j + 1$로 높이는 혁신의 성공 확률을 $p(k_j)$라고 하자. t_{kj}는 k_j의 혁신이 일어나는 시점이고 t_{kj+1}은 $k_j + 1$의 혁신이 경쟁자에 의해 일어나는 시점이면 k_j의 혁신자가 독점이윤을 얻는 기간은 $T(k_j) = t_{kj+1} - t_{kj}$로 주어진다.

t_{kj}시점의 기술 개발자의 이윤의 현재가치는 아래와 같이 쓸 수 있다.

$$V(k_j) = \int_{t_{k_j}}^{t_{k_j+1}} \pi(k_j) e^{-\bar{r}(v, t_{k_j})(v - t_{k_j})} dv \tag{80}$$

위 식에서 $\bar{r}(t_{k_j}, v)$는 t_{k_j}와 v 두 시점 사이의 평균 이자율을 표시한다.

$$\bar{r}(v, t_{k_j}) \equiv [1/(v - t_{k_j})] \int_{t_{k_j}}^{v} r(w) dw$$

이 경제에서 아래에서 살펴보겠지만 이자율이 일정하므로 이윤의 현재가치를 아래와 같이 간단하게 구할 수 있다.

$$V(k_j) = \pi(k_j)(1 - e^{-rT(k_j)})/r \tag{81}$$

품종 증대 기술진보 모형과 다른 점은 기술 개발자의 독점 이윤이 무한기에 걸쳐 발생하지 않고 경쟁자가 다음 기술을 개발할 때까지만 존재한다. 따라서 경쟁자가 모방하기 어려운 기술일수록 오랫동안 독점할 수 있으므로 이윤의 현재가치가 증가한다.

k_j 기술 개발자의 독점 이윤은 다음 단계인 $k_j + 1$ 기술혁신이 성공하면 사라진다. 다음 단계 기술 혁신의 성공 확률 $p(k_j)$를 고려하여 $V(k_j)$의 기댓값을

구하면,[9]

$$E[V(k_j)] = \pi(k_j)/[(r+p(k_j)] = \bar{\pi}q^{k_j\alpha/(1-\alpha)}/[r+p(k_j)] \tag{82}$$

이제 중간재 개발에 자원을 투입하는 연구개발 기업의 의사 결정을 살펴보자. 기술 혁신의 성공확률 $p(k_j)$은 총투자 규모 $Z(k_j)$가 클수록 증가한다. 반면에, 품질 수준이 높을수록 성공이 쉽지 않다고 하자. 단순화를 위해 아래와 같은 구체적인 함수를 가정하자.

$$p(k_j) = Z(k_j)\phi(k_j), \ Z' > 0, \phi' < 0 \tag{83}$$

R&D 투자가 일어나는 조건은 $p(k_j)E[v(k_j+1)] \geq Z(k_j)$이다. 연구개발 분야(중간재 생신 시장)의 자유 진입(free entry)을 가정하면 이 조건은 등호로 같아야 한다.

$$p(k_j)E[v(k_j+1)] \geq Z(k_j)$$
$$\Rightarrow p(k_j)E[v(k_j+1)] - Z(k_j) = 0$$
$$\Rightarrow Z(k_j)(\phi(k_j)E[v(k_j+1)] - 1) = 0, \because p(k_j) = Z(k_j)\phi(k_j)$$
$$\Rightarrow \phi(k_j)E[v(k_j+1)] = 1$$
$$\Rightarrow r+p(k_j+1) = \phi(k_j)\bar{\pi}q^{(k_j+1)\alpha/(1-\alpha)}$$

j분야의 R&D 투자 $Z(k_j)$의 값을 계산하기 위해 $\phi(k_j)$가 다음과 같은 특정한 형태라고 가정하자.

$$\phi(k_j) = \frac{1}{\epsilon}q^{-(k_j+1)\alpha/(1-\alpha)} \tag{84}$$

---

9) (81)식에서 (82)식을 유도하는 과정은 Barro and Xala−i−Martin(2004, chapter 7.6.2)을 참조하시오.

위 식에서 ϵ는 연구개발 비용을 나타내는 파라미터이다. 기술 혁신 성공확률 $p(k_j)$은 새로운 상품의 기술수준이 점점 고도화되면 낮아진다. 또 연구개발의 성공에 필요한 비용이 많이 들수록 낮아진다.

(84)식을 자유 진입 조건에 대입하여 정리하면,

$$r + p(k_j + 1) = \frac{\overline{\pi}}{\epsilon}$$

위 식에서 성공확률은 중간재 j에 상관없이 같다. 위 식을 다음과 같이 고쳐 쓸 수 있다.

$$p = \frac{\overline{\pi}}{\epsilon} - r \tag{85}$$

이 결과와 (84)식을 (83)식에 대입하면 j 분야의 연구개발 투자량을 구할 수 있다.

$$Z(k_j) = p(k_j)\phi(k_j)^{-1} = q^{(k_j+1)\alpha/(1-\alpha)}(\overline{\pi} - r\epsilon) \tag{86}$$

이제 경제 전체의 총 R&D 투자를 구하면

$$Z = \sum_{j=1}^{N} Z(k_j) = q^{\alpha/(1-\alpha)} Q(\overline{\pi} - r\epsilon) \tag{87}$$

경제 전체의 총 R&D 투자는 중간재 품질의 수준이 높을수록, 이윤이 많을수록, 이자율이 낮을수록, 연구개발에 필요한 비용이 낮을수록 커진다.

이제 균형 성장경로에서 성장률을 구해보자. 경제 전체의 자원 제약을 고려해 보면 총생산(Y)은 소비(C), 중간재 총지출(X), R&D 총투자 지출(Z)의 합계와 같다.

$$Y = C + X + Z \tag{88}$$

소비자의 효용 극대화 조건은 품종 증대모형과 같다. (85)식을 이용하여 이 자율을 고쳐 쓰면

$$\frac{\dot{C}}{C} = \frac{1}{\theta}(r - \rho)$$

$$\Rightarrow \frac{\dot{C}}{C} = \frac{1}{\theta}(\frac{\bar{\pi}}{\epsilon} - p - \rho) = \frac{1}{\theta}(\frac{\psi L}{\epsilon} - p - \rho) \tag{89}$$

(77), (79), (87)식으로부터 Y, X, Z는 모두 Q의 일차함수이므로 균형성장경로에서 Y, X, Z의 성장률은 Q의 성장률과 같다. (88)의 예산제약을 합하여 보면 소비 성장률은 Q의 성장률과 같다. 따라서

$$\frac{\dot{C}}{C} = \frac{\dot{X}}{X} = \frac{\dot{Z}}{Z} = \frac{\dot{Y}}{Y} = \frac{\dot{Q}}{Q} \tag{90}$$

이 균형 조건을 이용하여 균형 이자율 또는 기술혁신 성공확률을 구하면 균형 경제 성장률을 구할 수 있다. 이제 총 품질 지수 Q의 기대 성장률을 구해보자.

$$E(\triangle Q) = \sum_{j=1}^{N} p(q^{(k_j+1)\frac{\alpha}{1-\alpha}} - q^{k_j\frac{\alpha}{1-\alpha}}) = p(q^{\frac{\alpha}{1-\alpha}} - 1)(\sum_{j=1}^{N} q^{k_j\frac{\alpha}{1-\alpha}})$$

$$= p(q^{\frac{\alpha}{1-\alpha}} - 1)Q \tag{91}$$

$$\Rightarrow E(\frac{\triangle Q}{Q}) = p(q^{\frac{\alpha}{1-\alpha}} - 1) \tag{92}$$

N이 매우 큰 숫자여서 대수의 법칙(law of large numbers)을 가정하여 실현된 Q의 성장률이 기대치와 같다고 하면,

$$\frac{\triangle Q}{Q} = p(q^{\frac{\alpha}{1-\alpha}} - 1) \tag{93}$$

(89)과 (93)이 같아야 한다는 조건으로부터 p를 구하고 다시 대입하여 균형 성장률(γ)을 구하면,

$$p = \frac{(\psi L/\epsilon) - \rho}{1 + \theta[q^{\alpha/(1-\alpha)} - 1]} \tag{94}$$

$$\gamma = \frac{[q^{\alpha/(1-\alpha)} - 1][(\psi L/\epsilon) - \rho]}{1 + \theta[q^{\alpha/(1-\alpha)} - 1]} \tag{95}$$

이 경제의 균형 이자율은 (85)식에서 구하면 아래와 같이 매기 일정한 값을 갖는다.

$$r = \frac{\rho + \theta[q^{\alpha/(1-\alpha)} - 1](\psi L/\epsilon)}{1 + \theta[q^{\alpha/(1-\alpha)} - 1]} \tag{96}$$

(95)식의 경제성장률 함수를 보면 효용 함수의 변수들(ρ, θ) 그리고 기술 개발 비용(ϵ)이 증가함에 따라 감소하고 기술 개발 이윤($\overline{\pi} = \psi L$)과 중간재 품질 향상(q)에 따라 증가한다는 것을 알 수 있다.

위 식에서 기술 개발의 이윤은 시장의 규모(L)와 비례하므로 규모 효과가 발생한다. 앞서 말했듯이 규모효과는 현실 설명력이 떨어지기 때문에 규모 효과를 제거하는 방법을 살펴보자. 기술 혁신 확률 $p(k_j) = Z(k_j)\phi(k_j)$에서 지금까지는 (84)식에서 $\phi(k_j) = \frac{1}{\epsilon} q^{-(k_j+1)\alpha/(1-\alpha)}$를 가정하였다. 만일 $\phi(k_j)$가 다음 기의 총생산량 $Y(k_j+1)$에 반비례한다고 가정하자. 이 경우 $\phi(k_j)$은

$$\phi(k_j) = \frac{1}{\epsilon} Y(k_j+1)^{-1} = \frac{1}{\epsilon} A^{\frac{-1}{1-\alpha}} \alpha^{\frac{-2\alpha}{1-\alpha}} L^{-1} q^{-(k_j+1)\alpha/(1-\alpha)}$$

$$= \frac{1}{\epsilon} \frac{1-\alpha}{\alpha} \alpha^2 \psi^{-1} L^{-1} q^{-(k_j+1)\alpha/(1-\alpha)}$$

이제 시장의 규모(L)가 클수록 비례하여 $\phi(k_j)$가 줄어들면서 연구개발의 성

공확률이 L의 영향을 받지 않고 경제성장률에서 규모효과가 사라진다.

　Aghion and Howitt(1992)의 품질 향상 모형은 기술투자로 신기술이 발전할 때 오히려 경제 성장이 후퇴할 가능성을 제시한다. 기존 기술(중간재)이 대체되면 생산에 투입된 자원(노동력)은 사용되지 않는다. 따라서 산업 생산이 감소하고 경제 발전이 일시적으로 후퇴할 가능성이 있다. 이는 슘페터가 말한 '창조적 파괴(creative destruction)' 효과이다. 즉, 신기술이 기존의 기술을 파괴하면 일시적으로 실업과 경기후퇴가 발생할 수 있다. 그러나 시간이 가면서 새로운 기술 발전의 효과로 생산성이 높아지고 경제성장이 촉진된다.

5.3 기술 확산 모형

　지금까지 소개한 내생적 기술진보 모형은 R&D 투자에 의한 신기술 개발을 장기 경제성장의 동력으로 간주한다. 그러나 선진국이 아닌 개발도상국(개도국)이 신기술을 개발하는 것은 쉽지 않다. 개도국뿐만 아니라 선진국도 신기술 개발보다는 다른 국가가 개발한 기존 기술을 도입하거나 모방하여 기술을 발전시키는 경우가 많다. 국가뿐만 아니라 산업 간, 기업 간에도 기술 수준의 격차로 인해 혁신(innovation)을 일으키는 선도자(leader)와 신기술을 모방(imitation)하고 수정(adaptation)하는 추종자(follower)가 존재한다. 이들 간에 기술이 전파되는 기술 확산(technology diffusion)이 현실에서 중요하다. 모든 국가가 기술혁신을 이룰 수 없고 기술 확산에 상당한 시간이 걸린다면 국가 간 소득과 생산성 격차가 쉽게 줄어들지 않을 것이다.

　전 세계에 두 그룹의 국가로 선진국(기술혁신 국가)과 개도국(기술모방 국가)이 존재한다고 하자. 선진국(아래 첨자 N으로 표시)의 기술진보식은 내생적 기술진보 모형의 간단한 경우와 같다. 여기서 선진국은 이미 균제상태에 도달한 것으로 가정한다.

$$\dot{A}_N = \psi_N \cdot s_{AN} L_N \cdot A_N \tag{97}$$

개도국인 기술 모방국(아래 첨자 S로 표시)의 기술진보는 다음 식을 가정한다.

$$\dot{A}_S = \psi_s \left(\frac{A_N}{A_S} \right) \cdot s_{AS} L_S \cdot A_S, \quad \psi' > 0 \tag{98}$$

(68)식에서 개도국의 기술진보는 선진국과 개도국 간의 기술 확산을 통해 이루어진다. 개도국은 선진국 기술을 모방하는 기술투자를 통해 자체 기술을 발전시킨다. 개도국의 기술투자는 $s_{AS} L_S$이고 ψ_s는 개도국의 기술진보의 효율성 파라미터로 $\frac{A_N}{A_S}$의 증가함수이다. 여기서 $\frac{A_N}{A_S}$는 선진국과 개도국의 기술격차 (technology gap)를 의미한다. 즉, 기술격차가 클수록 후진국이 선진국 기술을 모방하기 쉬워 기술진보 속도가 빠르다고 가정한다. 그러나 기술격차가 점차 줄어들면서 상위 단계의 기술을 모방하기가 점점 어려워진다. 기술 수준이 올라갈수록 개도국은 첨단 기술을 모방해야 하기 때문이다.

이 모형에서 기술 격차가 크게 벌어진 초기에 ψ_s가 ψ_N보다 큰 값을 갖는다. 따라서 기술 모방국(개도국)의 기술진보율 또는 경제성장률이 기술혁신국(선진국)의 성장률보다 높다. 그러나 기술 격차가 점점 줄어들면서 기술모방의 효율성이 낮아지고 개도국의 성장률이 하락한다.

선진국은 개도국보다 항상 연구 개발투자를 더 많이 한다고 하자.

$$s_{AN} L_N > s_{AS} L_S$$

두 국가의 기술 격차가 줄어들어 ψ_s의 값이 하락하면서 기술진보율이 서로 같아질 때 균형이 발생한다. 두 국가의 기술진보율이 같아지는 조건을 (97), (98)식을 이용하여 나타내면,

$$\frac{\dot{A}_N}{A_N} = \frac{\dot{A}_S}{A_S} \;\Rightarrow\; \psi_s^* \left(\frac{A_N}{A_S} \right) = \frac{\psi_N s_{AN} L_N}{s_{AS} L_S} \tag{99}$$

위 식을 만족하는 기술 격차 $(\frac{A_N}{A_S})^*$가 균형에서 기술수준 격차이다. 아래 <그림 5-6>은 기술 모방국의 기술격차와 기술진보율의 이동 경로를 보여준다. 최초 기술격차 $(\frac{A_N}{A_S})_0$에서 기술모방국의 기술진보율이 선진국의 기술진보율보다 높다. 기술격차가 줄어들어 $(\frac{A_N}{A_S})^*$가 되면 기술모방국의 기술진보율이 선진국의 기술진보율과 같아지는 균형이 발생하고 이 균형 기술격차가 지속된다.

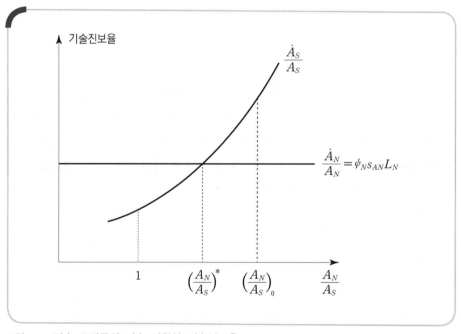

그림 5-6 기술 모방국의 기술 격차와 기술진보율

위 기술 확산 모형은 선진국에 이미 존재하는 기술을 어느 개도국이나 쉽게 모방할 수 있다고 가정한다. 그러나 현실에서는 기술 확산이 쉽지 않다. 선진국이 신기술을 보호하고 기술 전파를 막을 수 있다. 개도국이 대가를 지급하고 기술을 도입하려 하더라도 기술을 쉽게 이전하지 못한다. 선진국으로부터 기술이

전파되더라도 개도국이 어느 정도 기술력이 없으면 모방하지 못할 수도 있다. 현실에서는 다음과 같은 기술 확산의 장벽이 존재한다.

특허 보호(patent protection)

중요한 기술의 경우 선진국이 완전한 형태로 기술을 제공하지 않는다. 개도국은 외국인 직접투자기업 유치 등의 방법으로 이 문제를 해결하려고 한다.

기술 흡수능력(technology absorption capacity)

신기술에 빠르게 적응하는 능력을 뜻한다. 새로운 기술을 빠르게 사용할 수 있는 흡수능력이 있어야 기술 확산이 가능하다. 예를 들어, 개도국은 기술 확산 이전에 새로운 기술을 활용할 수 있는 인적자본을 갖춰야 한다.

이용가능 기술(appropriate technology)

기술이 각 나라의 경제 상황에 맞게 구별된다. 산업구조, 부존자원, 제도가 전혀 다른 선진국에서 개발한 기술을 도입하면 개도국이 활용하기 어렵다. 미국의 농업기술이 한국 농업의 현실에 맞지 않을 가능성이 큰 것을 예로 들 수 있다. 개도국 입장에서는 선진국에서 생산되고 완성된 기술이 활용 가능한 기술인가를 따져보아야 한다.

5.4 제도, 문화와 경제성장

내생적 성장모형(endogenous growth model)은 장기 경제성장의 요인으로 내생적 기술진보를 강조한다. 기술은 아이디어 혹은 지식의 포괄적 개념으로 양의 외부효과를 가지며 많은 사람이 동시에 사용할 수 있는 특징을 갖는다.

장기 경제성장에 영향을 미치는 요인으로 기술과 비슷한 제도(institution)와 문화(culture)가 있다. 경제학에서 제도와 문화의 역할을 강조하는 경제성장 모형은 오랜 역사를 갖고 있다. 제도와 문화는 한 경제의 모든 개인에게 적용되므로 외부효과와 공동소비의 특징을 갖는다. 경제 주체의 경제 행위와 의사결정에 지대한 영향을 미치는 제도와 문화는 물적 자본축적, 인적 자본축적, 기술투자에 영향을 미치는 중요한 요인이다. 이로 인해 장기에 걸쳐 국가 간 소득과 성장률 격차가 발생할 수 있다.

제도와 문화는 자원 배분의 효율성에 영향을 미쳐 생산성을 변화시킨다. 간단한 생산함수 $Y = AF(K, L)$에서 A는 총요소생산성(TFP)으로 기술뿐만 아니라 다른 요인들도 반영한다. 총 요소생산성을 기술(T)과 효율성(efficiency, E)으로 나누면,

$$A = T \times E \tag{100}$$

생산량은 똑같은 기술, 노동, 자본이 주어져도 효율성에 의해 달라진다. 국가 간 소득 또는 생산성 격차의 많은 부분이 T뿐만 아니라 E로 설명될 수 있다. 국가 간 TFP 수준의 차이가 매우 크다면, 그 격차는 기술뿐만 아니라 효율성의 격차로부터 발생하는 것이다. 예로 사회주의 계획경제를 자본주의 시장경제와 비교하면, 사회주의 계획경제는 상대적으로 비효율성이 크다. 그 이유는 시장의 유인 체계(incentive mechanism) 부재로 인해 경제 주체들이 최적 행위를 실행하기 어렵기 때문이다.

각 국가의 제도와 문화는 기술뿐만 아니라 효율성에 영향을 미친다. 어떤 제도나 문화적 배경하에서는 비생산적 활동이 많아 효율성이 낮을 수 있다. 비생산적 활동의 예로 지대추구(rent seeking)를 들 수 있다. 지대는 생산요소 독점에 의한 초과이윤을 일컫는 말이다. 자신이 가진 독점적 권리로 이윤을 획득하고자 하는 행위가 지대추구 행위이다. 지대는 제도, 문화적 요인과 더불어 정부의 라이선스(허가권), 독과점 보호, 규제에 의해 발생한다. 만약 전체 인구의 10%가 지배 계급으로 태어나 생산 활동을 하지 않고 비생산적인 지대추구에 몰두한다면 자원의 낭비가 일어나는 것이다. 정부 규제로 인해 지대가 발생한다면, 정부로부터 라이선스를 획득하는 과정에서 부정부패(corruption)가 발생할 가능성이 크다.

미흡한 제도나 정부 규제는 자원 배분을 왜곡하여 자원의 비효율적인 배분을 낳고 경제 전체의 효율성을 저하시킨다. 예를 들어 산업, 기업, 지역 간 내에 자원 배분의 왜곡으로 과잉 투자(고용) 부문, 과소 투자(고용) 부문이 존재할 때, 부문 간 노동과 자본의 이동이 이루어지지 않으면 효율성은 낮아진다. 또한, 만일 정부가 생산성이 높은 첨단 기술 분야에 대한 신규 기업의 진입을 규제할 경우 기존의 독과점 기업만 초과이윤을 누리게 되고 경제 전체의 효율성이 낮아진

다. 어떤 문화를 가진 국가에서는 특정 종교, 여성, 이민자에게 교육을 받고 창업하여 성공할 기회가 주어지지 않는다. 이 경제의 효율성 또한 다른 국가에 비해 낮을 것이다.

법적 지배, 또는 법치(rule of law)도 부패(corruption)를 막아 효율성을 높인다. 법질서가 낮은 사회에서는 법을 위반하여 다른 사람의 재산을 약탈하거나 뇌물이나 다른 편법 등을 통한 비생산적인 활동이 많아진다.

제도와 문화의 특성을 자세히 살펴보고 국가 간 생산성과 경제 성장률 격차를 불러오는 요인을 분석해 보자.

5.4.1 제도

경제학자들은 제도가 어떤 방식으로 경제 성과에 영향을 미치는지를 오랫동안 연구해왔다. 제도는 한 사회에 외생적으로 주어지는 것이 아니라 사람들의 이해관계에 의한 갈등과 대립으로 오랜 기간에 걸쳐 내생적으로 형성된다. 더글라스 노스(Douglass North)는 제도를 "사회 안의 게임의 법칙(rule of game in a society)"이라고 정의하고 경제 제도와 정치 제도로 구분했다. 경제 제도는 사유재산권, 시장과 같이 경제 내에서 생산하고 분배하는 제도를 의미하고, 정치 제도는 민주주의, 과두제(oligarchy)와 같은 정치 권력이 분배되는 제도를 말한다.

한 국가의 경제 제도는 각 경제 주체가 다른 경제 주체에게 피해를 입히지 않으면서 경제활동을 할 수 있는 여건을 마련해준다. 예를 들어, 기업과 같은 생산조직, 자유로운 거래가 이루어지는 시장, 거래 계약의 집행, 개인 소유권의 법적 보장 등 자본주의 경제를 구성하는 여러 제도적 요인들은 경제 주체들이 최적의 경제 행위를 할 수 있도록 한다. 이러한 제도는 장기에 걸쳐 경제 성과에 영향을 미친다. 역사적인 예를 보자. 중세 시대에는 지역이 하나의 경제 단위로 지역을 통과할 때 부과하는 통행세로 인해 경제 교류를 통한 발전이 느렸다. 반면에 통행세가 없는 신흥 도시로 무역이 집중되면서 무역이 발달한 국가가 빠르게 성장했다.

법적 지배, 또는 법치(rule of law)는 사적 재산권을 보장하고 자유로운 경제활동을 보호하여 경제 발전에 기여한다. 그러나 사적 재산권의 행사가 다른 경제 주체에게 피해를 주거나 경제 활동을 방해할 수 있으므로 사적 재산권 행사의 정당성에 관한 명확한 법 또한 마련되어야 한다.

Acemoglu, Johnson and Robinson(2001)은 유럽 국가들이 식민지 지배를 하던 시기에 피식민지 국가에 도입한 제도가 그 국가의 장기 경제 성장에 상당한 영향을 미쳤음을 보였다. 피식민지 시대에 여러 중남미 국가에서는 장기 경제 발전에 도움이 되는 좋은 제도보다 지배층이 원주민의 자원을 약탈하는 제도가 정착되었다. 사적 재산권을 보장하지 않고 약탈하는 제도가 고착화된 피식민지국은 식민지 지배 이후에도 장기 경제 성과가 좋지 않았다. Acemoglu and Robinson(2012)은 국가의 흥망성쇠를 결정짓는 가장 중요한 요소로 제도를 강조하면서 크게 '포용적 제도(inclusive institution)'와 '착취적 제도(extractive institution)'로 구분하였다. 포용적 경제 제도는 경제 주체들의 자유로운 경제활동을 보호하고 교육의 기회를 균등하게 배분함으로써 경제 전체의 기술수준을 높여 경제발전을 촉진한다. 반면에 착취적 경제 제도는 지배층의 이익을 추구하고 대다수 경제 주체의 생산 활동 유인을 저하시킴으로써 경제 발전을 위축시킨다.

정치 제도도 경제적 성과에 큰 영향을 미친다. 사회는 서로 다른 선호를 가진 개인으로 구성되어 모든 사회적 문제가 모두가 동의하는 만장일치 방식으로 해결되지 않는다. 이는 국가별 정치 제도에 따라 해결 방법이 달라진다. 예를 들어, 독재나 과두제에서는 소수가 결정을 내리고, 민주주의에서는 다수결 투표를 통해 결정한다.

정치 제도가 장기 경제 성과에 영향을 미치는 과정을 간단한 정치경제학 모형을 통해 살펴보자.[10] 이 모형에서는 조세와 소득 재분배 정책이 장기 경제성장을 결정한다. 특권 지배층, 기업가인 중산층, 다수인 노동자 세 집단만이 존재한다고 가정한다. 만일 특권 지배층이 정치 권력을 가지고 자신에게 유리한 경제정책을 결정한다면, 이들은 소득 재분배를 위한 세금을 거두어 이전지출을 한다. 지배층은 중산층과 노동자의 세금 납부 능력과 조세 회피 가능성을 고려하여 세수를 극대화하는 세율을 부과하고 세수를 자신의 이익이 극대화되는 이전지출로 사용한다. 이 경우 높은 세율로 인해 기업가는 투자를 줄이고 경제 성장률은 낮아진다.[11]

---

10) Acemoglu(2009)의 22장을 참조하시오.
11) 만약 기업가들이 투자를 줄여서 성장률이 낮아지면 미래에는 세수가 낮아진다. 지배층은 기

만일 기업가들이 정치 권력을 갖는 과두제(oligachy)에서는 낮은 세율이 결정되므로 경제 성장률은 높아질 것이다. 하지만 권력을 가진 기업가가 자신들의 이득만을 추구하여 새로운 기업가의 진입을 막는다면 장기적으로는 경제 발전이 저해된다. 다수의 노동자가 정치 권력을 갖는다고 가정하면, 기업가에 많은 세금을 부과하고 노동자가 받는 이전지출을 늘려 경제 성장은 악화할 수 있다.

과두제에서는 특권을 가진 지배 계층이 의사 결정을 하지만, 민주주의 체제에서는 국민의 다수결 투표로 정책이 결정된다. 투표자들의 선호는 다양할 수 있다. 모든 사회에서 소득분포는 비대칭적인 모양을 갖는다. 고소득층의 수는 적으나 전체 소득에서 차지하는 몫이 크고 저소득층은 숫자가 많고 낮은 소득에 넓게 분포한다. 이 경우 소득의 평균값이 중위값보다 크다. 중위투표자 정리(median voter theorem)에 의하면 직접투표로 정책이 결정되고 각 투표자가 진실하게 투표한다면 가장 중간에 있는 투표자가 원하는 정책이 최적점이 된다. 소득세율이라는 단일 정책에 대해 투표한다면 중위 투표자가 가장 선호하는 세율을 공약으로 발표하는 정당이 다수 유권자의 표를 획득해서 당선될 확률이 높다.

민주주의 제도 내에서 과도한 재분배 정책이 투표를 통해 선택될 가능성이 있어서 경제 성장을 저해할 수 있다. 조세는 노동 공급과 자본축적의 유인을 줄여 경제적 왜곡을 가져오지만, 세금을 통한 소득 재분배를 통해 이득을 얻는 투표자들도 존재한다. 재분배로 이득을 얻는 투표자는 세율을 높이고 재분배를 늘리는 정책을 선호한다. 소득 재분배를 선호하는 투표자가 많을수록 투표로 결정나는 세율은 높아진다. 투표자 간에 소득이나 부가 불평등하게 분포할수록 평균값과 중위값의 차이는 더욱 벌어지고 세율이 높아질 가능성이 커진다.

어떤 특정한 정치제도가 경제성장에 유리하다고 결론지을 수 없다. 정치제도가 경제에 영향을 미치는 과정에서 복잡한 요인들이 관여하기 때문이다. 역사적으로 권위주의적인 독재정권에서 경제성장률이 빨랐던 경우는 종종 있었다. 물론 경제성장뿐만 아니라 공정한 소득 분배, 지속 가능한 환경 보전 등 바람직한 경제 목표를 고려하여 경제 성과를 평가해야 한다. 또한, 정치제도의 성과는 경제 성과뿐 아니라 다양한 공동체의 목표도 함께 고려되어야 한다.

업가가 투자하면 세율을 높이지 않거나 오히려 낮추겠다는 합의를 통해 투자를 늘릴 수 있지만, 기업가의 지배층에 대한 신뢰가 필요하다. 만일 지배층이 합의사항을 위반하고 더 높은 세율을 부과하여 재산권 침해가 가능하다면, 기업가는 투자하려고 하지 않을 것이다.

5.4.2 문화

문화는 오랫동안 세대를 이어오면서 형성된, 쉽게 바뀌지 않는 사회 구성원의 선호, 믿음, 가치 체계를 일컫는 개념이다. 문화를 어느 정도의 범위에서 어떻게 정의할 것인지는 매우 어려운 문제다. 예를 들어, 유럽의 특징을 나타내는 유럽 문화가 존재하는지? 무엇을 특징으로 하는지? 아니면 유럽의 국가마다 고유한 문화가 있는지? 같은 국가 내에서도 인종, 종교, 지역에 따라 문화를 구별하는지? 등 복잡한 문제가 있다. 동아시아 문화(East Asian culture), 아시아적 가치(Asian value)라는 용어는 동아시아 국가들의 유교적 문화를 말한다. 유교 문화권에서는 교육의 가치를 중시하고 자신이 속한 집단과 소속을 중시하는 공동체 문화가 지배하는 것으로 평가한다. 그러나 유교적 가치를 숭배하는 동아시아 사람들도 있지만, 전혀 다른 서구적 가치를 존중하는 사람들도 많다. 동아시아 국가 간에도 한국, 중국, 일본의 문화는 다른 점이 많다.

어느 한 국가나 지역의 문화를 특징짓기가 쉽지 않지만, 문화를 결정하는 중요한 요인으로 종교, 인종, 언어, 지리적 여건 등을 고려할 수 있다. 같은 종교를 믿는 사람들 간에 비슷한 선호와 가치 체계를 형성한다. 동일한 민족, 동일한 언어를 사용하는 시민 간에는 같은 역사를 공유하면서 오랜 기간 동안 비슷한 가치 체계를 형성해 왔을 가능성이 크다. 지리적 여건의 경우 그 자체가 문화를 결정했다기보다는 기후와 천연자원의 차이가 그 나라의 역사적 경험이나 제도의 발전에 영향을 미친다.

유럽 국가가 식민지 국가에 정착시킬 제도를 결정할 때, 기후가 큰 영향을 미쳤다. 스페인이 처음 식민지화했던 중남미의 기후는 그들에게 생소했고, 열대병의 문제를 해결할 수 없었다. 스페인은 원주민의 귀금속과 부를 약탈하여 그곳을 빨리 떠나고자 했고, 결과적으로 식민지에는 착취적 제도가 도입되었다. 반면에 영국의 식민지였던 미국, 호주, 뉴질랜드는 생활하기 좋은 기후조건을 갖추었다. 영국도 초반에는 약탈이 목적이었으나, 그곳의 원주민은 중남미의 마야 문명, 잉카 문명의 왕국에 비해 많은 부를 축적하지 못하였다. 이주민들은 점차 살아남기 위해 정착하기 시작했고 영국은 더 많은 자국민이 이주할 수 있도록 포용적 제도를 이용했다. 결과적으로 뉴질랜드에서 여성 참정권이 가장 먼저 인정되었으며, 호주는 최초의 여성 장관을 배출했다.

문화는 다양한 경로로 생산성과 장기 경제 성장에 영향을 미친다. 첫째, 근로의욕에 영향을 미칠 수 있다. 특정한 종교나 민족은 열심히 일하는 습관이 역사적으로 이어져 왔을 수 있다. 예를 들어, 북유럽의 독일과 남유럽의 이탈리아를 비교하면, 전통적으로 독일인은 근면하게 일을 하고 이탈리아인은 비교적 삶의 여유를 즐기는 것으로 알려져 있다. 이러한 차이는 북부와 남부 유럽의 다른 기후 혹은 개신교와 가톨릭의 차이로 설명될 수 있다.

둘째, 문화에 따라 저축성향이 다를 수 있다. 다른 문화권 간에 사람들의 미래 할인율과 위험회피 성향이 다를 수 있고, 미래 할인율이나 위험회피 성향이 낮을수록 저축성향이 높아진다.

셋째, 문화가 교육 투자에 영향을 줄 수 있다. 자녀에 대한 선호가 높을수록 가계는 교육에 더 많은 투자를 한다. 유교가 교육의 가치를 강조하기 때문에 동아시아의 유교권 국가들은 교육 투자를 더 많이 한다는 주장이 있다.

넷째, 문화는 사회 자본(social capital)에 영향을 미친다. 사회자본 혹은 사회적 자본이란 개인이 참여하고 있는 사회적 관계를 통하여 다른 사람들이 가지고 있는 자원을 동원할 수 있는 능력을 말한다. 구성원 간의 정보 공유 및 협력을 통하여 양의 외부효과를 발생하는 네트워크가 사회 자본이다. 네트워크에 속한 구성원은 서로가 희생하고 도와준다. 사회 자본이 낮은 사회에서는 구성원 간의 상호 신뢰가 낮다. 반면에 사회 자본이 큰 문화권에서는 같은 문화와 가치 체계를 공유하는 사람들 간에 높은 신뢰도를 형성한다. 전 세계에 걸쳐 있는 유대인 네트워크와 중국 화교의 네트워크는 사회 자본의 예라고 할 수 있다.

다섯째, 문화가 개방성에 영향을 미친다. 중국은 청나라 말기에 당시의 보수적인 문화 때문에 새로운 서구 문화를 받아들이는 것에 소극적이었다. 사회주의 혁명 이후에도 폐쇄된 계획경제를 운영하면서 경제 발전속도가 느렸다. 그러나 1979년 덩샤오핑 최고 지도자가 사회주의 이념보다는 실용적인 성과가 더 중요하다고 강조하면서 경제 개혁을 시작하였다. 중국은 경제를 개방하고 서구와 교역하고 신기술을 받아들이면서 30년 넘게 경제 성장을 달성하였다.

루카스 모형의 해밀토니언(Hamiltonian) 함수는 다음과 같다.

$$J\left(C_t, u_t, K_t, H_t, v_t, \mu_t, t\right)$$
$$= \frac{C_t^{1-\theta}}{1-\theta} e^{-\rho t} + v_t \left[A K_t^\alpha (u_t H_t)^{1-\alpha} - C_t - \delta K_t \right] + \mu_t \left[B(1-u_t) H_t - \delta H_t \right]$$

$$(A.1)$$

최적화 1계 조건은 다음과 같다.

$$\frac{\partial J_t}{\partial C_t} = 0, \ \frac{\partial J_t}{\partial u_t} = 0, \ \frac{\partial J_t}{\partial K_t} = -\dot{v}_t, \ \frac{\partial J_t}{\partial H_t} = -\dot{\mu}_t, \ \frac{\partial J_t}{\partial v_t} = \dot{K}_t, \ \frac{\partial J_t}{\partial \mu_t} = \dot{H}_t$$

최적화 1계 조건을 계산하여 정리하면 다음과 같다. 시간 첨자는 생략하고 $\omega \equiv K/H$, $\chi \equiv C/K$로 표시하여 간단히 표시한다.

$$\frac{\partial J}{\partial C} = 0 \qquad \rightarrow \qquad C^{-\theta} e^{-\rho t} = \nu \qquad\qquad (A.2)$$

$$\frac{\partial J}{\partial u} = 0 \qquad \rightarrow \qquad \frac{\mu}{v} = (A/B)(1-\alpha) u^{-\alpha} \omega^\alpha \qquad (A.3)$$

$$\frac{\partial J}{\partial K} = -\dot{v} \quad \rightarrow \quad \frac{\dot{v}}{v} = -A\alpha u^{1-\alpha} \omega^{-(1-\alpha)} + \delta \qquad (A.4)$$

$$\frac{\partial J}{\partial H} = -\dot{\mu} \quad \rightarrow \quad \frac{\dot{\mu}}{\mu} = -(v/\mu)A(1-\alpha) u^{1-\alpha} \omega^\alpha - B(1-u) + \delta \qquad (A.5)$$

나머지 두 개의 1계조건 $\frac{\partial J}{\partial v} = \dot{K}$, $\frac{\partial J}{\partial \mu} = \dot{H}$은 제약조건과 같다. 제약조건을 ω, χ를 이용하여 고쳐쓰면,

$$\frac{\dot{K}}{K} = Au^{1-\alpha}\omega^{-(1-\alpha)} - \chi - \delta \tag{A.6}$$

$$\frac{\dot{H}}{H} = B(1-u) - \delta \tag{A.7}$$

(A.5) 식에서 $\frac{\mu}{v}$를 (A.3)의 값으로 대입하여 정리하면

$$\frac{\dot{\mu}}{\mu} = -B + \delta \tag{A.8}$$

(A.2)와 (A.4)를 결합하여 정리하면

$$\frac{\dot{C}}{C} = (1/\theta)[A\alpha u^{1-\alpha}\omega^{-(1-\alpha)} - \delta - \rho] \tag{A.9}$$

$\chi \equiv C/K$의 성장률은 다음과 같이 표시할 수 있다.

$$\frac{\dot{\chi}}{\chi} = \frac{\dot{C}}{C} - \frac{\dot{K}}{K} = \frac{\alpha - \theta}{\theta}Au^{1-\alpha}\omega^{-(1-\alpha)} + \chi - (1/\theta)[\delta(1-\theta) + \rho] \tag{A.10}$$

$\omega \equiv K/H$의 성장률은 다음과 같이 표시할 수 있다.

$$\frac{\dot{\omega}}{\omega} = \frac{\dot{K}}{K} - \frac{\dot{H}}{H} = Au^{1-\alpha}\omega^{-(1-\alpha)} - \chi - B(1-u) \tag{A.11}$$

(A.3)의 양변을 시간으로 미분하고 (A.4)식에서 구한 $\frac{\dot{v}}{v}$의 값을 대입하고

$\frac{\dot{\mu}}{\mu}$는 (A.5)에서 $\frac{\dot{\omega}}{\omega}$는 (A.6)에서 구한 값으로 대입하여 정리하면,

$$\frac{\dot{u}}{u} = B(1-\alpha)/\alpha Bu - \chi \tag{A.12}$$

(A.10), (A.11), (A.12)는 미지수가 세 개인 연립 미분방정식 체계이다. 균형 성장경로인 균제상태에서는 $\frac{\dot{\chi}}{\chi} = \frac{\dot{\omega}}{w} = \frac{\dot{u}}{u} = 0$이므로 이를 결합하면 균제상태의 미지수의 값을 구할 수 있다.

$$\omega^* = (\alpha A/B)^{1/(1-\alpha)} \left[\frac{[\rho + \delta(1-\theta)]}{B\theta} + \frac{(1-\theta)}{\theta} \right] \tag{A.13}$$

$$\chi^* = \frac{[\rho + \delta(1-\theta)]}{\theta} + B(1/\alpha - 1/\theta) \tag{A.14}$$

$$u^* = \frac{[\rho + \delta(1-\theta)]}{B\theta} + \frac{(\theta-1)}{\theta} \tag{A.15}$$

위에서 구한 값을 (A.9)에 대입하면 균형 성장경로에서 소비의 증가율을 구할 수 있고 K, H, Y증가율도 소비의 증가율과 모두 같다.

$$\gamma^* = \frac{\dot{C}}{C} = \frac{\dot{K}}{K} = \frac{\dot{H}}{H} = \frac{\dot{Y}}{Y} = \frac{1}{\theta}(B-\delta-\rho) \tag{A.16}$$

이 모형은 상태변수인 ω의 초기값이 주어지면 ω, χ, u가 시간이 가면서 균제상태(steady state)로 간다. 경제가 균제상태로 가는 이행과정에서 성장률의 변화를 구할 수 있다.[12]

---

12) Barro and Xala-i-Martin(2004, chapter 5)의 5.6을 참조하시오.

연습문제

01 어느 경제가 자본의 외부효과로 인하여 자본의 한계생산성이 A로 일정한 'AK'형 생산함수를 갖는다고 하자.

$$Y_t = AK_t, \ A > 0$$

아래의 소비자 겸 생산자의 의사결정 문제를 가정하자. 이 경제의 기술수준(A)은 항상 $A_0 = 1$로 일정하며 인구(노동력)의 크기는 초기에 1의 값을 갖고 n > 0의 율로 성장한다. 처음 기의 자본량은 $K_0 > 0$로 주어졌다.

$$Max \int_0^\infty e^{-\rho t} (\ln c_t) \ L_t \ dt,$$
$$s.t. \dot{K_t} = AK_t - C_t - \delta K_t, \ 0 < \alpha < 1, \ \delta > 0$$

(1) 이 경제의 일인당 소비량 $c\,(= C/L)$과 일인당 산출량 $y\,(= Y/L)$의 균형 성장률을 구하시오.

(2) 다른 조건은 동일하고 저축률이 높은 국가의 경제성장률을 저축률이 낮은 국가와 비교하시오. 솔로우 모형과의 차이점은 무엇인가?

02 다음과 같은 기술진보 모형을 가정하자. 노동력의 증가율은 0으로 주어졌다.

생산함수 $Y_t = A_t L_Y = A_t (1 - S_A) L, \ 0 < S_A < 1$

기술진보 $\dot{A_t} = \psi S_A L A_t^\sigma, \ 0 < \sigma < 1$

(1) 이 경제의 균제상태에서 S_A가 일정할 때 일인당 산출량 $y_t\,(= Y_t/L)$의 균형 성장률을 구하시오.

(2) 로그 단위로 표시한 A_t, Y_t선을 그려 균형성장경로를 보이시오.

(3) 기술 투자율 S_A가 갑자기 증가하였다. 로그 단위로 표시한 A_t, Y_t의 변화와 A_t, Y_t의 성장률의 시간 경로를 그래프로 그리고 설명하시오.

03 다음과 같은 기술진보 모형을 가정하자. 노동력의 증가율은 n으로 일정하게 주어졌다.

> 생산함수: $Y_t = A_t L_{yt}$
>
> 기술진보: $\dot{A_t} = \psi L_{At}^{\lambda} A_t^{\phi}$ $0 < \lambda < 1, 0 < \phi < 1$
>
> 총노동력: $L_t = L_{At} + L_{yt}$

(1) 이 경제의 균제상태에서 기술 투자율 $S_A (\equiv L_{At}/L_t)$가 일정할 때 일인당 산출량 $y_t (= Y_t/L_t)$의 균형 성장률을 구하시오. 균형성장률을 결정하는 요인을 설명하시오.

(2) 기술 투자율 S_A가 갑자기 증가하였다. y_t의 로그 값의 변화와 y_t의 성장률의 시간 경로를 그래프로 그리고 설명하시오.

04 다음과 같은 경제 전체의 생산함수를 가정하자. 물적자본과 인적자본이 생산요소로 사용되는 콥-더글라스 생산함수는 다음과 같다. 기술 수준 A는 일정하고 총인구는 L=1로 일정하다.

$$Y_t = A K_t^{\alpha} H_t^{1-\alpha}$$

매기에 생산물은 소비와 물적자본 투자와 인적자본 투자로 사용된다.

$$Y_t = C_t + I_{Kt} + I_{Ht}$$

물적자본량과 인적자본의 축적식은 각각 다음과 같이 주어진다.

$$\dot{K_t} = I_{Kt} - \delta K_t$$

$$\dot{H_t} = I_{Ht} - \delta H_t$$

(1) 소비자의 무한 기의 효용 극대화 문제에서 CRRA 효용함수를 가정하고 소비의 최적 경로를 구하시오. (H_t/K_t)의 값과 어떤 관계가 있는지 보이시오.

(2) 균형성장경로에서 (H_t/K_t)의 값을 구하시오.

(3) 균형성장경로에서 소비, 물적 자본, 인적 자본, 생산량의 증가율을 구하시오.

(4) 균형성장경로에 위치한 한 경제에 갑작스러운 지진으로 많은 K_t가 파괴되고 반면에 H_t는 변화가 없다고 한다. 이 경제의 성장률은 어떻게 변화하는지 설명하시오.

05 중간재가 많아지면서 기술진보가 일어나는 Romer의 '품종 증대 모형'을 가정하자.

(1) 균형 경제성장률은 노동력(L)의 규모가 클수록 높다. 만일 R&D 투자 비용이 새로운 중간재 개발로 증가하는 산출량의 크기에 달려 있다고 하자. 예를 들어, (Y/N)에 비례하여 커진다고 하자. 규모 효과가 없어지는 것을 보이시오.

(2) 이 모형의 균형 성장률은 사회적으로 최적인 성장률보다 낮다. 그 이유를 설명해 보시오. 정부가 정액세를 부과하여 중간재 생산자(R&D 투자자)에게 보조금을 주는 정책으로 최적 균형 성장률을 달성할 수 있는가?

06 중간재의 품질이 증가하는 내생적 기술진보 모형을 가정하자. 이 모형에서는 R&D투자로 신기술 개발에 성공하여 새로운 중간재를 생산하면 매기 이윤을 얻지만 더 품질이 높은 중간재가 생산되면 수익이 0이 된다.

(1) 모든 개발자의 신기술 개발이 성공할 확률이 p로 일정하다고 하자. 독점이윤의 예상값은 성공확률과 어떤 관계가 있겠는가?

(2) 각 중간재 산업에서 k_j를 생산하는 leader가 있다. 이 leader가 기술진보를 하여 다음 더 나은 품질의 k_j+1의 중간재를 생산하면 k_j에서 얻는 독점이윤이 사라진다. 어떤 조건에서 기술 투자를 하겠는가? 만일 leader의 R&D 비용은 외부자들에 비해 매우 낮다면 어떻게 되겠는가?

07 Acemoglu and Robinson(2012) "*Why Nations Fail: The Origins of Power, Prosperity and Poverty*(번역판: 왜 국가는 실패하는가)"는 착취적 제도와 포용적 제도를 구분한다.

(1) 저자들은 남한과 북한의 경제발전을 비교하면서 북한의 착취적 경제제도와 남한의 포용적 경제제도가 장기 경제성장의 차이를 가져왔다고 설명한다. 이 주장에 동의하는가?

(2) 저자들은 포용적 정치제도는 포용적 경제제도를 가져와 장기 경제성장에 기여한다고 주장하였다. 그러나 중국의 경우는 포용적 정치제도를 갖추질 못하였으나 경제성장은 빨랐다. 이에 대한 저자들의 주장을 책에서 찾아보시오. 그 주장에 동의하는가?

08 경제성장은 민주주의를 촉진하지만 민주주의의 발전은 경제성장을 저해한다는 주장이 있다. 논리적으로 그 이유를 설명해 보시오. 이러한 주장을 자료를 모아 검증하려면 어떻게 할 수 있겠는가?

실물적
경기변동 모형

실물적 경기변동 모형

이 장에서는 1980년대 초반에 등장한 실물적 경기변동(RBC, Real Business Cycle) 이론에 대하여 알아본다. "실물적 경기변동"이라는 용어는 경기변동을 야기하는 충격(shock)이 기술(technology), 선호(preference)와 같은 실물적 요인에서 비롯된다는 의미로 사용된다.

경기변동 모형을 바라보는 시각에는 두 가지 상반된 관점이 존재한다. 첫 번째 관점은 시장의 마찰 요인(frictions)이나 불완전성(imperfection)으로 인해 경제의 생산과 고용이 균형을 달성하지 못한다고 여긴다. 이 견해에 따르면 경기변동은 불균형 현상이다. 또 다른 관점은 경기변동을 효율적인 시장 체제 내의 충격에 대한 반응으로 본다. 이에 따르면 경기변동은 균형 현상이다. RBC는 시장 균형을 강조하는 동시에 실물 충격을 경기변동 요인으로 보기 때문에 실물적 균형 경기변동 모형(real equilibrium business cycle model)이라고도 한다. 이는 실물 충격을 경기변동 요인으로 강조하면서도 시장 불균형을 도입한 RBC 이후의 모형과는 구별된다.

이 절에서는 먼저 RBC 모형의 기초가 되는 시장 균형 모형을 분석하고, 이후에 몇 가지 구체적인 모형을 소개한다. 4장의 중복세대(OLG) 모형과 같은 구조를 갖는 2기간 모형을 통하여 실물적 경기변동이론의 핵심을 소개한 후, 3장의 최적성장모형과 같이 경제주체가 무한 기(infinite horizon)를 사는 경우를 가정하는 모형을 소개한다. 마지막으로 실물적 경기변동 모형의 함의를 알아보고 한계를 지적한다.

6.1 시장 균형 모형과 경기변동

먼저 간단한 시장균형 모형을 소개한다. 이 모형은 가계와 기업의 합리적인 선택(동태적 최적화)과 시장 균형을 강조한다. 이러한 경제에 실물적 충격이 발생했을 때, 경기변동은 개별 경제 주체의 동태적 최적화에 따라서 소비, 투자, 노동공급, 노동수요, 생산이 변화하면서 발생한다. 실물 충격으로는 생산함수의 총요소생산성 변화로 표현되는 기술 충격을 고려한다. 이 모형은 시장 청산 (clearing)을 기본 가정으로 한다. 즉, 생산물 시장, 노동시장 등에서 가격의 신축적인 조정을 통해 수요량과 공급량이 일치하는 균형이 달성된다고 가정한다.

6.1.1 시장 균형

≫ 시장과 가격

우선 시장의 구조를 이해해 보도록 하자. 대표가계가 소비자 겸 생산자로서 의사결정을 하는 단순한 모형을 가정한다. 가계는 매기에 노동 L과 자본 K를 사용하여 재화 Y를 생산한다. 생산함수는 아래와 같다.

$$Y = AF(L, K)$$

다음의 다섯 개의 시장이 존재한다.

상품 시장(goods market): 상품 시장에서 가계가 소비자 겸 생산자로서 생산한 재화를 판매하고 다시 소비를 위해 재화를 구매한다.

노동 시장(labor market): 노동시장에서는 가계가 노동을 공급하고 생산자로서 노동을 수요한다. 간단한 모형에서는 노동 공급량이 $L^s = \overline{L}$로 항상 일정하다고 가정한다.

자본 임대 시장(rental market): 가계는 자본 스톡을 보유하고 임대시장에서 임대한다. 자본은 고용된 노동력이 노동 서비스를 제공하는 것과 같이 자본 서비스를 제공한다. 간단한 모형에서 단기 자본 공급량은 $K^s = \overline{K}$로 주어진 것으로 가정한다.

화폐 시장(money market): 전체 화폐 공급량은 M^s로 중앙은행에 의해 주어지고, 가계는 화폐를 거래를 위한 용도로만 사용한다. 개별 가계가 보유한 화폐의 총량은 화폐 공급량과 같다. 기본 모형에서 화폐 공급량은 일정하다고 가정한다.

채권 시장(bond market): 자금을 차입하거나 대출하는 시장이다. 채권은 대출 조건을 명시한 증서이다. 채권 1단위의 명목 가격은 1(달러)로 가정한다. 채권 보유자는 연 i의 이자를 얻는다. 원금 1에 대한 이자 i는 이자율의 개념이고 채권 수익률이 된다. 현실에서 자금 거래는 금융 중개기관의 다양한 금융상품을 통해 이루어진다.

이 경제에서 결정되는 가격변수는 물가(P), 명목임금(W), 실질임금(W/P), 명목 임대료(R), 실질 임대료(R/P), 이자율 또는 채권 수익률(i)이다. 인플레이션은 0이고 실질 이자율은 명목 이자율과 같다고 가정한다. 모든 가격은 신축적으로 조정되기 때문에 모든 시장에서는 수요와 공급이 일치하는 균형이 달성된다.

≫ 가계소득

가계(소비자 겸 생산자)의 총 소득은 임금소득, 임대소득, 이자소득, 이윤의 합계다.

임금소득: WL
가계의 임금소득은 명목임금(W)에 노동량(L)을 곱한 값으로 결정된다.

임대소득: RK
총 임대소득은 RK이다. 매기 자본의 감가상각률($\delta > 0$)을 적용하면, 순 임대소득은 총 임대소득 중에 감가상각으로 사라지는 자본의 시장가치분을 제외한 $RK - \delta PK$이다. 이를 다시 고쳐 쓰면, $(R/P - \delta)PK$이다. 이 경제에서는 소비재와 자본재를 구별하지 않으므로 모든 재화의 가격은 P이다. $(R/P - \delta)$는 실질 임대료에서 감가상각률을 뺀 값으로 자본의 순 실질 임대료를 나타낸다.

이자소득: iB

가계의 전체 명목 채권량이 B라면 명목 이자소득의 합계는 iB이다. 정부의 채권 발행이나 외국과의 금융 거래를 고려하지 않는다면, 채권은 국내 민간 경제주체들 사이에서 돈을 빌리고 빌려주는 역할을 한다. 이 경우 균형 상태에서 채권자의 전체 채권 보유량과 채무자의 전체 채무 보유량이 같으므로 $B = 0$이고 경제 전체 이자소득은 0이 된다.

이윤

명목이윤을 Π라고 하면,

$$\Pi = PY - WL - RK = PAF(K,L) - WL - RK \tag{1}$$

명목이윤은 명목소득에서 생산요소인 노동과 자본에 지불한 비용을 제외한 값과 같다.

가계소득

위의 네 가지 소득을 모두 합하면 전체 가계의 명목소득이 도출된다. 이는 경제 전체의 총생산(GDP)과 같다.

$$\Pi + WL + (R/P - \delta)PK + iB \tag{2}$$

≫ 가계의 자산과 저축

가계는 화폐(M), 채권(B), 실물자산(K)의 세 가지 자산을 보유한다. 화폐를 보유할 때 발생하는 명목수익은 0이고 인플레이션이 0이므로 실질 수익률(명목 수익률−인플레이션율)도 0이다. 화폐는 오직 거래의 수단으로 가치를 갖는다. 반면에 채권을 보유하면 수익률은 이자율 i이다. 자본(실물자산)의 수익률은 $R/P - \delta$이다.

가계는 채권과 자본 중에 어느 자산을 보유할 것인지 결정한다. 균형에서는 채권 이자율과 자본의 임대 수익률이 같아진다. 만일 채권 수익률이 자본 수익률보다 높다면, 가계는 자본 보유를 줄이고 채권을 보유하려 할 것이다. 즉, 실물자산을 임대하기보다는 자금을 대출하려는 수요가 늘어난다. 그 결과 자본 임대시장에서 임대료는 상승하는 반면, 채권 시장의 자금공급이 늘어 이자율이 하락한다. 이에 따라 경제는 채권 이자율과 자본 수익률이 같아지는 균형 상태에 도달한다.[1]

$$i = R/P - \delta \tag{3}$$

(3)식을 (2)식에 대입하여 가계의 명목소득을 고쳐 쓰면,

$$\Pi + WL + i(B + PK) \tag{4}$$

가계의 저축은 자산 보유량 증가를 의미한다. 가계의 명목자산은 M+B+PK로 화폐량 변화가 없으므로 명목저축은 채권과 자본 보유량의 변화와 같다.

$$\Delta M + \Delta B + P\Delta K = \Delta B + P\Delta K \tag{5}$$

≫ 가계의 예산 제약

가계의 예산제약은 소득＝저축＋소비이다. 가계의 명목소비를 PC로 표현하면, 예산 제약식은 다음과 같다.

$$\Pi + WL + i(B + PK) = \Delta B + P\Delta K + PC \tag{6}$$

이를 좌변이 보유 자산의 변화량을 표시하도록 고쳐 쓰면,

$$\Delta B + P\Delta K = \Pi + WL + i(B + PK) - PC \tag{7}$$

---

1) 현실에서는 자산마다 위험도가 다르고 수익률이 같지 않다. (3)식의 좌변을 채권 수익률, 우변을 주식 수익률로 해석하면, 주식보유 위험이 일반적으로 더 높기 때문에 위험보상률(risk premium)로 인해 주식 수익률이 채권 수익률보다 높다. 그 외에도 금융자산의 만기, 유동성 등에 따라서도 수익률 격차가 발생한다.

이제 양변을 물가 P로 나누면 실질 단위의 예산 제약식을 구할 수 있다.

$$\frac{\Delta B}{P} + \Delta K = \frac{\Pi}{P} + (\frac{W}{P})L + i(\frac{B}{P} + K) - C \tag{8}$$

이 식에서 $\frac{\Delta B}{P} + \Delta K$는 보유 자산의 실질가치의 변화량으로 실질 저축을 의미한다.

≫ 임금, 이자, 이윤의 결정

자본과 노동의 수요는 생산자의 이윤극대화 조건에 의하여 결정된다. 경쟁시장에서 물가(P), 명목임금(W), 명목 임대료(R)가 주어지면 이윤극대화 조건은 다음과 같다.[2]

$$\frac{W}{P} = A \cdot F_L = MP_L$$

$$\frac{R}{P} = A \cdot F_K = MP_K$$

생산자가 자본을 빌려 생산할 때 이윤을 극대화하는 조건은 실질 임대료가 자본의 한계생산물과 같아지는 지점에서 충족된다. 위의 조건과 (3)식을 결합하면 균형에서 이자율은 다음 조건을 만족한다.

$$i = (\frac{R}{P}) - \delta = MP_K - \delta \tag{9}$$

생산함수가 신고전파 생산함수로 일차동차성을 갖는다고 가정하면, 전체 생산물은 각각 노동과 자본의 몫으로 완전히 배분되기 때문에 이윤은 0이 된다.

---

2) 식은 개별 생산자의 생산요소 수요를 경제 전체로 합하여 표현한다. 동일한 생산자가 백만 명 있다고 할 때, 각 개인에 백만분의 1의 가중치를 부여하면 가중치의 합계가 1이 된다. 따라서 개별과 전체 수요를 구별하여 표시하지 않아도 된다.

$$\frac{\Pi}{P} = AF(K,L) - \frac{W}{P}L - \frac{R}{P}K = AF(K,L) - MP_LL - MP_KK = 0$$

이윤이 0이라는 조건을 대입하여 가계 예산제약을 고쳐 쓰면,

$$C + \frac{\Delta B}{P} + \Delta K = (\frac{W}{P})L + i(\frac{B}{P} + K) \tag{10}$$

위 식은 소비(C)와 저축($\frac{\Delta B}{P} + \Delta K$)의 합이 소득과 같음을 보여준다.

6.1.2 소비와 저축의 결정

가계는 매기마다 주어진 예산 제약을 고려하여 소비와 저축을 결정한다. 저축은 다음 기의 자산(채권, 자본) 보유와 그에 따른 자산소득을 결정한다. 먼저 2기간 모형에서 소비와 저축의 결정을 살펴보고 이 모형을 다기간으로 확장한다.

≫ 2기간 모형

1기, 2기의 가계 예산제약은 다음과 같다. 가계의 노동 공급량은 매기 일정하다고 가정한다.

$$1기:\ C_1 + (\frac{B_1}{P} + K_1) - (\frac{B_0}{P} + K_0) = (\frac{W}{P})_1 L + i_0 (\frac{B_0}{P} + K_0) \tag{11}$$

$$2기:\ C_2 + (\frac{B_2}{P} + K_2) - (\frac{B_1}{P} + K_1) = (\frac{W}{P})_2 L + i_1 (\frac{B_1}{P} + K_1) \tag{12}$$

자산 보유량을 나타내는 B와 K는 스톡(stock) 변수로 매기 말 보유량을 의미한다. 이는 다음 기 초에 보유하는 양이기도 하다. 이자율은 전기 말 또는 당기 초에 보유한 자산으로부터 당 기 동안 발생하는 이자의 개념이다. 즉, $B_0(K_0)$는 0기 말 또는 1기 초의 채권(자본) 보유량이며 i_0는 B_0, K_0에 대해 1기 동안 받는 이자율이다.

(12)식을 고쳐 쓰면

$$C_2 + \frac{B_2}{P} + K_2 = (\frac{W}{P})_2 L + (1 + i_1)(\frac{B_1}{P} + K_1)$$

(11)식을 통해 $\frac{B_1}{P} + K_1$에 대한 식을 구하여 위 식에 대입하면, 2기에 걸친 예산 제약식은 다음과 같다.

$$C_1 + \frac{C_2}{1 + i_1}$$
$$= (\frac{W}{P})_1 L + (\frac{W}{P})_2 \frac{L}{(1 + i_1)} + (1 + i_0)(\frac{B_0}{P} + K_0) - \frac{B_2/P + K_2}{1 + i_1} \tag{13}$$

위 식의 좌변은 전체 소비의 현재가치의 합이다. 우변은 임금소득의 현재가 치의 합, 자산소득의 현재가치의 합, 그리고 마지막 항$(-\frac{B_2/P + K_2}{1 + i_1})$은 2기 말에 남는 자산의 현재가치를 나타낸다. 만일 가계가 2기에 남기는 자산이 없다면 마지막 항은 0이 된다.

(13)식을 다시 쓰면,

$$C_1 + \frac{C_2}{1 + i_1} = V - \frac{B_2/P + K_2}{1 + i_1} \tag{14}$$

단, $V = (\frac{W}{P})_1 L + (\frac{W}{P})_2 \frac{L}{(1 + i_1)} + (1 + i_0)(\frac{B_0}{P} + K_0)$이며 소득의 현재가치 합계이다.

1기와 2기 소비로부터 얻는 가계의 효용함수를 다음과 같이 가정하자.

$$U(C_1, C_2) = u(C_1) + \beta u(C_2) = u(C_1) + \frac{1}{1 + \rho} u(C_2) \tag{15}$$

단, β는 시간할인인자(time discount factor), ρ는 시간 선호율이다. 위 효용함수에 따르면 1기 소비와 2기 소비는 각각의 한계효용에 서로 영향을 미치지 않는다.[3]

1기와 2기 소비의 무차별 곡선을 생각해보자. 무차별 곡선상의 기울기는 다음과 같다.

$$\frac{dC_2}{dC_1} = -\frac{u'(C_1)}{\beta u'(C_2)} = -\frac{(1+\rho)u'(C_1)}{u'(C_2)}$$

가계는 (14)식의 2기에 걸친 예산제약 하에 (15)식의 효용을 극대화하는 1기와 2기 소비를 동시에 결정한다. 아래의 <그림 6-1>에서 보듯이 주어진 예산제약에서 가계가 최대 효용을 얻는 지점은 C점이다.

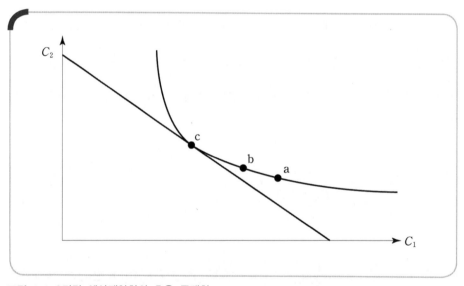

그림 6-1 2기간 예산제약하의 효용 극대화

효용이 극대화되는 C점에서는 예산선의 기울기 $-(1+i_1)$과 무차별 곡선의 기울기가 같다.

---

[3] 1기 소비의 한계효용은 $\dfrac{du(C_1, C_2)}{dC_1} = u'(C_1)$이고, 2기 소비의 한계효용은 $\dfrac{du(C_1, C_2)}{dC_2} = \beta u'(C_2)$이다.

$$-(1+i_1) = -\frac{u'(C_1)}{\beta u'(C_2)}$$

$$\Rightarrow u'(C_1) = \beta(1+i_1)u'(C_2) = \frac{1+i_1}{1+\rho}u'(C_2) \tag{16}$$

여기서 i_1은 시장 이자율, ρ는 주관적 할인율이다. 만일 $i_1 \approx \rho$를 가정하면 $u'(C_1) = u'(C_2)$가 된다. 따라서, $C_1^* = C_2^* = C^*$로 가계가 매기 소비를 일정하게 유지하는 소비 평준화(consumption smoothing)가 발생한다.

CRRA 효용함수 ($\frac{C_t^{1-\theta}}{1-\theta}$)를 가정하여 (16)식을 고쳐 쓰면,

$$C_2/C_1 = (\frac{1+i_1}{1+\rho})^{1/\theta} \tag{17}$$

여러 기에 걸쳐 효용을 극대화하는 가계는 소비를 매기마다 일정하게 유지하려는 경향이 있지만, 경제 상황에 따라 두 기간의 소비를 대체한다. 위의 균형 조건에 따르면 가계는 이자율이 높을수록 1기 소비를 줄이고 2기 소비를 늘린다. 이자율 상승 시 현재 소비의 기회비용이 증가하므로 현재 소비는 줄이고 미래 소비는 늘리는 기간 간 대체효과(intertemporal substitution effect)가 발생한다. $\frac{1}{\theta}$이 클수록 이자율 변화에 대해 현재와 미래 소비 비율이 더 크게 변화한다. 여기서 θ는 상대적 위험회피계수를 의미하기도 한다. 즉, CRRA 효용함수의 경우에는 이자율이 상승할 때 위험 회피 정도가 낮을수록 현재의 소비를 줄이고 미래의 소비를 늘리는 정도가 커진다.

균형 소비가 결정되면 균형 저축이 결정된다. 1기 저축은 다음과 같다.

$$S_1 \equiv (\frac{B_1}{P} + K_1) - (\frac{B_0}{P} + K_0) = (\frac{W}{P})_1 \times L + i_0(\frac{B_0}{P} + K_0) - C_1$$

(17)식에서 C_2를 구하여 (14)식의 예산 제약식에 대입하면 1기 소비 C_1은 소득의 현재가치 합계와 이자율, 시간 선호율의 함수로 구할 수 있다. 만일 $\theta = 1$이고 2기 말에 남기는 자산이 없다면 1기 소비의 균형값은 다음과 같다.

$$C_1 = \frac{1+\rho}{2+\rho} \times V$$

현재 소비는 소득의 현재가치 합계의 함수이므로 현재 소득(1기 소득)뿐 아니라 미래소득(2기 예상소득)의 영향을 받는다. $\theta = 1$인 로그 효용함수를 가정할 경우 이자율은 소득의 현재가치(V)의 변화를 통해서만 소비에 영향을 미친다.

이자율 변화에 대한 현재 소비의 변화는 기간 간 대체효과와 소득효과가 합쳐지면서 결정된다. 기간 간 대체효과는 1기의 이자율(i_1) 상승 시 1기 소비 (C_1)를 줄인다. 반면에 소득효과는 2기 소득 $(\frac{W}{P})_2 \times L + (1+i_1) \times (\frac{B_1}{P} + K_1)$ 의 변화에 달려 있다. 먼저 B_1에 대한 소득효과를 생각해보면, i_1상승 시 대출자($B_1 > 0$)는 양의 소득효과를 갖기 때문에 C_1을 늘린다. 반대로 차입자 ($B_1 < 0$)는 음의 소득효과가 생기므로 C_1을 줄인다. 경제 전체로는 대출과 차입이 같은 $B_1 = 0$의 경우 소득효과는 0이 된다. 단, 차입 제약이 있으면 차입자는 현재 소득의 변화에 더 민감하게 반응한다. 이 경우 이자율이 오르면 대출자가 소비를 늘리는 효과보다 차입자가 소비를 줄이는 효과가 더 크기 때문에 경제 전체로 음의 소득효과가 발생, C_1이 감소할 가능성이 커진다. K_1에 대한 소득효과는 균형에서 이자율과 자본의 순 임대료가 같으므로 i 상승 시 임대소득이 증가하여 현재 소비가 증가한다. 결국, 이자율이 소비에 미치는 효과는 기간 간 대체효과와 소득효과의 크기에 따라서 달라진다.

⊛ 다기간 모형

이제 2기 모형을 다기간 모형으로 확장해보자. 다기간(τ기)에 걸친 예산제약식은 다음과 같다.

$$C_1 + \frac{C_2}{1+i_1} + \frac{C_3}{(1+i_1)(1+i_2)} + \cdots$$

$$= V - (\frac{B_\tau}{P} + K_\tau)\frac{1}{(1+i_1)(\cdots)(1+i_{\tau-1})} \tag{18}$$

$$\text{단, } V = [(\frac{W}{P})_1 L + (\frac{W}{P})_2 L \frac{1}{1+i_1} + (\frac{W}{P})_3 \frac{L}{(1+i_1)(1+i_2)} + \cdots]$$

$$+ (1+i_0)(\frac{B_0}{P} + K_0)$$

즉, 소비의 현재가치 합계는 임금소득의 현재가치 합계 + 초기 자산의 현재 가치 −마지막 기 자산의 현재가치이다. 이 예산제약 하에서 다기간에 걸친 효용을 극대화하는 현재 소비는 다기간에 걸친 소득의 현재가치 합계와 이자율의 함수로 나타낼 수 있다.

생애소득의 현재가치가 소비를 결정한다는 사실로부터 소득의 일시적 변화와 영구적 변화가 소비에 미치는 영향을 비교할 수 있다. 1기 실질임금 $(\frac{W}{P})_1$ 이 상승하는 경우를 생각해보자. 다른 기의 실질임금은 변함이 없다면 추가적인 소득 증가는 일시 소득(transitory income) 증가에 그쳐 소비가 제한적으로 증가한다. 반면에 1기 실질임금 상승과 더불어 다른 기 실질임금이 동반 상승한다면 이 경우는 항상 소득(permanent income)의 증가이므로 소비가 크게 증가한다.

그렇다면 한계소비성향(marginal propensity to consume, MPC)을 통해 일시 소득과 항상 소득 증가가 소비에 주는 영향을 알아본다. 간단한 예로 다음과 같은 다기간 효용함수를 가정하자.[4]

---

4) 다기간 효용함수는 흔히 ρ가 항상 일정하다고 가정한다. 이는 올해 시점에서 내년 효용의 할인율은 $(1+\rho)^{-1}$이고 10년 후의 시점에서 11년 후의 효용의 할인율도 $(1+\rho)^{-1}$로 같다는 것이다. 이를 exponential discounting이라 한다. 그러나 현실에서 사람들은 가까운 미래를 훨씬 크게 할인한다는 연구가 있다. 즉, 현재 시점에서 내년은 훨씬 크게 할인하고 10년 후와 11년 후의 차이는 적게 할인한다. 이를 hyperbolic discounting이라고 한다. 가까운 미래를 훨씬 더 크게 할인하기 때문에 사람들은 가능한 한 어려운 일(예를 들어, 저축, 공부 등)을 먼 미래로 미루고 막상 때가 오면 미뤘던 것을 후회하는 성향이 있다.

$$u(C_1, C_2, ,, ,C_\tau) = u(C_1) + \beta u(C_2) + \beta^2 u(C_3) + \ldots + \beta^{\tau-1} u(C_\tau)$$

$$= u(C_1) + \frac{1}{1+\rho} u(C_2) + \frac{1}{(1+\rho)^2} u(C_3) + \ldots + \frac{1}{(1+\rho)^{\tau-1}} u(C_\tau) \qquad (19)$$

t기와 t+1기에 효용 극대화 조건에 따라 무차별곡선과 예산선의 기울기가 같아야 한다.

$$u'(C_t) = \frac{1+i_t}{1+\rho} \cdot u'(C_{t+1}) \qquad (20)$$

여기서 신고전파 성장모형의 균제상태가 지속되는 경우를 가정하여 모든 기의 이자율이 ρ와 같은 상황을 가정하자.

$$i_1 = i_2 = i_3 = \ldots = i_{\tau-1} = \rho$$

이 경우, (20)식에서 $C_1 = C_2 = C_3 = \ldots = C$ 가 되어 소비가 항상 일정하다. 이 결과를 예산제약식에 대입하여 정리하면,

$$C_1 + \frac{C_1}{1+\rho} + \frac{C_1}{(1+\rho)^2} + \ldots + \frac{C_1}{(1+\rho)^{\tau-1}} = V - \left(\frac{B_\tau}{P} + K_\tau\right) \frac{1}{(1+\rho)^{\tau-1}}$$

$\tau \to \infty$ 일 때 위의 식을 정리하면,

$$C_1 \left[\frac{1}{1 - \frac{1}{1+\rho}} \right] = V - 0$$

$$C_1 = \frac{\rho}{1+\rho} \times V$$

따라서 현재 소비는 평생(무한기)에 걸친 소득의 현재가치 합계의 함수이다. 이처럼 평생에 걸친 소득에 의해 소비가 결정될 경우 현재 소비는 일시적 소득

의 변화에 적게 반응하는 반면, 영구적 소득의 변화에는 크게 반응한다.

1기 실질임금 $(\frac{W}{P})_1$이 일시적으로 상승하는 경우에 소득 변화에 따른 소비 변화를 구하면,

$$MPC = \frac{\Delta C_1}{\Delta ((\frac{W}{P})_1 \times L)} = \frac{\rho}{1+\rho}$$

ρ가 실질 이자율(대략 연 0.02)과 비슷한 값이라면 한계소비성향은 0.02 정도로 작은 값을 갖는다. 반면에 항상소득 변화(즉, $(\frac{W}{P})$의 영구적 변화)에 따른 소비 변화를 구해보면,

$$MPC = \frac{\Delta C_1}{\Delta (\frac{W}{P} \times L)} = \frac{\rho}{1+\rho} \times \Delta V = \frac{\rho}{1+\rho} \times \frac{1+\rho}{\rho} = 1$$

여기서, $\Delta V = 1 + \frac{1}{1+\rho} + \frac{1}{(1+\rho)^2} + \dots = \frac{1}{1 - \frac{1}{1+\rho}} = \frac{1+\rho}{\rho}$

여기서 항상소득 변화에 대한 한계소비성향은 1이다. 예를 들어, 매년 100만 원씩 소득이 증가한다면 현재 소비도 100만 원 증가한다는 의미이다.

6.1.3 저축, 투자와 상품 시장

투자의 결정을 살펴보자. 이윤 극대화 조건에서 균형 자본량은 다음 식을 만족한다.

$$i = MP_K(K^*) - \delta$$

순 투자 I_N는 자본의 증가 ΔK이며 총 투자 I는 $\Delta K + \delta K$로 정의한다. 생

산자는 매기에 순 투자를 통해 자본량을 최적 수준인 K^*로 조정한다.

$$I_N \equiv \Delta K = I(MP_k, i, \delta) \tag{21}$$

자본 생산성이 증가하면 순 투자는 증가하고 이자율이 상승하면 투자는 감소한다.

가계 저축은 $\frac{\Delta B}{P} + \Delta K$로 주어진다. 균형에서 $\Delta B = 0$이므로 경제의 저축(순 저축)은 ΔK이고 총 저축은 $\Delta K + \delta K$이다. 따라서 이 모형은 균형에서 저축과 투자가 항상 같다. 이는 생산자와 소비자가 같다고 가정하기 때문이다.

가계의 예산제약 (10식)에 $i = \frac{R}{P} - \delta$, $\Delta B = 0$, $B = 0$를 대입하여 고쳐 쓰면,

$$C + \Delta K = (\frac{W}{P})L + (\frac{R}{P} - \delta)K = (\frac{W}{P})L + (\frac{R}{P})K - \delta K$$

위의 식은 다음과 같은 상품시장의 균형 조건을 의미한다.

$$C + \Delta K + \delta K = AF(K, L)$$
$$\Leftrightarrow C + I = Y$$
즉, 소비 + 총투자 = 총생산

가계가 소비를 결정하면 저축이 결정되고, 이에 따라 투자가 결정된다. 따라서 저축과 투자가 항상 같고 상품시장의 균형이 달성된다. 현실에서는 가계의 저축과 기업의 투자가 항상 같지 않고 균형에서만 같아진다. <그림 6-2>는 상품시장의 균형을 보여준다. 상품시장의 균형은 총공급(Y^S)이 총수요($Y^D = C + I$)와 같아지는 지점에서 이루어진다. 상품시장에서 이자율이 신축적으로 조정되면서 균형이 달성된다. 만일 상품시장의 초과공급, 즉 저축이 투자보다 많으면, 이자율이 하락하면서 소비와 투자가 늘어나 경제가 균형으로 이동한다.

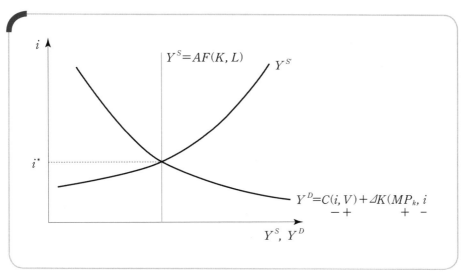

그림 6-2 상품시장의 균형

<그림 6−2>에서 Y^S 공급곡선은 노동공급과 자본량이 고정된 경우를 가정하여 상품시장의 일정한 공급을 나타낸다. 따라서 공급곡선이 수직선이다. 이때 노동공급과 자본량이 변화하더라도 이자율과 관련이 없다면 공급곡선은 수직선으로 유지되고 선의 이동(shift)이 나타난다. <그림 6−2>는 $Y^{S'}$ 공급곡선

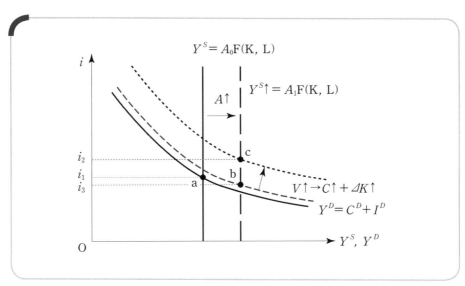

그림 6-3 생산성 충격과 상품시장 균형의 변화

이 우상향하는 형태를 갖는 경우도 보여준다. 다음 절에 설명하듯이, 이자율이 상승하면 노동의 기간 간 대체로 인해 노동공급이 늘어난다. 따라서 총 공급이 이자율의 증가함수가 된다.

<그림 6-3>은 경제의 생산성(A)이 상승할 때 변화를 보여준다. 최초 균형이 a점이라고 하자. 노동생산성이 외생적인 요인으로 인해 상승하면, 생산량이 증가하여 상품시장의 공급곡선이 우측으로 이동한다. 이때 이자율이 하락하면서 소비와 투자가 동시에 늘어나 경제는 새로운 균형을 달성한다. 수요의 증가 폭은 소비와 투자의 증가 폭에 달려 있다. 소비의 변화는 생산성의 증가가 일시적인지, 영구적인지에 따라 다르다. 생산성 향상이 영구적이면 항상소득의 증가로 소비가 크게 늘어난다. 미래소득의 증가는 이자율이나 현재 소득과는 무관한 소비 증가를 야기하기 때문에 수요선의 우측 이동을 의미한다. 이제 새로운 균형점은 b점이 된다. 늘어난 소득 가운데 소비하고 남은 부분이 저축으로 이어져 그만큼 투자가 발생한다. 저축과 투자가 일치하도록 이자율이 신축적으로 조정되면서 균형이 달성된다.

생산성의 증가가 자본생산성(MP_K) 증가를 함께 가져온다면, (21)식의 투자 결정식에 따라 투자가 이자율과는 상관없이 증가한다. 이때 <그림 6-3>에서 수요곡선이 우측으로 이동하는 폭이 이전 경우보다 커진다. 따라서 새로운 균형점은 c가 된다. 증가한 투자와 저축 수준에서 균형이 이루어지려면 이자율의 상승 폭이 커진다. 이자율이 상승하면서 저축은 증가하고 투자가 감소하여 초과투자가 사라지고 상품시장의 균형이 달성된다.

6.1.4 노동공급의 결정

가계는 노동을 공급하여 임금소득을 얻고 소비를 하여 효용을 얻는다. 그러나 노동 시간만큼 여가 시간이 줄어들어 효용이 감소한다. 소비와 여가는 상충(trade-off) 관계가 있다.

가계의 효용함수가 아래와 같이 소비(C)와 여가 시간(Z)으로 결정된다고 가정하자.

$$U = u(C, Z), \; u_C > 0, u_Z > 0$$

가계는 효용함수를 극대화하는 소비와 여가 시간을 동시에 결정한다. 이때 예산 제약이 다음과 같이 주어진다.

$$C + \Delta K = (\frac{W}{P}) \cdot L^s + i (K + \frac{B}{P})$$

전체 시간이 $\overline{L}$로 주어진다면 노동 공급 $L^s = \overline{L} - Z$이다. 따라서 여가를 늘리면 노동공급이 줄어들고 임금소득이 줄어든다.

가계는 여가와 노동 사이의 상충 관계를 고려하여 최적의 노동공급량을 결정한다. 가계가 노동을 한 단위 더 공급하는 경우 한계 이득(marginal benefit)과 한계 비용(marginal cost)이 같도록 노동 시간을 결정한다.

실질임금이 증가하는 경우, 여가의 기회비용이 증가하면서 여가를 줄이고 노동공급을 늘리는 대체효과가 발생한다. 반대로 실질임금의 증가는 소득효과도 가져온다. 실질임금 증가로 소득이 증가하여 가계가 여가를 늘리려 하는 것이다.

$$\frac{W}{P} \uparrow \rightarrow \begin{cases} \text{대체효과 : 실질임금 증가} \rightarrow \text{여가의 기회비용} \uparrow \rightarrow \text{여가} \downarrow \, (\text{노동공급} \uparrow) \\ \text{소득효과 : 실질임금 증가} \rightarrow \text{소득} \uparrow \rightarrow (\text{여가는 정상재}) \, \text{여가} \uparrow (\text{노동공급} \downarrow) \end{cases}$$

따라서 대체효과와 소득효과의 크기에 따라 임금상승의 효과가 결정된다. 실질임금이 증가할 때 대체효과가 소득효과보다 크면 결과적으로 노동 공급이 늘어난다.

<그림 6-4>는 노동시장에서의 노동수요 곡선과 노동공급 곡선을 나타낸다. 노동수요는 노동의 한계생산물에 의해 결정되므로 실질임금이 높을수록 노동 수요가 감소하는 우하향 곡선을 그린다. 노동공급 곡선은 일반적으로 우상향한다. 이는 대체효과가 소득효과보다 큰 경우로 가계가 노동공급량을 늘리기 때문이다. 추가적으로 가계 주체(노동공급자)가 동일하지 않다면 기존의 낮은 실질임금하에 노동시장에 참여하지 않았던 가계 구성원이 새롭게 노동시장에 진입함에 따라 총 노동공급이 늘어나는 효과가 발생할 수 있다.

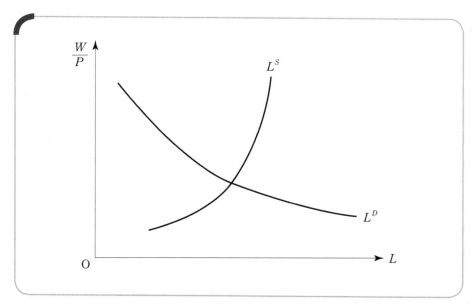

그림 6-4 노동시장의 균형

지금까지는 일정한 시점에 가계가 소비와 여가를 선택하는 경우를 살펴보았다. 이제 시간을 명시적으로 고려하면 가계는 여러 기에 걸쳐 노동공급을 결정하는 의사결정을 하게 된다. 여러 기에 걸쳐 효용을 극대화하려는 가계는 소비의사결정에서와 유사하게 여가를 일정하게 유지하려는 경향을 갖는다. 즉, 가계는 매기 비슷한 시간의 노동을 공급하고자 한다. 하지만 경우에 따라서는 노동을 기간별로 다르게 공급하는데 이를 노동의 기간 간 대체(intertemporal substitution)라고 부른다.

아래와 같은 가계의 2기 효용함수를 고려해보자.

$$U = u(C_1, Z_1) + \beta u(C_2, Z_2), \; 0 < \beta < 1 \tag{22}$$

단, $Z_i = \overline{L} - L_i$, $\overline{L}$: 노동 부존량

β는 시간할인인자이다.

2기간 예산제약은 다음과 같다.

$$C_1 + \frac{C_2}{1+i_1} = (W/P)_1 L_1^S + \frac{(W/P)_2 L_2^S}{1+i_1} + (1+i_0)(\frac{B_0}{P} + K_0) \tag{23}$$

가계는 (23)식의 예산제약하에서 (22)식의 효용함수를 극대화하는 C_1^*, C_2^*, $L_1^{s*}, L_2^{s*} (Z_1, Z_2)$를 동시에 결정한다. 식 (23)에 따르면 가계는 2기에 걸쳐 임금소득을 얻는다. 2기의 노동소득은 이자율로 할인한다. 가계는 현재에 노동공급을 할 경우 $(W/P)_1$의 실질임금을 받고 다음기에 노동공급을 할 경우는 현재가치로 표현하여 $(W/P)_2/(1+i_1)$의 실질임금을 받는다. 가계는 현재가치로 할인한 매기 소득을 비교하여 현재와 미래의 노동공급을 결정한다. 따라서 1기 노동공급은 다음과 같이 기간 간 상대임금의 함수로 결정된다.

$$L_1^S = L_1(\frac{(W/P)_1}{(W/P)_2/(1+i_1)}), \ L_1^{'} > 0 \tag{24}$$

기간 간 상대임금이 높으면, 미래의 노동공급에 따른 보수(실질임금)보다 현재 보수가 상대적으로 많기 때문에 가계는 현재 노동공급을 늘린다(미래 노동공급을 줄인다). (24)식에 따르면 현재 실질임금이 미래의 실질임금보다 높을수록, 이자율이 높을수록 기간 간 상대임금이 상승한다.

노동공급의 기간 간 대체를 고려하면 실질임금의 변화가 일시적일 때 영구적인 경우보다 노동공급은 더 크게 변화한다. 일시적일 때 기간 간 상대임금의 변화가 더 크기 때문이다.

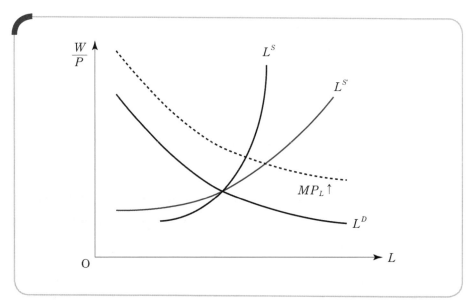

그림 6-5 기술 충격에 따른 노동시장 균형의 변화

　　노동의 기간 간 대체를 고려하면 노동시장의 균형은 여러 효과가 맞물리면서 변화한다. <그림 6-5>는 양의 기술 충격이 있을 때 노동공급과 노동시장 균형의 변화를 보여준다. 생산함수에서 기술 수준 A가 증가하여 노동생산성이 향상될 때, 기술 충격이 일시적인 경우와 영구적인 경우에 따라 실질임금의 증가에 반응하는 노동 공급곡선의 기울기가 달라진다. 일시적인 기술 충격의 경우 노동의 기간 간 대체효과가 크기 때문에 노동공급이 상대적으로 크게 반응한다. 따라서 <그림 6-5>에서 노동 공급곡선은 일시적인 충격이 있을 때 기울기가 완만한 $L^{S'}$로 나타난다. 추가적으로 생산성 향상에 따른 소득효과가 작용한다. 소득 증가는 여가를 늘리고 노동공급을 줄이는데 이 효과가 영구적인 임금 증가의 경우에 더 크다. 따라서 소득효과로 인한 노동공급의 감소 정도는 일시적인 생산성 증가 충격의 경우가 영구적인 경우보다 더 적기 때문에 <그림 6-5>에서 소득효과를 함께 고려해도 일시적인 충격이 있을 때 노동공급곡선은 기울기가 더 완만하다.[5]

---

5) 만일 생산성 증가가 노동생산성뿐 아니라 자본생산성도 같이 늘린다면 <그림 6-3>에서 보듯이 이자율이 상승한다. 이자율 상승은 기간 간 상대임금을 상승시켜 현재 기의 노동공급을 늘리는 효과가 있다. 이때 자본 소득이 증가하면 이는 소득효과를 발생시켜 현재 기의

노동의 기간 간 대체는 실물적 경기변동이론이 경기변동의 정형화된 사실들을 설명하는 데 중요한 역할을 한다. 경기변동의 정형화된 사실은 총 고용량은 경기순행적이고 실질임금의 변동에 비해 고용량의 변화가 크다는 것이다. 케인즈 이론은 임금이 경직적이기 때문에 노동수요 변화에 따라 고용량이 크게 변화한다. 실물적 경기변동이론은 임금 경직성을 가정하지 않더라도 전 기간에 걸친 의사결정과 그에 따른 노동공급의 기간 간 대체가 발생하여 생산성 충격이 고용량을 크게 변동시키는 것으로 설명한다.

6.1.5 2기간 소비, 노동, 여가의 동시 결정의 수학적 모형

간단한 2기간 모형을 통해 소비, 노동 공급, 여가가 어떻게 동시에 결정되는지를 살펴보자.

2기간 효용함수는 다음과 같이 주어진다.

$$u = u(C_1, Z_1) + \beta u(C_2, Z_2)$$
$$Z_t = \overline{L} - L_t$$

로그 효용함수를 가정하면,

$$u(C_t, L_t) = \ln C_t + \psi \ln(\overline{L} - L_t), \ \ \psi > 0$$
$$u = [\ln C_1 + \psi \ln(\overline{L} - L_1)] + \beta[\ln C_2 + \psi \ln(\overline{L} - L_2)], \ 0 < \beta < 1 \tag{25}$$

위 식에서 파라미터 ψ는 소비와 비교하여 여가의 효용을 중요시하는 정도를 나타낸다.

t기의 예산제약은 다음과 같다.

$$A_t = w_t L_t + (1 + i_t) A_{t-1} - C_t \tag{26}$$

노동공급을 추가로 줄이는 효과를 가져온다. 이러한 효과는 실질임금과 관련이 없으므로 <그림 6-5>에서 노동 공급곡선의 이동으로 나타나고 노동공급이 변화한다.

단, A_t는 t기 말의 자산이며 채권과 자본의 합계($\frac{B_t}{P} + K_t$)와 같다. w_t는 실질임금 ($\frac{W}{P}$)을 나타낸다. 매기 이자율은 i로 일정하다고 가정한다.

(26)식을 통해 1기와 2기의 예산제약으로 2기에 걸친 예산 제약식을 구하면,

$$C_1 + \frac{C_2}{1+i} = w_1 L_1 + \frac{w_2 L_2}{1+i} + (1+i)A_0 - \frac{A_2}{1+i}$$

$A_0 = A_2 = 0$인 간단한 경우를 가정하면,

$$C_1 + \frac{C_2}{1+i} = w_1 L_1 + \frac{w_2 L_2}{1+i} \tag{27}$$

경제주체의 효용 극대화 문제는 다음과 같다.

$$\text{Max } \mathcal{L} = \left[\ln C_1 + \psi \ln\left(\overline{L} - L_1\right)\right] + \beta \left[\ln C_2 + \psi \ln\left(\overline{L} - L_2\right)\right]$$
$$+ \lambda \left[w_1 L_1 + \frac{w_2 L_2}{1+i} - C_1 - \frac{C_2}{1+i}\right]$$

극대화의 1계 조건을 구하면,

$$C_1 : \frac{1}{C_1} = \lambda \tag{28}$$

$$C_2 : \beta \frac{1}{C_2} = (1+i)^{-1}\lambda \tag{29}$$

$$L_1 : \psi \cdot \frac{1}{\overline{L} - L_1} = \lambda \cdot w_1 \tag{30}$$

$$L_2 : \psi \cdot \beta \cdot \frac{1}{\overline{L} - L_2} = \lambda \cdot \frac{w_2}{1+i} \tag{31}$$

$$\lambda : C_1 + \frac{C_2}{1+i} = w_1 L_1 + \frac{w_2 L_2}{1+i}$$

(28), (29)식을 통해 소비의 기간 간 대체를 구한다.

$$\frac{C_2}{C_1} = \beta(1+i) = \frac{1+i}{1+\rho} \tag{32}$$

(28), (30)식으로부터 1기 소비와 여가 간 대체를 구한다.

$$\frac{C_1}{\overline{L}-L_1} = \frac{C_1}{Z_1} = \frac{w_1}{\psi} \tag{33}$$

1기 임금이 상승하면 여가의 기회비용이 커지면서 1기 소비와 1기 여가 간 대체가 발생한다. 여기서 ψ는 여가를 중시하는 정도를 나타내므로 ψ가 클수록 소비와 여가 간의 대체가 제한적으로 일어나고 노동공급이 적게 늘어난다.

마찬가지로 (29), (31)식으로부터 2기 소비, 여가 간 대체를 구한다.

$$\frac{C_2}{\overline{L}-L_2} = \frac{C_2}{Z_2} = \frac{w_2}{\psi} \tag{34}$$

(30), (31)식으로부터 노동(여가)의 기간 간 대체를 구할 수 있다.

$$\frac{Z_2}{Z_1} = \frac{\overline{L}-L_2}{\overline{L}-L_1} = \beta \cdot \frac{w_1}{w_2/(1+i)} \tag{35}$$

이 식에 의하면 1기 상대임금이 상승하면 1기 노동공급이 상대적으로 증가한다.

(32)식에서 구한 $C_2 = \beta(1+i)C_1$의 관계와 (33), (35)식을 예산 제약식에 대입하면, C_1의 균형값을 알 수 있다. C_1의 균형값을 (33)식에 대입하여 균형 노동공급량을 구한다.

$$C_1^* = \overline{L} \cdot \frac{1}{(1+\psi)(1+\beta)} \cdot [w_1 + \frac{w_2}{1+i}] \tag{36}$$

$$L_1^* = \overline{L} \cdot [1 - \frac{\psi}{(1+\psi)(1+\beta)}(1 + \frac{(w_2/1+i)}{w_1})] \tag{37}$$

소비는 소득의 현재가치 합계의 함수로 표현된다. 즉, 소비는 항상소득에 의해 결정된다. 또한, 노동공급은 기간 간 상대임금의 함수이다.

6.1.6 정부 지출의 효과

이제 정부 지출을 모형에 도입하여 정부 지출이 경제에 가져오는 변화를 살펴본다. 먼저 정부와 민간의 예산제약을 설정하고 정부지출의 효과를 분석하자. t기의 정부의 예산 제약은 다음과 같다.

$$G_t + V_t + i_{t-1}(\frac{B_{t-1}^g}{P_t}) = T_t + \frac{(B_t^g - B_{t-1}^g)}{P_t}$$

즉, 소비지출 + 이전지출+ 공채 이자 지급 = 세금+ 신규 공채발행

여기서 G_t 는 정부의 (실질) 소비, V_t 는 정부의 (실질) 이전지출, B_{t-1}^g 은 t−1기 말의 명목 공채 잔액, T_t는 (실질) 조세 수입이다. 위 예산제약은 정부가 세금, 공채를 통해 얻은 수입만큼 지출할 수 있다는 것을 의미한다. 여기서 공채발행이 없는 경제를 가정하면 다음과 같은 조건이 성립한다.

$$B_t^g = B_{t-1}^g = 0$$

따라서 매기에 정부는 균형 예산을 달성해야 하며 예산 제약식을 아래와 같이 단순화할 수 있다.

$$G_t + V_t = T_t$$

앞서 식은 정부가 거둔 조세수입만큼 지출할 수 있음을 뜻한다. T_t는 정액세 (lump-sum tax)이고, V_t는 이전지출(transfer)로 자원 배분의 왜곡을 가져오지 않는 세금과 보조금으로 가정한다. 정액세는 모든 사람에게 동일하게 일정한 양의 세금을 부과하는 것이다. 또한, 정부지출(G_t)은 민간 생산이나 가계 효용에 직접적인 영향을 미치지 않는다고 가정한다. 정부는 공원, 도로와 같은 공공재를 생산하지 않고 오로지 소비재를 구매하여 사용한다.

민간부문의 예산식 (10)식에 정부를 도입하여 고쳐 쓰면(시간표시 생략),

$$C + \frac{\Delta B}{P} + \Delta K = (\frac{W}{P})L + i(\frac{B}{P} + K) + V - T$$

이를 고쳐 쓰면,

$$C + \frac{\Delta B}{P} + \Delta K = (\frac{W}{P})L + i(\frac{B}{P} + K) - G \tag{38}$$

정부가 민간으로부터 재원을 조달하여 사용하는 액수(G)만큼 가계의 가처분 소득이 감소한다. 위 식은 소비와 저축($\frac{\Delta B}{P} + \Delta K$)의 합이 가처분 소득과 같음을 보여준다.

위 식에 채권 시장의 균형 조건 $B = 0$와 $i = \frac{R}{P} - \delta$를 대입하여 고쳐 쓰면,

$$C + \Delta K = (\frac{W}{P})L + (\frac{R}{P} - \delta)K - G = (\frac{W}{P})L + (\frac{R}{P})K - \delta K - G$$

위의 식은 상품시장의 균형 조건을 의미한다.

$$C + I + G = Y$$

정부 지출의 증가가 경제에 미치는 효과를 살펴보자. <그림 6-6>과 같이

총 공급곡선 Y^S가 수직이라면, 정부 지출이 증가할 때 총수요 Y^D가 증가한다. 그러나 이자율이 상승하면서 민간 소비와 투자가 줄어들어 총수요가 감소하기 시작한다. 정부 지출증가는 조세 증가를 의미하므로 소비의 감소를 가져온다. 따라서 Y^D선의 우측 이동폭은 소비 감소의 정도에 따라 결정된다. 소비는 항상 소득에 반응하므로 정부지출의 변화가 영구적인지, 일시적인지 여부에 따라 소비 감소 폭이 결정된다. 소득 감소가 영구적일수록 소비 감소가 더 크다. 만일 정부지출(조세) 증가가 소비 감소와 정확하게 일치한다면 Y^D선은 전혀 이동하지 않는다.

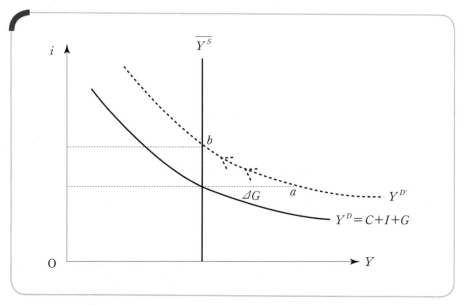

그림 6-6 정부지출에 따른 상품시장 균형의 변화: 수직 공급곡선의 경우

우상향하는 총공급 곡선의 경우 <그림 6-7>과 같이 이자율이 상승하면서 노동공급이 늘어나고 총생산이 증가하여 총소득이 늘어난다. 이 경우는 정부지출의 일시적 증가가 총생산을 증가시킨다. 이자율이 상승할 때 소비의 변화는 기간 간 대체효과와 소득효과에 달려 있고, 투자는 감소한다. 만일 정부지출(조세) 증가가 영구적이어서 가계가 조세 증가만큼 소비를 줄인다면, Y^D선은 전혀 이동하지 않는다.

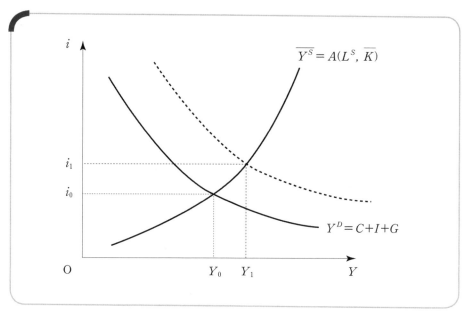

그림 6-7 정부지출에 따른 상품시장 균형의 변화: 우상향하는 공급곡선의 경우

만일 정부가 균형 예산을 매기마다 유지할 필요가 없다면, 세금을 늘리지 않고 공채를 발행하여 정부지출을 늘릴 수 있다. 그러나 조세 증가나 공채 발행이 소비에 미치는 효과는 같다. 2기 모형을 가정하면, 1기에 민간이 정부가 발행한 채권(공채)을 사고 정부는 그 수입을 재원으로 지출을 한다. 2기에 민간은 공채를 매각하여 그 수입을 소비한다. 그렇다면 정부는 2기에 채무를 이행하기 위해 (정부지출을 줄이지 않는다면) 세금 부과를 늘릴 수밖에 없다. 따라서 정부가 1기에 적자 재정을 공채로 보전하는 경우, 민간의 2기에 걸친 예산제약에는 변화가 없다.

위의 경우와 같이 조세나 공채 발행에 의한 정부 지출의 경제적 효과가 같다는 것을 리카르도 등가정리(Ricardian equivalence theorem)라고 한다. 그러나 현실에서 조세와 공채 발행의 효과가 완전히 같은 것은 아니다. 사람들이 근시안적인 견해를 갖는다면 미래에 예상되는 조세와 여러기에 걸친 예산(소득)의 변화보다는 현재 소득의 변화에 훨씬 민감하게 의사결정을 할 수 있다. 그리고 자본시장이 불완전하여 차입에 제약을 받는 가계는 현재 소득의 변화에 민감하게 반응한다. 뿐만 아니라 국가의 공공채무가 늘어나도 이에 대한 조세가 본인이 아닌 후속 세대에 부과될 것으로 기대하여 개인이 소비를 줄이지 않을 수도 있다.

6.2 실물적 경기변동 모형: 2기간 중복세대모형

이 절에서는 먼저 4장에서 배운 중복세대(OLG) 모형과 같은 구조를 갖는 2기간 모형을 통하여 실물적 경기변동이론의 핵심을 소개한다.[6]

6.2.1 가정

- 사람들은 2기를 산다.
- 매기에 새로운 세대의 소비자가 태어난다.
- 1기(청년기)의 젊은 세대는 노동을 통해 임금을 얻는다. 2기(노년기)에는 은퇴하여 저축으로 생활한다.
- 사람들은 여가에 대해 신경쓰지 않는다.

6.2.2 모형

모형의 해를 구하기 위해 함수에 제약을 준다. 총인구(노동력) 수는 1로 일정하다고 가정한다.

⨠ 가계의 의사결정

$$Max \ln (c_t^t) + \ln (c_{t+1}^t) \tag{39}$$

c_t^t, c_{t+1}^t, k_t

subject to: $c_t^t + k_t = w_t,$ and

$$c_{t+1}^t = (1 - \delta + r_{t+1})k_t$$

c_t^t는 t기에 태어난 가계의 t기(청년기) 소비를 뜻한다. 반면 c_{t+1}^t는 t기에 태어난 사람이 은퇴 후 t+1기(노년기)에 하는 소비를 뜻한다.

---

6) Doepke, Lehnert, and Sellgren(1999)의 예를 인용하였다.

위의 식을 보면 제약식이 t기, t+1기에 각각 있다. t기에 태어난 젊은 세대는 노동하여 얻은 임금(w_t)으로 소비(c_t^t)와 저축(k_t)을 한다. 즉, 젊은 세대의 제약식은 $c_t^t + k_t = w_t$이다. 젊은 세대의 저축은 기업이 임대료를 주거나 또는 이자(r_{t+1})로 빌려 생산에 사용한다. 여기서 이자율은 젊은 세대가 t기에 저축한 자산을 t+1기 생산에 사용하여 발생하는 이자의 개념이다. 자본은 시간이 가면서 노후화하여 감가상각률 δ만큼을 자본을 소유한 가계가 부담한다. 노년기의 제약식은 $c_{t+1}^t = (1 - \delta + r_{t+1})k_t$이다.

위의 제약식을 목적함수에 대입하여 저축(k_t)에 대한 식으로 고쳐쓸 수 있다.

$$Max_{k_t} \ln(w_t - k_t) + \ln(1 - \delta + r_{t+1})k_t$$

극대화 1계 조건을 구하면,

$$\frac{-1}{w_t - k_t} + \frac{1 - \delta + r_{t+1}}{(1 - \delta + r_{t+1})k_t} = 0$$

k_t에 관해 풀면,

$$k_t = \frac{w_t}{2}$$

젊은 세대가 효용을 극대화하여 결정한 저축은 자본 수익률, 즉 이자율(r_{t+1})과 상관없이 임금소득의 절반이 된다. 이는 효용함수가 로그함수이므로 이자율의 대체효과와 소득효과가 상쇄된 결과이다.

≫ 생산자의 의사결정

시장 경제에 동일한 기업들이 존재한다고 가정하자(기업의 합계는 1로 가정하여 개별 기업과 경제 전체가 같다). 기업은 t기에 k_{t-1}와 l_t를 사용하여 콥－더글라스 생산함수에 의해 생산물을 생산한다(기업은 t기에 젊은 세대를 노동자로 고용하고 t−1기에 태어난 노년 세대의 자본 k_{t-1}을 빌린다). 자본 임대료 r_t와 실질 임금 w_t가 시장에서 주어지면 이윤을 극대화하는 생산요소의 투입량을 결정한다.

$$\underset{l_t, k_{t-1}}{Max} \quad A_t l_t^{1-\alpha} k_{t-1}^{\alpha} - w_t l_t - r_t k_{t-1} \tag{40}$$

$$\text{where} \quad f(l_{t,} k_{t-1}) = A_t l_t^{1-\alpha} k_{t-1}^{\alpha}$$

극대화 1계 조건은 다음과 같다.

$$l_t: \quad A_t(1-\alpha) l_t^{-\alpha} k_{t-1}^{\alpha} - w_t = 0$$

$$k_{t-1}: \quad A_t \alpha l_t^{1-\alpha} k_{t-1}^{\alpha-1} - r_t = 0$$

젊은 세대의 노동공급은 시간에 따라 변화하지 않으므로 $l_t = 1$로 고정한다. 노동시장이 균형에서 항상 $l_t = 1$이 달성된다. 따라서 위의 1계 조건을 고쳐 쓰면,

$$w_t = (1-\alpha) A_t k_{t-1}^{\alpha}$$

$$r_t = \alpha A_t k_{t-1}^{\alpha-1}$$

실질임금과 실질 임대료(이자율)는 총요소생산성 파라미터 A_t와 양의 관계를 갖는다. 콥-더글라스 생산함수의 일차동차성에 의해 기업은 균형에서 0의 이윤을 남긴다.

≫ 시장 청산(market clearing)

모형의 균형을 찾기 위해서는 재화, 노동 그리고 자본에 대한 시장 청산제약이 필요하다. 상품시장의 청산 조건은 다음과 같다.

$$c_t^t + c_t^{t-1} + k_t = A_t l_t^{1-\alpha} k_{t-1}^{\alpha} + (1-\delta) k_{t-1} \tag{41}$$

좌변은 재화의 수요에 관한 식이다. c_t^t는 현재 젊은 세대의 소비이고 c_t^{t-1}는 t−1기에 태어난 노년 세대의 소비이다. k_t는 젊은 세대의 저축이다. 우변은 사용 가능한 재화의 공급을 나타낸다. $A_t l_t^{1-\alpha} k_{t-1}^{\alpha}$는 현재의 생산을 나타내고, $(1-\delta)k_{t-1}$는 t−1기에 저축한 생산물이 감가상각된 후 잔존량을 의미한다.

자본시장 청산을 위해서는 노년 세대의 자본량과 기업이 필요로 하는 자본량이 같다는 조건이 필요하다. 이 모형에서는 k_{t-1}를 노년 세대의 자본공급과 기업의 자본수요에 동일하게 사용하여 자본시장 청산 조건이 반영되어 있다. 또한, 노동공급은 노동수요와 항상 같으므로 노동시장 청산조건도 성립한다.

경기변동을 분석하기 위한 모든 준비를 마쳤다. 앞서 구한 젊은 세대의 최적 저축($k_t = \dfrac{w_t}{2}$)과 임금 방정식($w_t = (1-\alpha)A_t k_{t-1}^{\alpha}$)을 합치면,

$$k_t = \frac{1}{2}(1-\alpha)A_t k_{t-1}^{\alpha} \qquad\qquad (42)$$

이 식에서 생산성 충격으로 A_t가 변화하면 다음 기 생산에 쓰일 k_t가 직접적인 영향을 받는다. 자본량 k_t가 변하면 다음 기 생산 y_{t+1}이 변화한다. t기에 외부 충격이 가해지면 젊은 사람은 소비와 저축을 변화시킨다. 저축의 변화가 자본량을 변화시켜 다음 기의 생산을 변화시킨다. 이러한 원리로 생산성 충격은 경기변동을 발생시키게 된다.

다음으로 소비와 투자가 충격에 대해 반응하는 정도를 살펴보자. 실제 경제 자료를 보면 투자는 소비보다 변동이 심하다. 이를 분석하기 위해 우선 시장 청산의 제약식을 고쳐 써보자.

$$c_t^t + c_t^{t-1} + k_t - (1-\delta)k_{t-1} = A_t l_t^{1-\alpha} k_{t-1}^{\alpha}$$

우변은 t기의 총 생산물(Y_t)이다. 총생산은 총소비와 총투자의 합과 같다. 총소비는 젊은 사람과 은퇴한 사람의 소비의 총합($C_t = c_t^t + c_t^{t-1}$)이고 총 투자는 다음 기의 자본량에서 이번 기의 자본량을 뺀 순 투자와 감가상각분의 합이다.

즉, $I_t = k_t - k_{t-1} + \delta k_{t-1}$이다. 총소비와 총투자를 구해 보자.

$$
\begin{aligned}
C_t = Y_t - I_t &= A_t k_{t-1}^\alpha + (1-\delta)k_{t-1} - k_t \\
&= A_t k_{t-1}^\alpha + (1-\delta)k_{t-1} - \frac{1}{2}(1-\alpha)A_t k_{t-1}^\alpha \\
&= \frac{1}{2}(1+\alpha)A_t k_{t-1}^\alpha + (1-\delta)k_{t-1}
\end{aligned}
\tag{43}
$$

$$
\begin{aligned}
I_t = Y_t - C_t &= A_t k_{t-1}^\alpha - \frac{1}{2}(1+\alpha)A_t k_{t-1}^\alpha - (1-\delta)k_{t-1} \\
&= \frac{1}{2}(1-\alpha)A_t k_{t-1}^\alpha - (1-\delta)k_{t-1}
\end{aligned}
\tag{44}
$$

위의 식으로부터 C_t와 I_t가 A_t에 대해서 얼마나 민감하게 반응하는지 알 수 있다. 각각에 대해 탄력성을 구하면,

$$
\frac{\partial C_t}{\partial A_t}\frac{A_t}{C_t} = \frac{\dfrac{1}{2}(1+\alpha)A_t k_{t-1}^\alpha}{\dfrac{1}{2}(1+\alpha)A_t k_{t-1}^\alpha + (1-\delta)k_{t-1}} < 1
\tag{45}
$$

$$
\frac{\partial I_t}{\partial A_t}\frac{A_t}{I_t} = \frac{\dfrac{1}{2}A_t(1-\alpha)k_{t-1}^\alpha}{\dfrac{1}{2}A_t(1-\alpha)k_{t-1}^\alpha - (1-\delta)k_{t-1}} > 1
\tag{46}
$$

위의 식을 통해 투자의 생산성에 대한 탄력성이 1보다 크다는 것을 알 수 있다. 소비 변동성은 1보다 작다. 이는 충격이 발생할 때 투자가 소비에 비해 크게 변동하는 현실 경제현상을 잘 설명한다.

6.2.3 시뮬레이션(simulation)

시뮬레이션은 모든 파라미터(parameter, 매개변수)에 구체적인 숫자(값)를 대입하여 초기값에서 시작한 자본량이 충격에 따라 변화하는 경로를 분석하는 것이다. 지금까지 살펴본 모형을 시뮬레이션 함으로써 경기변동을 더 잘 이해할 수 있다. 시뮬레이션을 통해 소비, 투자, 생산량 그리고 자본량의 동태적 변화를

구하고 경기변동을 살펴볼 수 있다.

이 모형에서 파라미터와 필요한 초기 변수의 값을 정하는 것을 캘리브레이션(calibration)이라고 한다. 먼저 α와 δ 두 파라미터가 각각 0.3과 0.05의 값을 갖는다고 하자. α가 0.3이라는 것은 총 생산물 가운데 자본의 몫이 0.3임을 뜻한다. $\delta = 0.05$는 일반적인 평균 감가상각률이다. t = 1에서 자본량은 0.22로 주어진 것으로 가정한다.

충격을 가하기 위해서는 A_t를 정의해야 한다. 단순하게 $A_t = \overline{A} + \epsilon_t$라고 정의하자. 즉, 평균값은 $\overline{A}$이고 임의의 충격(random shock) ϵ_t에 의해 생산성 A_t가 변동한다. $\overline{A} = 1$이고 ϵ_t는 $[-0.1, 0.1]$ 사이의 독립적인 균일 분포(uniform distribution)를 가정한다. 따라서 생산성 충격은 최대 10%에서 최소 -10%까지 변화시킬 수 있다.

<그림 6-8>은 A_t가 0.05 증가하도록 충격을 가했을 때 소비, 투자, 자본량의 변동을 보여준다. 1기에 A_t는 1이고 2기에 A_t가 1.05의 충격을 가한 뒤 3기부터는 다시 1로 돌아오는 일시적 충격을 가정한다. 이 기간에 소비와 투자, 자본량의 절대적인 변동을 살펴보면, 2기에 소비와 투자가 갑자기 증가한 후 3기에는 자본량이 2기 투자 증가분에 감가상각을 제한만큼 증가한다. 3기에 자본

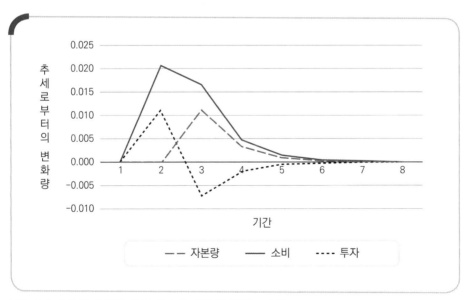

그림 6-8 생산성 충격이 주요 변수의 경로에 미치는 효과

량이 증가함과 동시에 투자는 감소하고, 자본량이 증가하므로 소비도 여전히 평균을 상회한다. 4기부터는 2기에 충격을 받은 경제주체가 존재하지 않음에도 불구하고 모든 변수가 점차 평균으로 수렴한다. 이를 통해 한 차례의 충격이 긴 시간 동안 경제에 영향을 미친다는 것을 알 수 있다.

<그림 6-9>는 <그림 6-8>과 같은 자료를 기반으로 한다. 다른 점은 <그림 6-8>은 각 변수의 변화를 충격이 없을 때의 추세치와 비교한 절대적인 크기로 표시한 반면, <그림 6-9>는 각 변수의 변화를 평균으로 나눈 상대적 값을 표시한다. <그림 6-8>을 보면, 투자가 가장 변동성이 크고 소비와 자본은 상대적으로 변동이 거의 없는 것을 알 수 있다.

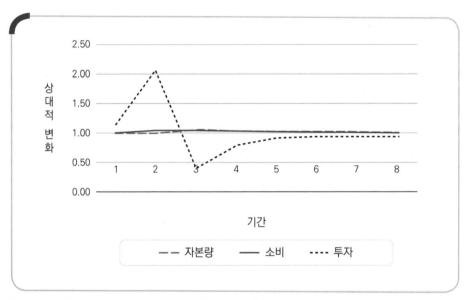

그림 6-9 생산성 충격에 대한 주요 변수의 상대적 변화

이 모형은 한 차례의 생산성 충격이 오랜 기간에 걸쳐 경기변동을 만든다는 것을 보여준다. 또한, 경기 순환과정에서 각 거시변수별 변동성의 차이도 설명한다. 하지만 모형의 현실 적합성을 시험하기 위해 현실에서 발생하는 여러 충격을 복합적으로 반영하여 거시변수들의 변동성과 실제 경기변동이 잘 맞는지 확인할 필요가 있다. 모형의 단순한 가정도 현실 자료를 더 잘 설명할 수 있도록 수정할 필요가 있다.

6.3 실물적 경기변동 모형: 무한 기를 사는 경우

다음으로는 경제주체가 무한기(infinite horizon)를 사는 경우의 모형을 분석하도록 하자. 이 모형이 가장 일반적으로 사용되는 실물적 경기변동이론의 대표적인 예이다.

6.3.1 여가가 도입된 로그효용함수 모형

시간이 이산적(discrete)이며 경제주체의 수는 1로 정규화(normalized)되어 있다. 경제가 한 명으로 구성되어 있다는 의미에서 대표행위자 모형(representative-agent model)이라고도 불린다.

>> 가계(households)

경제주체는 무한 기(infinite horizon) 동안 살며 가계의 매기의 효용함수는 $U(C_t, L_t) = \ln C_t + \varphi \ln(1 - L_t)$로 주어졌다. 즉, 가계는 아래와 같은 효용함수를 극대화한다.

$$\underset{\{C_t, L_t\}}{Max} E_0 \left[\sum_{t=0}^{\infty} \beta^t \left(\ln C_t + \varphi \ln(1 - L_t) \right) \right\} \tag{47}$$

예산제약은 매기마다 $C_t + K_{t+1} = w_t L_t + r_t K_t$와 같다. 여기서는 K_t는 t기 초의 자본 보유량이며 이자율 r_t는 K_t에 대해 t기 동안 받는 이자율이다. 여가와 노동(L_t)의 합은 1로 주어져 있다. 파라미터 φ는 여가가 소비에 비하여 얼마나 중요한지를 나타낸다.

⨠ 기업(firms)

기업의 생산함수는 $Y_t = z_t K_t^{\alpha} L_t^{1-\alpha}$로 표시될 수 있으며, 기업은 다음과 같은 이윤함수를 극대화한다.

$$Max\, profit_t = Y_t - w_t L_t - r_t K_t \tag{48}$$

생산함수의 z_t는 기술충격(technology shock)을 의미하며, 취하는 값이 불확실하다는 의미에서 확률 변수(random variable)이다. 여기에서는 z_t가 독립항등분포(independent and identically distributed)라고 가정한다.

자본의 감가상각률(δ)은 1이라고 가정하며, 따라서 투자는 $I_t = K_{t+1} - (1-\delta)K_t = K_{t+1}$이 된다.

⨠ 균형과 함의

경제의 시장청산(market clearing) 조건은 $Y_t = C_t + I_t$이다.

이제 후생경제학의 제2정리(second welfare theorem)에 따라 사회 계획자(social planner) 문제로 해당 경제의 균형을 풀 수 있다.[7]

$$\underset{\{K_{t+1}, L_t\}}{Max}\, E_0 \left[\sum_{t=0}^{\infty} \beta^t \left(\ln\left(z_t K_t^{\alpha} L_t^{1-\alpha} - K_{t+1} \right) + \varphi \ln\left(1 - L_t \right) \right) \right] \tag{49}$$

이 극대화 문제의 1계 조건(first order condition)은 다음과 같다.

$$K_{t+1}: \quad \frac{1}{Y_t - K_{t+1}} = E_t \left[\beta \frac{\alpha z_{t+1} K_{t+1}^{\alpha} L_{t+1}^{1-\alpha}}{Y_{t+1} - K_{t+2}} \right]$$

$$L_t: \quad \frac{(1-\alpha) z_t K_t L_t^{-\alpha}}{Y_t - K_{t+1}} = \frac{\varphi}{1 - L_t}$$

---

7) 후생경제학의 제2정리에 따르면, 초기부존자원이 적절하게 분배된 상태에서 파레토 효율적인 배분은 일반경쟁균형이 된다.

추측과 확인(guess and verify)의 방법으로 위의 문제를 풀면 다음과 같다.

$K_{t+1} = \alpha\beta Y_t$라는 추측이 가능하다고 가정하자.[8] 이를 노동(L_t)에 대한 1계 조건식에 대입하면,

$$\frac{(1-\alpha)\dfrac{Y_t}{L_t}}{Y_t - \alpha\beta Y_t} = \frac{\varphi}{1-L_t} \quad \left(\because z_t K_t L_t^{-\alpha} = \frac{Y_t}{L_t} \right)$$

$$(1-\alpha)(1-L_t) = \varphi(1-\alpha\beta)L_t$$

$$\therefore L_t = \frac{1-\alpha}{(1-\alpha\beta)\varphi + (1-\alpha)} \tag{50}$$

이제 다른 내생변수들은 아래와 같이 시간에 따라 움직이게 된다.

$$C_t = (1-\alpha\beta)Y_t \tag{51}$$

$$w_t = (1-\alpha)z_t K_t^\alpha L_t^{-\alpha} = (1-\alpha)\frac{Y_t}{L_t} = [(1-\alpha\beta)\varphi + (1-\alpha)]Y_t \tag{52}$$

$$r_t = \alpha z_t K_t^{\alpha-1} L_t^{1-\alpha} = \alpha\frac{Y_t}{K_t} \tag{53}$$

t기에 기술충격 z_t가 상승했을 때, 위의 내생변수들의 동학에 따르면, $Y_t = z K_t^\alpha L_t^{1-\alpha}$이므로 Y_t는 상승하며, 소비(C_t)와 투자(I_t) 역시 상승하게 된다. 하지만 노동(L_t)은 매기마다 $\dfrac{1-\alpha}{(1-\alpha\beta)\varphi + (1-\alpha)}$라는 상수로 일정하다.

노동이 매기마다 동일한 이유가 무엇이며 이의 경제학적 함의를 알아보기 위해서, 사회 계획자 대신 대표행위자 문제로 위의 문제를 다시 풀어보자.

---

8) 해를 정확히 알고 있다는 이러한 가정은 물론 비현실적이다. 보다 일반적으로는 해의 형태는 알려져 있으나 계수는 모르는 경우일 것이다. 이 경우에는 미정계수법으로 계수를 정할 수 있을 것이다. 가장 일반적인 경우는 해의 형태도 모르는 경우일 것이며, 임의의 형태를 설정한 이후에 정확한 해로 (해석적 혹은 수치적으로) 수렴해 나가는 방법도 알려져 있다.

$$\underset{\{C_t, K_{t+1}, L_t\}}{Max}\, E_0 \left[\sum_{t=0}^{\infty} \beta^t \left(\ln C_t + \varphi \ln (1 - L_t) \right) \right] \tag{54}$$

이 문제의 예산제약은 $C_t + K_{t+1} = w_t L_t + r_t K_t$ 가 될 것이다.

동태적 프로그래밍(dynamic programming)으로 위의 문제를 풀면 라그랑지안은 다음과 같다.[9]

$$L = \sum_{t=0}^{\infty} \beta^t \left\{ \ln C_t + \varphi \ln (1 - L_t) + \lambda_t (w_t L_t + r_t K_t - C_t - K_{t+1}) \right\} \tag{55}$$

1계 조건은 다음과 같다.

$$L_{c,t} : U_{c,t} = \frac{1}{C_t} = \lambda_t \tag{56}$$

$$L_{l,t} : U_{l,t} = \frac{\varphi}{1 - L_t} = \lambda_t w_t \tag{57}$$

$$L_{k,t+1} : \lambda_t = \beta \lambda_{t+1} r_{t+1} \tag{58}$$

(56)과 (57)을 조합하여 아래와 같은 균형 조건을 얻을 수 있으며 이 조건은 기간 내 자원 배분(intratemporal allocation) 조건이다.

$$MRS_{l,c} = \frac{U_{l,t}}{U_{c,t}} = w_t$$

(56)과 (58)을 조합하여 아래와 같은 균형 조건을 얻을 수 있으며 이 조건은 기간 간 자원 배분(intertemporal allocation) 조건이다.

$$U_{c,t} = \beta r_{t+1} U_{c,t+1}$$

그리고 t기의 (57)과 $t+1$기의 (57), (58)을 이용하여 다음 식을 얻는다.

---

9) 수학 부록의 동태적 프로그래밍을 참조하시오.

$$\frac{U_{l,t}}{U_{l,t+1}} = \frac{\lambda_t}{\lambda_{t+1}} \frac{w_t}{w_{t+1}} \Rightarrow \frac{1 - L_{t+1}}{1 - L_t} = \beta r_{t+1} \frac{w_t}{w_{t+1}} \tag{59}$$

양의 기술충격(z_t)이 발생했을 경우, w_t가 상승하지만, K_{t+1} 역시 상승하며 이는 (r_{t+1}/w_{t+1})의 하락을 유발한다. 이 두 가지 힘이 정확히 상쇄되면 노동은 시간에 흐름에 따라 변화하지 않는다.[10]

다음 절에서는 (노동과) 여가를 제외하는 대신 효용함수와 기술충격에 대한 가정을 변화시킨 RBC 모형에 관해 공부한다. 이 모형은 위의 경우와는 달리 모형의 해가 명시적으로 (혹은 해석적으로) 주어지지 않는다. 이러한 경우에는 모형의 해를 구하기 위해서, 파라미터에 특정한 값을 주고서 모형의 해를 수치적으로 표시한다. 거시 동학 모형을 푸는 이러한 방법을 수치적 접근(numerical approach)이라고 부른다.

6.3.2 여가가 제외된 CRRA 효용함수 모형과 수치적 접근

먼저 RBC 모형을 다음과 같이 변화시킨다.

첫째로, 경제주체의 효용함수에서 소비로부터 얻는 효용의 함수 형태를 CRRA (constant relative risk aversion) 효용함수로 바꾼다. 그리고 여가로부터 얻는 효용을 제외한다. 따라서 경제주체는 아래와 같은 효용을 극대화하게 된다.

$$Max \, E_0 \left[\sum_{t=0}^{\infty} \beta^t \frac{C^{1-\theta}}{1-\theta} \right]$$

여기에서 파라미터 θ는 상대적 위험회피도(degree of relative risk aversion)를 나타낸다.

가계의 예산제약식은 $C_t + K_{t+1} = r_t K_t$와 같아진다. 그리고 생산함수에서도 노동이 제외되어, $Y_t = z_t K_t^{\alpha}$이며 감가상각률(δ)은 앞에서와 동일하게 1로 가정

---

10) 대부분 경제에서 데이터를 보면 노동은 기술충격 혹은 이와 관련된 변수에 대하여 동행성을 가진다. 따라서, 이 문제를 해결하기 위해 효용함수의 형태 변화를 고려할 수 있다. 하지만 이러한 경우에는 모형을 해석적 접근(analytical approach) 방법으로 풀 수 없고 수치적 접근(numerical approach)을 활용하여 경제를 분석한다.

한다.

다음으로, 기술충격(z_t)이 더 이상 독립항등분포가 아니라 해당 기술충격의 로그값($\ln z_t$)이 1차 자기상관(AR, autoregressive)을 따른다고 가정한다. 따라서 기술충격의 동학은 $\ln z_t = \rho \ln z_{t-1} + \varepsilon_{t+1}$으로 나타낼 수 있다($\varepsilon_t \sim iid(0, \sigma_\varepsilon^2)$).

≫ 균형(equilibrium)

후생경제학의 제2정리(second welfare theorem)에 따라 사회 계획자 문제로 위의 문제를 풀 수 있다.

$$Max\, E_0 \left[\sum_{t=0}^{\infty} \beta^t \frac{C^{1-\theta}}{1-\theta} \right] \tag{60}$$

such that $C_t + K_{t+1} = z_t K_t^\alpha + (1-\delta) K_t = z_t K_t^\alpha$ where $\delta = 1$

and $\ln z_t = \rho \ln z_{t-1} + \varepsilon_{t+1}$

이 문제의 라그랑지안은 $L = E_0 \sum_{t=0}^{\infty} \beta^t \left[\frac{C_t^{1-\theta}}{1-\theta} + \lambda_t \left(z_t K_t^\alpha - C_t - K_{t+1} \right) \right]$이 되며, 1계 조건은

$$L_{c,t} : C_t^{-\theta} = \lambda_t$$

$$L_{k,t+1} : \lambda_t = \beta E_t \left[\lambda_{t+1} z_{t+1} \alpha K_{t+1}^{\alpha-1} \right]$$

이다. 이제 두 식을 조합하면,

$$C_t^{-\theta} = \alpha \beta E_t \left[C_{t+1}^{-\theta} z_{t+1} K_{t+1}^{\alpha-1} \right] \tag{61}$$

이며 이를 일반적으로 오일러 방정식(Euler equation)이라고 부른다.

≫ 로그 선형화(log-linearization)[11]

이제 매기의 경제변수 간의 균형식을 정리하면 아래와 같다.

$$C_t + K_{t+1} = z_t K_t^\alpha \tag{62}$$

$$C_t^{-\theta} = \alpha\beta E_t\left[C_{t+1}^{-\theta} z_{t+1} K_{t+1}^{\alpha-1} \right] \tag{63}$$

$$Y_t = z_t K_t^\alpha \tag{64}$$

위의 식을 균형 성장경로의 근방에서 로그 선형화하면 다음과 같은 식을 도출할 수 있다. 아래에서 소문자로 나타낸 변수는 대문자의 로그를 뜻하며, 변수 위의 꺾음표(hat)는 균제상태로부터의 차이를 나타낸다.

$$(1-\alpha\beta)\hat{c}_t + \alpha\beta\hat{k}_{t+1} = \hat{z}_t + \alpha\,\hat{k}_t \tag{65}$$

$$E_t\left[\hat{c}_{t+1} - \hat{c}_t\right] = \frac{\alpha-1}{\theta}\hat{k}_{t+1} + \frac{\rho}{\theta}\hat{z}_t \tag{66}$$

$$\hat{y}_t = \hat{z}_t + \alpha\hat{k}_t \tag{67}$$

여기에서 $\hat{y}_t$를 구성하는 $\hat{z}_t$는 외생적으로 결정되므로 $\hat{k}_t$를 알면 $\hat{y}_t$를 자동으로 알 수 있다.

$\hat{k}_t$는 $\hat{c}_t$, $\hat{c}_{t+1}$ 그리고 $\hat{k}_{t+1}$과 함께 이뤄진 연립 방정식에 의해 결정된다. 즉, (65) 식과 (66) 식을 연립하여 $\left\{\hat{c}_t\right\}_{t=0}^{\infty}$와 $\left\{\hat{k}_{t+1}\right\}_{t=0}^{\infty}$의 시간에 따른 변화를 알고자 하는 것이 해를 구하는 의미이다.

≫ 추측과 확인(guess and verify)

(65), (66) 식을 다음과 같이 다시 써보도록 한다.

$$\hat{k}_{t+1} = \lambda_1\hat{k}_t + \lambda_2\hat{z}_t + \lambda_3\hat{c}_t \tag{68}$$

---

11) 수학 부록의 로그 선형화를 참조하시오.

$$E_t\left[\hat{c}_{t+1} - \hat{c}_t\right] = \lambda_5 \hat{k}_{t+1} + \lambda_5 \hat{z}_t \tag{69}$$

where $\lambda_1 = \dfrac{1}{\beta}, \lambda_2 = \dfrac{1}{\alpha\beta}, \lambda_3 = \dfrac{\alpha\beta-1}{\alpha\beta}, \lambda_4 = \dfrac{\alpha-1}{\theta}, \lambda_5 = \dfrac{\rho}{\theta}$

만약 $\alpha, \beta, \theta, \rho$의 값을 알 수 있다면, $\lambda_1, \lambda_2, \lambda_3, \lambda_4, \lambda_5$ 값을 정할 수 있고 $\left\{\hat{c}_t\right\}_{t=0}^{\infty}$와 $\left\{\hat{k}_{t+1}\right\}_{t=0}^{\infty}$의 시간에 따른 변화식을 구할 수 있다. ·················· [1]

하지만 해당 두 개의 식에서는 $\hat{c}_t$와 $\hat{k}_{t+1}$와 더불어 $\hat{c}_{t+1}$도 등장하여 바로 $\left\{\hat{c}_t\right\}_{t=0}^{\infty}$와 $\left\{\hat{k}_{t+1}\right\}_{t=0}^{\infty}$의 동태적 움직임을 파악하기 어려우므로, 추측과 확인 (guess and verify) 방법을 이용하여 이를 구하고자 한다.

$\hat{k}_{t+1}$와 $\hat{c}_t$가 주어진 상태변수 $\hat{k}_t$ 및 $\hat{z}_t$와 아래와 같은 관계식을 맺는다고 추측(guess)해보자.[12]

$$\hat{k}_{t+1} = a_1 \hat{k}_t + a_2 \hat{z}_t$$
$$\hat{c}_t = a_3 \hat{k}_t + a_4 \hat{z}_t$$

그리고 이 식들은 앞에서 구한 $\hat{k}_{t+1} = \lambda_1 \hat{k}_t + \lambda_2 \hat{z}_t + \lambda_3 \hat{c}_t$ 및 $E_t\left[\hat{c}_{t+1} - \hat{c}_t\right] = \lambda_5 \hat{k}_{t+1} + \lambda_5 \hat{z}_t$를 만족하여야 한다. 이를 이용하여 계수 a_1, a_2, a_3, a_4를 결정하도록 하자.

$\hat{k}_{t+1} = \lambda_1 \hat{k}_t + \lambda_2 \hat{z}_t + \lambda_3 \hat{c}_t$에 $\hat{k}_{t+1} = a_1 \hat{k}_t + a_2 \hat{z}_t$와 $\hat{c}_t = a_3 \hat{k}_t + a_4 \hat{z}_t$를 대입하면 $\left(a_1 \hat{k}_t + a_2 \hat{z}_t\right) = \lambda_1 \hat{k}_t + \lambda_2 \hat{z}_t + \lambda_3\left(a_3 \hat{k}_t + a_4 \hat{z}_t\right)$를 구할 수 있다. 이 식은 $\hat{k}_{t+1} = a_1 \hat{k}_t + a_2 \hat{z}_t$와 같아야 하므로

$$a_1 = \lambda_1 + \lambda_5 a_3 \tag{70}$$
$$a_2 = \lambda_2 + \lambda_3 a_4 \tag{71}$$

의 관계가 성립하게 된다.

---

12) 앞의 주 8)에서 말한 "해의 형태는 알려져 있으나 계수는 모르는 경우"의 예이다.

$$E_t\left[\hat{c}_{t+1} - \hat{c}_t\right] = \lambda_5 \hat{k}_{t+1} + \lambda_5 \hat{z}_t \text{에} \quad \hat{k}_{t+1} = a_1 \hat{k}_t + a_2 \hat{z}_t, \quad \hat{c}_{t+1} = a_3 \hat{k}_{t+1} +$$

$a_4 \hat{z}_{t+1}$, 그리고 $\hat{c}_t = a_3 \hat{k}_t + a_4 \hat{z}_t$을 대입하면

$$E_t\left[a_3 \hat{k}_{t+1} + a_4 \hat{z}_{t+1} - a_3 \hat{k}_t - a_4 \hat{z}_t\right] = \lambda_5\left(a_1 \hat{k}_t + a_2 \hat{z}_t\right) + \lambda_5 \hat{z}_t$$

$$E_t\left[a_3\left(a_1 \hat{k}_t + a_2 \hat{z}_t\right) + a_4 \hat{z}_{t+1} - a_3 \hat{k}_t - a_4 \hat{z}_t\right] = \lambda_5\left(a_1 \hat{k}_t + a_2 \hat{z}_t\right) + \lambda_5 \hat{z}_t \text{에서}$$

$$a_3\left(a_1 \hat{k}_t + a_2 \hat{z}_t\right) + a_4 \rho \hat{z}_t - a_3 \hat{k}_t - a_4 \hat{z}_t = \lambda_5\left(a_1 \hat{k}_t + a_2 \hat{z}_t\right) + \lambda_5 \hat{z}_t$$

$$\left(a_1 a_3 - a_3\right)\hat{k}_t + \left(a_1 a_3 + a_4 \rho - a_4\right)\hat{k}_t = \lambda_4 a_1 \hat{k}_t + \left(\lambda_4 a_2 + \lambda_5\right)\hat{z}_t$$

을 구할 수 있다. 따라서

$$a_1 a_3 - a_3 = \lambda_4 \tag{72}$$

$$a_1 a_3 + a_4 \rho - a_4 = \lambda_4 a_2 + \lambda_5 \tag{73}$$

a_1, a_2, a_3, a_4에 대하여 (69), (71), (72), (73) 4개의 연립방정식을 풀게 되면 a_1, a_2, a_3, a_4는 $\lambda_1, \lambda_2, \lambda_3, \lambda_4, \lambda_5$의 함수로 표현할 수 있다. ·························· [2]

[1]과 [2]를 종합하면, 만약 $\alpha, \beta, \theta, \rho$의 값을 알 수 있다면, $\lambda_1, \lambda_2, \lambda_3, \lambda_4, \lambda_5$ 값을 정할 수 있고 a_1, a_2, a_3, a_4 역시 알 수 있게 되어 $\hat{k}_{t+1} = a_1 \hat{k}_t + a_2 \hat{z}_t$와 $\hat{c}_t = a_3 \hat{k}_t + a_4 \hat{z}_t$을 통해 $\left\{\hat{c}_t\right\}_{t=0}^{\infty}$와 $\left\{\hat{k}_{t+1}\right\}_{t=0}^{\infty}$의 시간에 따른 변화식을 주어진 상태변수 $\left\{\hat{z}_t\right\}_{t=0}^{\infty}$와 $\left\{\hat{k}_t\right\}_{t=0}^{\infty}$을 통해 구할 수 있게 된다.

≫ 캘리브레이션과 시뮬레이션(calibration and simulation)

① 캘리브레이션(calibration)

우리는 앞의 절에서 $\alpha, \beta, \theta, \rho$의 값을 알 수 있다면, $\lambda_1, \lambda_2, \lambda_3, \lambda_4, \lambda_5$ 값을 정할 수 있고 a_1, a_2, a_3, a_4 역시 알 수 있게 되어 $\hat{k}_{t+1} = a_1 \hat{k}_t + a_2 \hat{z}_t$와 $\hat{c}_t = a_3 \hat{k}_t + a_4 \hat{z}_t$을 통해 $\left\{\hat{c}_t\right\}_{t=0}^{\infty}$와 $\left\{\hat{k}_{t+1}\right\}_{t=0}^{\infty}$의 시간에 따른 변화식을 주어진 상태변수 $\left\{\hat{z}_t\right\}_{t=0}^{\infty}$와

$\left\{\hat{k}_t\right\}_{t=0}^{\infty}$을 통해 구할 수 있게 된다. 여기에서 경제학자들이 실제 데이터와 기존 문헌들을 바탕으로 파라미터의 값을 결정하는 방법에 여러 가지가 있는데, 그중의 하나가 캘리브레이션(calibration)이다.

캘리브레이션에 앞서, 앞 절의 가정인 $\delta = 1$을 완화하여 $\delta \neq 1$라고 가정하자. 그렇다면 라그랑지안 식과 1계 미분 조건으로

$$L = E_0 \sum_{t=0}^{\infty} \beta^t \left[\frac{C^{1-\theta}}{1-\theta} + \lambda_t \left(z_t K_t^{\alpha} + (1-\delta)K_t - C_t - K_{t+1} \right) \right]$$

$$L_{c,t} : C_t^{-\theta} = \lambda_t \tag{74}$$

$$L_{k,t+1} : \lambda_t = \beta E_t \left[\lambda_{t+1} \left(z_{t+1} \alpha K_{t+1}^{\alpha-1} + (1-\delta) \right) \right] \tag{75}$$

로 바뀌고, 오일러 방정식 역시 $C_t^{-\theta} = \beta E_t \left[C_{t+1}^{-\theta} \left(z_{t+1} \alpha K_{t+1}^{\alpha-1} + (1-\delta) \right) \right]$로 바뀌게 된다.

$\delta \neq 1$으로 인해 $(1-\delta)$ 항이 오일러 방정식에 추가되고 $(1-\delta)K_t$ 항이 제약식에 추가되어도

$$\hat{k}_{t+1} = \lambda_1 \hat{k}_t + \lambda_2 \hat{z}_t + \lambda_3 \hat{c}_t$$

$$E_t \left[\hat{c}_{t+1} - \hat{c}_t \right] = \lambda_5 \hat{k}_{t+1} + \lambda_5 \hat{z}_t$$

로 표현하는 것은 바뀌지 않는다.

여전히 위에서 배운 방법으로 바뀐 균형식들의 로그 선형화 이후 $\alpha, \beta, \theta, \rho$, 그리고 δ 값을 알 수 있다면, $\lambda_1, \lambda_2, \lambda_3, \lambda_4, \lambda_5$ 값을 정할 수 있다. 그리고 a_1, a_2, a_3, a_4 역시 $\lambda_1, \lambda_2, \lambda_3, \lambda_4, \lambda_5$ 함수로 표현하여 알 수 있게 되고 $\hat{k}_{t+1} = a_1 \hat{k}_t + a_2 \hat{z}_t$와 $\hat{c}_t = a_3 \hat{k}_t + a_4 \hat{z}_t$을 통해 $\left\{\hat{c}_t\right\}_{t=0}^{\infty}$와 $\left\{\hat{k}_{t+1}\right\}_{t=0}^{\infty}$의 시간에 따른 변화식을 주어진 상태변수 $\left\{\hat{z}_t\right\}_{t=0}^{\infty}$와 $\left\{\hat{k}_t\right\}_{t=0}^{\infty}$을 통해 구할 수 있게 된다.

이제 본격적으로 RBC 모형의 캘리브레이션에 관해서 공부한다. 감각상각률 δ가 고려된 오일러 방정식은 균제상태인 $C_t = C_{t+1} = C$, $K_t = K_{t+1} = K$,

$z_t = 1$에서 $1 = \beta \left[\alpha K^{\alpha-1} + (1-\delta) \right]$ 이므로,

$$\frac{1}{\beta} = \alpha K^{\alpha-1} + (1-\delta) = (MPK - \delta) + 1 \tag{76}$$

이 된다.

실질이자율이 $r = MPK - \delta$와 같은 식을 만족하므로 시간 할인인자인 β는 오일러 방정식의 균제 상태를 통해 이의 역수가 실질 이자율과 같음을 알 수 있다. 실질 이자율이 연율로 약 4%이면 $1/\beta = 1.04$를 만족하게 된다.

α는 자본 소득이 전체 소득에서 차지하는 비중을 나타내며 실제 데이터에는 약 1/3의 값을 보인다.

δ에 대한 값은 위에서 구한 α, β, 그리고 자원제약식을 통해 구할 수 있다. 균제상태에서 $\frac{1}{\beta} = \alpha K^{\alpha-1} + (1-\delta) = \alpha \frac{Y}{K} + (1-\delta)$이다. $\frac{Y}{K}$는 데이터에서 구할 수 있는 $\frac{K}{Y}$의 역수를 대입하여 구한다. 따라서 $\delta = \frac{1}{\beta} - \alpha \frac{Y}{K}$를 통해 구한다. 약 0.1로 구할 수 있다.

θ는 경제 주체의 상대적 위험회피도이다. 기존 문헌에 따르면 약 2의 값을 가진다.

ρ는 기술충격의 로그값이 갖는 지속성(persistence)을 나타내며 솔로우 잔차 값을 통해 실제 1차 자기상관 회귀를 통해 값($\hat{\rho}$)을 구하여 대입할 수 있다.

따라서 위와 같이 $\alpha, \beta, \theta, \rho$ 그리고 δ의 값을 정하면, $\lambda_1, \lambda_2, \lambda_3, \lambda_4, \lambda_5$ 그리고 a_1, a_2, a_3, a_4를 결정할 수 있다.

② 시뮬레이션(simulation)

정해진 계수 값(a_1, a_2, a_3, a_4)과 더불어 $\left\{ \hat{z}_t \right\}_{t=0}^{T}$, 그리고 초깃값 $\hat{k}_0$가 주어져 있다고 하자. $\left\{ \hat{z}_t \right\}_{t=0}^{T}$의 경우에는 z_0와 앞서 정한 $\hat{\rho}$, 그리고 컴퓨터를 통해 표준정규분포에서 $\left\{ \varepsilon \right\}_{t=1}^{T}$를 생성시켜 $\ln z_{t+1} = \hat{\rho} \ln z_t + \varepsilon_{t+1}$ 관계식을 통해 생성시킬 수 있다. 두 개의 관계식 $\hat{k}_{t+1} = a_1 \hat{k}_t + a_2 \hat{z}_t$와 $\hat{c}_t = a_3 \hat{k}_t + a_4 \hat{z}_t$을 통해 $\left\{ \hat{c}_t \right\}_{t=0}^{T}$와 $\left\{ \hat{k}_{t+1} \right\}_{t=0}^{T}$를 생성할 수 있다. 이러한 가상의 데이터(artificial data)

를 구하는 과정을 시뮬레이션(simulation)이라고 한다. 이 가상의 데이터를 통해 구할 수 있는 데이터들의 성질($var(\hat{y}_t)$, $var(\hat{c}_t)$, $var(\hat{k}_{t+1})$, $cov(\hat{y}_t, \hat{k}_{t+1})$, $cov(\hat{y}_t, \hat{c}_t)$ 등)을 실제 데이터의 성질과 비교해가며 시뮬레이션이 현실과 잘 맞는지 아닌지를 평가할 수 있다.

이제 분기 모형으로 시뮬레이션을 한 예를 보도록 하자. 먼저 $\beta = 0.99$, $\alpha = 1/3$, $\delta = 0.025$, $\theta = 2$, $\rho_z = 0.95$, $\varphi = 1$로 파라미터의 값을 캘리브레이션 한다. 시뮬레이션의 결과가 어떻게 나올지를 알아보는 가장 기초적인 방법은 균제 상태에 있었던 경제에 충격이 왔을 때 경제변수들이 어떻게 움직일지를 분석하는 것이다. 이러한 움직임을 충격반응함수라고 하고 이를 그래프로 나타내면 다음과 같다.

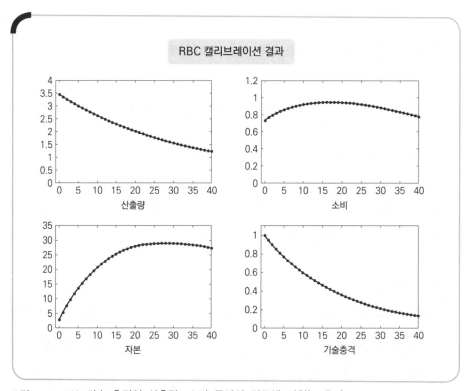

그림 6-10 1% 기술 충격이 산출량, 소비 투자의 경로에 미치는 효과

<그림 6-10>의 오른쪽 아래 패널이 외생변수인 기술충격을 의미한다. 첫

기에 1%의 충격이 온 이후에 그 충격이 천천히 사라짐을 알 수 있다. 기술의 상승은 그 자체로서 생산량의 증가를 가져올 뿐만 아니라, 자본의 점진적 증가를 통하여도 간접적으로 생산량이 증가한다는 것을 왼쪽의 두 패널이 보여준다. 자본을 증대하는데 생산량 일부가 투자로 사용되었고, 다른 일부는 소비를 증가시켰음을 오른쪽 위 패널이 보여준다. 또 이 패널에서 우리는 소비가 생산과 비교하면 평탄함을 확인할 수 있다.

6.4 실물적 경기변동 모형의 함의와 한계

RBC 모형은 경기변동을 설명하고자 하는 모형이다. 앞서 배운 Ramsey-Cass-Koopmans의 모형에서는 균제상태에서 이탈 시 단순히 안장 경로(saddle path)로 이동하는 경제변수들의 안정적인 움직임만이 포착 가능하여 경기변동을 설명하기 어렵다. 반면 RBC 모형은 기술충격이라는 경제 모형에 대해서 외생적인 충격을 통해 경기변동을 설명할 수 있다. 또한, 고용량, 소비, 투자, 실질임금 등 주요 거시변수들이 현실 경제에서 경기 순환을 따라 변동하는 모습을 잘 설명할 수 있다. 이론적인 측면에서는, 당시 케인즈 이론이나 경기변동을 설명하는 다른 거시경제 모형과 다르게 미시적 기초를 강조하여 변수들의 행태에 대한 엄밀한 분석의 근거를 마련했다. 실증적인 측면에서는 캘리브레이션과 시뮬레이션을 사용하는 특성을 갖는다.

이 장에서 소개한 기본 RBC 모형은 여러 한계점을 갖는다. 많은 실증 분석에서 따르면 통화량과 같은 명목변수들의 변화는 경제의 실물변수들에 영향을 미친다. 그러나 화폐 혹은 통화정책의 중립성이 성립하지 않는 현실을 RBC 모형만으로 설명하기 어렵다. RBC 모형에서 실물경제변수들 사이의 관계식만 도출하는 것에서 알 수 있듯이 통화량, 기대인플레이션, 그리고 명목이자율 등의 명목 경제변수들은 경제에 영향을 끼칠 수 없고 따라서 이런 측면에서 RBC의 설명력이 떨어진다고 볼 수 있다.

또한, RBC 모형에서 경기변동의 주요 동력은 기술충격이다. 보통 기술충격은 관찰 가능한 변수가 아니므로 솔로우 잔차를 이용한다. 하지만 솔로우 잔차가 기술 혁신을 제대로 반영할 수 있는가에 대한 의문이 제기되면서 RBC 모형

의 현실 적합도에도 의문이 제기되었다. 특히, 솔로우 잔차가 기술충격을 과대
평가하여 반영하고 있다면 RBC 모형의 경기변동에 대한 설명력 역시 낮아질 수
밖에 없다.

그리고 RBC 모형으로 현실 자료에서 나타나는 고용의 변동을 보이기 위해서
는 노동 공급의 기간 간 대체탄력성이 커야 한다. 하지만 미시 데이터 연구에서
노동의 기간 간 대체탄력성은 대체로 작게 추정된다. 또한, 노동공급이 RBC 모
형에서는 임금에 의해서 주로 결정되는데 그 밖의 요인에 의해 결정된다는 반론
도 꾸준히 제기되어 왔다.

연습문제

01 가격이 완전히 신축적인 시장균형모형을 가정하시오. 소비자 겸 생산자의 2기에 걸친 효용함수와 예산제약이 아래와 같다.

$$\text{효용함수: } u = u(C_1, C_2) = u(C_1) + \beta u(C_2) = u(C_1) + \frac{1}{1+\rho} u(C_2)$$

$$\text{예산제약: } C_1 + \frac{C_2}{1+i_1} = \left(\frac{W}{P}\right)_1 L + \left(\frac{W}{P}\right)_2 \frac{L}{(1+i_1)} + (1+i_0)\left(\frac{B_0}{P} + K_0\right)$$

(1) 이 소비자의 1기의 소비와 저축의 결정을 그림으로 그려서 설명하고 이자율 i_1의 상승이 1기의 소비에 어떠한 영향을 미치는지 설명하시오.

(2) 2기의 실질임금이 오를 것으로 예상되는 경우 1기의 소비와 저축의 변화를 설명하시오.

(3) 효용함수가 로그 함수 형태인 경우를 가정하고 1기의 소비를 수식으로 도출하고 설명하시오.

02 2기에 걸쳐 소비(C)와 여가(Z)로부터 얻는 효용을 극대화하는 대표 소비자의 문제를 고려하자.

$$Max \sum_{t=1}^{2} (1+\rho)^{-(t-1)} [\ln C_t + \alpha \ln(Z_t)] \qquad (a)$$

$$s.t. \ A_{t+1} = w_t \cdot L_t + (1+r) \cdot A_t - C_t \qquad (b)$$

$$L_t + Z_t = 24 \qquad (c)$$

단, $\rho > 0$, $\alpha > 0$, L은 노동공급시간, w_t는 요소시장에서 외생적으로 주어진 실질임금. 자산(A)에 대한 실질이자율은 매기에 똑같이 r로 일정하다.

(1) 이 소비자의 1기의 소비와 노동공급함수를 구하시오. 이자율의 상승은 1기의 소비와 노동공급에 어떠한 영향을 미치는지 설명하시오.

(2) t=1에서 일시적인 임금의 상승과 영구적인 임금의 상승이 1기의 노동공급에 미치는 효과는 어떻게 다른지 설명하시오.

03 무한기를 사는 대표 소비자 겸 생산자의 t기 예산 제약이 아래와 같이 주어졌다.

$$C_t + (\frac{B_t}{P} + K_t) - (\frac{B_{t-1}}{P} + K_{t-1}) = (\frac{W}{P})_t \overline{L} + i_{t-1}(\frac{B_{t-1}}{P} + K_{t-1})$$

C는 실질소비, $\frac{W}{P}$는 실질임금, $B_{t-1}(K_{t-1})$은 t-1기 말(t기 초)의 채권(자본)의 보유량을 표시한다. i_{t-1}은 t-1기 말의 채권(실물자산)에 대해 t기 동안 받는 실질이자율이다. 물가는 항상 일정하고 노동 공급량도 일정하다.

이 가계의 효용함수는 아래와 같이 주어졌다.

$$U = u(C_1, C_2, C_3, \ldots) = u(C_1) + \frac{1}{1+\rho}u(C_2) + \frac{1}{(1+\rho)^2}u(C_3) +$$

$$\ldots + \frac{1}{(1+\rho)^{t-1}}u(C_t) + \ldots$$

단, $u(C_t) = \frac{C_t^{1-\theta}}{1-\theta}$, $(\theta > 0, \theta \neq 1)$로 주어졌다. 이 경제에서 ρ(시간선호율)이 매기의 이자율 i와 같다 (즉, $i_t = \rho > 0$).

(1) 효용극대화를 하는 소비자는 매기 일정한 소비를 하는 것을 수식으로 보이고 현재 시점 t=1의 소비가 무한기에 걸친 소득의 현재가치 합계에 의해 결정됨을 보이시오.

(2) 이제 이 경제에 정부가 매기마다 정액세(T)를 부과하고 정부소비지출(G)을 하며 민간에게 이전지출(V)을 한다고 하자. 정부는 매기에 공채를 발행할 수 있지만, 마지막 기에는 공채 잔액을 모두 갚아야 한다. t기의 정부의 예산 제약과 민간의 예산 제약을 쓰시오.

(3)   t=1에서 정부가 매기의 소비지출, 이전지출의 크기는 변화하지 않고 세금을 줄이고 공채를 더 발행했다고 하자. 1기의 세금 감면이 1기의 민간의 소비, 저축에 어떻게 변화를 가져오는지 설명해 보시오.

04   이 장에서 소개한 중복세대(OLG) 실물적 경기변동 모형에서 소비자의 문제는 아래와 같이 주어졌다.

$$\underset{c_t^t,\, c_{t+1}^t,\, k_t}{Max} \;\; \ln(c_t^t) + \beta \ln(c_{t+1}^t),\; 0 < \beta < 1$$

$$\text{subject to:} \quad \begin{aligned} c_t^t + k_t &= w_t \\ c_{t+1}^t &= (1 - \delta + r_{t+1})k_t \end{aligned}$$

단, c_t^t는 t기에 태어난 세대의 t기 소비이고 c_{t+1}^t는 t기에 태어난 세대의 t+1기 소비이다. 생산함수는 $f(l_t, k_{t-1}) = A_t l_t^\alpha k_{t-1}^{1-\alpha}$로 주어졌다. 감가상각률은 δ=1로 주어졌다.

(1)   이 경제의 경쟁시장(decentralized) 균형에서 경제전체의 저축과 투자가 같아야 한다. t기의 경제 전체의 소비, 저축, 투자를 표현하고, 균형에서의 k_t를 k_{t-1}의 함수로 구하시오.

(2)   현재 t기에 생산성(A)이 1단위 일시적으로 증가하면 자본량과 생산량은 t기와 t+1기에 얼마나 변화하는가? 변화의 크기는 β의 값에 따라 어떻게 다른가?

(3)   t기의 총소비와 투자를 구하시오. C_t와 I_t가 A_t에 대해서 얼마나 민감하게 반응하는지 탄력성을 구해 보시오.

05 실물적 경기변동모형을 가정하시오. 이 경제에서 경제 주체들이 미래의 소비보다는 현재의 소비를 더 선호하게 되는 일이 발생하였다. 그래프 또는 수식을 이용하여 설명하시오.

(1) 주어진 이자율에서 소비와 저축이 어떻게 변화하겠는지 설명하시오.

(2) 경제 전체의 산출량, 노동 공급량, 자본량, 실질임금, 실질이자율의 변화를 설명해 보시오.

06 무한기를 사는 대표 소비자의 효용함수와 예산 제약이 아래와 같이 주어졌다.

$$\underset{\{C_t, L_t\}}{Max} E_0\left[\sum_{t=0}^{\infty}\beta^t\left(\frac{C_t^{1-\sigma}}{1-\sigma}-\frac{L_t^{1+\varphi}}{1+\varphi}\right)\right]$$

such that $C_t + I_t = w_t L_t + r_t K_t$ where $I_t = K_{t+1} - (1-\delta)K_t$

소비자는 노동을 제공하고 얻은 임금과 자본을 대여하여 얻은 이윤을 바탕으로 소득과 투자를 결정한다. 소비자의 효용함수는 소비와 노동에 영향을 받는다.

기업은 매기 대표 소비자로부터 노동을 고용하고 자본을 대여함으로써 생산활동을 영위한다. 기업은 매기 아래의 이윤을 극대화하고자 한다.

$$\underset{\{L_t, K_t\}}{Max}\pi_t = \underset{\{L_t, K_t\}}{Max}\left[z_t K_t^{\alpha} L_t^{1-\alpha} - w_t L_t - r_t K_t\right]$$

이때 z_t는 기술충격이며 $\ln z_t = \rho_z \ln z_{t-1} + \varepsilon_{z,t}$와 같이 AR(1) 과정을 따른다고 하자.

(1) 가계의 효용극대화 문제를 쓰고, 일계 조건을 구하시오. 그리고 현재 소비(C_t)와 미래 소비(C_{t+1})의 관계식(오일러 방정식, Euler equation)과 현재 소비(C_t)와 현재 노동(L_t) 사이의 관계식을 구하시오.

(2) 기업에 대해서 이윤 극대화 문제를 풀어 일계 조건을 구하시오.

(3) 각 변수($C_t, I_t, K_t, L_t, Y_t, w_t, r_t, z_t$)에 대한 균제상태를 구하시오.

(4) (1)과 (2)에서 구한 일계 조건들과 예산 제약식, 생산함수, 그리고 시장청산 조건에 대하여 로그 선형화를 하시오.

(5) $\beta = 0.997$, $\alpha = 1/3$, $\delta = 0.025$, $\sigma = 2$, $\rho_z = 0.95$, $\varphi = 1$로 파라미터의 값을 캘리브레이션하고 1% 기술 충격이 있을 때 충격반응함수를 그림으로 보이시오. $\beta = 0.99$인 경우와 비교하시오.

제7장

화폐와 불완전
경쟁의 도입:
신축적 물가 모형

화폐와 불완전경쟁의 도입: 신축적 물가 모형

DYNAMICMACRO

7.1 서론

6장에서 배운 실물적 경기변동 이론에서는 완전경쟁의 가정하에서, 가계와 기업이 가격을 원하는 수준으로 설정하지 않고 그 수준이 시장에서 외생적으로 주어진다고 받아들이고 행동한다. 그리고 가격변수는 시장의 균형을 반영하여 수요와 공급을 일치시키는 수준으로 즉각적으로 움직인다고 가정한다.[1]

실물적 경기변동 모형의 또 다른 특징은 화폐가 고려되지 않는다는 점이다. 따라서 통화정책은 경제 전반에 어떠한 영향도 끼치지 못한다. 하지만 실증 분석에 따르면 통화량은 실물경제 변수에 상당한 영향을 끼치고 통화정책은 실물 경제의 변동을 가져온다(Christiano, Eichenbaum and Evans, 1999). 이와 같은 경제의 움직임을 분석하기 위해서는 6장에서 배운 모형의 변형이 필요하다.

7장에서는 실물적 경기변동 모형에 화폐를 도입한다. 하지만 화폐의 도입 그 자체는 실물적 경기변동 모형의 움직임에 (거의) 변화를 일으키지 않는다는 것을 알 수 있다.

화폐가 실물경제 변수에 상당한 영향을 미친다는 것을 모형으로 설명하기 위해서는 추가적으로 물가가 경직적이라는 가정이 도입되어야 한다. 그리고 물가

---

1) 물론 현실 경제에서 가격변수의 움직임을 보면 충분히 신축적이지는 않다. 미국의 소비자 물가 지수(CPI, Consumer Price Index)를 구성하는 약 350개 물품의 가격을 분석한 결과, 가격이 유지되는 기간의 중앙값이 약 4개월에서 6개월 동안임을 발견할 수 있다(Bils and Klenow, 2004). 특히 물품의 할인 등의 이유로 인한 가격 변동의 경우를 제외하면, 그 기간이 약 8개월에서 11개월 사이로 증가하는 것으로 밝혀졌다(Nakamura and Steinsson, 2008). 이는 임금에서도 마찬가지였다(Bewley, 1999; Dickens et al., 2007).

의 경직성을 고려하기 위해 먼저 기업의 가격 조정이 모형 내에서 가능해야 한다. 완전경쟁시장에서는 가격을 주어진 것으로 받아들이기 때문에 기업이 가격을 조정하기 위해서는 먼저 기업 간의 불완전경쟁이 도입되어야 한다.[2]

7.2 화폐를 도입한 실물적 경기변동 모형

먼저 살펴볼 모형은 간단한 실물적 경기변동 모형에 화폐를 도입한 경제를 상정한다.[3] 여기서 화폐는 가치 척도 혹은 회계 단위(a unit of account)의 의미만을 가진다.[4] 따라서 소비를 하기 위해서는 일정 단위의 화폐를 지불해야 하며 물가(P_t)는 소비 한 단위를 구매하기 위한 화폐의 양을 나타낸다. 물가는 신축적이며, 시장에서 가계와 기업의 행동은 완전경쟁시장에서 이뤄진다고 가정한다. 그리고 소비자는 채권(B_t)을 통해 자신의 자산 일부를 미래로 이전하는 것이 가능하다.

우리가 곧 보게 되듯이 위와 같이 화폐 부문을 도입하는 모형의 변형만으로는 서론에서 서술한 실물적 경기변동 이론의 한계점을 극복할 수 없다. 그럼에도 불구하고 우리가 간단한 화폐경제 모형을 공부하는 이유는 최종적으로 물가의 경직성과 통화정책의 유효성을 설명하기 위한 기초를 다지기 위함이다. 뿐만 아니라 이 장은 한 경제에서 자원의 효율적 배분(efficient allocation)에 대한 준거를 제공한다.

---

2) 경직적 물가의 분석은 8장에서 다루어진다.
3) 이 모형은 Gali(2008)에 a classical monetary model이라고 명명되어 있다. 실물적 경기변동 이론이 이어받은 '고전파적 전통에 충실하게 화폐를 도입한 모형'이라는 의미이다.
4) 다시 말해서 화폐가 직접적인 효용이나 다른 편익을 제공하지는 않는다. 동태적 거시경제학에서 많이 사용되는 예로서는 화폐의 보유가 가계의 효용을 증가시키는 '화폐를 포함하는 효용함수'(money in the utility function) 모형과 화폐의 보유가 거래비용을 감소시키는 '화폐를 포함하는 거래비용'(money in the transaction cost technology) 모형이 있다. 이론적으로 더 엄밀한 모형으로는, 화폐가 거래에 필수적인 상황에서 탐색과 매칭(search and matching)을 직접 모형화하는 화폐이론이 있다.

7.2.1 가계와 기업 그리고 시장의 균형

≫ 가계

가계는 무한 기 동안 살며, 소비와 노동으로 구성된 다음과 같은 효용함수를 극대화한다.

$$\mathrm{E}_0 \sum_{t=0}^{\infty} \beta^t U(C_t, L_t) = \mathrm{E}_0 \sum_{t=0}^{\infty} \beta^t \left\{ \frac{C_t^{1-\theta}}{1-\theta} - \frac{L_t^{1+\varphi}}{1+\varphi} \right\} \tag{1}$$

C_t는 소비이며 L_t는 노동을 나타낸다. β는 시간할인인자이다.

가계는 매기 다음과 같은 제약식을 만족해야 한다.

$$P_t C_t + Q_t B_t \leq B_{t-1} + W_t L_t - T_t \tag{2}$$

P_t는 물가, Q_t는 채권의 가격, B_t는 채권의 수량, W_t는 임금, T_t는 정액세 ($T_t > 0$) 혹은 정액 보조금($T_t < 0$)을 의미한다. 채권 B_t는 저량(stock) 변수로 t기 말 혹은 $t+1$ 초에 보유하고 있는 양을 의미한다. 그리고 채권의 가격 Q_t는 이자율의 역수의 관계를 갖는다($Q_t = 1/(1+i_t)$).[5] 따라서 채권은 1기간 후에 만기가 도래하며, 이번 기에 Q_t를 지불하면 다음 기에 화폐 한 단위를 지급받는다.

마지막으로 가계의 선택은 $\lim_{T \to \infty} \mathrm{E}_t[B_T] \geq 0$을 만족해야 한다. 이 제약조건을 노폰지 게임(no-Ponzi game)이라고 한다.[6] 이 조건은 경제주체가 계속해서 돈을 미래로부터 빌림으로써 현재에 소비를 원하는 대로 증가시킬 수 없도록 제한한다. 즉, 채권을 계속해서 발행하여 기존 부채를 상환하면서 극한에서 양의

---

5) 식 (2)의 채권은 6장에서의 채권과 달리 원금과 이자를 모두 포함한 채권이다. 참고로 6장에서는 채권 B_t가 원금만 포함하는 개념이고, 이 경우 제약식의 좌변에는 B_t 그리고 우변에는 $(1+i_{t-1})B_{t-1}$로 표시된다.

6) 이 조건은 수학부록에서 설명하는 횡단 조건(transversality condition)과 다르게 (최적화된 선택이 만족해야 하는 필요조건이 아니라) 모형의 모든 선택이 만족해야 하는 추가적인 제약조건(constraint)이다.

부채를 남길 수 없다는 조건이다.

위 모형의 라그랑지안(Lagrangian)은 다음과 같다.

$$\mathcal{L} = \mathrm{E}_0 \sum_{t=0}^{\infty} \beta^t \left[U(C_t, L_t) + \lambda_t (B_{t-1} + W_t L_t - T_t - P_t C_t - Q_t B_t) \right] \qquad (4)$$

소비자는 소비와 노동, 그리고 채권의 수량을 선택하는 최적화 행동을 하게 되므로 각각의 변수에 대한 1계 조건은 다음과 같다.

소비에 대한 1계 필요조건($\mathcal{L}_{c,t}$): $U_{c,t} = \lambda_t P_t$ (5)

노동에 대한 1계 필요조건($\mathcal{L}_{l,t}$): $U_{l,t} = -\lambda_t W_t$ (6)

채권에 대한 1계 필요조건($\mathcal{L}_{b,t}$): $\lambda_t Q_t = \beta \mathrm{E}_t \left[\lambda_{t+1} \right]$ (7)

소비에 대한 1계 필요조건 식 (5)와 노동에 대한 1계 필요조건 식 (6)을 결합하면 다음과 같은 소비와 노동 사이의 최적화 조건을 구할 수 있다.

$$-\frac{U_{l,t}}{U_{c,t}} = C_t^\theta L_t^\varphi = \frac{W_t}{P_t} \qquad (8)$$

소비에 대한 1계 필요조건 식 (5)와 채권에 대한 1계 필요조건 식 (7)을 결합하면

$$Q_t = \beta \mathrm{E}_t \left\{ \frac{U_{c,t+1}}{U_{c,t}} \frac{P_t}{P_{t+1}} \right\} = \beta \mathrm{E}_t \left\{ \left(\frac{C_{t+1}}{C_t} \right)^{-\theta} \frac{P_t}{P_{t+1}} \right\} \qquad (9)$$

와 같은 관계식이 나오는데, 이와 같은 현재 소비와 미래 소비 간의 최적화 조건을 오일러 방정식(Euler equation)이라고 한다.

위의 두 식 (8)과 (9)을 로그 선형화를 통해 다음의 방정식을 얻을 수 있다.[7]

---

7) 본문에서의 로그선형화 표시방법은 수학부록 A.6와 약간의 차이가 있다. 본문에서는 수식의 양변에 로그를 취하고 선형화하여서 그대로 표시하지만, 수학부록의 경우 선형화 이후에 균

$$w_t - p_t = \theta c_t + \varphi l_t \tag{10}$$

$$c_t = \mathrm{E}_t[c_{t+1}] - \frac{1}{\theta}\left(i_t - \mathrm{E}_t[\pi_{t+1}] - \rho\right) \tag{11}$$

단, $i_t \equiv -\ln Q_t$, $\rho \equiv -\ln\beta$, $\pi_{t+1} \equiv p_{t+1} - p_t$이다.

앞서 언급했듯이 이 모형은 화폐가 도입된 모형이다. 화폐가 직접적인 효용을 주지는 않지만, 회계의 단위로써 기능을 한다. 위의 모형에서는 화폐에 대한 수요함수가 정해지지 않지만, 우리는 학부 거시경제학에서 생각할 수 있는 일반적인 함수 $\frac{M_t}{P_t} = L(Y_t, i_t)$, $\frac{\partial L}{\partial Y} > 0$, $\frac{\partial L}{\partial i} < 0$ 을 고려할 수 있다. i_t는 명목이자율이며 Y_t는 소득이다. 구체적인 화폐수요함수의 예로서는 $\frac{M_t}{P_t} = \frac{Y_t}{(1+i_t)^\eta}$를 생각해 볼 수 있으며, 여기에서 $\eta(\geqq 0)$는 화폐수요의 이자율에 대한 준탄력성(semi-elasticity)이다. 이 식을 로그 선형화하면 다음과 같다.

$$m_t - p_t = y_t - \eta i_t \tag{12}$$

⨠ 기업

이 모형에서는 단 한가지의 재화만이 존재하며, 기업은 완전경쟁시장에서 가격수용자로서 이 단일재를 생산한다.
생산함수는 아래와 같다.

$$Y_t = A_t L_t^{1-\alpha}$$

A_t는 기술 수준을 나타내며 $a_t \equiv \ln A_t$이며 외생적으로 AR(1)[8]을 따른다.

제상태를 차감함으로써 결국 균제로부터 벗어난 정도에 대한 선형식으로 표시한다. 따라서 수학부록의 경우처럼 로그선형화를 할 경우 상수항이 사라지게 된다.

8) 자기회귀과정(autoregressive process)의 줄임말로 시계열 데이터 및 거시경제학에서 많이 쓰이는 확률과정(stochastic process) 중 하나이다. 일반적으로는 AR(p)라고 쓰며, 이는 t기의 확률변수가 $t-1$, $t-2$, ..., $t-p$기의 확률변수 값에 의존하는 경우를 말한다. 이때 p는 시차를 의미한다. 따라서 a_t가 AR(1)를 따르는 경우, $a_t = \rho_a a_{t-1} + \varepsilon_t$($\varepsilon_t$는 백색잡음과정, wh

생산함수를 로그 선형화하면 다음과 같다.

$$y_t = a_t + (1-\alpha)l_t \tag{13}$$

이 기업은 물가와 임금을 주어진 것으로 받아들이며 매기마다 다음과 같은 (단기) 이윤을 극대화한다.

$$Profit_t = P_t Y_t - W_t L_t$$

이윤극대화를 위해 노동에 대해 1계 조건을 취하면 아래와 같다.

$$\frac{W_t}{P_t} = (1-\alpha)A_t L_t^{-\alpha}$$

이는 노동의 (실질)한계비용과 (실질)한계수입이 같다는 노동수요함수로 해석할 수 있다.[9]

이 식을 로그 선형화하면 다음과 같다.

$$w_t - p_t = \ln(1-\alpha) + a_t - \alpha l_t \tag{14}$$

≫ 균형

이 모형의 두 경제주체인 가계와 기업을 분석하였으니 이제 시장에서 어떻게 균형이 이루어지는지를 분석해보자.

균형에서는 공급과 수요가 일치한다. 즉, 기업이 생산한 생산물(Y_t)을 소비자가 모두 소비(C_t)한다.

---

ite noise process)로 쓸 수 있다. 자세한 내용은 Hamilton(1994) 3.4 Augtoregressive Process를 참조하라.

9) 노동수요함수인 이 식을 $P_t = \dfrac{W_t}{(1-\alpha)A_t L_t^{-\alpha}}$ 로 다시 쓸 수 있다. 변환된 식은 재화의 가격과 생산하는 데 드는 한계비용이 같다는 조건, 즉 재화의 공급함수로 해석이 가능하다.

$$Y_t = C_t$$

이를 로그 선형화하면 아래와 같이 쓸 수 있다.

$$y_t = c_t \tag{15}$$

아래와 같이 앞에서 로그 선형화를 통해 얻은 아래의 식들을 생각해보자. (오일러 방정식은 포함하지 않았다.)

$$w_t - p_t = \theta c_t + \varphi l_t \tag{10}$$
$$y_t = a_t + (1 - \alpha) l_t \tag{13}$$
$$w_t - p_t = \ln(1 - \alpha) + a_t - \alpha l_t \tag{14}$$
$$y_t = c_t \tag{15}$$

식 (10), (14), (15)를 결합하면 다음의 식을 구할 수 있다.

$$\theta y_t + \varphi l_t = \ln(1 - \alpha) + a_t - \alpha l_t \tag{16}$$

그리고 식 (16)을 식 (13)과 연립하여 아래의 식들을 구할 수 있다.

$$l_t = \psi_{na} a_t + \vartheta_n \tag{17}$$
$$y_t = \psi_{ya} a_t + \vartheta_y \tag{18}$$

여기에서 계수는 다음과 같다.

$$\psi_{na} \equiv \frac{1 - \theta}{\theta(1 - \alpha) + \varphi + \alpha}, \quad \psi_{ya} \equiv \frac{1 + \varphi}{\theta(1 - \alpha) + \varphi + \alpha},$$
$$\vartheta_n \equiv \frac{\ln(1 - \alpha)}{\theta(1 - \alpha) + \varphi + \alpha}, \quad \vartheta_y \equiv (1 - \alpha)\vartheta_n$$

그리고 실질 이자율을 $r_t \equiv i_t - \mathrm{E}_t[\pi_{t+1}]$ 로 정의하면, 오일러 방정식인 식 (11), 식 (15) 그리고 식 (18)를 이용하여 다음을 구할 수 있다.

$$r_t \equiv \rho + \theta \mathrm{E}_t[\Delta y_{t+1}] = \rho + \theta \psi_{ya} \mathrm{E}_t[\Delta a_{t+1}] \tag{19}$$

그리고 실질 임금(ω_t)에 대해서는 $\dfrac{W_t}{P_t} = (1-\alpha)A_t L_t^{-\alpha}$이며 이를 로그 선형화하고 $\omega_t \equiv w_t - p_t$의 정의를 사용하면 다음과 같이 정리할 수 있다.

$$\omega_t = a_t - \alpha l_t + \ln(1-\alpha) = \psi_{wa} a_t + \vartheta_\omega \tag{20}$$

여기서 $\psi_{wa} \equiv \dfrac{\theta+\varphi}{\theta(1-\alpha)+\varphi+\alpha}$, $\vartheta_\omega \equiv \dfrac{(\theta(1-\alpha)+\varphi)\ln(1-\alpha)}{\theta(1-\alpha)+\varphi+\alpha}$이다.

우리가 주목해야 할 사실은 생산(y_t), 소비(c_t), 노동(l_t), 실질이자율(r_t), 실질임금(ω_t) 등의 실물변수들이 외생적 기술충격과 파라미터들에만 의존하며 명목변수인 물가와 화폐량과는 독립적으로 결정된다는 점이다. 따라서 물가 등의 명목변수가 어떻게 결정되는지에 관한 균형을 구하기 위해서는 추가적인 식이 필요하고, 이 역할을 통화정책이 하게 된다.

7.2.2 통화정책과 물가의 결정

피셔방정식에 의하면 명목이자율과 인플레이션의 움직임은 $i_t = \mathrm{E}_t[\pi_{t+1}] + r_t$을 만족한다. 이때, 중앙은행은 명목변수인 통화량 혹은 이자율을 조정함으로써 물가의 균형을 변화시키고 나아가 물가안정화(그리고 경제안정화까지)를 달성하고자 한다. 과거에는 통화량을 조절하는 통화정책이 보편적이었던 것에 반하여, 최근에는 많은 중앙은행이 명목이자율을 조정하는 통화정책을 실시하고 있다. 그리고 중앙은행의 명목이자율이 인플레이션율 혹은 경제성장률에 대해 어떻게 반응하도록 결정하는지를 보여주는 함수를 통화반응함수(monetary reaction function)라고 한다.[10] 명목이자율 혹은 통화량에 대한 통화당국의 결정에 따라 물가의 균형이 어떻게 변화하는지 알아본다.

≫ 명목이자율이 외생적으로 결정되는 경우

명목이자율 i_t가 외생적으로 결정되며 안정적인(stationary)[11] 시계열을 따른다고 하지. 모형의 균형식과의 불일치를 가져오지 않으려면 명목이자율의 평균은 ρ가 되어야 한다. 논의를 간단히 하기 위하여 외생적 시계열의 하나로 매기 $i_t = i = \rho$로 주어졌다고 생각해보자.

피셔방정식을 기대인플레이션을 중심으로 다시 쓰면 $\mathrm{E}_t[\pi_{t+1}] = i_t - r_t$이 되며, 실질이자율 r_t는 앞의 (19) 식에서 보았듯이 다른 실물변수와 마찬가지로 통화정책과 무관하게 외생적인 기술 a_t와 주어진 파라미터에 의하여 결정된다.

따라서 명목이자율이 외생적으로 결정되는 경우에는 기대인플레이션 $\mathrm{E}_t[\pi_{t+1}]$도 이미 기술 수준에 의해 결정된 것이다. 그렇지만 이 경우에 물가와 실제 인플레이션이 어떠한 수준으로 결정되는지는 정할 수 없다. 기대인플레이션을 물가에 관한 식으로 쓰면 $\mathrm{E}_t[p_{t+1} - p_t] = i_t - r_t$ 이 되며, 따라서 물가수준은 다음과 같이 결정된다.

$$p_{t+1} = p_t + i_t - r_t + \xi_{t+1}$$

여기에서 ξ_{t+1}은 실물경제와 무관한 외생적 충격이며 평균이 0이다 ($\mathrm{E}_t[\xi_{t+1}] = 0$). 이러한 충격을 경제학에서는 흑점 충격(sunspot shock)이라고 한다. 이처럼 경제와는 무관한 충격은 무한히 많이 존재하며 이러한 충격에 의

---

10) 자세한 내용은 Taylor(1993), Clarida, Gali and Gertler(1998, 2000)을 참고하라.

11) 안정적(stationary)인 과정은 해당 확률과정(stochastic process)이 미치는 영향이 시간이 지날수록 줄어드는 것을 의미한다. 확률과정의 안정성에 대해서는 강하게 안정적(strictly stationary)인 경우와 약하게 안정적(weak stationary)인 경우가 있으며 거시경제학에서는 주로 약하게 안정적인 확률과정을 사용한다. 약하게 안정적이라 함은, 임의의 확률과정(stochastic process) y_t의 기댓값과 분산이 시간 t에 의존하지 않으며($\mathrm{E}(y_t) = \mu$, $Var(y_t) = \gamma_0^2$), y_t의 자기공분산(Autocovariance)이 시차에만 의존한다는($\mathrm{E}[(y_t - \mu)(y_{t-s} - \mu)] = \gamma_s$) 것을 의미한다(즉, 확률과정의 1차 및 2차 모먼트가 시간에 대해서 무관(time-invarant)할 때를 말한다). 안정적(stationary)인 확률과정에 대한 자세한 설명은 Hamilton(1994) 3장을 참고하라.

해서 경제변수가 결정되면, 관계식을 만족하는 경제변수의 경로는 유일하게 결정될 수 없을 것이다. 결국 $p_{t+1} = p_t + i_t - r_t + \xi_{t+1}$을 만족하는 물가수준 경로는 임의의 $\{\xi_t\}_{t=0}^{\infty}$의 영향을 받으며 $\{p_t\}_{t=0}^{\infty}$ 역시 무수히 많게 된다.[12] 이러한 현상을 물가수준의 비결정성(price level indeterminacy)이라고 부른다.

⊗ 간단한 이자율 준칙

통화당국이 결정하는 이자율을 어떤 외생적인 경로를 따르지 않고 내생변수에 반응하는 준칙(rule)[13]을 따른다고 가정한다. 구체적인 예로서, 통화당국이 인플레이션의 변화에 대해서 명목이자율을 아래와 같이 결정한다고 하자.

$$i_t = \rho + \phi_\pi \pi_t, \ \phi_\pi \geq 0 \tag{21}$$

위 식에 의하면 $\pi_t > 0$일 때 i_t는 ρ보다 높고 $\pi_t < 0$이면 ρ보다 낮다. 이는 인플레이션이 발생할 경우 이자율을 ρ보다 높게 설정하여 경제를 진정시키고자 하며, 디플레이션이 발생할 경우 이자율을 ρ보다 낮게 설정함으로써 경제를 진작하고자 함을 의미한다. 식 (21)을 피셔방정식 $i_t = \mathrm{E}_t[\pi_{t+1}] + r_t$에 대입하면 $\rho + \phi_\pi \pi_t = \mathrm{E}_t[\pi_{t+1}] + r_t$이 되고, 다시 쓰면 다음과 같다.

$$\phi_\pi \pi_t = \mathrm{E}_t[\pi_{t+1}] + r_t - \rho = \mathrm{E}_t[\pi_{t+1}] + \hat{r}_t \ (\hat{r}_t \equiv r_t - \rho) \tag{22}$$

만약 $\phi_\pi > 1$이라면 π_t에 대한 위의 차분방정식 (22)는 미래의 값(π_{t+1}, $\pi_{t+2}, \cdots$)을 연속하여 대입하고, 이를 정리하면 아래와 같은 유일한 해를 갖게 된다.

---

12) 또한 화폐수요가 $m_t = p_t + y_t - \eta i_t$로 결정되는 것을 감안하면, 화폐량 역시 하나의 경로로 결정되지 않을 것이다.

13) 준칙(rule)은 미리 정한 규칙에 따라 정책을 이행하는 것을 의미한다. 하지만 현실에서 매번 준칙대로 정책을 이행하는 데에는 어려움이 있다. 특히 중앙은행의 의사결정은 현재뿐만 아니라 미래의 경제에 대해서도 영향을 끼치므로 현재 발표한 준칙이 미래에는 최적의 행동이 아닐 수도 있다. 따라서 중앙은행은 미래에 새롭게 최적 정책을 실시하는 재량(discretion)을 발휘할 수도 있다. 자세한 내용은 본서 9.5절에서 살펴본다.

$$\pi_t = \sum_{k=0}^{\infty} \phi_\pi^{-(k+1)} E_t \{\hat{r}_{t+k}\} \tag{23}$$

식 (23)에서 $\hat{r}_t \equiv r_t - \rho$ 이며, r_t는 앞서 보았듯이 기술충격과 모형의 파라미터로 정해진다. 결국 (기대인플레이션뿐만 아니라) 인플레이션이 모형 내에서 결정되고 최종적으로 물가수준 역시 유일하게 결정된다.

이를 좀 더 수식적으로 살펴보면, 우리는 기술충격이 AR(1)을 따른다고 가정했으므로 $a_t = \rho_a a_{t-1} + \varepsilon_t^a$로 쓸 수 있다.

또한 식 (19)에 의해 $r_t = \rho + \theta\psi_{ya} E_t[\Delta a_{t+1}]$이므로 다음과 같이 정리할 수 있다.

$$
\begin{aligned}
\hat{r}_t &= \theta\psi_{ya} E_t[\Delta a_{t+1}] \\
&= \theta\psi_{ya}[E_t[a_{t+1}] - a_t] \\
&= \theta\psi_{ya}[\rho_a a_t - a_t] \\
&= -\theta\psi_{ya}(1 - \rho_a)a_t
\end{aligned}
\tag{24}
$$

따라서 식 (23)에서의 인플레이션을 식 (24)를 통해 다음과 같이 구할 수 있다.

$$\pi_t = \sum_{k=0}^{\infty} \phi_\pi^{-(k+1)} E_t \{\hat{r}_{t+k}\} = -\frac{\theta\psi_{ya}(1 - \rho_a)}{\phi_\pi - \rho_a} a_t$$

반대로 $\phi_\pi < 1$라면 (23) 식에서는 계수값이 계속 커지면서 수렴이 되지 않아 유일한 해를 구할 수 없다. 인플레이션은 식 (22)에 의해 $\pi_{t+1} = \phi_\pi \pi_t - \hat{r}_t + \xi_{t+1}$와 같이 쓸 수 있으며 흑점 충격에 의존하게 된다. 외생적인 명목이자율의 경우처럼 물가와 인플레이션은 무수히 많은 균형을 갖는다.

이와 같이 명목이자율이 인플레이션에 반응하는 계수가 1보다 크냐 작으냐에 따라서 물가결정의 결과가 바뀌기 때문에, 중앙은행이 명목이자율을 결정할 때 인플레이션에 대해서 1대1보다 더 크게 반응해야 한다는 것을 테일러 원칙

(Taylor principle)이라고 부른다.[14]

≫ 외생적인 통화 공급

최근에는 다수의 중앙은행 통화정책이 이자율의 결정을 통해 이루어지지만 과거에는 통화량을 조절하는 정책을 실시하기도 하였다. 만약 통화량이 외생적으로 결정된다면 물가는 어떻게 결정되는지 알아보자.

우리는 소비자의 화폐수요함수 식 (12) $m_t - p_t = y_t - \eta i_t$에 피셔방정식 $i_t = \mathrm{E}_t[\pi_{t+1}] + r_t = \mathrm{E}_t[p_{t+1} - p_t] + r_t$을 대입함으로써 다음을 구할 수 있다.

$$p_t = \left(\frac{\eta}{1+\eta}\right)\mathrm{E}_t[p_{t+1}] + \left(\frac{1}{1+\eta}\right)m_t + u_t \tag{25}$$

여기서 $u_t \equiv \dfrac{1}{1+\eta}(\eta r_t - y_t)$이다. 식 (25)를 미래에 대해서 연속적으로 대입하면 다음과 같이 구할 수 있다.

$$p_t = \frac{1}{1+\eta}\sum_{k=0}^{\infty}\left(\frac{\eta}{1+\eta}\right)^k \mathrm{E}_t[m_{t+k}] + u_t{}' \tag{26}$$

여기서 $u_t{}' \equiv \sum_{k=0}^{\infty}\left(\dfrac{\eta}{1+\eta}\right)^k \mathrm{E}_t[u_{t+k}]$이다. 여기에서 통화량이 외생적으로 결정된다면 물가(p_t)는 외생적으로 유일하게 결정될 것이다.

식 (26)을 이번 기의 통화량과 기대되는 미래 통화증가율($\triangle m_{t+k} \equiv m_{t+k} - m_{t+k-1}$)의 함수로 표현하면 다음과 같이 쓸 수 있다.

$$p_t = m_t + \sum_{k=1}^{\infty}\left(\frac{\eta}{1+\eta}\right)^k \mathrm{E}_t[\Delta m_{t+k}] + u_t{}' \tag{27}$$

---

14) 예를 들어서, $i_t = \rho + \pi_t + 0.5(\pi_t - \pi^*) + 0.5(y_t - y^*)$와 같은 테일러 준칙(rule)은 인플레이션에 대한 계수가 1.5이므로 이 준칙은 테일러 원칙(principle)을 만족한다.

그리고 명목이자율의 수준은 식 (12)와 식 (27)을 이용하여 다음과 같이 구할 수 있다.

$$i_t = \frac{1}{\eta}[y_t - (m_t - p_t)] = \frac{1}{\eta}\sum_{k=1}^{\infty}\left(\frac{\eta}{1+\eta}\right)^k E_t[\Delta m_{t+k}] + u_t^n$$

즉, 명목이자율은 미래 통화증가율만의 함수로 적을 수 있다.[15] 여기서 $u_t^n \equiv \frac{1}{\eta}(u_t' + y_t)$이다.

통화량 변화량이 아래와 같이 AR(1)을 따른다고 가정하자.

$$\Delta m_t = \rho_m \Delta m_{t-1} + \varepsilon_t^m$$

논의의 편의를 위해 $y_t = r_t = 0$을 가정하면 물가수준 p_t와 명목이자율 i_t를 아래와 같이 간단하게 쓸 수 있다.

$$p_t = m_t + \frac{\eta\rho_m}{1+\eta(1-\rho_m)}\Delta m_t$$

$$i_t = \frac{\rho_m}{1+\eta(1-\rho_m)}\Delta m_t$$

만일 $\rho_m = 0$이면 통화량의 변화가 미래 통화 증가율의 변화를 가져오지 않아 $p_t = m_t, i_t = 0$이 된다. 그런데 대부분의 현실 경제에서 통화증가율이 지속적인 움직임을 보여주고 따라서 $\rho_m > 0$이라면, 통화량 증가에 대해 물가는 변화량 크기보다 더 크게 상승하고 이자율 역시 통화량 증가와 함께 상승하게 된다. 그런데, 많은 실증 분석에서 물가가 통화정책에 대하여 더디게 움직이며 통화량 증가 시에 명목이자율은 증가하기보다는 하락하는 유동성 효과(liquidity effect)를 보여준다. 간단한 화폐경제 모형은 위에서 수식으로 본 바와 같이 유동성 효과를 보여주지 않는다는 특징을 갖는다.

---

15) 즉, 이번기 통화량은 다음 기 통화증가율을 통해서만 명목이자율에 영향을 미친다.

7.3 불완전경쟁과 가격설정

우리는 다음 장인 8장에서 가격의 경직성을 도입할 예정이다. 그런데 가격이 어떠한 방식으로 경직적인지를 논하기 위해서는 우선 기업이 가격을 설정할 수 있는 토대가 마련되어야 한다. 앞 절의 간단한 화폐경제 모형은 완전경쟁을 가정하여 기업이 가격을 주어진 것으로 받아들이고 행동한다.

이 절에서는 거시경제학에서 가장 많이 사용되는 형태의 불완전경쟁을 소개하고 이러한 시장구조에서 이윤극대화를 추구하는 기업이 어떻게 가격을 설정하는지 분석한다. 이러한 분석을 통하여 우리는 불완전경쟁의 도입 그 자체만을 가지고는 통화정책이 실물경제변수에 여전히 영향을 미치지 못한다는 것을 확인할 것이다.

7.3.1 다양한 재화와 불완전경쟁

2절에서 살펴본 간단한 화폐경제 모형에서 모든 기업은 동일한 재화를 생산하며 가격 수용자로서 행동한다. 하지만 3절에서 가계가 소비하는 재화는 0부터 1까지의 실수와 1:1 대응할 수 있는 소비재들($C(i)$, $i \in [0,1]$)이다. 또한 이들 소비재 간의 대체가 불완전하며, 각각의 소비재를 생산하고 이의 가격을 설정하는 기업들이 무수히 많이 존재하는 불완전경쟁시장을 가정한다.

위와 같은 불완전경쟁이 도입된 경우의 생산량은 앞서 살펴본 완전경쟁시장에서의 생산량보다 적게 된다. 이는 미시경제학에서 불완전경쟁시장에서 생산되는 재화의 수량은 완전경쟁시장에서의 균형생산량보다 적다는 원칙의 한 예를 제공한다. 불완전경쟁시장 도입 효과의 분석을 용이하게 만들기 위하여 이 절에서는 정태적(static) 모형을 소개한다.[16] 동태적(dynamic) 모형은 다음 8장에서 경직적 가격이라는 추가적 가정을 도입한 이후에 분석할 예정이다.

7.3.2 모형

간단한 화폐경제 모형의 경우와 마찬가지로 3절의 모형도 가계와 기업으로 구성되어 있다. 다양한 재화의 존재와 불완전경쟁이 가계와 기업의 행위를 어떻

---

16) 따라서 3절에서는 시간을 나타내는 아랫첨자 t를 생략한다.

게 바꾸는지에 유의하면서 분석하도록 하자.

≫ 가계

앞에서와 마찬가지로 가계는 소비와 노동을 통해 효용을 얻는다. 이 때 소비는 무수히 많은 소비재 $C(i)$를 소비하는데, 여러 재화를 나타내는 $i \in [0,1]$ 간에는 일정한 대체탄력성을 갖는 CES(constant elasticity of substitution) 함수의 형태를 가정한다.[17)

$$U(C,L) = C - \frac{L^{1+\varphi}}{1+\varphi} \quad (\varphi > 0) \tag{28}$$

그리고 $C = \left[\int_0^1 C(i)^{\frac{\varepsilon-1}{\varepsilon}} di \right]^{\frac{\varepsilon}{\varepsilon-1}}$, ε: 대체탄력성(elasticity of substitution), $\varepsilon > 1$

효용함수는 (복합적) 소비인 C의 한계효용이 일정한 소비 C의 선형함수이다. 소비자는 모든 개별 소비재 $C(i)$와 노동 L에 대해서 최적화를 하며, 예산제약식은 간단한 화폐경제 모형과 유사한 형태를 띨 것이다. 소비자가 Z만큼의 예산을 갖고 있다면 예산제약은 다음과 같다.

$$\int_0^1 P(i)C(i)di = Z \tag{29}$$

우리는 가계의 분석을 가계 효용극대화의 1계 조건을 바로 구하는 간단한 화

---

17) 식 (28)의 소비 C를 구성하는 소비재 $C(i)$와 소비재 $C(j)$의 가격이 각각 $P(i)$와 $P(j)$로 주어졌다고 생각해보자. 효용극대화를 하는 소비자의 관점에서 각각의 소비재 사이에 대해서 $MRS_{ij} = P_i/P_j$가 성립해야 한다. 소비재 $C(i)$의 한계효용이 $MU(i) = \frac{\varepsilon}{\varepsilon-1} C^{\frac{1}{\varepsilon-1}} \frac{\varepsilon-1}{\varepsilon} C(i)^{\frac{-1}{\varepsilon}}$ 이므로 $MRS_{ij} = \left(\frac{C(i)}{C(j)} \right)^{-1/\varepsilon}$ 이다. 따라서 균형에서 대체탄력성 $-\frac{d\ln[C(i)/C(j)]}{d\ln[P(i)/P(j)]}$ 을 구하면 ε 이다. 모든 소비재 $i,j \in [0,1]$에 대해서 대체탄력성이 ε로 일정하므로 식 (28)과 같은 함수를 CES 함수라고 한다. $\varepsilon \to 1$이 되면, 콥더글라스 함수가 된다.

폐경제 모형의 분석과는 다른 방식으로 접근한다. 우선 우리는 소비자가 예산 제약조건하에서 복합적 소비를 극대화하는 문제를 먼저 푼 후, 이러한 최적화 행동을 가정한 이후에 노동의 공급을 어떻게 정하는지, 두 가지 문제로 나누어서 분석할 것이다. 이렇게 2단계로 나누는 방법은 불완전경쟁의 함의를 이해하는 데 많은 도움을 줄 것이다.

첫 번째 문제의 분석은 다음과 같은 라그랑지안을 통해서 가능하다.

$$\mathcal{L} = \left[\int_0^1 C(i)^{\frac{\varepsilon-1}{\varepsilon}} \, di \right]^{\frac{\varepsilon}{\varepsilon-1}} + \lambda \left[Z - \int_0^1 P(i)C(i)di \right] \tag{30}$$

식 (30)를 통해 각각의 소비재 $C(i)$에 대해 1계조건을 구하면 다음과 같다.

$$\frac{\varepsilon}{\varepsilon-1} \left[\int_0^1 C(j)^{\frac{\varepsilon-1}{\varepsilon}} \, dj \right]^{\frac{1}{\varepsilon-1}} \frac{\varepsilon-1}{\varepsilon} C(i)^{-\frac{1}{\varepsilon}} = \lambda P(i) \tag{31}$$

이는 모든 $i \in [0,1]$에 대해서 성립한다. 그리고 개별소비의 최적 선택을 찾기 위해 소비재 $C(i)$가 $C(i) = AP(i)^{-\varepsilon}$와 같은 형태를 갖는다고 상정해 본다.

상정된 식을 제약식인 $\int_0^1 P(i)C(i)di = Z$에 대입하면 다음과 같다.

$$A = \frac{Z}{\int_0^1 P(j)^{1-\varepsilon}dj} \tag{32}$$

모든 i에 대해서 최적소비는 다음과 같이 구할 수 있다.

$$C(i) = \frac{Z}{\int_0^1 P(j)^{1-\varepsilon}dj} P(i)^{-\varepsilon} \tag{33}$$

이에 이 최적소비식의 의미를 직관적으로 이해하기 위하여 최적소비를

$C = \left[\int_0^1 C(i)^{\frac{\varepsilon-1}{\varepsilon}} di \right]^{\frac{\varepsilon}{\varepsilon-1}}$ 에 대입하면 다음과 같이 정리할 수 있다.[18]

$$C = \left[\int_0^1 \left(\frac{Z}{\int_0^1 P(j)^{1-\varepsilon} dj} P(i)^{-\varepsilon} \right)^{\frac{\varepsilon-1}{\varepsilon}} di \right]^{\frac{\varepsilon}{\varepsilon-1}}$$

$$= \frac{Z}{\int_0^1 P(j)^{1-\varepsilon} dj} \left(\int_0^1 P(i)^{1-\varepsilon} di \right)^{\frac{\varepsilon}{\varepsilon-1}} = \frac{Z}{\left(\int_0^1 P(i)^{1-\varepsilon} di \right)^{\frac{1}{1-\varepsilon}}} \tag{34}$$

이제 P를 $P = \left(\int_0^1 P(i)^{1-\varepsilon} di \right)^{\frac{1}{1-\varepsilon}}$ 와 같이 정의하면 제약식은 다음과 같다.

$$Z = \int_0^1 P(i)C(i)di = PC \tag{35}$$

그리고 우리는 P를 C에 대응하는 물가지수라고 부를 수 있다. 이제 이러한 관계식을 이용하여, 식 (34)를 다시 표현하면 다음과 같다.

$$C(i) = \frac{Z}{\int_0^1 P(j)^{1-\varepsilon} dj} P(i)^{-\varepsilon} = \frac{Z}{P^{1-\varepsilon}} P(i)^{-\varepsilon}$$

$$= \frac{P(i)^{-\varepsilon}}{P^{-\varepsilon}} \frac{Z}{P} = \left(\frac{P(i)}{P} \right)^{-\varepsilon} C \tag{36}$$

직관적으로 해석하면, 개별 소비가 차지하는 비중은 이 재화의 가격이 물가지수

---

18) $\dfrac{Z}{\int_0^1 P(j)^{1-\varepsilon} dj}$ 는 i와 무관하여 적분기호 밖으로 뺄 수 있다.

에 비하여 높을수록 일정한 탄력성의 크기에 따라 줄어든다고 이해할 수 있다. 만약 ε가 무한대로 간다면 불완전시장의 균형은 완전경쟁시장과 동일한 결과임을 수학적으로 알 수 있으며, 이는 완전경쟁시장에서의 상품 간의 대체탄력성이 무한이라는 성질과 일치한다.

소비에 대한 최적화 분석을 마쳤으므로, 두 번째 문제인 노동에 대한 최적 선택을 분석하도록 하자. (동학의 대상인 채권의 선택을 제외하고 보면) 소비자는 노동과 기업의 이윤(R)를 통해 $WL + R$의 소득을 얻고 이는 Z를 구성하게 된다. 따라서 $C = \dfrac{Z}{P} = \dfrac{WL + R}{P}$가 성립하고 이를 효용함수에 대입하여 노동에 대한 최적 선택을 하면 아래와 같다.

$$\max \frac{WL + R}{P} - \frac{L^{1+\varphi}}{1+\varphi} \tag{37}$$

식 (37)와 관련된 L에 관한 1계 조건은 다음과 같다.

$$\frac{W}{P} - L^{\varphi} = 0$$

마지막으로 노동 공급함수는 다음과 같이 구할 수 있다.

$$L = \left(\frac{W}{P}\right)^{\frac{1}{\varphi}} \tag{38}$$

효용이 (복합적) 소비에 선형으로 의존하기 때문에 노동의 공급은 실질임금에만 의존한다.

≫ 기업

개별 소비재인 $C(i)$를 생산하는 기업은 무수히 많이 존재하며, 각 기업은 가격 $P(i)$을 설정하여 이윤을 극대화한다. 노동시장은 수요와 공급 측면에서 모두 완전경쟁시장이므로, 기업은 임금을 주어진 것으로 받아들인다.

생산함수는 아래와 같이 모든 기업($i \in [0,1]$)에 대해 동일하다.

$$Y(i) = L(i)$$

분석의 편의를 위하여 기업의 생산량은 노동 투입량에 선형으로 의존하며, 노동의 한계생산성은 1의 수준에서 일정하다고 가정한다.

따라서 각 기업의 실질 이윤 함수를 표현하면 아래와 같다.

$$\frac{Profit(i)}{P} = \frac{P(i)}{P} Y(i) - \frac{W}{P} L(i) \tag{39}$$

각 기업은 생산한 $Y(i)$에 대해서 $P(i)$만큼의 가격을 설정하고 이렇게 받은 수익에서 비용인 임금을 $WL(i)$만큼 지불하면 명목이윤이 되고, 이를 물가지수 P로 나누어서 실질 이윤을 구할 수 있다.

불완전경쟁 시장에서 공급하는 기업의 선택변수는 가격으로 볼 수도 있고 수량으로 볼 수도 있다. 이 두 변수의 관계가 이윤극대화에서 하나의 제약조건인데, 우리의 경우에는 각 재화의 가격 $P(i)$에 의존하는 $Y(i)$의 수요함수가 이에 해당한다. 즉, 가계의 최적화 행위를 기반으로 $Y(i)$를 $P(i)$에 대한 함수로 표현해보자.

시장 균형을 생각해보면 모든 i에 대해서 $Y(i) = C(i)$이 성립하고, 따라서 총량의 개념에서 보았을 때 역시 $Y = C$ 가 성립한다. 앞에서 가계의 최적화 행위에서 유도한 $C(i) = \left(\frac{P(i)}{P}\right)^{-\varepsilon} C$를 $Y(i) = C(i) = \left(\frac{P(i)}{P}\right)^{-\varepsilon} C = \left(\frac{P(i)}{P}\right)^{-\varepsilon} Y$ 로 바꾸어 쓸 수 있고, 이 식을 각 재화 $Y(i)$에 대한 수요함수로 취급할 수 있다.

실질 이윤 식 (39)에 $L(i) = Y(i)$ 및 $Y(i) = \left(\frac{P(i)}{P}\right)^{-\varepsilon} Y$를 다음과 같이 구할 수 있다.

$$\frac{Profit(i)}{P} = \left(\frac{P(i)}{P}\right)^{1-\varepsilon} Y - \frac{W}{P} \left(\frac{P(i)}{P}\right)^{-\varepsilon} Y \tag{40}$$

이 표현은 가격 $P(i)$가 직접적 그리고 간접적으로 이윤에 미치는 영향을 보여준다.

이제 기업의 최적가격을 구하기 위해 식 (40)에서 $P(i)/P$에 대한 1계 조건을 구하면 다음과 같다.

$$(1-\varepsilon)\left(\frac{P(i)^*}{P}\right)^{-\varepsilon}Y+\varepsilon\frac{W}{P}\left(\frac{P(i)^*}{P}\right)^{-\varepsilon-1}Y=0 \tag{41}$$

그리고 식 (41)을 풀면, 기업이 설정하는 최적가격은 최종적으로 다음과 같다.

$$\frac{P(i)^*}{P}=\frac{\varepsilon}{\varepsilon-1}\frac{W}{P} \text{ 혹은 } P(i)^*=\frac{\varepsilon}{\varepsilon-1}W \tag{42}$$

생산함수가 $Y(i)=L(i)$이기 때문에 결국 각 기업의 한계비용은 W, 즉 명목임금이 된다. 따라서 우리는 각 기업이 불완전경쟁시장하에서 자신들의 시장지배력을 통해 한계비용보다 일정 수준의 마크업(mark-up)을 반영하여 최적가격 $P(i)^*$을 설정한다. 그리고 $\varepsilon>1$이기 때문에 기업이 적용하는 마크업 수준은 $\frac{\varepsilon}{\varepsilon-1}>1$임을 알 수 있다.

>> 균형

가계와 기업의 최적행위가 시장에서 어떻게 균형에 이르는지를 분석하면, 불완전경쟁이 사회의 생산 수준에 어떤 영향을 미치는지를 알 수 있다.

우리가 가정한 모형에서 모든 기업은 동일한 형태의 생산함수, 수요곡선과 비용함수에 직면함을 알 수 있었다. 이와 같이 모형 내의 주체들은 모두 대칭적이다. 그리고, 각 변수의 총량으로 볼 때 $Y=C=L$이 성립한다.

이를 가계의 분석에서 구한 노동공급 곡선에 대입해보면 $\frac{W}{P}=L^{\varphi}=Y^{\varphi}$ 관계를 도출할 수 있다. 다시 이를 위에서 본 기업의 가격 결정식 식 (42)에 대입하면 다음을 구할 수 있다.

$$\frac{P(i)^*}{P} = \frac{\varepsilon}{\varepsilon-1}\frac{W}{P} = \frac{\varepsilon}{\varepsilon-1}Y^\varphi \tag{43}$$

대칭적인 균형에서, 즉 모든 기업들이 동일한 가격 $P(i) = P^*$로 설정하게 되면 일반 물가수준 역시 $P = \left(\int_0^1 P^{*1-\varepsilon}di\right)^{\frac{1}{1-\varepsilon}} = P^*$로 같은 수준에서 결정된다. 따라서 $1 = \frac{P(i)^*}{P} = \frac{\varepsilon}{\varepsilon-1}Y^\varphi$이므로 이 모형의 균형에서의 생산량은 $Y = \left(\frac{\varepsilon-1}{\varepsilon}\right)^{\frac{1}{\varphi}} < 1$이다.

7.3.3 불완전경쟁의 함의

앞에서 우리는 불완전경쟁이 가계와 기업의 행위를 어떻게 바꾸는지 그리고 시장의 균형이 어떻게 결정되는지 분석하였다. 이제 이러한 분석을 이용해서 불완전경쟁이 가지는 경제학적 의미를 알아보고, 특히 불완전경쟁이 효율적 자원배분에 끼치는 영향을 분석한다.

≫ 불완전경쟁 균형의 경제학적 의미

위의 균형분석에서 보았듯이 이 모형에서는 시장이 완전경쟁시장이 아닌 독점적 경쟁시장의 형태를 띠며 각 기업이 시장지배력(market power)을 갖고 있어 생산량이 사회적으로 최적의 수준인 1보다 낮은 수준으로 결정된다. 만약 완전경쟁시장이라면 최적 생산량은 1일 것이다.

완전경쟁시장의 균형은 사회 계획자(social planner)의 입장에서 풀 수 있는데, 우리의 모형에서 $Y = C = L$이므로 소비자의 효용함수를 $C - \frac{L^{1+\varphi}}{1+\varphi} = L - \frac{L^{1+\varphi}}{1+\varphi}$로 다시 쓸 수 있다. 이 효용함수를 L에 대해 극대화하면 1계 필요조건이 $1 - L^\varphi = 0$이고, 이 조건의 해는 $1 = L^* = Y^*$이다. 즉 완전경쟁시장하에서 최적 생산량은 1이다.

독점적 경쟁 가정하에서 왜 최적 생산량이 1보다 적은지에 대해 조금 더 알아보자. 독점적 경쟁시장이 각 기업이 직면하는 수요함수는 우하향하는 함수로 가격

(P)이 한계수입(MR)보다 더 크고 결국 노동의 한계수입생산물(marginal revenue product of labor, $MR \times MPL$)이 명목한계생산물(nominal marginal product, $P \times MPL$)보다 작다. 따라서 완전경쟁시장일 경우보다 노동을 적게 고용하게 된다. 또한 공급측면에서도 마찬가지다. 노동시장에서 실질임금 $\frac{W}{P}$는 균형하에서 $1 = \frac{\varepsilon}{\varepsilon-1}\frac{W}{P}$, 즉 $\frac{W}{P} = \frac{\varepsilon-1}{\varepsilon}$로 1보다 작지만 노동자의 한계생산은 1로 이보다 더 크다. 따라서 노동 공급의 유인이 그만큼 줄어들어 생산량 역시 1보다 낮은 수준에서 결정된다. 완전경쟁시장에서의 균형과 불완전경쟁시장에서의 균형 생산량의 차이는 $1 - \left(\frac{\varepsilon-1}{\varepsilon}\right)^{1/\varphi}$로, 각 기업이 갖는 시장지배력이 클수록 ($\varepsilon$이 작을수록) 그리고 노동공급이 실질임금에 더 탄력적으로 반응할수록(φ가 작을수록) 커진다.

≫ 불완전경쟁 균형과 경기변동

이처럼 불완전경쟁하에서의 균형 생산량은 완전경쟁의 경우보다 더 적게 되며, 이 외에도 불완전경쟁은 다음과 같은 함의를 갖는다. 먼저, 경기변동의 관점에서 호황과 불황이 사회 후생에 비대칭적인 영향을 끼친다(Mankiw, 1985). 호황과 불황에 무관하게 독점적 경쟁시장하에서의 균형은 사회적 최적 수준보다 약간 낮은 수준이다. 따라서 (최적 수준은 변하지 않고) 균형 생산량이 올라가는 호황의 경우 경제가 사회적 최적에 가까워지며, 불황의 경우는 사회적 최적에서 더 멀어지는 경우가 된다. 이러한 함의는 우리가 생산량이 (약간) 늘어나는 호황을 좋다고 생각하며 생산량이 줄어드는 불황을 나쁘다고 생각하는 일반적인 사회관념과 일치한다.

그리고 불완전경쟁하에서는 기업의 가격 설정에 외부성이 존재한다(Blanchard and Kiyotaki, 1987). 만약 모든 기업들이 일제히 가격을 내린다고 하자. 그렇다면 총 물가수준인 P 역시 하락하며 $Y = \frac{M}{P}$ 관계식에 따라 사회의 총생산량이 증가하게 된다. 이는 각 기업이 직면하는 수요함수인 $Y(i) = \left(\frac{P(i)}{P}\right)^{-\varepsilon} Y$의 증가를 의미하게 된다. ($P(i)$와 P의 하락은 동일하므로 서로 상쇄될 것이다.)

불완전경쟁시장에서의 균형에서는 $P > MR = MC$ 의 관계식이 성립하는데, 이와 같은 추가적인 판매는 기업의 이윤 증가로 이어지고, 해당 기업을 소유하는 가계의 효용 증가로 이어진다. 이를 총수요 외부성(aggregate demand externality)이라고 부른다.

마지막으로 균형식에서 보았듯이 $Y = \left(\dfrac{\varepsilon - 1}{\varepsilon}\right)^{\frac{1}{\varphi}}$, $Y = L = C$로 통화정책이 여전히 실물 변수에 아무런 영향을 끼치지 않는다. 따라서 우리는 통화정책 및 명목변수의 실물변수에 대한 영향을 설명하기 위해서는 불완전경쟁 도입 외 추가적인 가정의 도입 혹은 가정의 완화가 필요하게 된다.

≫ Lucas의 불완전 정보 모형

앞에서 본 바와 같이 신축적 가격 모형에서 통화정책이 실물변수에 영향을 미치지 못한다. 이 과정에서 암묵적으로 사용된 가정 중 하나는 정보가 완전하다는 점이다. 즉, 모든 경제주체는 경제의 상태에 관하여 완전한 (혹은 동일한) 정보를 갖고 있다고 가정한다. 이 가정을 완화하여 정보가 불완전하다고 가정하면 통화정책이 실물에 영향을 미칠 수 있으며, 특히 총공급곡선이 우상향함을 보일 수 있다.

Lucas(1972, 1973)은 n명의 생산자들($i = \{1, 2, 3, ..., n\}$)이 존재하는 경제에서 각 생산자들이 자신이 생산하는 상품에 대한 가격은 완벽하게 알고 있지만 다른 상품의 가격은 알 수 없는 경우를 가정한다. 즉, 경제 전체의 물가에 대한 정보가 불완전하게 존재하는 것이다. 그리고 해당 경제에는 크게 두 가지 충격이 있다. 먼저, 상대가격을 변화시키는 개별 생산물에 대한 수요 충격($z_{i,t}$)이 존재하며, 다른 하나는 모든 상품의 가격이 동일한 비율로 상승시키는 통화 충격(m_t)이다. 특히 통화 충격은 총수요 충격의 성격을 지니며 모든 상품의 가격을 동일한 비율로 상승시킨다고 가정한다. 개별 생산자의 수요함수 $Y(i) = \left(\dfrac{P(i)}{P}\right)^{-\varepsilon} Y$ 의 관점에서 보았을 때, 통화 충격은 상대가격의 변화를 일으키지 않으므로 개별생산량은 물론 총생산량에 변화를 일으키지 못한다. 그러나 정보가 불완전하면 통화 충격 발생 시 생산자는 개별 생산물의 가격이 오른 것으로 판단하여 생산을 증가시킬 수 있다. 따라서 통화량은 실물 변수에 영향을 미칠 수 있다.

아래의 간단한 모형을 통해 이를 알아보자. 경제 내 n명의 생산자가 자신이 공급하는 상품의 가격 $P_t(i)$를 설정할 수 있다. 그리고 경제 전체의 일반물가는 P_t라고 한다. 그리고 각 공급자의 상품 공급은 상대가격에 의하여 이루어진다.

$$Y_t(i) = a \left[P_t(i) - \mathrm{E} \left[P_t \mid I_t(i) \right] \right] + Y_n(i) \tag{44}$$

이때, $a > 0$, $0 < \lambda < 1$이다. 그리고 $\mathrm{E} \left[P_t \mid I_t(i) \right]$는 각 공급자가 시장에서 얻을 수 있는 모든 정보 $I_t(i)$를 바탕으로 예측한 P_t를 의미한다. 일반 물가 P_t는 예기치 못한 통화량의 변동이 있으면 정해진 추세치에서 벗어날 수 있다. 이를 식으로 표현하면 아래와 같다.

$$P_t = \overline{P} + m_t \tag{45}$$

여기서 $\overline{P}$는 P_t의 추세치이며 m_t는 총수요 충격 혹은 통화량 충격이며 $m_t \sim N(0, \sigma_m^2)$을 따른다. 반면 각 상품 물가 $P_t(i)$는 일반 물가 P_t와 달리 시장마다 시장 고유의 (생산 또는 수요의) 충격이 있어 가격이 같지 않다고 한다.

$$P_t(i) = P_t + z_{i,t} \tag{46}$$

이때 $z_{i,t}$는 i번째 시장에서 예측하지 못한 충격이며 각각의 i에 대해 $z_{i,t} \sim N(0, \sigma_{z,i}^2)$를 따른다. 각 생산자는 $P_t(i)$를 바탕으로 P_t의 기대치를 계산한다.

이를 계량경제학에서 사용하는 최소자승법(least square method)의 관점에서 본다면 P_t는 다음과 같다.

$$P_t = \beta_0 + \beta_1 P_t(i) + \varepsilon_t$$

회귀방정식의 β_0와 β_1을 추정 후 맞춤값(fitted value)을 이용하면 $\widehat{P_t} = \hat{\beta}_0 + \hat{\beta}_1 P_t(i)$이다.

P_t 의 합리적 기대치를 구하면 다음과 같다.[19]

$$\mathrm{E}\left[P_t \mid I_t(i)\right] = (1-\theta)\overline{P} + \theta P_t(i) \tag{47}$$

여기에서 $\theta = \dfrac{\sigma_m^2}{\sigma_m^2 + \sigma_z^2}$, $0 \leq \theta \leq 1$ 이다. 다시 쓰면 $\theta = \dfrac{1}{1 + (\sigma_z^2 / \sigma_m^2)}$
이므로 $(\sigma_z^2 / \sigma_m^2)$ 이 작아지면 θ 이 커지고 결국 $P_t(i)$의 가중치가 커진다.[20] 즉, 경제 전체의 예기치 못한 충격의 분산이 각 시장의 고유의 충격의 분산보다 상대적으로 크면 클수록 각 시장의 생산자는 자기 시장의 가격이 올랐을 때, 경제 전체의 가격이 올랐을 가능성이 큰 것으로 예측하게 된다. 이에 따라 생산량을 조금만 늘리려 한다.

이와 같이 불완전 정보라는 가정은 신축적 가격하에서 통화정책의 실물경제에 미치는 영향을 분석할 수 있는 틀을 제공하였으며 이후로도 정보경제학의 여러 발전을 반영하며 거시경제학에 사용되었다. 이 책에서는 이러한 발전을 다루지는 않고, 다시 완전 정보를 가정하고 나머지 논의를 전개하도록 한다.

≫ 효율적 자원배분의 조건

앞에서는 불완전경쟁 도입으로 생산량이 완전경쟁시장하에서의 생산량보다 작은 것을 확인할 수 있었는데, 좀 더 일반적인 모형의 균형조건을 통해서 완전경쟁시장하에서의 자원 배분 조건과 불완전경쟁시장에서의 자원 배분 조건을 비교해보도록 한다.

위에서와 같이 가계의 소비는 $C = \left(\displaystyle\int_0^1 C(i)^{\frac{\varepsilon-1}{\varepsilon}}\, di\right)^{\frac{\varepsilon}{\varepsilon-1}}$, 노동량은 $L =$

---

19) 회귀분석을 통해 $\hat{\beta}_1$를 구하면 $cov(p_t, p_{t(z)})/var(p_{t(z)}) = \dfrac{cov(\overline{P}+m_t, \overline{P}+m_t+z_t)}{var(\overline{P}+m_t+z_t)} = \dfrac{\sigma_m^2}{\sigma_m^2 + \sigma_z^2} = \theta$
이며 $\hat{\beta}_0$는 $\overline{P} - \theta\overline{P_t(z)} = (1-\theta)\overline{P}$이다.

20) 식 (47)에서 $\sigma_m^2 = 0$, $\sigma_z^2 \to \infty$ 이면 $\theta = 0$이고 $\mathrm{E}\left[P_t \mid I_t(i)\right] = \overline{P}$, $Y_t(i) = a[P_t(i) - \overline{P}] + Y_n(i)$ 임을 알 수 있다. 그리고 $\sigma_z^2 = 0$ 또는 $\sigma_m^2 \to \infty$이면 $\theta = 1$이고, 따라서 $\mathrm{E}\left[P_t \mid I_t(i)\right] = P_t(i)$, $Y_t(i) = Y_n(i)$가 되며 기업은 생산량을 변화시키지 않는다.

$\int_0^1 L(i)di$라고 가정한다. 지금부터는 위에서의 효용함수를 $U(C,L)$로 일반화하고, 제약조건의 하나인 생산함수도 일반화하여 균형조건이 $C(i) = AL(i)^{1-\alpha}$로 주어진다고 가정하자. A는 모든 기업에게 동일한 기술수준을 의미한다.

먼저 7장의 전반부에서 고려한 간단한 화폐경제 모형과 같은 완전경쟁시장에서의 자원배분 조건에 대하여 알아보자. 재화 시장이 완전경쟁시장이며 가격이 신축적인 경우, 사회계획자(social planner)의 자원배분을 아래와 같이 풀어본다. 사회계획자 문제에 대한 라그랑지안을 세우면 다음과 같다.

$$\mathcal{L} = U(C,L) + \lambda(AL^{1-\alpha} - C) \tag{48}$$

$$C = \left(\int_0^1 C(i)^{\frac{\varepsilon-1}{\varepsilon}} di \right)^{\frac{\varepsilon}{\varepsilon-1}}, L = \int_0^1 L(i)di$$

모든 $i \in [0,1]$에 대하여 연쇄 법칙(chain rule)을 이용해 $C(i)$와 $L(i)$ 1계 조건을 구하면 다음과 같다.

$$\frac{\partial \mathcal{L}}{\partial C(i)} = U_c \frac{\partial C}{\partial C(i)} - \lambda \frac{\partial C}{\partial C(i)} = 0$$

$$\frac{\partial \mathcal{L}}{\partial L(i)} = U_l \frac{\partial L}{\partial L(i)} + \lambda A(1-\alpha)L^{-\alpha} \frac{\partial L}{\partial L(i)} = U_l \frac{\partial L}{\partial L(i)} + \lambda \frac{\partial L}{\partial L(i)} MPL = 0$$

따라서 최종적으로 아래의 조건들을 만족하게 된다.

$$C(i) = C \text{ for all } i \in [0,1] \tag{49}$$

$$L(i) = L \text{ for all } i \in [0,1] \tag{50}$$

$$-\frac{U_l}{U_c} = MPL \tag{51}$$

모든 재화를 똑같이 소비하고 생산량도 같다. 여기에서 $MPL \equiv (1-\alpha)AL^{-\alpha}$로 경제 내에서의 평균적인 한계노동생산성이다.

식 (49)과 식 (50)의 대칭성은 모든 소비자의 효용함수, 노동공급, 그리고 생산함수가 동일하며 기술 A가 모든 기업에 대해서 동일한 영향을 끼치기 때문에 성립하는 조건이다. 이와 같은 대칭성이 만족하는 경우에 효율적 자원배분은 식 (51)의 조건이 성립되어야 하며, 이는 소비와 노동 사이의 한계대체율(MRS, Marginal Rate of Substitution)이 노동의 한계생산성과 동일하다는 조건이다.

불완전경쟁시장의 경우에 기업은 가격 설정 시, 한계비용보다 일정 수준의 마크업을 더하여 가격을 설정하며 아래의 조건이 성립한다.

$$P = \mathrm{M} \frac{W}{MPL}$$

$\frac{W}{MPL}$는 한계비용이며 M은 마크업을 의미한다.

이를 소비자의 최적 선택과 함께 생각해보면 아래와 같은 등식과 부등식이 성립한다.

$$-\frac{U_l}{U_c} = \frac{W}{P} = \frac{MPL}{\mathrm{M}} < MPL$$

첫 번째 등식은 완전경쟁이 성립하는 노동시장에서 가계가 자신의 소비와 노동 간의 한계대체율을 실질임금과 동일하게 설정하기 때문에 성립한다. 그리고 두 번째 등식은 위에 나온 불완전경쟁의 경우 기업의 가격 설정식이다. 마지막 부등식은 마크업이 1보다 크므로 성립하게 된다. 결국 $-\frac{U_l}{U_c} < MPL$으로 불완전경쟁시장하에서는 위의 식 (51) 조건이 만족하지 않게 된다. 왜냐하면, 앞서 설명했듯이 기업이 완전경쟁의 경우보다 높게 가격을 설정하고, 가계가 노동을 완전경쟁수준보다 적게 공급하므로, $-\frac{U_l}{U_c}$는 하락하고 MPL는 상승하기 때문이다.[21]

지금까지 7장에서는 기업이 가격을 매기마다, 비용을 지불하지 않고, 신축적

---

21) 이러한 비효율적 자원배분의 해결은 실질임금에 대해 보조금이 주어지면 가능하다. 즉,

으로 바꿀 수 있다고 가정하였다. 다음으로 8장에서는 이 가정에서 벗어나 가격
경직성을 도입한다. 경직적 가격의 경우에는 이번 장에서 배운 완전경쟁시장에
서의 최적 자원배분은 물론 불완전경쟁시장하에서의 최적배분과도 상이한 자원
배분이 이루어진다. 경직적 가격하에서의 자원배분에 관한 분석은 9장에서의 최
적통화정책에 관한 논의의 출발점이 될 것이다.

$-\dfrac{U_l}{U_c} = \dfrac{W}{P} = \dfrac{MPL}{\mathrm{M}(1-\tau)} = MPL$로 만들 수 있으며, 이러한 최적 보조금의 수준은 $\tau = 1 - \dfrac{1}{\mathrm{M}}$이다.

01 무한 기를 생존하는 가계가 아래의 효용함수와 제약하에서 효용을 극대화 할 때, 1계 조건을 구하고 이를 로그 선형화하여라.

> 효용함수: $\max \mathrm{E}_0 \sum_{t=0}^{\infty} U(C_t, L_t), \quad U(C_t, L_t) = \frac{1}{1-\theta} \left[C_t (1-L_t)^{\nu} \right]^{1-\theta}$
>
> 제약식: $P_t C_t + Q_t B_t \leq B_{t-1} + W_t L_t - T_t$

02 아래와 같이 화폐가 도입된 간단한 경제를 생각하자.

> $$y_t = \mathrm{E}_t[y_{t+1}] - \frac{1}{\theta}(i_t - \mathrm{E}_t[\pi_{t+1}] - \rho)$$
>
> $$r_t \equiv i_t - \mathrm{E}_t[\pi_{t+1}] = \rho + \theta \mathrm{E}_t[\Delta y_{t+1}]$$
>
> $$m_t - p_t = y_t - \eta i_t + \varepsilon_t^m$$

y_t는 산출량, π_t는 인플레이션율, i_t는 명목이자율, r_t는 실질이자율, m_t는 통화량, p_t는 물가 수준을 의미한다. ε_t^m은 외생적인 통화수요 충격이다. 주어진 식들에서 알 수 있듯이 y_t와 r_t 등의 실물변수는 명목변수 및 통화정책과 무관하게 결정된다.

(1) 목표 인플레이션율이 π^*로 주어지고 π^*이 0에 가까울 때, 항상 인플레이션을 완전히 안정화 할 수 있는(모든 t에 대해서 $\pi_t = \pi^*$) 이자율 조절 통화정책을 구하시오.

(2) (1)에서와 동일한 목표를 달성할 수 있는 통화량 조절 통화정책을 구하시오.

(3) $\Delta m_t = \pi^*$의 통화량 조절 통화정책이 왜 항상 인플레이션을 완전히 안정화시킬 수 없는지에 대해 논하시오.

(4) 아래와 같은 이자율 조절 통화정책을 생각해보자.

$$i_t = \rho + \phi_p \big(p_t - p^* \big)$$

$\phi_p > 0$이며 p^*는 목표 물가수준이다. 해당 이자율 조절 통화정책하에서 물가수준(p_t)의 균형을 구하시오.

(5) 아래와 같은 통화량 조절 통화정책을 생각해보자.

$$m_t = p^*$$

해당 통화량 조절 통화정책하에서 물가수준(p_t)의 균형을 구하시오.

(6) 문제 (5)의 통화량 조절 통화정책과 통화시장의 균형조건을 이용하여 이자율 조절 통화정책이 아래와 같이 구해질 수 있음을 보이시오.

$$i_t = \rho + \psi \big(p_t - p^* \big) + u_t$$

ψ는 물가수준이 목표 물가수준에서 벗어난 정도에 대한 명목이자율의 반응 정도이며, u_t는 외생적으로 결정되는 통화정책 충격이다.

(7) 통화정책당국이 물가 수준 p_t 분산의 크기를 최소화하는 것을 목표로 할 때, (4)의 이자율 조절 통화정책과 (5)의 통화량 조절 통화정책 중 무엇이 더 효과적인지 서술하시오.

03 무한 기를 생존하는 가계가 아래의 효용함수와 제약하에서 효용을 극대화한다.

$$\text{효용함수: } \max \mathrm{E}_0 \sum_{t=0}^{\infty} U\left(C_t, \frac{M_t}{P_t}, L_t\right)$$

$$U\left(C_t, \frac{M_t}{P_t}, L_t\right) = \ln C_t + \ln \frac{M_t}{P_t} - \frac{L_t^{1+\varphi}}{1+\varphi}$$

$$\text{제약식: } P_t C_t + M_t + Q_t B_t \leq M_{t-1} + B_{t-1} + W_t L_t - T_t$$

생산함수는 선형이며 기술충격은 외생적으로 결정된다.

$$\text{생산함수: } Y_t = A_t L_t$$

$$\text{기술: } \frac{A_t}{A_{t-1}} = (1+\gamma_a)\exp(\varepsilon_t^a)$$

기술충격 ε_t^a는 평균이 0이며 분산이 σ_a^2인 정규분포에서 동일하고 독립적인 확률과정에서부터 생성된다. 통화량은 아래와 같이 공급된다.

$$\text{통화공급함수: } \frac{M_t}{M_{t-1}} = (1+\gamma_m)\exp\left(\varepsilon_t^m\right)$$

통화공급충격 ε_t^m는 평균이 0이며 분산이 σ_m^2인 정규분포에서 동일하고 독립적인 확률과정에서부터 생성된다. 통화공급충격으로 인해 통화당국은 완벽하게 통화공급을 제어하지는 못한다. 그리고 마지막으로 시장 청산조건을 고려한다.

$$\text{시장청산조건: } Y_t = C_t$$

(1) 소비자와 기업의 최적화 1계 조건들을 구하시오.

(2) 균형하에서의 총 노동량(L_t), 총 생산량(Y_t), 그리고 인플레이션율($\pi_t = P_t/P_{t-1}$)을 구하시오. (힌트: 모든 t에 대하여 $\frac{P_t Y_t}{M_t} = V$임을 보이시오.)

(3) 소비자의 효용에 대해 파라미터 γ_a와 γ_m가 미치는 영향에 대해 논하시오. 그리고 해당 경제에서 최적 통화정책이 프리드먼 준칙(모든 t에서 $i_t = 0$)임을 보이시오. 마지막으로 최적 통화정책인 프리드먼 준칙을 균형에서 달성할 수 있는 다른 방법이 있는지에 대해 논하시오.

제**8**장

DYNAMIC**MACRO**

경직적 물가의
도입과 동학적
뉴케인지언
기초 모형

제8장 경직적 물가의 도입과
동학적 뉴케인지언 기초 모형

DYNAMICMACRO

8.1 서론

우리는 6장에서 실물적 경기변동 이론에 관한 모형을 배웠고, 7장에서 이러한 모형에 화폐와 불완전경쟁을 도입해보았다. 이 모형에서 신축적 물가를 가정하면 통화정책이나 기타 명목변수의 변화는 실물변수에 영향을 끼치지 못한다. 지금까지는 가격이 신축적이라고 가정해왔으나 현실에서 가격은 경직적인 모습을 보인다. 기존 문헌[1]에서는 미시 데이터를 이용하여 현실 세계에서 짧게는 2분기, 길게는 4분기 가까이 가격이 경직적임을 보였다. 이제 8장에서는 물가의 경직성을 추가적인 가정으로 도입하여 모형을 변화시켜 통화정책이 실물변수에 영향을 끼치는 경로를 찾아본다.

우선 2절에서는 가격경직성을 도입하는 방식[2] 중 비교적 많이 사용되는 세 가지 방식에 대해 살펴본다. 다음으로 3절부터 6절에서는 이러한 세 가지 방식 중에서 가장 많이 쓰이는 모형을 미시적 기초에 바탕을 두고 유도한다. 세부적으로 3절에서는 가계, 4절에서는 개별 기업의 가격 설정, 5절에서는 경제 전체

---

1) Bils and Klenow(2004), Nakamura and Steinsson(2008), Bewley(1999), Dickens et al.(2007) 등이 있다. 7장의 각주 1)을 참고하시오.

2) 거시경제학의 역사로 보면, 경직적인 변수로 재화의 가격보다는 용역의 임금이 먼저 고려되었다. 케인즈의 가정도 명목임금의 경직성이었으며 이후 (이제는 Old Keynesian이라고 불리는) 케인지언 경제학에서도 재화의 가격은 대부분 신축적이었다. 노동시장의 일반균형 모형에 명목임금의 경직성을 명시적으로 도입한 예로 Gray(1976)가 있으며, Benassy(1995)는 자본이 포함된 실물적 경기변동모형에 명목임금의 경직성을 도입하였다. 각 논문에 대한 상세한 내용은 <부록 8.1>과 <부록 8.2>를 참조하시오.

물가의 움직임, 그리고 이를 바탕으로 6절에서 동학적 뉴케인지언 필립스 곡선 (New Keynesian Phillips curve)을 도출한다. 이를 바탕으로 다음 장인 9장에서는 통화정책을 도입하여 모형을 완결시킨 후 최적통화정책에 대해 논의한다.

본론으로 들어가기 전에 동학적 뉴케인지언 모형에 대해 간략히 알아보자. 동학적 뉴케인지언 모형을 통해 우리는 동태적 IS 곡선(dynamic IS curve)과 뉴케인지언 필립스 곡선(New Keynesian Phillips curve)을 도출할 수 있다. 먼저, 동태적 IS 곡선은 이자율과 산출갭(산출량과 자연산출량의 차이) 간의 관계식이다. 특히 뉴케인지언 모형에서 동태적 IS 곡선은 현재의 산출갭은 미래 산출갭의 기댓값에 의존한다. 따라서 미래에 대한 기대가 중요하다. 그리고 뉴케인지언 필립스 곡선은 인플레이션율과 산출갭 간의 관계식이다. 이때 현재의 인플레이션율은 현재에 예상한 미래 인플레이션율의 기댓값에 의존한다. 미래의 인플레이션율에 대한 기대가 중요한 것은 기업들이 현재의 가격을 결정하는 과정에서 가격경직성 때문에 한동안 가격을 고정시켜야 하는 가능성이 존재하므로 기업은 앞으로 가격이 얼마나 오를지를 고려하여 가격을 결정하기 때문이다.

8.2 물가경직성의 예: 사전결정(predetermined) 가격과 고정(fixed) 가격

2절에서는 경직적인 가격을 도입하는 방식 중 가장 많이 사용된 세 가지 방식에 대하여 간단히 소개한다. 물가를 미리 결정하여야 한다는 뜻의 사전결정(predetermined) 가격 모형을 우선 알아본 후, 결정된 물가가 여러 기간 동안 적용된다는 고정(fixed) 가격 모형을 소개한다.[3]

8.2.1 사전결정 가격: 피셔(Fischer) 모형

사전결정 물가란 말 그대로 특정 기의 물가를 그 기에 정하는 것이 아니라 미리, 즉 사전에 정한다는 뜻이다. 가장 간단한 사전결정 모형은 모든 기업이 t기에 결정하는 가격이 $t+1$기에 적용되는 경우이다. 이런 경우에 수요의 증가가 있는 경우에 가격이 움직이지 못하고 수량 혹은 다른 실질변수가 변한다.

사전결정 물가의 의미를 더 잘 알기 위하여, 다음과 같이 미래의 두 기에 대

---

3) 경직적인 가격 설정에 대한 일반적인 논의 및 모형에 대해서는 <부록 8.3>을 참고하라.

한 가격을 미리 설정하는 경우를 생각해보자. 이 경우에는 전체 기업이 두 그룹으로 나누어진다. 현재 기를 t라고 할 때, 전체 기업의 절반인 첫 번째 그룹에 소속된 기업은 t기에 $t+1$기 가격을 p_{t+1}^1으로 설정하고, $t+2$기에 판매할 생산량에 대해서는 가격을 p_{t+2}^2로 설정한다. 이때 중요한 점은 p_{t+1}^1와 p_{t+2}^2사이에 아무런 제약이 존재하지 않는다는 사실이다. 따라서 두 가격은 다르게 설정될 수도 있으며 이는 후술하는 고정 물가 방식과 다른 점이다. 그렇다면 기업은 p_{t+1}^1와 p_{t+2}^2을 어떻게 설정할까? 기업은 각 기의 가격에 대하여 최대한 신축적인 가격일 경우를 구현하고자 할 것이다. 왜냐하면 가격이 신축적일 때, 기업은 매기마다 이윤 극대화를 통해 최적의 가격으로 조정할 수 있기 때문이다. 하지만 가격의 경직성으로 인해 기업은 매기 가격을 조정하지 못하게 되므로, 기업은 가격 결정 시 최대한 신축적 가격하에서의 의사결정을 구현하고자 할 것이다. 따라서 신축적인 가격하에서 설정하는 가격을 p_t^f라고 하면, 첫 번째 그룹의 기업이 t기에 설정하는 $t+1$기와 $t+2$기 가격은 각각 $p_{t+1}^1 = \mathrm{E}_t[p_{t+1}^f]$와 $p_{t+2}^2 = \mathrm{E}_t[p_{t+2}^f]$으로 결정될 것이다.

경제 전체의 물가를 결정하기 위해서 전체 기업의 나머지 절반의 행위를 보아야 할 것이다. 위의 t가 짝수라고 하면, 두 번째 그룹에 소속된 기업들은 홀수기에 가격을 설정하는데 (예를 들어,) $t+1$기에 $t+2$기, $t+3$기 가격을 p_{t+2}^1와 p_{t+3}^2으로 결정하며 이 두 가격은 $p_{t+2}^1 = \mathrm{E}_{t+1}[p_{t+2}^f]$와 $p_{t+3}^2 = \mathrm{E}_{t+1}[p_{t+3}^f]$이 될 것이다.

그렇다면 이렇게 두 그룹이 번갈아 가며 물가를 설정하는 경우에 경제 전체의 물가 p_t는 어떻게 결정될까? 이번 기에 팔리는 물건들의 물가 p_t에 영향을 끼치는 가격 설정은 $t-2$기와 $t-1$기에 이루어졌을 것이다. 즉, $t-2$기에 절반의 기업은 이번 기의 생산량에 대해서 p_t^2를 사전에 결정했고, 나머지 절반의 기업은 $t-1$기에 p_t^1을 설정했다. 따라서 이번 기에 팔리는 물건들의 평균 물가는 $p_t = \frac{1}{2}(p_t^1 + p_t^2)$이다.

현재의 생산량에 영향을 끼치는 물가는 과거에 이미 결정된 가격들의 가중합이기 때문에 과거에 예상하지 못한 총수요충격이 발생할 경우, 해당 충격은 현재 생산량에 영향을 끼치게 된다. 또한 현재 물가를 구성하는 가격이 각각 서로 다른 시점에서 설정된 것이므로, 현재 생산량에 대한 과거 두 기간 사이의 예측 정보 차이 역시 현재의 생산량에 영향을 끼치게 된다. 이러한 사전결정 물가 모형에서는 총수요충격이 2기간 동안만 영향을 미치고 그 이후에는 없어지게 된다.[4] 한편, 다음 살펴볼 고정 물가 모형에서는 총수요충격이 지속적으로 영향을 끼치는 메커니즘이 존재한다.

8.2.2 고정 가격: 테일러(Taylor) 모형

앞에서 본 2기간 사전결정 물가 모형에서는 기업이 설정하는 두 물가수준 간에 아무런 제약이 존재하지 않고 각 기마다 서로 다른 가격으로 설정할 수 있었다. 이와는 달리 현실에서 (임금과 같은) 많은 가격들이 미리 결정한 가격이 다 기간 동안 유지되는 경우가 다반사이다. 이와 같이 하나의 고정된 가격이 여러 기 동안 유지되는 경우를 반영한 모형이 고정(fixed) 물가 모형이다.

2기간 고정물가 모형에서는 기업이 현재 시점에서 현재와 다음 기에 적용될 가격을 설정하며, 이 두 가격을 각각 다른 가격이 아니라 동일한 가격으로 고정한다. 전체 기업은 앞에서와 마찬가지로 두 그룹으로 나뉜다. 예를 들어, 전체 기업 중 절반의 기업이 t기에 결정한 가격은 두 기간 동안, 구체적으로는 t기와 $t+1$기에, 전체 가격 중 절반을 구성하게 된다. 즉, 현재에 설정하는 가격은 현재뿐만 아니라 미래에도 영향을 끼치기 때문에 기업이 t기에 설정하는 가격은 미래와 현재에서의 최적 가격의 가중치로 결정되게 된다. 현재 설정하는 가격을 x_t라고 하면 $x_t = \frac{1}{2}\left[p_t^f + \mathrm{E}_t\left[p_{t+1}^f\right]\right]$가 된다.

그렇다면 이러한 경제의 물가는 어떻게 결정될 것인가? 경제 전체의 물가를 구성하는 가격의 절반은 지난 기에 기업이 설정한 최적가격에 의해 결정되며 나머지 절반은 이번 기에 기업이 설정하는 최적가격에 의해 결정된다. 따라서 현재 물가는 $p_t = \frac{1}{2}\left[x_t + x_{t-1}\right]$이다. 이러한 물가 설정하에서는 현재 기의 총 수요충격이 다음 기뿐만 아니라 꽤 오랫동안 지속해서 영향을 끼치게 된다.[5]

---

4) 이러한 결과의 도출은 Romer(2018)의 7.2절을 참조하라.
5) 자세한 과정은 Romer(2018) 7.3절을 참조하기 바란다.

8.2.3 고정 가격: 칼보(Calvo) 모형

앞에서 본 Taylor의 고정물가 모형은 미국의 임금 결정 방식과 관련되어 있다. 임금은 일반적으로 연봉으로 결정되는데, 특정 분기에 연봉이 결정된다는 것은 결정된 임금이 4분기 동안 유효하다는 뜻이다. 이러한 모형은 현실 적합성이 뛰어나지만, 모형의 단순성 면에서는 아주 우수하지는 못한 단점이 있다. 반면에 Calvo(1983) 모형에서의 고정 물가에 대한 가정은 약간 비현실적이지만 모형을 매우 단순하게 만들어 준다는 장점을 가지고 있다.[6]

이 모형은 가격을 조정할 수 있는 기회 혹은 기업의 비율이 푸아송 분포[7]를 따른다고 가정한다. 구체적으로 매 기마다 전체의 ψ만큼에 해당하는 기업의 가격은 경직적으로 결정되며 지난 기에 판매하였던 가격을 따른다.[8] 나머지인 $1 - \psi$만큼의 기업은 가격을 원하는 수준으로 (아무런 비용 없이) 조정할 수 있다. 이러한 메커니즘하에서 지난 기의 가격은 지난 기에 설정하였을 수도 있고, 그보다 전에 설정하였을 수도 있다.

여기에서 푸아송 분포의 가정인 독립성이 중요해진다. 왜냐하면 가격을 조정하지 못하는 기업의 분포는 지난 기의 분포와 비례적이기 때문이다. 만약 경제에 100개의 기업이 있으며 $\psi = 0.9$라고 가정하자. 즉, 매 기 10개의 기업이 가격을 재조정할 수 있다. 첫 기에 10개의 기업이 가격을 재조정하고 나머지 90개의 기업은 지난 기의 가격으로 계속 판매를 했다고 가정해보자. 매 기마다 가격을 재조정할 기업이 정해지는 사건은 독립적으로 정해지므로, 두 번째 기에서 가격을 재조정하는 기업은 첫 기에 가격을 재조정한 기업 10개 중 1개와 가격을 재조정하지 못한 90개의 기업 중 9개가 선정될 것이다. 따라서 두 번째 기에서 첫 기와 두 번째 모두 가격을 재조정하지 못한 기업은 81개가 된다.

---

6) 가격 결정을 매 기마다 하면서 특정한 조정비용을 지불한다는 Rotemberg(1982) 모형도 유사한 함의를 갖는다.

7) 푸아송(Possion) 분포란 이산 확률 분포 중 하나로, 주어진 시간 안에서 사건이 몇 회 발생하는지에 대한 분포를 나타낸다. 본문과 같은 경우는 가격을 바꿀 수 있는 사건이 푸아송 분포를 따르며, 기댓값이 $1 - \psi$인 경우이다.

8) 참고로 Gali(2008) 등은 경직적 가격의 비율을 표시하는 파라미터로 θ를 사용하며, Romer (2018) 등은 신축적 가격의 확률을 α로 표시한다. 본서에서는 θ가 가계의 위험 회피도를 나타내며 파라미터의 중복을 피하고자 ψ를 사용하였다. ψ가 본서의 후술 부분에서 명목한계비용 표기에도 활용되나 이 경우 하첨자 t와 함께 사용하여 구분하였다.

8.3 가계

3절부터 6절까지 우리는 7장에서 배운 신축적 가격 가정의 불완전경쟁 모형을 경직적 가격으로 확장한다. 서론에서 언급했듯, 3절에서는 가계의 최적화에 대해 공부하며, 4절에서는 2절에서 간단히 소개한 칼보(Calve) 모형을 바탕으로 개별 기업이 어떻게 가격을 설정하는지에 대해 공부한다. 그리고 5절에서는 경제 전체의 평균 물가인 물가지수의 동학에 대해 공부하고, 마지막으로 6절에서는 뉴케인지언 필립스 곡선을 도출한다.

가계는 무수한 기간 동안 살며 소비와 노동으로부터 효용을 얻는다. 무한히 많은 개별 소비재인 $C(i)$ $i \in [0,1]$을 소비하며, 다음과 같은 목적함수를 극대화한다.

$$\mathrm{E}_0 \sum_{t=0}^{\infty} \beta^t \, U(C_t, L_t) \tag{1}$$

여기서 $C_t \equiv \left(\int_0^1 C_t(i)^{1-\frac{1}{\varepsilon}} di \right)^{\frac{\varepsilon}{\varepsilon-1}}$ 이다. 매 기 만족해야 하는 제약식을 다음과 같다.

$$\int_0^1 P_t(i) C_t(i) di + Q_t B_t \leq B_{t-1} + W_t L_t + T_t + F_t \tag{2}$$

소비자는 채권 구입을 통해 미래로의 자산 이전이 가능하다. 채권 한 단위의 가격은 Q_t로 주어져 있고 다음 기에 1의 가치로 돌려받을 수 있다. T_t는 세금 혹은 보조금을 의미한다. F_t는 가계가 소유한 기업으로부터의 이윤이다.

최적화 문제의 라그랑지안을 세우면 아래와 같다.

$$\mathcal{L} = \mathrm{E}_0 \sum_{t=0}^{\infty} \beta^t \left[U(C_t, L_t) + \lambda_t \left(B_{t-1} + W_t L_t + T_t - \int_0^1 P_t(i) C_t(i) di - Q_t B_t \right) \right]$$

$$= \mathrm{E}_0 \sum_{t=0}^{\infty} \beta^t \left[U(C_t, L_t) + \lambda_t (B_{t-1} + W_t L_t + T_t - P_t C_t - Q_t B_t) \right] \tag{3}$$

그리고 1계 조건들을 아래와 같이 구할 수 있다.

$$\mathcal{L}_{c,t}: \quad U_{c,t} = \lambda_t P_t \tag{4}$$

$$\mathcal{L}_{l,t}: \quad U_{l,t} = -\lambda_t W_t \tag{5}$$

$$\mathcal{L}_{b,t}: \quad \lambda_t Q_t = \beta \mathrm{E}_t \left[\lambda_{t+1} \right] \tag{6}$$

소비, 노동, 그리고 채권을 통해 얻은 1계 조건 식 (4) ~ 식 (6)을 통해 오일러 방정식을 아래와 같이 구할 수 있다.

$$-\frac{U_{l,t}}{U_{c,t}} = \frac{W_t}{P_t} \tag{7}$$

$$Q_t = \beta \mathrm{E}_t \left\{ \frac{U_{c,t+1}}{U_{c,t}} \frac{P_t}{P_{t+1}} \right\} \tag{8}$$

위에서 구한 최적화 조건에 대해 직관적으로 이해해보자. 먼저 식 (7)은 노동과 소비에 관한 최적화 조건이다. 만약 소비자가 dL만큼 노동을 증가시키면 $W_t dL$만큼의 임금이 증가하는 동시에 $U_{l,t} dL$만큼의 효용이 감소하게 된다. 대신 $W_t dL$의 늘어난 임금을 통해 $\frac{W_t}{P_t} dL$만큼의 소비를 증가시켜 $U_{c,t} \frac{W_t}{P_t} dL$만큼 효용이 증가하게 된다. 따라서 최적화가 이루어질 때에는 $-U_{l,t} = U_{c,t} \frac{W_t}{P_t}$, 최종적으로 $-\frac{U_{l,t}}{U_{c,t}} = \frac{W_t}{P_t}$ 의 관계식이 성립하게 된다.

그리고 식 (8)은 이번 기의 소비와 다음 기 소비에 대한 최적화 조건이다. 만약 dC_t만큼의 소비를 줄이고 이를 이용하여서 $\frac{P_t}{Q_t} dC_t$ 만큼의 채권 B_t를 취득하는 경우를 보자. 이 경우 소비자는 $U_{c,t} dC_t$ 만큼의 효용 감소를 겪는 대신 금융자산을 통해 다음 기에 $\dfrac{P_t}{Q_t}\mathrm{E}_t\left\{\dfrac{1}{P_{t+1}}\right\}dC_t$ 만큼의 소비를 늘릴 수 있어 $\dfrac{P_t}{Q_t}$

$\mathrm{E}_t\left\{\dfrac{1}{P_{t+1}}U_{c,t+1}\right\}dC_t$ 만큼의 효용이 증가한다. 따라서 시간 할인인자 β까지를

고려하면 $U_{c,t}=\beta\dfrac{P_t}{Q_t}\mathrm{E}_t\left\{\dfrac{U_{c,t+1}}{P_{t+1}}\right\}$, 최종적으로 $Q_t=\beta\mathrm{E}_t\left\{\dfrac{U_{c,t+1}}{U_{c,t}}\dfrac{P_t}{P_{t+1}}\right\}$ 가

성립하게 된다. 그리고 이를 오일러 방정식(Euler equation)이라고 한다.

간단한 효용함수를 고려하기 위하여 $U(C_t,L_t)=\dfrac{C_t^{1-\theta}}{1-\theta}-\dfrac{L_t^{1+\varphi}}{1+\varphi}$ 으로 설정

할 경우, 위의 두 조건에 대한 로그 선형화 결과는 아래와 같다.

$$w_t - p_t = \theta c_t + \varphi l_t \tag{9}$$

$$c_t = \mathrm{E}_t\left[c_{t+1}\right] - \frac{1}{\theta}\left(i_t - \mathrm{E}_t\left[\pi_{t+1}\right] - \rho\right) \tag{10}$$

8.4 개별 기업의 가격 설정

이제 개별 기업이 어떻게 가격을 설정을 하는지에 대해 공부해본다. 각각의 소비재 $Y_t(i)$에 대한 생산함수는 아래와 같이 가정한다.

$$Y_t(i) = A_t L_t(i)^{1-\alpha} \tag{11}$$

A_t는 모든 기업에게 동일하게 영향을 주는 기술(technology)이다. 그리고 앞서 배운 세 가지 방법 중 지금부터 우리는 기업들이 칼보(Calvo) 모형을 따른다고 가정한다. 즉, 불완전경쟁 시장하에서 기업들은 가격을 설정할 수 있으며 기업이 현재에 가격을 설정할 경우, ψ의 확률로 이번 기에 결정한 가격을 다음 기에도 적용한다. 즉, i번째 기업이 t기에 $P_t(i)$로 가격을 설정할 경우, ψ의 확률로 $t+1$기에 $P_t(i)$로 판매를 해야 한다. 그리고 개별 기업은 경제의 일반물가수준은 주어진 것으로 받아들이고 행동한다.

모형의 논의를 위해 임의의 시기인 t기에 어떤 기업 i가 설정하는 가격을

P_t^*라고 하자. 최적 가격을 설정하는 문제는 모든 기업이 동일한 생산함수와 비용함수에 직면한 대칭적인 문제이므로, 각 기업 또는 개별 재화에 대한 표시인 i는 생략한다.

기업은 매기 가격을 신축적으로 조정할 수 없으므로 t기에 설정하는 가격 P_t^*는 t기 이후의 이윤에 대해서도 영향을 끼치게 된다. 칼보 모형을 고려하고 있으므로 이윤의 크기와 할인 인자뿐만 아니라 P_t^*가 $t+k$기에도 유지될 확률인 ψ^k도 고려해야 한다. 그리고 기업은 각 기의 실질 이윤을 극대화하므로 $t+k$기에 기업이 벌어들이는 이윤에 대해서 $t+k$기의 물가로 나눠줘야 한다. 따라서 기업은 t기에 아래의 실질 이윤을 극대화하는 P_t^*를 설정하게 된다.[9]

$$\max_{P_t^*} \sum_{k=0}^{\infty} \psi^k \mathrm{E}_t \left\{ \Lambda_{t,t+k} \frac{P_t^* Y_{t+k \mid t} - \Psi_{t+k}\left(Y_{t+k \mid t}\right)}{P_{t+k}} \right\} \tag{12}$$

식을 구성하는 항들을 하나씩 자세히 살펴보자. $\Lambda_{t,t+k} \equiv \beta^k \left(\dfrac{C_{t+k}}{C_t} \right)^{-\theta}$는 확률적 할인 인자(stochastic discount factor)를 나타낸다. 기업의 이윤은 가계의 제약식에서도 보았듯이 최종적으로 기업을 소유하고 있는 가계가 소비하게 된다. 따라서 현재의 이윤에 비하여 미래의 이윤은 단순히 시간의 할인인자 β뿐만 아니라 0기의 한계효용 대비 t기에 얻게 되는 한계효용의 상대적 크기로도 할인을 해줘야 한다. 그리고 미래의 실물변수의 현재가치는 시장에서 합의가 된, 실물이자율로 할인하는 것이 정당하다. 확률적 할인인자와 실질이자율은 어떠한 관계를 맺고 있을까? 여기에서 우리는 앞서 본 오일러 방정식 식 (8)을 다시 살펴보자.

---

9) 기업이 극대화하고자 하는 이윤을 $\max\limits_{P_t^*} \sum\limits_{k=0}^{\infty} \psi^k \mathrm{E}_t \left\{ Q_{t,t+k}\left(P_t^* Y_{t+k \mid t} - \Psi_{t+k}\left(Y_{t+k \mid t}\right)\right) \right\}$, $Q_{t,t+k}$ $\equiv \beta^k (C_{t+k}/C_t)^{-\theta}(P_t/P_{t+k})$로 쓸 수 있다. 이때 $Q_{t,t+k}$는 명목 가치가 고려된 확률적 할인 인자(stochastic discount factor with nominal payoff)로 확률적 할인 인자 $\Lambda_{t,t+k}$에 각 기의 물가(P_t, P_{t+k})를 반영하여 계산한 것이다. 이와 같이 이윤을 작성할 경우, 본문의 이윤식에 P_t가 추가로 곱해진 형태인 셈이나 P_t^*로 극대화하는 과정에는 영향을 끼치지 않아 $Q_{t,t+k}$가 반영된 이윤을 극대화하는 문제를 풀어도 본문과 동일한 결론에 도달한다.

$$C_{t+k}^{-\theta} = (1 + r_{t+k})\beta C_{t+k+1}^{-\theta}$$

위와 같은 구체적인 오일러 방정식은 앞서 가정한 효용함수와 명목 이자율 $1 + i_t \equiv \dfrac{1}{Q_t}$, 인플레이션 $1 + \pi_{t+1} \equiv \dfrac{P_{t+1}}{P_t}$, 그리고 피셔 방정식 $1 + r_t = \dfrac{1 + i_t}{1 + \pi_{t+1}}$ 을 이용하면 구할 수 있다. 식을 살펴보면, $t + k$기의 한 기간 동안 ($t + k$기에서 $t + k + 1$기 사이에 적용되는)의 실질 이자율은 $\dfrac{1}{1 + r_{t+k}} = \beta \dfrac{C_{t+k+1}^{-\theta}}{C_{t+k}^{-\theta}} = \beta \dfrac{U_{c,t+k+1}}{U_{c,t+k}}$ 의 관계를 갖는다. 따라서 t기에서의 실물변수를 현재의 0기까지 현재가치로 표현하기 위해 실질 이자율로 할인하게 된다면 $\dfrac{1}{(1 + r_0)(1 + r_1) \cdots (1 + r_{t-1})} = \left(\beta \dfrac{U_{c,1}}{U_{c,0}}\right)\left(\beta \dfrac{U_{c,2}}{U_{c,1}}\right) \cdots \left(\beta \dfrac{U_{c,t}}{U_{c,t-1}}\right) = \beta^t \dfrac{U_{c,t}}{U_{c,0}}$, 즉 $\Lambda_{0,t}$ 로 할인하게 된다. 이를 미래의 불확실성을 포괄하는 의미에서 확률적 할인인자라고 부른다. 따라서 기업을 소유하고 있는 가계 입장에서 미래의 이윤을 현재에 평가할 때, 시간할인인자 β뿐만 아니라 가계가 생각하는 $t + k$기의 t기에 대한 상대적인 한계효용의 크기도 고려해야 한다. 따라서 매기마다 이윤의 현재할인된 크기에 상대적인 한계효용의 비를 곱해준 확률적 할인 인자를 매기 실질 이윤에 곱해주게 된다. 그리고 $Y_{t+k \mid t}$는 아래와 같다.

$$Y_{t+k \mid t} = \left(\frac{P_t^*}{P_{t+k}}\right)^{-\varepsilon} C_{t+k} \tag{13}$$

위의 식은 t기에 설정한 P_t^* 가격이 계속 적용되었을 때, $t + k$기의 해당 재화에 대한 수요함수를 의미한다. 즉, $t + k$기까지 t기에 설정한 가격 P_t^*를 변경할 기회가 생기지 않은 경우의 수요함수를 뜻한다. $\Psi(.)$는 기업의 명목비용함수이며, $\Psi(Y_{t+k \mid t})$는 $Y_{t+k \mid t}$만큼 생산할 때의 명목비용을 의미한다.

주어진 이윤의 현재가치 합을 P_t^*에 대해서 1계 미분 조건을 구하면 아래의

조건을 구할 수 있다.[10]

$$\sum_{k=0}^{\infty} \psi^k \mathrm{E}_t \left\{ \frac{\Lambda_{t,t+k}}{P_{t+k}} Y_{t+k \mid t} \left(P_t^* - \mathrm{M}\psi_{t+k \mid t} \right) \right\} = 0 \tag{14}$$

이 때 $\mathrm{M} \equiv \dfrac{\varepsilon}{\varepsilon-1}$이다. 그리고 $p_t^* \equiv \ln P_t^*$에 대해서 아래와 같은 선형식을 유도할 수 있다.

$$p_t^* = \mu + (1-\beta\psi)\mathrm{E}_t \sum_{k=0}^{\infty} \beta^k \psi^k \left[mc_{t+k \mid t} + p_{t+k} \right] \tag{15}$$

이때 μ는 균제상태하에서의 마크업($\mu \equiv -mc$)을 의미한다. 즉, 칼보 모형의 경우 가격을 설정하는 기업은 가격이 오랫동안 유지되는 확률을 고려하여서 미래의 일반물가수준과 한계비용을 적절히 감안하여 최적가격을 결정한다.

8.5 물가지수의 움직임

칼보 모형을 따를 경우 경제 전체의 일반물가 수준을 나타내는 물가지수인 $P_t = \left(\int_0^1 P_t(i)^{1-\varepsilon} \right)^{\frac{1}{1-\varepsilon}}$ 는 아래와 같이 나타낼 수 있다.

$$\begin{aligned}
P_t &= \left[\int_{S(t)} P_{t-1}(i)^{1-\varepsilon} di + (1-\psi)\left(P_t^*\right)^{1-\varepsilon} \right]^{\frac{1}{1-\varepsilon}} \\
&= \left[\psi(P_{t-1})^{1-\varepsilon} + (1-\psi)\left(P_t^*\right)^{1-\varepsilon} \right]^{\frac{1}{1-\varepsilon}}
\end{aligned} \tag{16}$$

---

10) $\Psi_{t+k \mid t}$와 $\psi_{t+k \mid t}$는 각각 $Y_{t+k \mid t}$만큼을 생산할 때의 명목비용과 명목한계비용이다. 명목한계비용의 경우 기업이 다음 기에 가격을 바꿀 수 없는 확률 ψ와 문자만 같을 뿐 의미가 다르며 시간을 나타내는 아랫첨자 t가 있음을 확인하길 바란다. 그리고 뒤에 등장하는 $MC_{t+k \mid t} \equiv \psi_{t+k \mid t}/P_{t+k}$는 실질한계비용이며, $mc_{t+k \mid t} \equiv \ln MC_{t+k \mid t}$는 로그를 취한 실질한계비용을 의미한다.

$S(t)$는 t기에 가격을 바꾸지 못한 기업의 집합을 나타낸다. $S(t)$에 속한 기업은 이전 기에 사용한 가격을 계속 사용할 것이고, 푸아송 분포의 독립성 가정에 따라서 이 그룹의 기업의 가격을 i에 대해 적분을 하면 위와 같이 표현된다.

위 식의 양변을 P_{t-1}로 나누게 되면 우리는 인플레이션 Π_t가 어떻게 움직이는지를 알 수 있다.

$$\Pi_t^{1-\varepsilon} = \psi + (1-\psi)\left(\frac{P_t^*}{P_{t-1}}\right)^{1-\varepsilon} \tag{17}$$

이때, $\Pi_t \equiv \dfrac{P_t}{P_{t-1}}$이다. 물가 P_t의 균제 상태(steady state)를 P_{ss}라고 하자. 따라서 인플레이션 Π_t의 균제 상태(steady state)는 1이 된다. 이제 양변을 $\Pi_t = 1$ 주위에서 로그 선형화를 하게 되면 아래와 같다. 먼저 좌변에 대한 선형화는 다음과 같다.

$$\ln(\Pi_t^{1-\varepsilon}) \approx \ln(1^{1-\varepsilon}) + (1-\varepsilon)(\ln\Pi_t - \ln 1) = (1-\varepsilon)\pi_t$$

그리고 우변의 경우는 다음과 같다.

$$\ln\left(\psi + (1-\psi)\left(\frac{P_t^*}{P_{t-1}}\right)^{1-\varepsilon}\right)$$

$$\approx \ln\left(\psi + (1-\psi)(1)^{1-\varepsilon}\right) + \frac{1}{\psi + (1-\psi)(1)^{1-\varepsilon}}(1-\psi)(1-\varepsilon)\left(\frac{P_{ss}^{-\varepsilon}}{P_{ss}^{1-\varepsilon}}\right)(P_t^* - P_{ss})$$

$$- \frac{1}{\psi + (1-\psi)(1)^{1-\varepsilon}}(1-\psi)(1-\varepsilon)\left(\frac{P_{ss}^{1-\varepsilon}}{P_{ss}^{2-\varepsilon}}\right)(P_{t-1} - P_{ss})$$

$$= (1-\psi)(1-\varepsilon)\frac{P_t^* - P_{ss}}{P_{ss}} - (1-\psi)(1-\varepsilon)\frac{P_{t-1} - P_{ss}}{P_{ss}}$$

따라서 경제 전체의 물가수준은 기업이 설정하는 가격과 지난 기의 물가수준에 다음과 같이 의존한다.

$$\pi_t = (1 - \psi)(p_t^* - p_{t-1}) \tag{18}$$

이제 최종적으로 뉴케인지언 필립스 곡선을 도출해보자.

8.6 균형과 뉴케인지언 필립스 곡선의 도출

이제 개별 기업이 이와 같이 설정한 최적가격이 갖는 의미를 경제의 일반균형 측면에서 알아보자. 이 분석을 통하여 우리는 이 경제의 공급곡선이라고 할 수 있는 뉴케인지언 필립스 곡선을 도출할 수 있다.

경제의 시장청산 조건에 따르면 아래와 같이 각각의 재화에 대해서 공급과 수요가 일치해야 한다.

$$Y_t(i) = C_t(i) \text{ for all } i \in [0,1]$$

소비가 각 소비의 CES 함수이므로 총생산 역시 CES 함수로 나타낼 수 있다. 즉, $Y_t \equiv \left(\int_0^1 Y_t(i)^{1 - \frac{1}{\varepsilon}} di \right)^{\frac{\varepsilon}{\varepsilon - 1}}$ 이며 따라서 $Y_t = C_t$ 이 성립한다.

해당 식에 대해서 로그 선형화를 하면 아래와 같다.

$$y_t = c_t \tag{19}$$

가계에서 구한 식 (10)에 식 (19)를 대입하면 우리는 아래의 동태적 IS 곡선을 구할 수 있다.

$$y_t = \mathrm{E}_t[y_{t+1}] - \frac{1}{\theta}(i_t - \mathrm{E}_t[\pi_{t+1}] - \rho) \tag{20}$$

즉, 주어진 (실질)이자율하에서 현재 생산량 혹은 소비량이 미래의 생산량 혹은 소비량과 어떠한 관계를 맺는지를 보여준다. 중급 거시경제학에서 배운 케인지언의 IS 곡선을 떠올려보자. 당시의 IS 곡선은 정태적이며 생산물 시장의 균형을 이루는 이자율과 생산량의 관계를 나타낸다. 반면에 여기에서의 동태적 IS 곡선은 시간이 변할 때 생산물 시장의 균형을 이루는 관계를 이자율과 현재의 생산량뿐만 아니라 미래의 생산량에도 의존한다는 것을 보여준다.

가계가 각 기업에 제공하는 노동은 동질적이므로 $L_t = \int_0^1 L_t(i)di$이 성립한다. 생산함수 식 (11)을 개별 노동에 대하여 풀어서 위 식에 대입하고 개별산출량과 전체산출량 사이의 관계식인 $Y_t(i) = \left(\dfrac{P_t(i)}{P_t}\right)^{-\varepsilon} Y_t$를 이용하면 아래 식을 얻을 수 있다.

$$L_t = \int_0^1 \left(\frac{Y_t(i)}{A_t}\right)^{\frac{1}{1-\alpha}} di = \left(\frac{Y_t}{A_t}\right)^{\frac{1}{1-\alpha}} \int_0^1 \left(\frac{P_t(i)}{P_t}\right)^{-\frac{\varepsilon}{1-\alpha}} di$$

그리고 이 식을 로그선형화하면 다음과 같다.

$$(1-\alpha)l_t = y_t - a_t + d_t \tag{21}$$

이 때 $d_t \equiv (1-\alpha)\ln \int_0^1 \left(\dfrac{P_t(i)}{P_t}\right)^{-\frac{\varepsilon}{1-\alpha}} di$이다. 그리고 d_t는 '가격의 흩어짐 (price dispersion)'을 나타낸다. 즉, 각 기업마다 다르게 가격을 설정하고 물가지수가 개별 가격의 CES 함수 꼴을 갖게 되면서 서로 다르게 흩어진 가격과 이에 따른 개별 생산량의 차이가 경제 전체의 생산에 미치는 영향을 표시한다. 로그 선형화 모형에서는 이 d_t를 제외할 것이다.

왜 d_t를 제외하는가? 우리가 지금 필립스 곡선을 이용하여서 분석하려 하는 모형은 모형의 균제상태 근방에서의 선형화 작업을 통하여 이루어진다. 인플레이션의 경우 균제값이 1이며 1의 근방에서 d_t의 로그 근사값의 1차항은 0이며

2차항부터 유의미한 값을 가지게 된다. 따라서 d_t는 선형식에서 사라진다.

이제 경제전체의 생산함수를 로그 선형화하면 아래와 같이 구할 수 있다.

$$y_t = a_t + (1-\alpha)l_t \tag{22}$$

한계비용이 $\dfrac{W_t}{P_t MPL_t}$로 주어지므로 이에 대한 로그 선형화를 구하면 mc_t $= (w_t - p_t) - mpl_t$이며 $MPL_t = (1-\alpha)A_t L_t^{-\alpha}$이므로 관계는 다음과 같다.

$$
\begin{aligned}
mc_t &= (w_t - p_t) - mpl_t \\
&= (w_t - p_t) - (a_t - \alpha l_t) - \ln(1-\alpha) \\
&= (w_t - p_t) - \frac{1}{1-\alpha}(a_t - \alpha y_t) - \ln(1-\alpha)
\end{aligned} \tag{23}
$$

이제 P_t^*가 주어질 때의 수요함수 $Y_{t+k \mid t}$의 한계비용을 알아보자. 위의 도출과정과 유사하지만 한계노동생산이 $MPL_{t+k \mid t}$으로 바뀐다.

$$
\begin{aligned}
mc_{t+k \mid t} &= (w_{t+k} - p_{t+k}) - mpl_{t+k \mid t} \\
&= (w_{t+k} - p_{t+k}) - \frac{1}{1-\alpha}(a_{t+k} - \alpha y_{t+k \mid t}) - \ln(1-\alpha)
\end{aligned} \tag{24}
$$

이제 위에서 구한 mc_{t+k}에 관한 식 (23)과 $mc_{t+k \mid t}$의 연관된 식 (24)의 관계를 살펴보면 아래와 같다는 것을 알 수 있다.

$$
\begin{aligned}
mc_{t+k \mid t} &= (w_{t+k} - p_{t+k}) - \frac{1}{1-\alpha}(a_{t+k} - \alpha y_{t+k \mid t}) - \ln(1-\alpha) \\
&= mc_{t+k} + \frac{\alpha}{1-\alpha}(y_{t+k \mid t} - y_{t+k}) \\
&= mc_{t+k} - \frac{\alpha \varepsilon}{1-\alpha}(p_t^* - p_{t+k})
\end{aligned} \tag{25}
$$

마지막 등식은 $y_{t+k \mid t} = -\varepsilon(p^* - p_{t+k}) + y_{t+k}$이기 때문이다. 그리고 $y_{t+k \mid t} = -\varepsilon(p^* - p_{t+k}) + y_{t+k}$는 식 (13)을 로그 선형화하여 구할 수 있다. 이를 이용하여 식 (15)를 정리하면 다음과 같다.

$$p_t^* - p_{t-1} = \beta\psi \mathrm{E}_t \left[p_{t+1}^* - p_t \right] + (1 - \beta\psi)\Theta \widehat{mc_t} + (1 - \psi)(p_t^* - p_{t-1}) \qquad (26)$$

이때, $\Theta = \dfrac{1-\alpha}{1-\alpha+\alpha\varepsilon}$이다. 그리고 최종적으로 아래의 식을 구하게 된다.

$$\psi(p_t^* - p_{t-1}) = \beta\psi \mathrm{E}_t \left[p_{t+1}^* - p_t \right] + (1 - \beta\psi)\Theta \widehat{mc_t}$$

$$p_t^* - p_{t-1} = \beta \mathrm{E}_t \left[p_{t+1}^* - p_t \right] + \frac{(1 - \beta\psi)}{\psi}\Theta \widehat{mc_t}$$

$$(1 - \psi)(p_t^* - p_{t-1}) = \beta(1 - \psi) \mathrm{E}_t \left[p_{t+1}^* - p_t \right] + \frac{(1 - \psi)(1 - \beta\psi)}{\psi}\Theta \widehat{mc_t}$$

$$\pi_t = \beta \mathrm{E}_t \left[\pi_{t+1} \right] + \lambda \widehat{mc_t} \qquad (27)$$

여기서 $\lambda = \dfrac{(1 - \psi)(1 - \beta\psi)}{\psi}\Theta$이다. 즉, 한계비용이 균형에서 이탈한 값 $\widehat{mc_t}$와 인플레이션, 기대인플레이션 간의 선형 관계식을 구하였다. 위에서 구한 식 (27)을 미래에 대해서 연속적으로 대입을 하면 다음의 관계가 성립한다.

$$\begin{aligned} \pi_t &= \beta \mathrm{E}_t \left[\pi_{t+1} \right] + \lambda \widehat{mc_t} \\ &= \lambda \widehat{mc_t} + \beta \mathrm{E}_t \left[\lambda \widehat{mc_{t+1}} \right] + \beta^2 \mathrm{E}_t \left[\lambda \widehat{mc_{t+2}} \right] + \beta^3 \mathrm{E}_t \left[\lambda \widehat{mc_{t+3}} \right] \\ &\quad + \beta^4 \mathrm{E}_t \left[\lambda \widehat{mc_{t+4}} \right] + \cdots \\ &= \lambda \sum_{k=0}^{\infty} \beta^k \mathrm{E}_t \left[\widehat{mc_{t+k}} \right] \end{aligned} \qquad (28)$$

즉, 현재의 인플레이션은 미래의 한계비용이 균형에서 이탈한 값 $\widehat{mc_t}$들의 현재가치에 λ만큼 곱한 값이다.

이제 한계비용이 경제의 생산량에 어떻게 의존하는지의 식을 통하여 최종목표인 뉴케인지언 필립스 곡선을 구해보도록 한다.

가계에서 구한 노동과 소비 사이의 관계식 식 (9)와 식 (22), (23)을 이용하면 아래의 식을 구할 수 있다.

$$mc_t = (w_t - p_t) - mpl_t = (\theta y_t + \varphi l_t) - (y_t - l_t) - \ln(1 - \alpha)$$

$$= \left(\theta + \frac{\varphi + \alpha}{1 - \alpha} \right) y_t - \frac{1 + \varphi}{1 - \alpha} a_t - \ln(1 - \alpha) \tag{29}$$

만약 기업이 매 기마다 가격을 조정할 수 있다고 할 경우, 즉 신축적 가격하에서의 한계비용과 그리고 생산량(즉, 자연산출량)에 대해서도 위와 같은 식을 구할 수 있다.

$$mc = \left(\theta + \frac{\varphi + \alpha}{1 - \alpha} \right) y_t^n - \frac{1 + \varphi}{1 - \alpha} a_t - \ln(1 - \alpha) \tag{30}$$

따라서 한계비용의 균제상태에서의 이탈 $\widehat{mc}_t$은 생산량과 자연산출량(신축적 가격하에서의 산출량 혹은 가격 경직성이 사라진 경제에서의 생산량 수준)과의 차이 $y_t - y_t^n$와 다음의 선형관계를 갖게 된다.

$$\widehat{mc}_t = \left(\theta + \frac{\varphi + \alpha}{1 - \alpha} \right) (y_t - y_t^n) \tag{31}$$

이러한 생산량과 자연산출량 차이를 산출갭(output gap)이라고 하고 $\tilde{y}_t$로 표시한다. $\tilde{y}_t \equiv y_t - y_t^n$ 산출갭의 표기를 이용하면 아래의 식을 구할 수 있다.

$$\widehat{mc}_t = \left(\theta + \frac{\varphi + \alpha}{1 - \alpha} \right) \tilde{y}_t \tag{32}$$

해당 식을 앞에서 구한 인플레이션 π_t와 한계비용의 균제상태로부터의 이탈 $\widehat{mc}_t$과의 선형 관계식에 대입하여 우리는 최종적으로 뉴케인지언 필립스 곡선

(NKPC)에 도달한다.

$$\pi_t = \beta \mathrm{E}_t [\pi_{t+1}] + \lambda \widehat{mc}_t$$

$$= \beta \mathrm{E}_t [\pi_{t+1}] + \lambda \left(\theta + \frac{\varphi + \alpha}{1 - \alpha} \right) \tilde{y}_t$$

$$= \beta \mathrm{E}_t [\pi_{t+1}] + \kappa \tilde{y}_t \tag{33}$$

여기서 $\kappa \equiv \lambda \left(\theta + \frac{\varphi + \alpha}{1 - \alpha} \right)$ 이다. 8장을 마무리하기 전에 앞에서 구한 동태적 IS 곡선 역시 산출갭에 대한 식으로 바꾸어 보자. 동태적 IS 곡선 식 (20)을 떠올려보자.

$$y_t = \mathrm{E}_t [y_{t+1}] - \frac{1}{\theta} (i_t - \mathrm{E}_t [\pi_{t+1}] - \rho) \tag{20}$$

자연산출량하에서는 가격이 신축적이며 기대인플레이션이 0이므로 아래와 같이 쓸 수 있다.

$$y_t^n = \mathrm{E}_t [y_{t+1}^n] - \frac{1}{\theta} (r_t^n - \rho) \tag{34}$$

그리고 식 (20)에서 식 (34)를 차감하면 산출갭으로 표현한 동태적 IS 곡선이 된다.

$$\tilde{y}_t = \mathrm{E}_t [\tilde{y}_{t+1}] - \frac{1}{\theta} (i_t - \mathrm{E}_t [\pi_{t+1}] - r_t^n) = \mathrm{E}_t [\tilde{y}_{t+1}] - \frac{1}{\theta} (r_t - r_t^n) \tag{35}$$

산출량갭에 대해서도 주어진 동태적 IS 곡선을 미래에 대해서 연속적으로 대입하면 아래의 관계를 구할 수 있다.

$$\tilde{y}_t = -\frac{1}{\theta}(r_t - r_t^n) - \frac{1}{\theta}\mathrm{E}_t\left[r_{t+1} - r_{t+1}^n\right] - \frac{1}{\theta}\mathrm{E}_t\left[r_{t+2} - r_{t+2}^n\right] - \cdots$$

$$= -\frac{1}{\theta}\sum_{k=0}^{\infty}\mathrm{E}_t\left(r_{t+k} - r_{t+k}^n\right)$$

$$\text{if } \lim_{T\to\infty}\mathrm{E}_t\left[\tilde{y}_{t+T}\right] = 0 \tag{36}$$

즉, 미래 실질이자율과 자연산출량하에서의 실질이자율 차이의 합에 $-1/\theta$ 를 곱한 값임을 알 수 있다.

8장을 마무리하면서 우리에게 주어진 식은 뉴케인지언 필립스 곡선과 동태적 IS 곡선 두 식이다. 그리고 두 식에서의 내생변수는 π_t, $\tilde{y}_t$ 그리고 실질이자율 r_t이다. 이제 이 두 식을 만족하는 세 개의 내생변수 조합은 무수히 많을 것이다. 따라서 경제 내의 균형을 구하기 위해서는 하나의 추가식이 필요하며, 우리의 모형에서 마지막 식은 통화정책이 담당하게 된다. 다음 9장에서 통화정책의 도입을 통해 실질경제변수가 명목변수와 서로 영향을 미치는 NK-DSGE 모형에 대해서 공부한다.

Gray(1976)는 명목임금이 물가에 연동(indexation)될 때와 그렇지 않은 경우에 대해서 통화량 충격과 기술충격하에서의 경제변동을 분석하였다. 여기에서는 명목임금이 물가상승률과 무관(non−indexation)하게 결정되는 경우, 기술충격이 발생함에 따라 경제 균형이 어떻게 달성되는지 살펴보고자 한다.

경제의 생산량(Y_t)은 노동량(L_t)과 기술충격에 의해 결정된다.

$$Y_t = \alpha_t G(L_t), \ \alpha_t = 1 + \mu_t$$

생산함수 $G(L_t)$는 1보다 작은 차수의 동차함수이며(homogenous of degree less than 1) 기술충격 μ_t는 기댓값 0을 갖는 대칭적인 확률분포를 따른다.

화폐공급 M_t^S는 아래와 같이 결정된다.

$$M_t^S = \beta_t \overline{M}, \ \beta_t = 1 + \xi_t$$

$\overline{M}$은 상수이며 통화충격 ξ_t는 기댓값 0을 갖는 대칭적인 확률분포를 따른다. 화폐수요는 화폐수량설에 의해 결정된다.

$$M_t^D = k P_t Y_t$$

k는 상수이다.

먼저 명목임금이 신축적으로 결정되는 경우를 고려해보자. 임금신축성 가정하에서 노동시장의 노동수요(L_t^D)와 노동공급(L_t^S)은 각각 실질임금에 대한 함수로 다음과 같이 결정되며, 이 연립방정식이 균형임금을 결정한다.

$$L_t^D = f\left(\frac{W_t/P_t}{\alpha_t}\right) = f\left(\frac{w_t}{\alpha_t}\right), \ \frac{df(w_t/\alpha_t)}{d(w_t/\alpha_t)} < 0$$

$$L_t^S = g\left(\frac{W_t}{P_t}\right) = g(w_t), \ \frac{dg(w_t)}{dw_t} > 0$$

이제 명목임금이 경직적인 경우를 고려해본다. 이 경우 기준이 되는 명목임금 수준(base nominal wage, W_t)은 기술충격 μ_t와 통화충격 ξ_t가 모두 0일 때 노동수요(L_t^D)와 노동공급(L_t^S)의 균형에서 구해지는 임금이다. Gray(1976)가 분석한 명목임금이 경직적인 경제에서는 명목임금계약이 기준임금인 W_t 수준에서 체결이 되고 난 후, 기술충격과 통화충격 그리고 생산이 실현된다고 가정하고 있다. 따라서 임금경직성 경제에서 노동균형량과 임금은 노동수요 L_t^D에 의해서만 결정되며 노동공급 L_t^S은 가정한 식 대신, 기준임금하에서 항상 노동수요를 충족할 수 있을 만큼 공급된다고 가정한다.

앞에서 언급한 바와 같이, 경제 내에 통화충격은 없으며($\xi_t = 0$) 기술충격 ($\mu_t > 0$)만 존재한다고 하자. 통화공급은 매기 $\overline{M}$으로 일정하며, 화폐균형식 $M_t^D = M_t^S$에 생산함수 식을 대입하면 아래와 같다.

$$M_t^S = \overline{M} = M_t^D = kP_t\alpha_t G(L_t) = kP_t(1 + \mu_t)G(L_t)$$

그리고 실질임금식 $w_t = W_t/P_t$와 노동균형이 노동수요함수와 같으므로 다음의 식이 성립한다.

$$\overline{M} = k\frac{W_t}{w_t}(1 + \mu_t)G\left(f\left(\frac{w_t}{1 + \mu_t}\right)\right)$$

그리고 명목임금이 물가를 반영하지 않으므로 경직적이다.

이때 기술충격 μ_t가 발생할 경우, 생산함수의 생산가능 범위가 증가하고 ($G(\mu_t > 0)$), 노동수요가 증가하게 된다.($L_t^D(\mu_t > 0)$) 하지만 k와 W_t는 고정되어 있으므로 결국 고정된 통화공급 $\overline{M}$하에서는 실질임금 w_t가 증가하게 된다. 그리고 기술충격의 효과와 실질임금의 상승효과가 상쇄되어 결국 노동량은 일정(L^*)하게 된다. 즉, 물가 혹은 명목임금 등 가격경직성이 존재하는 경우, 실질변수인 실질임금의 조정을 통해 경제 균형이 달성되게 된다. 아래 그림은 기술충격 이후 각 변수의 균형이 어떻게 달성되는지 나타낸다.

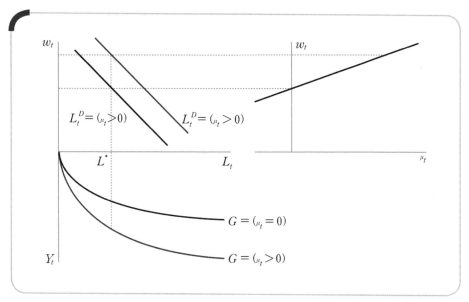

그림 8-1 기술충격(μ_t)하에서의 변화 및 균형

부록 2 ● **Benassy(1995)**

Benassy(1995)는 본문과 달리 물가의 경직성 대신 명목임금의 경직성(사전 결정된 명목임금)을 통해 경기변동을 설명하였다. 물가의 경직성 대신 임금의 경직성(사전결정된 임금)을 일반균형모형에 도입하여 해석학적(analytical) 해를 구하고, 해들 사이의 상관관계를 통해 경제 현상들을 설명하고 있다.

먼저 명목임금의 경직성이 없다고 가정하자. 즉, 명목임금은 노동시장에서 기업의 수요와 가계의 공급을 통해 결정된다고 가정한다. 모형은 무한 기를 살아가는 가계와 기업으로 이뤄져 있다. 먼저 가계는 소비, 여가, 그리고 보유하는 실질화폐로부터 효용을 얻을 수 있다.

$$\mathrm{E}_0 \sum_{t=0}^{\infty} \beta^t \left[\log C_t + \theta \log \frac{M_t}{P_t} + V(\overline{L} - L_t) \right] \tag{A1}$$

C_t는 소비, M_t는 명목화폐, L_t는 노동, $V(\cdot)$은 여가 함수이다. 이 때, $V(\overline{L} - L) = \gamma \log(\overline{L} - L)$로 가정한다.

위의 효용을 아래의 제약식 하에서 극대화한다.

$$C_t + \frac{M_t}{P_t} + I_t = \frac{W_t}{P_t} L_t + \kappa_t I_{t-1} + \frac{\mu_t M_{t-1}}{P_t} \tag{A2}$$

I_t는 투자, W_t는 명목임금, L_t는 노동, κ_t는 실질자본수익, μ_t는 통화충격을 의미한다.

따라서 라그랑지안 식을 세우면 다음과 같다,

$$\mathcal{L} = \mathrm{E}_0 \sum_{t=0}^{\infty} \beta^t \left[\log C_t + \theta \log \frac{M_t}{P_t} + \gamma \log(\overline{L} - L_t) \right.$$

$$\left. + \lambda_t \left(\frac{W_t}{P_t} L_t + \kappa_t I_{t-1} + \frac{\mu_t M_{t-1}}{P_t} - C_t - \frac{M_t}{P_t} - I_t \right) \right] \tag{A3}$$

가계가 효용극대화를 한 결과는 아래와 같이 구할 수 있다.

$$\frac{\partial \mathcal{L}}{\partial C_t} = 0, \quad \frac{1}{C_t} = \lambda_t \tag{A4}$$

$$\frac{\partial \mathcal{L}}{\partial L_t} = 0, \quad \frac{\gamma}{\overline{L} - L_t} = \lambda_t \frac{W_t}{P_t} \tag{A5}$$

$$\frac{\partial \mathcal{L}}{\partial I_t} = 0, \quad \lambda_t = \beta \mathrm{E}_t \left[\lambda_{t+1} \kappa_{t+1} \right] \tag{A6}$$

$$\frac{\partial \mathcal{L}}{\partial M_t} = 0, \quad \lambda_t = \frac{\theta P_t}{M_t} + \beta \mathrm{E}_t \left[\lambda_{t+1} \frac{\mu_{t+1} P_t}{P_{t+1}} \right] \tag{A7}$$

기업은 아래의 생산함수를 통해 이윤 Π_t를 극대화한다.

$$Y_t = Z_t K_t^{\alpha} L_t^{1-\alpha}$$

$$\Pi_t = P_t Z_t K_t^{\alpha} L_t^{1-\alpha} - W_t L_t - R_t K_t$$

Z_t는 기술충격, K_t는 자본, R_t는 명목자본수익이다. 기업의 이윤극대화를 통해 다음과 같이 구할 수 있다.

$$\frac{W_t}{P_t} = \frac{\partial Y_t}{\partial L_t} = (1-\alpha) Z_t K_t^{\alpha} L_t^{-\alpha} \tag{A8}$$

$$\kappa_t = \frac{R_t}{P_t} = \frac{\partial Y_t}{\partial K_t} = \alpha Z_t K_t^{\alpha-1} L_t^{1-\alpha} \tag{A9}$$

그리고 그 외 자본은 감각상각률이 1이므로 다음 기의 자본은 현재의 투자와 동일하다.

$$K_{t+1} = I_t \tag{A10}$$

통화시장에서의 공급은 아래의 과정을 따른다.

$$M_t = \mu_t M_{t-1} \tag{A11}$$

재화시장에서의 균형식은 다음과 같다.

$$Y_t = C_t + I_t \tag{A12}$$

최종적으로 (A4)~(A12), 그리고 횡단조건(transversality condition)은 다음과 같다.

$$\lim_{t \to \infty} \beta^t U_{C_t} K_{t+1} = 0 \tag{A13}$$

$$\lim_{t \to \infty} \beta^t U_{C_t} \frac{M_t}{P_t} = 0 \tag{A14}$$

주요 실물변수는 아래의 균형을 만족하며 시간에 따라 움직인다.

$$C_t = (1-\alpha\beta)Y_t, \quad I_t = K_{t+1} = \alpha\beta Y_t, \quad L_t = \frac{(1-\alpha)\overline{L}}{1-\alpha+\gamma(1-\alpha\beta)} = L$$

위에서 알 수 있듯이, 명목변수 M_t와 P_t는 실물변수 움직임에 영향을 끼치지 않는다. 즉, 고전적 이분성(classical dichotomy)이 성립한다. 실물화폐에 대해서는 다음의 식이 성립한다.

$$\frac{M_t}{P_t} = \frac{\theta(1-\alpha\beta)}{1-\beta} Y_t = \nu Y_t \tag{A15}$$

여기서 $\nu \equiv \dfrac{\theta(1-\alpha\beta)}{1-\beta}$ 이다. 그리고 생산량에 대해서는 먼저 균형식 $Y_t = Z_t K_t^\alpha L_t^{1-\alpha}$ 와 $K_{t+1} = \alpha\beta Y_t$ 에 대해서 로그를 취하면 아래와 같다.(소문자는 해당 문자의 대문자에 로그를 취한 값이다. 즉, $x_t = \log X_t$ 이다.)

$$y_t = z_t + \alpha k_t + (1-\alpha)l_t$$
$$k_{t+1} = \log \alpha\beta + y_t$$

위 첫 번째 식에서 k_t를 y_t에 대해서 정리하여 두 번째 식에 대입할 수 있다. 그리고 노동은 늘 상수 L이므로 이에 로그를 취한 값을 l이라고 표현하면 아래와 같이 식을 구할 수 있다.

$$y_t = \frac{z_t}{1-\alpha L} + l + \frac{\alpha \log \alpha\beta}{1-\alpha} \tag{A15}$$

여기에서 L은 시차연산자(lag operator)이다. 이 연산자를 변수의 앞에서 곱하는 경우, 한 기 이전의 값을 의미하게 된다. 즉, $Lz_t = z_{t-1}$ 이고 $LE_t[z_{t+s}] = E_t[z_{t+s-1}]$ 이다.[11] 따라서 $\dfrac{1}{1-\alpha L}$ 는 $1 + \alpha L + \alpha^2 L^2 + \alpha^3 L^3 + \ldots$ 이며 따라서 $\dfrac{z_t}{1-\alpha L} = z_t + \alpha z_{t-1} + \alpha^2 z_{t-2} + \alpha^3 z_{t-3} + \cdots$ 임을 알 수 있다.

실물화폐 균형식에 로그를 취하고 위에서 구한 (A15) 식을 이용하면 로그를 취한 물가에 대한 균형식을 구할 수 있다.

$$p_t = m_t - \frac{z_t}{1-\alpha L} - \log \nu - l - \frac{\alpha \log \alpha\beta}{1-\alpha} \tag{A16}$$

---

11) 한편 유사한 연산자로 backshift operator(B)가 있는데, 확률변수인 미래의 값에 대하여 이 연산자는 $BE_t[z_{t+s}] = E_{t-1}[z_{t+s-1}]$를 의미한다. 시차연산자에 대한 좀 더 다양한 활용에 대해서는 Romer(2018, p. 324) 혹은 Sargent(1987, 11장)을 참조하라. 그리고 시차연산자의 활용에 대한 엄밀한 증명에 대해 궁금한 독자들은 Gabel and Roberts(1973, 4장)에서 다루어진 z전환(the z transformation)을 참조하라.

명목임금에 대해서는 다음과 같다.

$$w_t = m_t + \log(1-\alpha) - \log\nu - l \tag{A17}$$

(A15)~(A17)을 통해 우리는 해당 모형, 즉 임금이 사전적으로 결정되지 않고 물가가 신축적인 모형하에서는 (1) 실질임금이 데이터와 달리 지나치게 경기동행적(procyclical)이며 (2) 경제 모형 내 충격과 관계없이 항상 물가가 경기역행적(countercyclical)이라는 점을 알 수 있다.

이제 가정을 바꾸어 경제 내의 임금이 한 기 이전에 사전결정(predetermined)된다고 가정하자. 경직적 임금 가정하에서의 임금 수준은, 신축적 임금의 가정에서 구한 식 (A17)을 이용하여, t기에 결정되는 m_t가 아닌 $t-1$기에 예상한 m_t에 따라 다음과 같이 결정된다.[12]

$$w_t = E_{t-1}(m_t) + \log(1-\alpha) - \log\nu - l \tag{A18}$$

신축적 임금의 경우에 노동시장의 균형을 결정하였던 수요와 공급 중에서, 경직적 임금의 경우에는 (A18)과 같이 사전에 결정된 임금수준에서 노동의 수요에 따라서 균형노동량이 정해진다. 그리고 생산함수, 기업의 노동수요, 가계의 화폐최적화 식을 로그 선형화한 식들은 다음과 같다.

$$y_t = z_t + \alpha k_t + (1-\alpha)l_t \tag{A19}$$

$$w_t - p_t = \log(1-\alpha) + z_t + \alpha k_t - \alpha l_t$$

$$m_t = \log\nu + p_t + y_t$$

---

12) 임금 및 물가의 경직성 도입의 방식에 여러 가지가 있다. (A18)처럼 명목변수가 신축적으로 결정되는 왈라지안(Walrasian) 모형에서 결정된 명목변수의 해를 결정하는 변수들이 사전적으로 결정된다는 방식으로 (예를 들어, 여기서는 $E_{t-1}[m_t]$) 가격의 경직성을 도입할 수 있다. 왈라지안 모형의 해를 구할 수 없는 경우에도 적용할 수 있는 일반적인 방식으로는, Kim and Henderson(2005)와 같이 가계의 효용극대화 조건 중 하나인 (A5)의 양변에 이전 기에서의 기대연산자 $E_{t-1}[\cdot]$을 취하고 임금이 사전적으로 결정된다고 임금경직성을 반영할 수 있다. 이러한 두 가지 방식은 변수들의 공분산 이상의 고차항 처리를 제외하고는 선형적으로 동일하다.

(A18) 식과 (A19)의 식들을 통해 노동균형량은 다음과 같이 결정된다.[13]

$$l_t = l + (m_t - E_{t-1}(m_t)) \tag{A20}$$

나머지 균형식들은 앞에서 명목임금이 신축적인 경우와 동일하다. 그 결과 그 밖의 다른 실물변수들은 기술충격과 통화량에 의해 그 값이 결정된다.

$$y_t = \frac{z_t + (1-\alpha)(m_t - E_{t-1}(m_t))}{1-\alpha L} + l + \frac{\alpha \log \alpha \beta}{1-\alpha} \tag{A21}$$

$$w_t - p_t = \log(1-\alpha) + y_t - l - (m_t - E_{t-1}(m_t)) \tag{A22}$$

$$p_t = m_t - \log \nu - y_t \tag{A23}$$

이제 기술충격과 통화량이 아래와 같이 결정된다고 가정하자. ($\varepsilon_{z,t}$와 $\varepsilon_{m,t}$는 서로 상관관계가 없다.)

$$z_t = \rho_z t + \varepsilon_{z,t}, \ var(\varepsilon_{z,t}) = \sigma_z^2, \ |\rho_z| < 1$$

$$m_t = \rho_m t + \varepsilon_{m,t}, \ var(\varepsilon_{m,t}) = \sigma_m^2, \ |\rho_m| < 1$$

이때 기술충격($\varepsilon_{z,t}$)은 공급충격, 통화충격($\varepsilon_{m,t}$)은 수요충격으로도 볼 수 있다. 그리고 충격들이 존재할 때, 변수들의 동학과 변수 사이의 상관계수 (correlation coefficient)들을 알아보기 위해 (A21)~(A23) 식에서 영향을 끼치지 않는 상수인 항들을 제거하고 다시 배열하면 아래와 같다.

$$y_t = (1-\alpha)(m_t - E_{t-1}(m_t))$$
$$+ \frac{\alpha(1-\alpha)(m_{t-1} - E_{t-2}(m_{t-1}))}{1-\alpha L} + \frac{z_t}{1-\alpha L} \tag{A21*}$$

---

13) 신축적 임금의 경우, 임금이 노동의 수요와 공급에 의해 결정되므로 노동 공급을 나타내는 (A5)가 성립한다. 하지만 임금경직성하에서는 임금이 (A18)과 노동수요 함수에 의해 결정되므로 (A5)가 더 이상 유효하지 않다.

$$w_t - p_t = -\alpha\big(m_t - E_{t-1}(m_t)\big)$$

$$+ \frac{\alpha(1-\alpha)(m_{t-1} - E_{t-2}(m_{t-1}))}{1-\alpha L} + \frac{z_t}{1-\alpha L} \qquad \text{(A22*)}$$

$$p_t = E_{t-1}(m_t) + \alpha\big(m_t - E_{t-1}(m_t)\big)$$

$$- \frac{\alpha(1-\alpha)(m_{t-1} - E_{t-2}(m_{t-1}))}{1-\alpha L} - \frac{z_t}{1-\alpha L} \qquad \text{(A23*)}$$

(A21*)~(A23*) 식에서 $m_t - E_{t-1}(m_t)$는 실제 t기에서의 통화량과 $t-1$기에 예측한 t기의 통화량의 차이로 t기의 통화충격을 나타낸다. 세 식에서 알 수 있는 점은 t기의 통화충격에 대해서 산출량 y_t과 실질임금 $w_t - p_t$ 사이에는 역의 상관관계가 있으며 산출량 y_t과 물가 p_t 사이에는 양의 상관관계를 갖는다는 점이다.[14] 그리고 각 변수의 움직임은 해당 기의 충격(contemporary shock)뿐만 아니라 지난 기의 충격(lagged shock)들에도 영향을 받으므로 각 변수의 상관관계를 정확하게 구하기 위해서는 지난 기의 충격들 역시 고려해야 한다.

$$y_t = (1-\alpha)(m_t - E_{t-1}(m_t)) + \frac{\alpha(1-\alpha)(m_{t-1} - E_{t-2}(m_{t-1}))}{1-\alpha L} + \frac{z_t}{1-\alpha L}$$

$$= (1-\alpha)\varepsilon_{m,t} + \alpha(1-\alpha)\big(\varepsilon_{m,t-1} + \alpha\varepsilon_{m,t-2} + \alpha^2\varepsilon_{m,t-3} + \cdots\big)$$

$$+ \big(z_t + \alpha z_{t-1} + \alpha^2 z_{t-2} + \cdots\big)$$

$$w_t - p_t = -\alpha(m_t - E_{t-1}(m_t)) + \frac{\alpha(1-\alpha)(m_{t-1} - E_{t-2}(m_{t-1}))}{1-\alpha L} + \frac{z_t}{1-\alpha L}$$

$$= -\alpha\varepsilon_{m,t} + \alpha(1-\alpha)\big(\varepsilon_{m,t-1} + \alpha\varepsilon_{m,t-2} + \alpha^2\varepsilon_{m,t-3} + \cdots\big)$$

$$+ \big(z_t + \alpha z_{t-1} + \alpha^2 z_{t-2} + \cdots\big)$$

---

14) Benassy(1995) 논문에서 (A22*)식 우변의 첫 번째 항의 마이너스 기호가 빠져있다.

$$p_t = E_{t-1}(m_t) + \alpha\big(m_t - E_{t-1}(m_t)\big)$$

$$- \frac{\alpha(1-\alpha)(m_{t-1} - E_{t-2}(m_{t-1}))}{1-\alpha L}D - \frac{z_t}{1-\alpha L}$$

$$= \rho_m t + \alpha\varepsilon_{m,t} - \alpha(1-\alpha)\big(\varepsilon_{m,t-1} + \alpha\varepsilon_{m,t-2} + \alpha^2\varepsilon_{m,t-3} + \cdots\big)$$

$$- \big(z_t + \alpha z_{t-1} + \alpha^2 z_{t-2} + \cdots\big)$$

그리고 위에서 알 수 있듯, 지난 기의 충격들 역시 계산과정에서 고려되어야 한다. ($z_t = \rho_z t + \varepsilon_{z,t}$ 로 계산에서는 $\rho_z t$는 상수와 다름 없어 고려되지 않는다.) 이제 위 식을 바탕으로 실물변수들 사이의 상관계수를 구하면 아래와 같다.

$$corr(w_t - p_t, y_t) = \frac{\sigma_z^2 - \alpha(1-\alpha)^2\sigma_m^2}{\big[\sigma_z^2 + (1-\alpha)^2\sigma_m^2\big]^{1/2}\big[\sigma_z^2 + 2\alpha^2(1-\alpha)\sigma_m^2\big]^{1/2}} \tag{A24}$$

$$corr(p_t, y_t) = \frac{\alpha(1-\alpha)^2\sigma_m^2 - \sigma_z^2}{\big[\sigma_z^2 + (1-\alpha)^2\sigma_m^2\big]^{1/2}\big[\sigma_z^2 + 2\alpha^2(1-\alpha)\sigma_m^2\big]^{1/2}} \tag{A25}$$

$$corr(\Delta p_t, y_t) = \frac{(1-\alpha)^{1/2}\big[\alpha(1-\alpha)^2\sigma_m^2 - \sigma_z^2\big]}{\big[\sigma_z^2 + (1-\alpha)^2\sigma_m^2\big]^{1/2}\big[2\alpha^2(3-\alpha)\sigma_m^2 + 2\sigma_z^2\big]^{1/2}} \tag{A26}$$

(A24) 식에서 알 수 있듯이, 실질임금과 산출량과의 상관계수, $corr(y_t, w_t - p_t)$의 경우 기술충격뿐만 아니라 통화충격에 영향을 받으며, 통화충격의 크기가 상승할 경우, 음의 상관관계를 보일 수 있다. (A25) 식에서 물가와 산출량의 상관계수 $corr(y_t, p_t)$ 경우, 통화충격에 대해서 산출량과 양의 상관관계를 보인다. 즉, 수요가 증가할 경우 물가가 상승하는 현상을 설명할 수 있다. 그리고 기술충격에 대해서는 역의 상관관계를 보여 공급의 증가에 따라 물가가 하락하는 현상을 설명할 수 있다. 마지막으로 (A26) 식에서 인플레이션(Δp_t)와 산출량의 상관관계 $corr(y_t, \Delta p_t)$ 역시 통화충격에서 양의 상관관계를 보이나 기술충격에 대해서는 그 크기가 작아지는 등 기존의 현상들을 잘 나타낼 수 있다.

부록 3 ● 기업의 가격 설정에 대한 일반적인 경우

　　불완전경쟁 시장에서의 기업은 이윤을 극대화하는 과정을 통해 가격을 설정할 수 있다. 하지만 다음 기에도 가격을 설정할 수가 있을지는 확실하지 않으며 현재 설정한 가격은 미래에도 유효할 확률이 특정한 확률분포에 의존한다. 본문에서는 가격 결정에 대한 세 가지 방식을 소개하고, 그 중에서 칼보 모형의 가정에서 논의를 전개하였다. <부록 8.3>에서는 기업의 가격 설정에 대하여 좀 더 일반적인 논의를 통하여 가격 경직성의 함의가 무엇인지 직관적인 이해를 시도한다.

　　이번 기에 설정한 가격은 지금의 이윤에 영향을 끼칠 뿐만 아니라 미래에도 그 가격이 유지될 가능성이 있어서 미래의 이윤에도 영향을 끼치게 되는 것이다. 구체적으로 어떻게 영향을 미치는지는 확률분포의 형태에 의존한다. 본격적으로 경직적 가격의 함의를 기업의 이윤극대화를 통하여 분석하기 위해 기업의 생산함수는 노동에 대하여 선형 함수라고 가정한다.

$$Y_s(i) = L_s(i) \ \ (\text{for all} \ \ s = 0, 1, 2, 3, \ldots)$$

　　임의의 i번째 기업이 0기에 가격을 설정할 수 있다고 상정해 보자. 본문과 마찬가지로 이번 기의 수요함수는 $Y_0(i) = Y_0 \left(\dfrac{P_0(i)}{P_0} \right)^{-\varepsilon}$ 으로 주어진다. 따라서 0기의 기업 i의 실질이윤은 다음과 같다.

$$\frac{\text{Profit}_0}{P_0} = \left(\frac{P_0(i)}{P_0} \right) Y_0(i) - \left(\frac{W_0}{P_0} \right) Y_0(i) = Y_0 \left[\left(\frac{P_0(i)}{P_0} \right)^{1-\varepsilon} - \left(\frac{W_0}{P_0} \right) \left(\frac{P_0(i)}{P_0} \right)^{-\varepsilon} \right]$$

신축적 물가의 경우에는 0기에 설정한 가격이 미래에도 유효할 확률은 0이다. (우연히 같은 가능성이 전혀 없지는 않으나, 대부분의 경우에 "수학적으로 무시할" 수준이다.) 그러나 경직적 물가의 가정하에서는, 0기에 설정한 가격이 미래에도 유효할 확률을 무시할 수 없으며 우리는 0기에 설정한 가격이 t기에도 유효할 확률을 q_t라고 놓는다. 즉, 0기에 가격을 설정한 기업이 1기에 다시 새롭게 가격을 설정할 확률은 $1-q_1$이 된다. 그리고 0기에 설정한 가격 $P_0(i)$ 수준이 1기에도 유지되는 상황에서 $Y_1(i)$를 판매할 확률이 q_1인 것이다.

경직적 물가의 가정하에서 기업이 0기에 설정한 가격(P^*)이 미래에도 기업의 판매에 적용될 확률을 고려할 경우, 기업이 극대화하고자 하는 목적함수는 아래의 A로 표시할 수 있다. (설정되는 가격의 경우 기업 i를 나타내는 괄호와 시간을 나타내는 하첨자에 해당하는 0을 표현의 편의상 제외한다.)

$$
A = \mathrm{E}_0 \left[\sum_{t=0}^{\infty} q_t \lambda_t Y_t \left\{ \left(\frac{P^*}{P_t} \right)^{1-\varepsilon} - \left(\frac{W_t}{P_t} \right) \left(\frac{P^*}{P_t} \right)^{-\varepsilon} \right\} \right]
$$
$$
= \mathrm{E}_0 \left[\sum_{t=0}^{\infty} q_t \lambda_t Y_t P_t^{\varepsilon-1} \left\{ P^{*1-\varepsilon} - W_t P^{*-\varepsilon} \right\} \right]
$$

이때 λ_t는 t기의 확률적 할인인자(stochastic discount factor)로 $\beta \frac{U_{c,t}}{U_{c,0}}$이다. 결국 0기에 가격을 P^*로 설정하면, 미래의 각 t기마다 q_t의 확률로 이윤 $Y_t \left\{ \left(\frac{P^*}{P_t} \right)^{1-\varepsilon} - \left(\frac{W_t}{P_t} \right) \left(\frac{P^*}{P_t} \right)^{-\varepsilon} \right\}$을 얻을 수 있고 이를 λ_t로 할인하여 모두 합친 것의 기댓값인 A가 기업의 목적함수가 되는 것이다. 이제 기업의 목적함수인 A에 대하여 조금 더 상세히 알아보기로 하자.

경직적 가격하에서의 목적함수를 직관적으로 이해하는 좋은 기준점은 신축적 가격의 경우에 기업이 설정하는 가격을 중심으로 바라보는 것이다. 7장에서 공부하였던 신축적 가격의 경우 기업이 t기에 가격을 (재)설정할 때의 가격을 P_t^f라고 정의하자. (상첨자 f는 flexible price의 f를 의미한다.) 우리는 7장에서 기업은 한계비용 W_t에 일정한 비율(mark-up)만큼 올린 값으로 가격을 설정하는 것을 배웠다. 그렇다면 앞으로 우리는 W_t 자리에 P_t^f의 일정 상수만큼

(정확히는 마크업의 역수만큼) 곱한 것으로 대체할 수 있다.

따라서 A의 괄호 안에 있는 $\{P^{*1-\varepsilon} - W_t P^{*-\varepsilon}\}$는 P^*와 P_t^f의 함수라고 볼 수 있다. 그리고 각각에 로그를 취한 p^*와 p_t^f의 함수로도 볼 수도 있다. 이제 그 함수 꼴을 $F(p^*, p_t^f)$라고 하고, A를 다시 표현하면 다음과 같다.

$$A = \mathrm{E}_0\left[\sum_{t=0}^{\infty} q_t \lambda_t Y_t P_t^{\varepsilon-1} F(p^*, p_t^f) \right]$$

이 표현에서 기업이 선택하는 변수는 기업이 설정하는 가격인 p^*이다. 따라서 주어진 함수 $F(p^*, p_t^f)$에서 기업은 p^*는 내생변수로, 그리고 p_t^f는 외생변수로 취급한다. 이제 $F(p^*, p_t^f)$를 p_t^f 근방에서 내생변수인 p^*에 대해 테일러 2계 전개한 것을 생각해본다. 이와 같은 테일러 근사가 유효하기 위해서는 균제 상태(steady state)와 가까워야 한다. 따라서 앞으로의 논의에서는 인플레이션의 크기가 0에 가깝고, 신축적인 가격하에서의 경제 상태와 가까우며(즉, p^*와 p^f 차이가 매우 작으며), 할인 인자인 β는 1의 근방일 경우를 가정한다.

여기에서 p_t^f는 가격을 매기마다 재설정할 수 있는 신축적 가격의 경우에 이윤을 극대화하는 가격이다. 따라서 매기 주어진 $F(p^*, p_t^f)$에 대해 $p^* = p_t^f$에서는 $\dfrac{\partial F(p^*, p_t^f)}{\partial p^*} = 0$임을 알 수 있다. 그리고 극대화의 2계 조건에서 $F(p^*, p_t^f)$의 $p^* = p_t^f$에서 극대화가 되므로 $p^* = p_t^f$에서 $F(p^*, p_t^f)$를 p^*에 대하여 2계 미분한 식의 값은 음수이다.

위와 같은 관찰을 바탕으로 우리는 $F(p^*, p_t^f)$를 p^*에 대하여 2계 전개한 결과를 간단히 써볼 수 있다.

$$F(p^*, p_t^f) \approx F(p_t^f, p_t^f) + \frac{\partial F(p^*, p_t^f)}{\partial p^*}(p^* - p_t^f) + \frac{1}{2!} \frac{\partial^2 F(p^*, p_t^f)}{\partial p^{*2}}(p^* - p_t^f)^2$$

$$= F(p_t^f, p_t^f) - K(p^* - p_t^f)^2, \quad K > 0$$

마지막으로 앞서 가정한 상당히 낮은 인플레이션율과 1에 가까운 β하에서는

$A = \mathrm{E}_0 \left[\sum_{t=0}^{\infty} q_t \lambda_t Y_t P_t^{\varepsilon-1} F(p^*, p_t^f) \right]$에서 q_t에 비해 $\lambda_t Y_t P_t^{\varepsilon-1}$의 값의 변동이 무시

할 만큼 작으므로 위에서 유도한 근사식인 $F(p^*, p_t^f) \approx F(p_t^f, p_t^f) - K(p^* - p_t^f)^2$

를 통해 기업의 이윤극대화 문제를 아래와 같이 간단한 극소화 문제로 바꾸어 쓸

수 있다.[15]

$$\min \sum_{t=0}^{\infty} q_t \mathrm{E}_0 \left[p^* - p_t^f \right]^2$$

위의 극소화 문제를 풀기 위해 p^*에 대해서 미분하면 관계식을 구할 수 있다.

$$2 \sum_{t=0}^{\infty} q_t \left(p^* - \mathrm{E}_0 \left[p_t^f \right] \right) = 0$$

$$p^* \sum_{t=0}^{\infty} q_t = \sum_{t=0}^{\infty} q_t \mathrm{E}_0 \left[p_t^f \right]$$

$$p^* = \frac{\sum_{t=0}^{\infty} q_t \mathrm{E}_0 \left[p_t^f \right]}{\sum_{t=0}^{\infty} q_t} = \sum_{t=0}^{\infty} \frac{q_t}{\sum_{\tau=0}^{\infty} q_\tau} \mathrm{E}_0 \left[p_t^f \right] = \sum_{t=0}^{\infty} \omega_t \mathrm{E}_0 \left[p_t^f \right] \quad \text{where} \quad \omega_t = \frac{q_t}{\sum_{\tau=0}^{\infty} q_\tau}$$

위에 나오는 ω_t의 정의에 따르면 $\sum_{t=0}^{\infty} \omega_t = 1$임을 쉽게 알 수 있다. 즉, 가격

이 경직적인 경우에 기업이 이윤극대화를 목적으로 설정하는 가격은 이번 기부

터 먼 미래까지의 (신축적 가격하의) 최적 가격의 가중평균이며, 그 가중치는

이번 기에 설정한 가격이 미래에도 유효할 확률에 비례한다는 직관적인 이해를

도출할 수 있다.

앞서 우리는 시간할인인자 β가 1에 가깝다고 가정했다. 하지만 한번 설정한

---

15) $-K < 0$이므로 극대화 문제가 극소화 문제로 바뀌었으며, $F(p_t^f, p_t^f)$는 상수이므로 최적화에
   서 무시할 수 있다.

가격이 꽤 오랫동안 지속되는 경우에는 이 가정을 완화할 필요가 있다. 이를 반영할 경우에 경직적 물가의 가정하에서 이윤을 극대화하는 가격은 아래와 같은 일반적인 형태로 구할 수 있다.[16]

$$p^* = \sum_{t=0}^{\infty} \widetilde{\omega}_t \mathrm{E}_0 \left[p_t^f \right] \ \text{ where } \ \widetilde{\omega}_t \equiv \frac{\beta^t q_t}{\displaystyle\sum_{\tau=0}^{\infty} \beta^\tau q_\tau}$$

마지막으로 위와 같은 일반적인 가격결정 모형하에서 칼보 모형을 가정하여 뉴케인지언 필립스 곡선을 구해보도록 한다. 즉, t기에 $1-\psi$만큼의 기업이 가격을 x_t로 재조정할 수 있다고 가정한다. (p^* 역할을 하는 것이다) 그렇다면 나머지 ψ는 지난 기에 각 기업이 판매하였던 가격을 유지하게 된다. $q_t = 1-\psi$ 셈이다. 그리고 t기의 전체 물가수준은 다음과 같다.

$$p_t = (1-\psi)\,x_t + \psi\,p_{t-1}$$

따라서 인플레이션은 아래와 같이 결정된다.

---

16) 기업이 설정하는 가격과 총 물가 사이의 관계에 대해 알아보자. P_t^f는 신축적인 경제 내에서의 가격으로, 기업이 가격을 매 기마다 조정 가능하다면 설정하는 가격의 로그 값이다. 이 때 불완전 경쟁시장이므로 P_t^f는 임금에 마크업만큼의 일정 상수를 곱한 가격의 로그값이다. 따라서 신축적 경제하에서 기업이 설정하는 가격을 실질로 표현하면 $\dfrac{P_t^f}{P_t} = \left(\dfrac{\varepsilon}{\varepsilon-1}\right)\dfrac{W_t}{P_t} = \left(\dfrac{\varepsilon}{\varepsilon-1}\right)Y_t^{\theta+\varphi}$이 된다. 두 번째 등호는 가계의 효용극대화 조건과 노동과 선형관계를 갖는 생산함수에 기인한다. 위의 식에 로그를 취하면 $p_t^f = p_t + \ln\left[\dfrac{\varepsilon}{\varepsilon-1}\right] + (\theta+\varphi)y_t$이 된다. 그리고 $\ln\left[\dfrac{\varepsilon}{\varepsilon-1}\right]=0$이라고 가정하고 ($\varepsilon$이 충분히 크면 로그 안의 값이 1에 가까우므로) $\phi \equiv \theta+\varphi$라고 한다면 $p_t^f = p_t + \phi y_t$이다. 추가적으로 $m_t = p_t + y_t$로 표시한다면 $p_t^f = \phi m_t + (1-\phi)p_t$이다. 이를 식 $p^* = \sum_{t=0}^{\infty} \omega_t \mathrm{E}_0\left[p_t^f\right]$에 대입하면 $p^* = \sum_{t=0}^{\infty} \omega_t \mathrm{E}_0\left[\phi m_t + (1-\phi)p_t\right]$로 표현된다. 결론적으로 기업이 결정하는 가격 수준 p^*은 물가수준 p_t과 각 기 생산량의 명목 가치 m_t의 관계식으로 표현될 수 있음을 알 수 있다. 보다 자세한 내용은 Romer(2018)의 7.1절을 참조하라.

$$\pi_t = p_t - p_{t-1} = (1-\psi)(x_t - p_{t-1})$$

$p^* = \sum_{t=0}^{\infty} \widetilde{\omega}_t \mathrm{E}_0 \left[p_t^f \right]$ 이므로 이를 이용하여 식을 정리한다.

$$x_t = \sum_{j=0}^{\infty} \widetilde{\omega}_j \mathrm{E}_t \left[p_{t+j}^f \right] \ \text{where} \ \widetilde{\omega}_j = \frac{\beta^j q_j}{\sum_{k=0}^{\infty} \beta^k q_k} = \frac{\beta^j \psi^j}{\sum_{k=0}^{\infty} \beta^k \psi^k}$$

따라서 $x_t = [1-\beta\psi] \sum_{j=0}^{\infty} \beta^j \psi^j \mathrm{E}_t \left[p_{t+j}^f \right]$ 이며 최종적으로 현재 결정하는 가격에 대한 관계식을 구할 수 있다.

$$\begin{aligned}
x_t &= [1-\beta\psi] \sum_{j=0}^{\infty} \beta^j \psi^j \mathrm{E}_t \left[p_{t+j}^f \right] \\
&= [1-\beta\psi] \mathrm{E}_t \left[p_t^f \right] + \beta\psi [1-\beta\psi] \sum_{j=0}^{\infty} \beta^j \psi^j \mathrm{E}_t \left[p_{t+1+j}^f \right] \\
&= [1-\beta\psi] p_t^f + \beta\psi \mathrm{E}_t \left[x_{t+1} \right]
\end{aligned}$$

즉, 현재 기업이 설정하는 가격은 할인 인자와 가격을 재조정할 수 있는 확률을 비중으로 두며 신축적 가격하에서의 가격과 다음 기에 가격을 설정할 수 있을 때의 가격의 가중평균으로 구해진다. 양변에 p_{t-1}을 빼주고 더해준 후, p_t를 추가적으로 차감하고 $x_t - p_{t-1} = \dfrac{\pi_t}{1-\psi}$와 $\mathrm{E}_t \left[x_{t+1} \right] - p_t = \dfrac{\mathrm{E}_t \left[\pi_{t+1} \right]}{1-\psi}$임을 이용하면 다음과 같다.

$$(x_t - p_{t-1}) - (p_t - p_{t-1}) = [1-\beta\psi] \left(p_t^f - p_t \right) + \beta\psi (\mathrm{E}_t \left[x_{t+1} \right] - p_t)$$

$$\frac{\pi_t}{1-\psi} - \pi_t = [1-\beta\psi] \phi y_t + \beta\psi \frac{\mathrm{E}_t \left[x_{t+1} \right]}{1-\psi}$$

따라서 뉴케인지언 필립스 곡선(New Keynesian Phillips Curve)을 구할 수 있다.

$$\pi_t = \frac{1-\psi}{\psi}\left[1-\beta\psi\right]\phi y_t + \beta \mathrm{E}_t\left[\pi_{t+1}\right] = \kappa y_t + \beta \mathrm{E}_t\left[\pi_{t+1}\right]$$

이때, $\kappa \equiv \dfrac{(1-\psi)\left[1-\beta\psi\right]\phi}{\psi}$ 이다.

01 본문에서 유도한 뉴케인지언 필립스 곡선을 참고하여 아래의 질문에 답하시오.

$$\pi_t = \beta E_t[\pi_{t+1}] + \kappa \widetilde{y_t} = \beta E_t[\pi_{t+1}] + \lambda\left(\theta + \frac{\varphi+\alpha}{1-\alpha}\right)\widetilde{y_t} \quad (33)$$

(1) 일반적으로 전통적인 필립스 곡선은 $\pi = \pi^e - b(u - u_n) + \varepsilon$ 으로 알려져 있다. 이 식에서 π^e는 기대인플레이션, u는 실업률, u_n은 자연실업률, ε은 비용상승 인플레이션 요인, b는 기울기를 나타내는 파라미터를 나타낸다. 뉴케인지언 필립스 곡선과 전통적인 필립스 곡선의 공통점과 차이점에 대해 논하시오.

(2) 뉴케인지언 필립스 곡선을 사용하여 미래의 산출량갭에 대한 기대의 변화가 현재 인플레이션에 미치는 영향에 대해 논하시오. (Hint: 현재 인플레이션 π_t는 미래 여러 기의 산출량갭의 합으로 표현할 수 있다.)

(3) 뉴케인지언 필립스 곡선의 기울기 κ를 결정하는 요소에 대한 경제학적 함의를 간략히 서술하시오.

02 본문 식 (14)를 유도하시오.

$$\sum_{k=0}^{\infty} \psi^k E_t\left\{\frac{\Lambda_{t,t+k}}{P_{t+k}} Y_{t+k \mid t}\left(P_t^* - \mathrm{M}\psi_{t+k \mid t}\right)\right\} = 0 \qquad (14)$$

03 본문 식 (15)를 유도하시오.

$$p_t^* = \mu + (1-\beta\psi)\mathrm{E}_t\sum_{k=0}^{\infty}\beta^k\psi^k\left[mc_{t+k\,|\,t} + p_{t+k}\right] \qquad (15)$$

04 본문 식 (26)을 유도하시오.

$$p_t^* - p_{t-1} = \beta\psi\mathrm{E}_t\left[p_{t+1}^* - p_t\right] + (1-\beta\psi)\Theta\widehat{mc}_t + (1-\psi)(p_t^* - p_{t-1}) \quad (26)$$

05 가격의 흩어짐(price dispersion) d_t를 균제 상태에서 2차 근사하고 1차 근사항이 0임을 보이시오. 이 때 $p_t(i) = \ln P_t(i)$이며 $p_t = \ln P_t$이다. (Hint: 균제상태에서 모든 $i \in [0,1]$에서 $P_t(i) = P_t$이다.)

$$d_t \equiv (1-\alpha)\ln\int_0^1\left(\frac{P_t(i)}{P_t}\right)^{-\frac{\varepsilon}{1-\alpha}}di = (1-\alpha)\ln\int_0^1\exp\left(-\frac{\varepsilon}{1-\alpha}(p_t(i)-p_t)\right)di$$

제 **9** 장

DYNAMIC**MACRO**

동태적 확률 일반균형(DSGE) 모형과 통화정책

동태적 확률 일반균형 (DSGE)모형과 통화정책

DYNAMICMACRO

9.1 서론: NK-DSGE의 의미

9장에서는 경제 변동에 관한 최신 이론인 DSGE 모형에 대하여 알아본다. DSGE 모형은 뉴케인지언(New Keyncsian) 특징을 갖는 일반균형모형으로 NK-DSGE 라고도 불린다. DSGE 모형은 현재 많은 거시경제학자들이 경기변동과 거시 경제 정책의 효과를 분석하는 데 사용할 뿐 아니라 전 세계 중앙은행과 국제기구가 거시 경제 분석 및 경기 예측에 널리 사용하고 있는 모형이다.[1]

이 장에서는 DSGE 모형의 구조를 설명하고 이를 통하여 중앙은행이 시행하는 통화정책을 분석하는 이론적 틀을 공부한다. 명목변수의 경직성을 가정하는 NK-DSGE 모형은 통화정책에 관한 여러 이슈를 다루기에 유용하다.

NK는 'New Keynesian'의 약자인데, 8장에서 배운 뉴케인지언 필립스 곡선을 포함한 경직적 가격하에서의 여러 종류의 최적화 행동을 포괄하는 의미이다. DSGE는 'Dynamic Stochastic General-Equilibrium'의 약자이다. 우리말로 표현한다면 DSGE 모형을 동태적 확률적 일반균형 모형이라고 번역할 수 있겠다. Dynamic은 거시경제변수들의 움직임을 시간의 흐름에 따라서 살펴본다는, 즉 정태적이 아니라 동태적이라는 의미를 나타낸다. Stochastic은 경제에 가해지는

---

[1] 이와 같이 DSGE 모형의 보편적인 사용에 가장 많이 공헌한 경제학자 중에는 Michael Woodford 와 Jordi Gali를 들 수 있다. 한편 Paul Romer나 Joseph Stiglitz를 포함한 일부 경제학자는 이 모형이 지나친 도식화 등의 오류를 범하고 있다고 비판한다. 본서에서는 NK-DSGE 모형의 소개에 집중하는데, 최신 연구까지를 포함한 거시경제학 교과서로는 Garin et al.(2020)과 Benigno(2020)를 참고하기 바란다.

외생적 충격이 미리 결정되어 있지(deterministic) 않고 확률분포를 따른다는 의미이며, 그 충격의 크기에 따라서 내생적 거시경제변수들이 어떻게 바뀌는지 살펴본다는 의미를 의미한다. 마지막으로 'General—Equilibrium'은 모형이 일반균형의 특징을 갖는다는 의미인데, 경제 내의 특정 시장만을 고려하는 부분균형(partial equilibrium)이 아니라 존재하는 여러 시장(예를 들어서 재화시장, 노동시장, 화폐시장 등)을 모두 고려한 일반균형(general equilibrium)을 분석한다는 의미이다.

9.2 NK-DSGE 모형의 균형

2절에서는 NK—DSGE 모형의 균형을 분석하고, 특히 외생적 충격이 발생하였을 때 내생변수가 어떻게 변화하는지 알아본다. 여기에서는 여러 NK—DSGE 모형에 공통으로 포함되는 3개의 방정식을 중심으로 알아본다.

9.2.1 NK-DSGE 모형의 세 방정식

대부분의 NK—DSGE 모형에 공통으로 포함되는 3개의 방정식 중의 둘은 8장에서 유도한 다음의 두 방정식이다.

$$\pi_t = \beta \mathrm{E}_t \left[\pi_{t+1} \right] + \kappa \tilde{y}_t : \text{New Keynesian Philips Curve (NKPC)} \qquad (1)$$

$$\tilde{y}_t = \mathrm{E}_t \left[\tilde{y}_{t+1} \right] - \frac{1}{\theta} \left(i_t - \mathrm{E}_t \left[\pi_{t+1} \right] - r_t^n \right): \text{Dynamic IS curve (DIS)} \qquad (2)$$

여기에서 이번 기에 내생적으로 결정되어야 하는 경제변수가 3개, 즉 $\pi, \tilde{y}_t, i_t$ 이므로, 모형을 완성하기 위해서는 추가적인 식이 필요하며 중앙은행이 시행하는 통화정책이 세 번째 식을 구성한다.

통화정책을 모형화하는 방식을 크게 두 가지로 나누면 특정한 최적화 행동으로부터 유도하는 방법과 임의의 통화정책 규칙을 설정하는 방법이 있다. 최적 통화정책은 9장의 후반부에서 다루기로 하고, 우선은 임의의 정책함수를 고려해 보도록 한다.

위의 두 방정식과 더불어 모형을 완성하는, 다음과 같은 간단한 이자율 규칙을 생각해보자.

$$i_t = \rho + \phi_\pi \pi_t + \phi_y \tilde{y}_t + v_t \tag{3}$$

마지막에 나오는 v_t는 외생적인 통화정책 충격을 의미하여, 평균이 0인 특정한 임의의 확률분포를 따른다.[2] 계수인 ϕ_π와 ϕ_y는 각각 인플레이션과 산출갭에 대한 이자율의 반응 정도를 나타내며, 일반적으로 양수이다. 만약 음수라면 오히려 인플레이션 혹은 산출량을 상승시키는 효과를 가져와 경기진작 효과를 잃기 때문이다. ρ는 가계가 미래를 현재와 비교할 때 사용하는 할인 인자인데, 인플레이션이 0일 때의 균형 명목이자율을 결정한다.

이제 NKPC, DIS, 그리고 간단한 이자율 규칙으로 이뤄진 3개의 식을 산출갭 $\tilde{y}_t$와 인플레이션 π_t로 이뤄진 벡터와 행렬의 동학으로 표현할 수 있다.

$$
\begin{aligned}
\begin{bmatrix} \tilde{y}_t \\ \pi_t \end{bmatrix} &= \frac{1}{\theta + \phi_\pi \kappa + \phi_y} \begin{bmatrix} \theta & 1 - \beta \phi_\pi \\ \theta \kappa & \kappa + \beta(\theta + \phi_y) \end{bmatrix} \begin{bmatrix} \mathrm{E}_t[\widetilde{y_{t+1}}] \\ \mathrm{E}_t[\pi_{t+1}] \end{bmatrix} + \frac{1}{\theta + \phi_\pi \kappa + \phi_y} \begin{bmatrix} 1 \\ \kappa \end{bmatrix} (\hat{r}_t^n - v_t) \\
&= \Omega \begin{bmatrix} \theta & 1 - \beta \phi_\pi \\ \theta \kappa & \kappa + \beta(\theta + \phi_y) \end{bmatrix} \begin{bmatrix} \mathrm{E}_t[\tilde{y}_{t+1}] \\ \mathrm{E}_t[\pi_{t+1}] \end{bmatrix} + \Omega \begin{bmatrix} 1 \\ \kappa \end{bmatrix} (\hat{r}_t^n - v_t) \\
&= \boldsymbol{A}_T \begin{bmatrix} \mathrm{E}_t[\tilde{y}_{t+1}] \\ \mathrm{E}_t[\pi_{t+1}] \end{bmatrix} + \boldsymbol{B}_T(\hat{r}_t^n - v_t)
\end{aligned}
\tag{4}
$$

여기에서 $\Omega \equiv \dfrac{1}{\theta + \phi_\pi \kappa + \phi_y}$ 및 $\hat{r}_t^n = r_t^n - \rho$이다. 위의 연립방정식에 의하여 사전 결정되지 않은(non-predetermined) 변수인 산출량 갭 $\tilde{y}_t$와 인플레이션 π_t이 유일하게 결정되기 위해서는 행렬 $\boldsymbol{A}_T$의 고윳값(eigenvalue)이 모두 1보다 작아야 한다. 그리고 이를 위해서는 주어진 파라미터 간의 관계인 $\kappa(\phi_\pi - 1) + (1 - \beta)\phi_y > 0$이 성립해야 한다. 이러한 조건을 동태적 거시경제학에서는 흔히

---

2) 여기에서 말하는 외생성은 모형에서 내생적으로 결정되는 경제변수의 입장에서 외생이라는 의미이다. 이는 다른 경제주체들의 입장에서, 예를 들어서 이자율을 결정하는 통화정책 당국자나 모형을 추정하는 계량경제학자의 입장에서 보는 외생성과는 다른 의미이다.

블랑샤-칸 조건(Blanchard-Kahn condition)이라고 한다. 궁금한 독자는 다음 절을 참조하시오.

9.2.2 블랑샤-칸 조건(optional)

아래와 같은 연립차분방정식을 생각해보자.

$$A \begin{bmatrix} x_{t+1} \\ \mathrm{E}_t[y_{t+1}] \end{bmatrix} = B \begin{bmatrix} x_t \\ y_t \end{bmatrix} + C\varepsilon_t \tag{5}$$

여기에서 x_t는 n개의 상태변수(state variable)이고 y_t는 m개의 제어변수(control variable)이다. 그리고 ε_t는 외생적 충격을 나타낸다. 참고로, y_{t+1}에 대해서는 기대부호 E_t가 있는데, x_{t+1}에는 기댓값 부호가 붙지 않았다. 이는 x_{t+1}은 t기에 사전결정된(predetermined) 변수이며 y_{t+1}은 사전결정되지 않은(non-predetermined) 변수이기 때문이다.

논의의 편의를 위하여 행렬 A의 역행렬이 존재한다고 가정하면 아래와 같이 변환시킬 수 있다.

$$\begin{bmatrix} x_{t+1} \\ \mathrm{E}_t[y_{t+1}] \end{bmatrix} = A^{-1}B \begin{bmatrix} x_t \\ y_t \end{bmatrix} + A^{-1}C\varepsilon_t = F \begin{bmatrix} x_t \\ y_t \end{bmatrix} + G\varepsilon_t \tag{6}$$

여기에서 블랑샤-칸 조건은 사전결정된(predetermined) 제어변수의 개수와 F의 고윳값 중 1보다 작은 고윳값의 개수가 같아야 해당 연립방정식이 유일한 해를 가진다는 조건이다.[3]

따라서 우리가 앞서 간단한 이자율 규칙의 경우 $\tilde{y}_t$와 π_t 모두 결정되지 않은 (non-predetermined) 제어변수로 $\boldsymbol{A}_T$의 고윳값이 모두 1보다 작아야 하는 것이다. 그리고 $\boldsymbol{A}_T$의 고윳값이 모두 1보다 작기 위해서는 $\kappa(\phi_\pi - 1) + (1-\beta)\phi_y > 0$

---

3) 더 자세한 논의는 Blanchard and Kahn(1980)을 참고하시오. 그리고 식(5)와 식(6)에서 미래변수가 현재변수의 함수인 반면에, 식(4)에서는 현재변수가 미래변수의 함수로 표시되어 있음을 유의하시오.

이라는 조건을 도출할 수 있다.

9.2.3 간단한 NK-DSGE 모형에서 외생적 충격의 효과

이제 앞서 공부한 간단한 통화정책 규칙인 $i_t = \rho + \phi_\pi \pi_t + \phi_y \tilde{y}_t + v_t$하에서 여러 외생적 충격에 대한 거시경제 변수들의 반응에 대해 알아보자.

≫ **통화정책 충격의 효과**

외생적 통화정책 충격이 $v_t = \rho_v v_{t-1} + \varepsilon_t^v$ 로 AR(1) 과정을 따른다고 가정하자. 이제 t기에 외생적 통화정책 충격 ε_t^v가 발생하여 v_t가 증가했다고 하자. 만약 ε_t^v가 양수라면 이자율을 상승시키는 긴축적인 통화정책이며, 반대로 음수라면 완화적 통화정책이라고 볼 수 있다.

우선 자연산출량하에서의 실질이자율인 $\hat{r}_t^n$는 실물 경제변수들과 파라미터에 의해서 결정되므로 통화정책의 충격에 전혀 영향을 받지 않는다. 따라서 편의상 통화정책 충격 발생 및 그 이후의 모든 t에 대해서 다른 충격은 발행하지 않는다고 가정하여 항상 0이라고 하자.

이 경우 내생변수의 움직임을 풀어내는 방법에는 여러 가지가 있다. 여기에서는 엄밀하기보다는 다소 직관적인 추측과 확인(guess and verify)을 이용하여 통화충격에 대한 산출량 갭과 인플레이션의 반응에 대해서 알아보자.

우선 $\tilde{y}_t = \psi_{yv} v_t$, $\pi_t = \psi_{\pi v} v_t$로 추측(guess)한다. 이제 추측과 NKPC인 $\pi_t = \beta E_t [\pi_{t+1}] + \kappa \tilde{y}_t$와 DIS인 $\tilde{y}_t = E_t [\tilde{y}_{t+1}] - \frac{1}{\theta} (i_t - E_t [\pi_{t+1}] - r_t^n)$를 이용하여 ψ_{yv}와 $\psi_{\pi v}$ 의 계수를 정할 수 있다. 결과는 아래와 같다.

$$\tilde{y}_t = - (1 - \beta \rho_v) \Lambda_v v_t \tag{7}$$

$$\pi_t = - \kappa \Lambda_v v_t \tag{8}$$

여기에서 $\Lambda_v \equiv \dfrac{1}{(1 - \beta \rho_v)[\theta(1 - \rho_v) + \phi_y] + \kappa(\phi_\pi - \rho_v)}$이며 $\kappa(\phi_\pi - 1) +$

$(1 - \beta)\phi_y > 0$이 성립할 경우 Λ_v는 0보다 크다. 따라서, 이처럼 통화정책 당국이 이자율을 외생적으로 증가시키면 산출갭과 인플레이션은 하락한다.

실질이자율 r_t에 대해서는 $\hat{r}_t = \theta(1 - \rho_v)(1 - \beta\rho_v)\Lambda_v v_t$이 성립한다. 즉, 명목이자율을 올리는 방향의 긴축적 통화정책은 (의도한 대로) 실질이자율의 상승을 가져온다. 그 외의 거시경제 변수들의 통화정책충격에 대한 반응은 <그림 9-1>에 담겨져 있다.

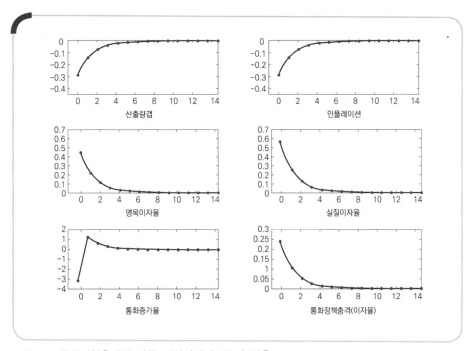

그림 9-1 통화정책충격에 따른 거시경제변수들의 반응

외생적으로 명목이자율을 올리는 방향의 긴축정책이 모형의 다른 변수들과 상호작용을 하며 내생적으로 결정되는 명목이자율도 상승시키는 결과를 가져오는지 살펴 보자. 긴축정책이 실질 이자율은 상승시키지만 명목이자율에 대한 효과는 모호하다. 명목이자율의 움직임을 나타내는 $\hat{i}_t(\equiv i_t - \rho)$는 다음과 같이 결정된다.

$$\hat{i}_t = \hat{r}_t + \mathrm{E}_t\left[\pi_{t+1}\right] = \left[\theta(1-\rho_v)(1-\beta\rho_v) - \rho_v\kappa\right]\Lambda_v v_t \tag{9}$$

위 식에서 보면 긴축적 통화정책 충격이 왔을 때 명목이자율이 항상 상승하는 것이 아니다. 만약에 ρ_v가 1에 가까워 $\left[\theta(1-\rho_v)(1-\beta\rho_v) - \rho_v\kappa\right]$가 음수라면 명목이자율은 오히려 하락한다. 하지만 ρ_v가 작다면 명목이자율 역시 통화정책 충격에 상승한다. 즉, 파라미터의 크기에 따라 통화충격에 의한 명목이자율의 증감 여부가 바뀌는데, 이는 긴축적인 통화정책에도 불구하고, 산출량 갭과 인플레이션이 하락하여 오히려 이자율을 하락시키는 방향으로 작용하는 힘이 긴축적 통화정책의 효과를 상쇄할 수도 있기 때문이다.

마지막으로 통화량의 움직임에 대하여 알아보자. 거시경제학에서 배운 내용에 의하여 통화당국이 통화량을 줄이는 것을 긴축적 통화충격으로 배웠다. 앞에서 (미시경제학적 기초에 기반하지 않고) 편의상 도입한 통화수요함수 $m_t - p_t - y_t - \eta i_t$에 따르면 아래와 같다.

$$\frac{dm_t}{d\varepsilon_t^v} = \frac{dp_t}{d\varepsilon_t^v} + \frac{dy_t}{d\varepsilon_t^v} - \eta\frac{di_t}{d\varepsilon_t^v} = -\Lambda_v\left[(1-\beta\rho_v)(1+\eta\theta(1-\rho_v)) + \kappa(1-\eta\rho_v)\right]$$

즉, 통화량 역시 명목이자율과 마찬가지로 파라미터의 크기에 따라 그 부호가 결정된다.

⑨ 기술 충격의 효과

통화충격 대신 실물변수인 기술충격이 가해졌을 때의 모형 내의 내생변수들의 움직임에 관해 공부해본다. (앞에서와 마찬가지로 논의의 편의를 위해 경제의 다른 외생변수인 통화충격 v_t는 0이라고 가정한다.) 이 분석을 통하여 실물충격인 기술의 변화가 경제의 내생변수에 미치는 영향의 크기가 통화정책이 어떻게 설정되는지에 따라서 달라진다는 것을 알게 될 것이다.

기술을 나타내는 a_t가 아래와 같은 AR(1) 과정을 따른다고 가정하자.

$$a_t = \rho_a a_{t-1} + \varepsilon_t^a \quad (\rho_a < 1)$$

이 가정하에서 생산량이 자연산출량을 따르는 경로에서 실질이자율의 이탈 정도 $\hat{r}_t^n = r_t^n - \rho$는 아래와 같은 식으로 표현할 수 있다. 첫 번째 등호는 식 (1)인 동태적 IS 곡선에서 구할 수 있다.

$$\hat{r}_t^n = \theta\psi_{ya}^n\mathrm{E}_t\left[\Delta a_{t+1}\right] = \theta\psi_{ya}^n\mathrm{E}_t\left[\rho_a a_t + \varepsilon_{t+1}^a - a_t\right] = -\theta\psi_{ya}^n(1-\rho_a)a_t$$

즉, 양의 기술충격이 발생할 경우 자연산출량하에서의 실질이자율은 하락하며 그 하락의 크기는 점차 줄어든다.

통화정책 충격의 결과를 구하기 위하여 사용한 방법과 동일하게 추측과 확인 (guess and verify) 방법을 사용하여서 다음과 같이 모형을 풀 수 있다. $\tilde{y}_t = \psi_{ya}a_t$ 및 $\pi_t = \psi_{\pi a}a_t$ 라는 추측(guess)으로부터 출발하여서 모형의 해를 구할 수 있다.

$$\tilde{y}_t = (1-\beta\rho_a)\Lambda_a\hat{r}_t^n = -\theta\psi_{ya}^n(1-\rho_a)(1-\beta\rho_a)\Lambda_a a_t \tag{10}$$

$$\pi_t = \kappa\Lambda_a\hat{r}_t^n = -\theta\psi_{ya}^n(1-\rho_a)\kappa\Lambda_a a_t \tag{11}$$

여기서 $\Lambda_a \equiv \dfrac{1}{(1-\beta\rho_a)[\theta(1-\rho_a)+\phi_y]+\kappa(\phi_\pi-\rho_a)} > 0$이다. 식(10), 식(11)에서도 알 수 있듯이 양의 기술충격은 인플레이션과 산출갭을 낮춘다. 또한 산출량과 노동량을 보면 아래와 같다.

$$y_t = y_t^n + \tilde{y}_t = \psi_{ya}^n(1-\theta(1-\rho_a)(1-\beta\rho_a)\Lambda_a)a_t \tag{12}$$

$$(1-\alpha)l_t = y_t - a_t = \left[(\psi_{ya}^n-1)-\theta\psi_{ya}^n(1-\rho_a)(1-\beta\rho_a)\Lambda_a\right]a_t \tag{13}$$

산출량과 노동량 모두 양의 기술충격에 대해 증가하는 것을 알 수 있다. 즉, 산출갭이 낮아지는 크기보다 자연생산량이 더 많이 증가하기 때문에 산출량이 증가한다. 그 외의 거시경제 변수들의 기술충격에 대한 반응은 <그림 9-2>에 담겨져 있다.

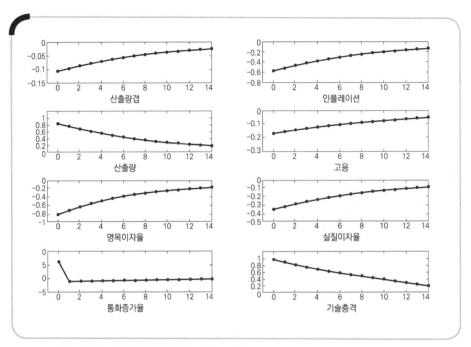

그림 9-2 기술충격에 따른 거시경제변수들의 반응

통화당국이 이자율 정책이 아닌 외생적으로 통화량을 결정하여 통화정책을 운용할 경우에 대해서도 생각해볼 수 있다.[4] 해당 내용은 <부록 9.1>에서 공부할 수 있다.

9.3 NK-DSGE 모형에서의 효율적 자원배분과 최적 통화정책

2절에서는 통화정책이 간단한 이자율 규칙을 따를 때 산출량 갭 $\tilde{y}_t$과 인플레이션 π_t가 어떻게 움직이는지를 알아보았다. 이렇듯이 경제의 실제 움직임을 분석하는 것을 실증경제학(positive economics)이라고 한다. 이보다 한발 더 나아가 어떠한 움직임이 더 좋은지 아니면 나쁜지를 분석하는 것을 규범경제학(normative economics)이라고 한다. 2절에서는 우리가 어떠한 정책이 더 바람

---

4) 현재 대부분의 중앙은행은 통화량을 조정하는 통화정책 대신 이자율을 조정하는 통화정책을 운용한다.

직한지에 대해서는 기준을 정하지 않았다. 기준을 정하게 되면 어떻게 바람직한 통화정책을 실행하는지를 평가할 수도 있을 것이다.

7.3절 마지막 부분에서 우리는 신축적 가격하에서 완전경쟁시장인 경우의 자원배분과 가격은 신축적이나 시장이 불완전경쟁일 때의 자원배분이 어떻게 다른지 잠시 살펴 보았다. 동일한 방법으로 시장이 불완전경쟁하에 있을 뿐 아니라 칼보 계약에 의하여 가격이 신축적이지 않을 때의 자원배분에 있어서 효율성의 기준이 무엇인지 먼저 알아본다.

9.3.1 자원배분의 효율성

우리는 7장의 후반부에서 가격과 임금이 신축적으로 움직이고 재화시장과 노동시장이 완전경쟁시장이라면 아래의 세 가지 조건이 만족한다는 것을 배웠다.

$$C_t(i) = C_t \ \text{ for all } \ i \in [0,1] \tag{14}$$

$$L_t(i) = L_t \ \text{ for all } \ i \in [0,1] \tag{15}$$

$$-\frac{U_{l,t}}{U_{c,t}} = MPL_t \tag{16}$$

그리고 가격은 신축적이되, 불완전경쟁이 도입되면 식 (16)의 조건이 다음과 같이 된다.

$$-\frac{U_{l,t}}{U_{c,t}} = \frac{W_t}{P_t} = \frac{MPL_t}{\mathrm{M}} < MPL_t \tag{17}$$

이러한 왜곡이 생기는 경우에 적절한 크기의 보조금 τ를 통해 위에 나오는 완전경쟁시장의 효율적 자원배분을 만족할 수 있다.

$$-\frac{U_{l,t}}{U_{c,t}} = \frac{W_t}{P_t} = \frac{MPL_t}{\mathrm{M}(1-\tau)} = MPL_t \tag{18}$$

이때, 적절한 보조금은 $M = \dfrac{1}{1-\tau}$를 만족한다.

이제 시장의 경쟁이 불완전할 뿐만 아니라 가격이 경직적인 경우를 가정해 본다. 이 경우 모든 기업이 매기마다 가격을 조정할 수 없고 가격을 조정할 수 있는 기업의 비율이 특정한 확률분포를 따르면서, 매기 결정되는 평균적인 마크업 수준은 시간에 따라 변할 수밖에 없다. 이는 앞서 표현한 적절한 보조금을 통해서도 조절하기 어렵다.

$$M_t = \frac{P_t}{(1-\tau)(W_t / MPL_t)} = \frac{P_t M}{W_t / MPL_t}$$

두 번째 등식은 보조금 정책이 $M = \dfrac{1}{1-\tau}$이므로 만족한다.

따라서 식 (16)의 조건은 아래와 같으며 효율적 시장에서의 자원 배분을 만족할 수 없다.

$$-\frac{U_{l,t}}{U_{c,t}} = \frac{W_t}{P_t} = MPL_t \frac{M}{M_t} \tag{19}$$

통화당국이 평균적인 마크업 수준 M_t를 신축적인 가격하에서의 마크업 M과 같도록 매기마다 맞추지 못하는 이상, 효율적 배분 조건인 식 (16)을 만족할 수 없는 것이다. 따라서 불완전경쟁하에서 가격이 신축적이지 못한 경우, 자원의 효율적 배분을 위해서는 경제 내의 마크업 수준을 가격이 신축적일 경우의 마크업 수준에 맞춰야 할 뿐만 아니라 매 기 그 수준으로 유지를 해야 한다.

또한 시장이 불완전경쟁이어도 가격이 신축적이면 각각의 재화에 대한 소비 $C_t(i)$와 노동 $L_t(i)$의 효율성 조건인 식 (14)와 식 (15)는 만족한다. 하지만 가격이 신축적이지 못한 상태에서는 총량인 C_t와 L_t의 관점에서의 효율적 배분 조건을 만족하지 못하는 것은 물론 개별 재화에 대한 소비 $C_t(i)$와 노동 $L_t(i)$에 대해서도 효율적 배분이 이뤄질 수 없다. 왜냐하면 확률적 분포를 갖는 기술적 충격이나 선호도 충격에 대해서 모든 기업이 함께 가격을 조정할 수 없고 일부 기업은 가격을 조정하고 나머지 기업은 이전의 가격하에서 판매하기 때문이다. 즉, 경직적 가격하에서는 $P_t(i) \neq P_t(j)$이며 이는 상대가격의 왜곡(relative price distortion)으로 이어져 $C_t(i) \neq C_t(j)$ 및 $L_t(i) \neq L_t(j)$가 된다.

이제 불완전경쟁과 가격경직성하에서의 자원배분의 효율성에 대하여 생각해 보자. 논의의 편의를 위해 몇 가지 추가적인 가정을 도입한다. 우선 과거에 상대적 가격 왜곡이 없었으며 물가 수준이 신축적인 가격일 경우와 일치한다고 가정한다. 즉, 현재가 0기라면 과거인 −1기에는 상대적 가격 왜곡이 없어 기업들이 모두 동일한 가격을 설정하며 모든 기업 i에 대해서 $P_{-1}(i) = P_{-1}$가 성립한다. 그리고 통화당국이 해당 총 물가 수준이 유지될 수 있도록 기업이 원하는 수준의 보조금을 사용할 수 있다고 하자. 즉, 통화당국이 칼보 계약하에서 일부 기업만이 가격을 재조정할 때, 최적화한 가격이 결국 또다시 과거 물가 수준이 되도록 $(P_t(i)^* = P_{t-1})$ 보조금 정책을 사용할 수 있다. 이러한 가정하에서 0기에 일부 기업이 가격을 재조정하는 기회를 갖더라도 P_{-1}수준으로 하고, 가격을 조정하지 못하는 나머지 기업은 과거의 가격 P_{-1}하에서 운영하므로, 0기의 총 물가 수준은 $P_0 = P_{-1}$로 결정되며 매 기마다 상대가격의 왜곡이 발생하지 않는다. 그리고 P_{-1}는 신축적 물가 경제하에서의 물가 수준이기도 하므로 이때 마크업 수준 M_t는 M과 동일하다.

불완전경쟁하에서 가격이 신축적이지 못할 때 통화당국이 위와 같이 물가 수준을 일정하게 유지시킬 수 있는 수단을 가지고 있다면, 이 경제는 완전시장경쟁하에서 신축적인 가격인 경제에서의 효율적인 자원배분을 달성할 수 있게 된다. 이제 효율적 자원배분을 달성하는 최적의 통화정책은 어떠한지 알아보자.

9.3.2 최적 통화정책

불완전경쟁하에서 물가가 경직적인 경제에서도 완전경쟁시장과 신축적 물가를 따르는 경제에서 이루어지는 효율적인 자원 배분을 달성할 수 있을까? 만약에 달성할 수 있다면 이 경우에 여러 경제변수들은 어떤 값을 갖게 될 것인가?

효율적 자원배분이 달성된다면 산출량은 자연산출량과 동일하며 따라서 산출갭은 0이 된다. 그렇다면 NKPC를 나타내는 $\pi_t = \beta E_t[\pi_{t+1}] + \kappa \tilde{y}_t$에 의해서 인플레이션은 0이 된다. 그리고 이러한 효율적 자원배분하에서의 산출갭과 인플레이션을 DIS 곡선인 $\tilde{y}_t = \mathrm{E}_t[\tilde{y}_{t+1}] - \frac{1}{\theta}(i_t - \mathrm{E}_t[\pi_{t+1}] - r_t^n)$에 대입하면 명목이자율은 $i_t = r_t^n$이 됨을 알 수 있다.

이와 같이 통화당국이 달성하게 되는 혹은 달성해야 하는 효율적인 자원배분하의 균형에서 경제변수들의 움직임은 다음과 같다.

$$\tilde{y}_t = 0 \tag{20}$$

$$\pi_t = 0 \tag{21}$$

$$i_t = r_t^n \tag{22}$$

위의 식 (20) ~ 식 (22) 균형에서 두 가지 사실을 기억하도록 하자. 첫째, 통화당국이 산출량 y_t를 일정한 수준으로 유지하는 것은 바람직하지 못하다. 효율적 자원 배분의 결과는 산출갭이 0으로 유지되는 것인데, 여기에서 자연산출량이 시간에 따라 변화하는 함수이다. 따라서 산출량 수준을 일정하게 유지하는 것은 오히려 경제 내 변동성을 크게 하며, 실제 산출량을 자연산출량 수준으로 유지하는 것이 효율적인 자원배분을 가져온다. 둘째, 인플레이션 안정 혹은 물가 안정이 추구되는 이유는 사전에 통화당국이 인플레이션에 어떠한 가중치를 두지 않음에도 발생한다. 다시 말하자면, 통화당국은 가계의 효용을 극대화하는 과정에서 효율적 자원 배분(완전경쟁시장하에서의 신축적 물가를 지닌 경제 내에서의 자원배분)을 달성하려고 할 뿐, 인플레이션을 의도적으로 0으로 만들기 위해서 정책을 실시하지 않았다. 다만 기업들이 칼보 계약 아래에서 가격을 재설정할 때, 가격을 또다시 과거 물가에 맞추는 것이 최적이 되도록 하여 효율적 자원 배분을 달성하게 할 뿐, 인플레이션을 0으로 만드는 그 자체를 위하여 정책을 실시하는 것은 아니다.

이제 본격적으로 어떠한 통화정책이 효율적이며, 해당 통화정책에서 효율적 자원 배분의 결과인 식 (20) ~ 식 (22)를 어떻게 달성할 수 있는지에 대해 알아보도록 하자.

≫ 외생적 이자율 준칙

먼저 이자율이 외생적으로 결정되는 경우를 고려해보자. 구체적으로는, 외생적으로 결정되면서 효율적 자원배분의 조건을 만족하는 $i_t = r_t^n$로 이자율 정책이 주어진 경우에 대해 살펴보자. 즉, 통화당국이 명목이자율을 매기 자연산출량 하에서의 실질이자율과 일치하도록 정하는 정책이다. 따라서 이미 효율적 자원 배분의 결과 중 하나인 식 (22)를 만족하게 된다.

그렇다면 이 경우에 자원배분의 효율성의 다른 조건인 식 (20)과 식 (21)을 만족하는가? 대답은 '일반적으로 그렇지 않다'이다. 그 이유를 산출갭 $\tilde{y}_t$과 인플레이션 π_t의 동학이 어떻게 결정되는지 살펴보는 것을 통해서 알아본다.

명목이자율이 $i_t = r_t^n$로 결정되는 통화정책하에서 경제의 균형은 다음과 같이 나타낼 수 있다.

$$\begin{bmatrix} \tilde{y}_t \\ \pi_t \end{bmatrix} = \begin{bmatrix} 1 & 1/\theta \\ \kappa & \beta + \kappa/\theta \end{bmatrix} \begin{bmatrix} \mathrm{E}_t[\tilde{y}_{t+1}] \\ \mathrm{E}_t[\pi_{t+1}] \end{bmatrix} = \boldsymbol{A}_0 \begin{bmatrix} \mathrm{E}_t[\tilde{y}_{t+1}] \\ \mathrm{E}_t[\pi_{t+1}] \end{bmatrix}$$

$\boldsymbol{A}_0$의 고윳값을 구해보면 파라미터들의 제약 조건 아래에서 하나는 반드시 1보다 크고 다른 1개는 반드시 1보다 작아 여러 가지 해를 가질 수밖에 없다는 것을 알 수 있다. 블랑샤-칸 조건에 의하면 유일한 해를 갖기 위해서는 $\boldsymbol{A}_0$의 고윳값이 모두 1보다 작아야 하기 때문이다. 따라서 $\tilde{y}_t = \pi_t = 0$이라는 균형은 수많은 균형 중 1개에 불과하며 다른 균형이 일어나는 것을 배제할 수 있는 근거가 없다. 이제 외생적 준칙과는 다른 이자율 정책에 대하여 고려해 보도록 한다.

≫ 내생변수에 반응하는 이자율 준칙

이제 중앙은행이 명목이자율을 외생적으로 결정하지 않고 내생변수의 움직임에 반응하는 내생적 준칙에 따라서 설정하는 경우를 고려해 보자.

$$i_t = r_t^n + \phi_\pi \pi_t + \phi_y \tilde{y}_t \tag{23}$$

즉, 명목이자율이 내생변수인 산출갭과 인플레이션에 반응하는 것으로 설정되었다고 생각해보자. 이러한 형태의 이자율 정책을 흔히 테일러 준칙(Taylor rule)이라고 한다.

주어진 이자율 준칙을 식 (1) DIS 곡선과 식 (2) NKPC에 대입하면 아래와 같다.

$$
\begin{bmatrix} \tilde{y}_t \\ \pi_t \end{bmatrix} = \Omega \begin{bmatrix} \theta & 1 - \beta\phi_\pi \\ \theta\kappa & \kappa + \beta(\theta + \phi_y) \end{bmatrix} \begin{bmatrix} \mathrm{E}_t\left[\tilde{y}_{t+1}\right] \\ \mathrm{E}_t\left[\pi_{t+1}\right] \end{bmatrix} = \boldsymbol{A}_T \begin{bmatrix} \mathrm{E}_t\left[\tilde{y}_{t+1}\right] \\ \mathrm{E}_t\left[\pi_{t+1}\right] \end{bmatrix} \tag{24}
$$

여기서 $\Omega \equiv \dfrac{1}{\theta + \phi_\pi \kappa + \phi_y}$ 이다. 만약 $\boldsymbol{A}_T$의 모든 고윳값이 1보다 작다면 해당 이자율 정책에서는 $\tilde{y}_t = \pi_t = 0$이 유일한 해가 된다. 따라서 이를 위해서는 $\kappa(\phi_\pi - 1) + (1 - \beta)\phi_y > 0$을 만족하여야 한다.

이 조건의 의미를 직관적으로 설명하면, 명목 이자율을 설정할 때 인플레이션에는 '충분히 크게' 반응을 해야 한다. 즉, 주어진 이자율 정책에서 유일한 해가 결정될 경우, 인플레이션이 상승하려고 할 때, 명목이자율이 적절히 크게 반응함으로써 실질 이자율이 상승하게 된다.[5] 해당 조건을 만족하는 (ϕ_y, ϕ_π)를 평면에 그려보면 <그림 9-3>과 같다. 산출량 갭과 인플레이션이 유일하게 결정되는 영역을 'determinacy'라고 표시했으며 그렇지 않은 영역은 'indeterminacy'라고 표시하였다.

---

[5] 이는 신축적 가격 모형에서 해가 유일하게 결정되기 위한 충분조건인, 우리가 테일러 원칙(Taylor principle)이라고 불렀던 $\phi_\pi > 1$와 다르다. 신축적 가격 모형에서는 $\phi_\pi > 1$이 성립할 때 해가 유일하게 결정됐다. 그러나 여기에서 분석하고 있는 경직적 가격 모형의 경우, $\kappa(\phi_\pi - 1) + (1 - \beta)\phi_y > 0$이라는 조건이 성립하면 해가 유일하게 결정된다.

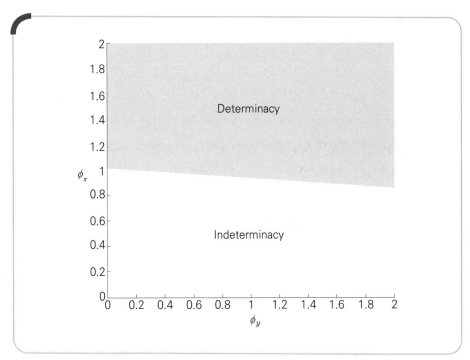

그림 9-3 ϕ_y 및 ϕ_π 크기에 따른 균형의 유일성

》 미래지향적 이자율 준칙

많은 경우에 중앙은행의 통화정책은 미래지향적이어야 하며 특히 과거나 현재의 경제변수에 반응하기보다는 미래의 움직임에 선제적으로 반응해야 한다고 이야기한다. 이러한 미래지향적(forward looking) 준칙을 고려하기 위하여, 통화당국이 명목 이자율을 아래와 같이 설정한 경우를 고려해 보자.

$$i_t = r_t^n + \phi_\pi \mathrm{E}_t[\pi_{t+1}] + \phi_y \mathrm{E}_t[\tilde{y}_{t+1}] \tag{25}$$

식 (25)는 명목이자율이 미래의 인플레이션에 대한 예상과 미래의 산출갭에 대한 예상에 반응하는 미래지향적 이자율 준칙이다.

앞에서와 같이 주어진 이자율 준칙을 DIS 곡선인 식 (1)과 NKPC인 식 (2)에 대입하면 다음과 같다.

$$\begin{bmatrix} \tilde{y}_t \\ \pi_t \end{bmatrix} = \begin{bmatrix} 1 - \theta^{-1}\phi_y & -\theta^{-1}(\phi_\pi - 1) \\ \kappa(1 - \theta^{-1}\phi_y) & \beta - \kappa\theta^{-1}(\phi_\pi - 1) \end{bmatrix} \begin{bmatrix} \mathrm{E}_t[\tilde{y}_{t+1}] \\ \mathrm{E}_t[\pi_{t+1}] \end{bmatrix} = \boldsymbol{A}_F \begin{bmatrix} \mathrm{E}_t[\tilde{y}_{t+1}] \\ \mathrm{E}_t[\pi_{t+1}] \end{bmatrix} \quad (26)$$

이 경우 $\tilde{y}_t = \pi_t = 0$ 이 유일한 해가 되기 위해서는 $\kappa(\phi_\pi - 1) + (1 - \beta)\phi_y > 0$ 와 동시에 $\kappa(\phi_\pi - 1) + (1 + \beta)\phi_y < 2\theta(1 + \beta)$ 두 조건을 동시에 만족해야 한다.

이를 설명하면, 미래의 인플레이션에 대해서는 충분히 크게 반응하되, 미래의 산출갭에 대해서는 "너무 강하게도" 혹은 "너무 약하게도" 반응하면 안 된다는 것이다. 해당 조건을 만족하는 (ϕ_y, ϕ_π)를 평면에 그려보면 아래 <그림 9-4>와 같다.

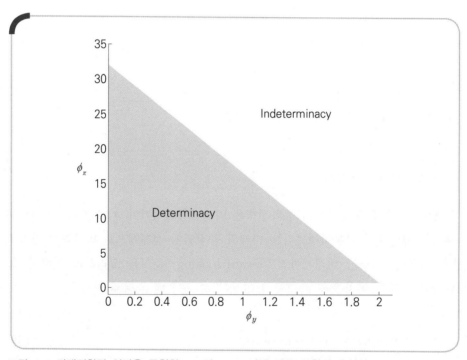

그림 9-4 미래지향적 이자율 준칙하 ϕ_y 및 ϕ_π 크기에 따른 균형의 유일성

산출량 갭과 인플레이션을 모두 0으로 만족시킬 수 있게끔 하는 다음의 두 정책을 다시 살펴보자.

$$i_t = r_t^n + \phi_\pi \pi_t + \phi_y \tilde{y}_t \tag{23}$$

$$i_t = r_t^n + \phi_\pi \mathrm{E}_t\left[\pi_{t+1}\right] + \phi_y \mathrm{E}_t\left[\tilde{y}_{t+1}\right] \tag{25}$$

각각의 정책 모두 파라미터 ϕ_π, ϕ_y 조정을 통해 일정 조건을 만족하면 완전 경쟁시장하에서 신축인 물가에서의 효율적인 자원 배분을 달성할 수 있다.

하지만 이러한 분석의 가장 큰 단점은 자연산출량하에서의 실질이자율 r_t^n은 우리가 정확히 관찰할 수 없는 경제변수라는 점이다. 자연산출량하에서의 실질 이자율을 정확히 관찰하기 위해서는 경제학적 모델과 모든 파라미터의 값들, 그리고 경제 내에 발생하는 외생적 충격들을 모두 정확히 관찰할 수 있어야 한다.[6] 따라서 위와 같은 통화정책을 현실에 그대로 적용하기에는 무리가 있다.

따라서 경제학자들은 정확한 모델이나 파라미터를 알지 못하더라도, 관찰 가능한 변수들을 바탕으로 실시할 수 있는 "간단한 준칙(simple rule)"에 대해서 연구한다. 이와 같은 준칙들은 효율적인 자원배분을 달성할 수 없는 경우가 대부분이다. 따라서 최적이 아닌 여러 균형을 비교할 수 있는 기준이 필요하다. 1980년대까지는 이러한 기준이 대부분 임의적으로 설정되는 경우가 대부분이었는데, 그 이후 그 기준을 최적화 행동과 일치되는 방식으로 설정하고자 하는 노력이 다음의 후생손실함수를 기반으로 한 연구로 결실을 맺을 수 있었다.

9.4 후생손실함수와 규범적 함의

앞서 지적하였듯이 효율적 자원 배분을 달성하기 위해서 통화정책을 시행할

---

6) 자연산출량하에서의 실질이자율뿐만 아니라 자연산출량도 관측하기 어렵다. 다만 앞서 보았듯이, 통화정책은 산출량 갭에 대해서는 거의 반응하지 않아도 되므로 자연산출량에 대한 관찰이 어렵다는 점이 자연산출량하에서의 실질이자율의 관찰 어려움만큼이나 최적의 통화정책을 시행하는 데 큰 어려움을 가져오지는 않는다.

때, 통화정책을 구성하는 요소들을 관찰하기가 매우 어렵고, 현실과 일치할 만큼의 정확한 모형과 파라미터 값을 알기 어려워 실제로 통화정책을 현실을 적용하는 데 어려움이 있다. 이제 비교적 쉽게 관찰 가능한 변수들을 바탕으로 현실에서 시행할 수 있는, 간단하지만 효과적인 통화정책 준칙에 대해 알아보고자 한다. 이에 앞서 그 통화정책들을 평가할 수 있는 새로운 기준이 필요하다. 효율적 자원 배분이 달성된 경우의 조건 대신에, 우리가 통화정책을 평가하는 기준으로 사용할 수 있고 관찰가능한 변수들로만 이뤄진 기준이 필요하다.

9.4.1 후생손실함수

경기의 변동과 통화정책을 평가하는 노력의 결실로 얻어진 새로운 기준으로 우리는 자원의 배분이 효율적인 수준에서 벗어났을 때, 경제주체인 가계가 겪는 손실을 기준으로 삼는 방법을 선택한다.[7] 그리고 소비와 노동으로 표시된 가계의 효용함수를 우리가 관심이 있는 변수로 표현하기 위하여, 함수 그대로 사용하지 않고 2계 근사(second-order approximation)를 통해 간단한 함수로 변형할 수 있다. 이와 같이 변형된 함수를 후생손실함수(welfare loss function)라고 하며, 우리가 고려하는 모형에서는 다음과 같이 표현된다.

$$W = \frac{1}{2} E_0 \sum_{t=0}^{\infty} \beta^t \left[\left(\theta + \frac{\varphi + \alpha}{1 - \alpha} \right) \tilde{y}_t^2 + \frac{\varepsilon}{\lambda} \pi_t^2 \right] \tag{27}$$

이 후생손실함수는 경제가 효율적 자원 배분에서 이탈했을 때, 영구적인 소비 감소분에 의한 소비자가 겪는 효용 감소를 근사화한 것이다. 위의 함수에서 θ, φ, 그리고 α가 커질수록 산출량 갭의 변동에 대한 가중치가 상승하게 된다. 위의 파라미터들은 모두 산출의 곡률(curvature)과 관련된 파라미터로, 균제에서 벗어날수록 그 차이가 효용에 미치는 영향이 커지도록 하는 역할을 한다. 그리고 ε이 커질수록 인플레이션 변동에 대한 가중치가 증가한다. 즉, 재화 간의 대체탄력성이 커질수록 가격의 분산도에 의한 후생손실분이 커지기 때문이다.

---

7) 가계의 효용함수 또는 손실함수를 사용하는 방법이 재정학에서 많이 사용되기 때문에 이런 방식을 재정학방법론(public-finance approach)이라고 부른다.

또한 λ가 작아질수록, 즉 ψ가 커질수록, 기업들의 가격 조정 기회가 줄어들고 이 역시 가격 분산에 의한 후생손실을 키운다.

가계의 효용이 소비와 노동의 함수로 표시되었던 데 비하여, 위의 후생손실 함수는 NK-DSGE모형에서 가장 중요한 변수인 산출갭과 인플레이션의 함수로 표시되어 있다. 위의 함수에 대해 매기마다 평균 후생손실을 구하게 되면 아래와 같다.

$$L = \frac{1}{2}\left[\left(\theta + \frac{\varphi + \alpha}{1-\alpha}\right)var(\tilde{y}_t) + \frac{\varepsilon}{\lambda}var(\pi_t)\right] \tag{28}$$

9.4.2 간단한 통화정책 준칙과 이의 규범적 함의

후생손실함수의 규범적 함의를 알아보기 위하여 앞에서 배웠던 통화정책 준 칙인 테일러 준칙을 고려하는데, 여기에서는 직접 관찰하기 힘든 산출갭 대신 균제상태로부터의 이탈을 고려한 다음과 같은 간단한 통화정책 준칙을 고려해 보자.

$$i_t = \rho + \phi_\pi \pi_t + \phi_y \hat{y}_t \tag{29}$$

여기서 $\hat{y}_t = \ln Y_t - \ln Y$이다. $\rho(=-\ln\beta)$는 인플레이션이 0일 때의 명목이자 율의 균제상태로 자연산출량하에서 실질이자율의 균제상태에 해당한다. 이제 ϕ_y와 ϕ_π를 얼마만큼으로 설정해야 후생손실함수를 극소화하는지 찾아보도록 한다.

이제 관측 가능한 변수들로 이뤄진 위의 테일러 준칙을 다시 표현하면 $i_t = \rho + \phi_\pi \pi_t + \phi_y(\ln Y_t - \ln Y_t^n) + \phi_y(\ln Y_t^n - \ln Y)$이므로 $v_t \equiv \phi_y \hat{y}_t^n$ 라고 하면 아래와 같이 쓸 수 있다.

$$i_t = \rho + \phi_\pi \pi_t + \phi_y \tilde{y}_t + v_t \tag{30}$$

v_t를 외생적인 통화정책 충격 대신 자연산출량과 균제상태와의 차이에 의존

하는 부분으로 본다면 앞서 본 구조와 동일한 형태를 갖는다.

$$
\begin{bmatrix} \widetilde{y}_t \\ \pi_t \end{bmatrix} = \Omega \begin{bmatrix} \theta & 1 - \beta \phi_\pi \\ \theta \kappa & \kappa + \beta(\theta + \phi_y) \end{bmatrix} \begin{bmatrix} \mathrm{E}_t[\widetilde{y}_{t+1}] \\ \mathrm{E}_t[\pi_{t+1}] \end{bmatrix} + \Omega \begin{bmatrix} 1 \\ \kappa \end{bmatrix} (\widehat{r^n_t} - v_t)
$$

$$
= \boldsymbol{A_T} \begin{bmatrix} \mathrm{E}_t[\widetilde{y}_{t+1}] \\ \mathrm{E}_t[\pi_{t+1}] \end{bmatrix} + \boldsymbol{B_T} (\widehat{r^n_t} - v_t) \tag{31}
$$

만약 경제 내에 외생적인 기술 충격만 존재하고 기술 충격이 AR(1)을 따른다고 할 때, 다음과 같다.

$$
\widehat{r}^n_t - v_t = - \psi^n_{ya} [\theta(1 - \rho_a) + \phi_y] a_t \tag{32}
$$

여기서 $\psi^n_{ya} \equiv \dfrac{1 + \varphi}{\theta + \varphi + \alpha(1 - \theta)} > 0$ 이다. 식 (31)의 구조에 따라 신출량 갭 $\widetilde{y}_t$ 의 분산은 $\widehat{r}^n_t$ 의 분산에 비례하며 $\widehat{r}^n_t$ 의 분산은 ϕ_y 에 비례하므로, ϕ_y 가 커질수록 산출갭의 분산 역시 커지게 된다. 파라미터를 바꾸면서 후생손실함수를 구해보면, 인플레이션에 크게 반응하고 $\widehat{y}_t$ 에 반응하지 않을수록 후생적으로 더 나은 결과가 나오는 것을 알 수 있다.

9.5 최적 통화정책: 재량(discretion)과 공약(commitment)

지금까지의 분석에서 중앙은행이 직면하게 되는 왜곡은 불완전경쟁에서 오는 부분과 경직적 가격에서 오는 부분이 있다. 불완전경쟁시장으로 인한 왜곡은 보조금을 통해서 해결할 수 있었다. 그리고 신축적이지 않은 가격에서 기인한 왜곡의 해소는 중앙은행이 산출량을 자연산출량과 일치시키는 동시에 인플레이션을 0으로 만드는 균형을 달성함으로써 가능하게 되었다. 이를 다른 측면에서 보자면, 후생손실함수를 극소화하는 과정에서 인플레이션과 산출갭 사이에 상충관계는 없다고 볼 수 있다.

하지만 이는 현실과는 일치하지 않는다. 단기적으로는 인플레이션과 산출량 및 고용 사이에 상충관계가 존재하며 중앙은행은 결국 단기에서의 인플레이션의 부분적인 상승 또는 하락을 용인할 수밖에 없다. 5절에서는 이러한 상충관계에 대하여 분석한다.

9.5.1 최적 통화정책: 효율적 균제상태의 경우

논의에 앞서 산출량에 대한 여러 가지 개념을 재점검해보도록 하자. 가격이 신축적이지만 경제 내에 존재하는 불완전경쟁이나 조세 등의 실질적인 불완전성(real imperfection)하에서 달성할 수 있는 산출량을 자연산출량(natural output)이라고 하며 y_t^n이라고 표기했다. 그리고 가격이 신축적일 뿐만 아니라 동시에 기술이나 선호 외에는 어떠한 제약도 존재하지 않을 때 달성하는 산출량을 효율적인 산출량(efficient output)이라고 하고 이를 y_t^e라고 표기한다.

우리가 이제 살펴볼 모형에서는 신축적이지 않은 가격하에서 실질적인 불완전함이 함께 존재하는 경제를 가정한다. 즉, 앞에서 배운 모형에서처럼 가격은 신축적이지 않으며 보조금 등으로 없애지 못하는 실질적인 불완전함이 모두 존재하는 것이다. 따라서 산출량 y_t은 자연산출량 y_t^n과 효율적인 생산량 y_t^e와 모두 일치하지 못하며 자연산출량 y_t^n과 효율적인 생산량 y_t^e 사이에도 차이가 발생하게 된다.

우선은 둘 사이의 차이인 $y_t^e - y_t^n$이 "평균적으로는" 0인 경우에 대해서 생각해보자. 이런 경우를 효율적 균제상태(efficient steady state)라고 부른다. 이러한 상황에서 앞서 사용한 개념인 산출갭 $\tilde{y}_t$ 대신 산출량과 효율적인 산출량 y_t^e의 차이인 "후생적 산출갭(welfare-relevant output gap)" $x_t \equiv y_t - y_t^e$을 사용하도록 하겠다. 따라서, 중앙은행이 극소화하고자 하는 후생손실함수는 다음과 같이 쓸 수 있다.

$$E_0 \left[\sum_{t=0}^{\infty} \beta^t \left(\pi_t^2 + \alpha_x x_t^2 \right) \right] \tag{33}$$

이 때 α_x는 중앙은행이 설정한 x_t^2에 대한 가중치이며 위에서 사용한 모형을 가정했을 때, $\frac{\kappa}{\varepsilon}$에 해당한다. 그리고 산출갭 $\tilde{y}_t$는 아래와 같이 분해해서 쓸 수 있으며 $\tilde{y}_t \equiv y_t - y_t^n = x_t + (y_t^e - y_t^n)$ NKPC 역시 아래와 같이 쓸 수 있다.

$$\pi_t = \beta \mathrm{E}_t \left[\pi_{t+1} \right] + \kappa \tilde{y}_t = \beta \mathrm{E}_t \left[\pi_{t+1} \right] + \kappa (x_t + y_t^e - y_t^n)$$
$$= \beta \mathrm{E}_t \left[\pi_{t+1} \right] + \kappa x_t + u_t \tag{34}$$

여기서 $u_t \equiv \kappa (y_t^e - y_t^n)$이다. 앞서 말했듯이 $y_t^e - y_t^n$이 "평균적으로는" 0이며 AR(1)을 따른다고 가정하자. 따라서 $u_t = \rho_u u_{t-1} + \varepsilon_t^u$, $\varepsilon_t^u \sim WN(0, \sigma_u^2)$를 가정한다.[8] 효율적인 생산량과 자연산출량 사이의 차이를 유발하는 실질적인 불완전함이 평균적으로는 0이며 시간에 따라 변화하는 것이다. 이 u_t를 일반적으로 '비용 충격(cost – push shock)'이라고 부른다. DIS 곡선 역시 다음과 같이 쓸 수 있다.

$$x_t = \frac{1}{\theta} \left(i_t - \mathrm{E}_t \left[\pi_{t+1} \right] - r_t^e \right) + \mathrm{E}_t \left[x_{t+1} \right] \tag{35}$$

이 때 $r_t^e \equiv \rho + \theta \mathrm{E}_t \left[\Delta y_{t+1}^e \right]$이며 r_t^e는 효율적인 생산량하에서의 실질 이자율(efficient interest rate)이다.

통화당국은 이제 주어진 필립스 곡선하에서 후생손실함수를 극소화한다. 하지만 u_t의 존재로 더 이상 인플레이션 π_t과 후생적 산출갭 x_t는 동시에 0이 될 수 없으며 상충관계에 놓이게 되었다.[9] 그리고 필립스 곡선에서 알 수 있듯이 현재의 인플레이션은 미래의 인플레이션에도 영향을 받는 미래 지향적인 성격을 갖는다. 결국 중앙은행의 현재 정책 결정이 미래의 후생에도 영향을 끼칠 수밖에 없다. 중앙은행은 미래에 대해서 과거에 한 공약(commitment)[10]을 지킬

---

8) WN은 백색소음(white noise)을 의미한다.
9) 산출량갭과 인플레이션이 동시에 0이 되는 상황을 '신성한 우연(divine coincidence)'이라고도 한다.(Blanchard and Galí, 2007)
10) 공약(commitment)는 미래에 대해서도 구속력을 갖는 약속을 말한다. 즉, 현재 정한 준칙을 미래에 대해서도 과연 지속적으로 지킬 수 있는지에 대한 것을 의미한다. 준칙(rule), 재량(discretion) 등의 의미는 7장 각주 13을 참고하길 바란다.

것인지 아니면 미래에 새롭게 최적 정책을 실시하는 재량(discretion)을 발휘할 지의 선택을 하게 된다. 그리고 정책당국의 최적화의 형태가 공약인지 재량인지 에 따라, 동일한 충격에도 불구하고 거시경제변수들의 움직임이 달라진다. <그림 9.5>는 오른쪽 아래 패널에 보이는 바와 같은 일시적 비용상승충격(cost- push shock)에 대해 그리고 <그림 9-6>은 AR(1)을 따르는 비용상승충격이 발생하였을 때에, 공약과 재량하에서의 거시경제변수의 움직임을 보여준다.

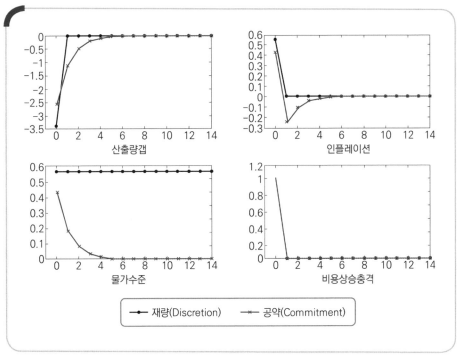

그림 9-5 일시적 비용상승충격(cost-push shock)의 경우: 공약과 재량의 효과

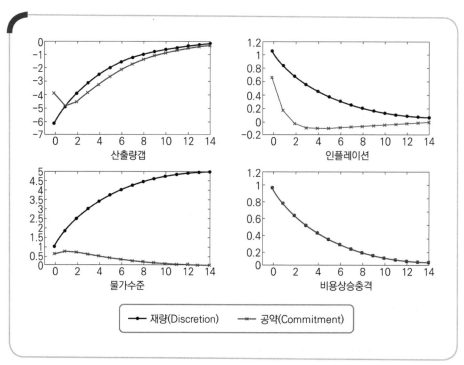

그림 9-6 AR(1)을 따르는 비용상승충격(cost-push shock)의 경우: 공약과 재량의 효과

과연 정책의 차이가 이러한 변화를 일으키는 것일까? 이제 공약과 재량에 대해서 자세히 알아보도록 한다.

≫ 최적 재량 정책

먼저 중앙은행이 과거에 했던 공약을 이행하지 않고, 매 기 새롭게 최적화를 하는 재량적(discretionary) 행동을 하는 경우를 상정해 보자. 우선 재량 정책의 분석을 용이하게 하기 위해 중앙은행이 인플레이션과 후생적 산출갭을 직접적으로 제어할 수 있다고 가정한다.

미래의 정책에 대한 공약을 할 수 없으므로 중앙은행은 해당 기의 손실에 대해서만 극소화를 하게 된다. 즉, 해당 기에 미래의 손실함수에 대한 고려는 하지 않는다. 또한 제약조건으로 작용하는 NKPC에서도 미래 인플레이션에 대한 항 $E_t[\pi_{t+1}]$을 외생적으로 취급하고 따라서 이와 외생변수인 u_t 사이에 구분을 하지 않는다. $(v_t \equiv \beta E_t[\pi_{t+1}] + u_t)$

이 경우 최적재량정책을 구하기 위해서 다음의 문제를 푼다.

Minimize $\pi_t^2 + \alpha_x x_t^2$

such that $\pi_t = \kappa x_t + v_t,\ v_t \equiv \beta \mathrm{E}_t[\pi_{t+1}] + u_t$ (36)

1계 미분 조건에 의해 다음의 조건이 성립하게 된다.

$$x_t = -\frac{\kappa}{\alpha_x}\pi_t \text{ for all } t = 0,1,2...$$ (37)

따라서 중앙은행은 양의 비용충격에 대해서 인플레이션의 상승을 막기 위해 산출량이 효율적인 산출량보다 적게 생산되는 것을 용인하여 음(negative)의 x_t 를 허용하게 된다. 이러한 조건을 목표 준칙(targeting rule)이라고 부른다.

위에서 구한 1계 조건의 결과와 식 (34)의 NKPC를 결합하면 아래와 같이 구할 수 있다.

$$\pi_t = \frac{\alpha_x \beta}{\alpha_x + \kappa^2}\mathrm{E}_t[\pi_{t+1}] + \frac{\alpha_x}{\alpha_x + \kappa^2}u_t$$ (38)

그리고 인플레이션에 대해서 미래에 대해 연쇄적으로 대입을 하면 다음의 식을 구할 수 있다.

$$\pi_t = \alpha_x \Psi u_t$$ (39)

그리고 1계 조건에서 구한 식을 이용해 다음의 식 관계식을 구할 수 있다.

$$x_t = -\kappa \Psi u_t$$ (40)

여기서 $\Psi \equiv \dfrac{1}{\kappa^2 + \alpha_x(1 - \beta\rho_u)}$ 이다.

재량을 택한 중앙은행은 비용충격에 대해 인플레이션(π_t)과 후생과 관련된 산출량 갭(x_t)이 부분적으로 0으로부터 이탈하는 것을 용인한다. 만약 중앙은행이 온전히 비용충격을 인플레이션에만 반영하고 후생과 관련된 산출량 갭(x_t)을 0으로 할 경우에는 κ가 0이 되고 $\pi_t = \dfrac{1}{1 - \beta\rho_u}u_t$가 되어 x_t가 0으로부터의 이탈을 용인할 때의 인플레이션($\pi_t = \alpha_x \Psi u_t$)보다 더 많이 증가하게 된다.

지금까지의 논의는 중앙은행이 인플레이션과 후생적 산출갭을 직접적으로 제어 가능한 경우였다. 하지만 현실에서는 중앙은행은 명목이자율의 조정을 통해 통화정책을 실시한다. 식 (39) $\pi_t = \alpha_x \Psi u_t$와 식 (40) $x_t = -\kappa \Psi u_t$을 DIS 곡선인 식 (35)에 대입함으로써 우리는 다음을 유도할 수 있다.

$$i_t = r_t^e + \Psi_i u_t \tag{41}$$

여기서 $\Psi_i \equiv \Psi[\kappa\theta(1 - \rho_u) + \alpha_x \rho_u]$이다. 먼저 정책당국이 통화정책을 이자율 설정을 통해서 하고, 명목이자율을 외생적 충격인 비용충격의 함수일 때에의 균형에 대해 알아보자. 명목이자율이 외생적으로 $i_t = r_t^e + \Psi_i u_t$로 주어질 때, π_t과 x_t의 동학은 아래와 같이 표현된다.

$$\begin{bmatrix} x_t \\ \pi_t \end{bmatrix} = \begin{bmatrix} 1 & \dfrac{1}{\theta} \\ \kappa & \beta + \dfrac{\kappa}{\theta} \end{bmatrix} \begin{bmatrix} \mathrm{E}_t[x_{t+1}] \\ \mathrm{E}_t[\pi_{t+1}] \end{bmatrix} + \begin{bmatrix} -\dfrac{\Psi_i}{\theta} \\ 1 - \dfrac{\kappa\Psi_i}{\theta} \end{bmatrix} u_t = \boldsymbol{A}_0 \begin{bmatrix} \mathrm{E}_t[x_{t+1}] \\ \mathrm{E}_t[\pi_{t+1}] \end{bmatrix} + \boldsymbol{B}_0 u_t \tag{42}$$

이 때 행렬 A_0의 고윳값은 하나는 1보다 크고 하나는 1보다 작다. 이 경우에 π_t과 x_t는 모두 사전에 결정되지 않은 변수이므로 결국 블랑샤-칸 조건에 의해 위의 동학은 여러 가지 해를 갖게 된다.

따라서 통화정책을 아래와 같이, 명목이자율이 내생변수인 인플레이션에 대한 함수인 경우로 다시 생각해보자.

$$i_t = r_t^e + \phi_\pi \pi_t \tag{43}$$

여기서 $\phi_\pi \equiv (1-\rho_u)\dfrac{\kappa\theta}{\alpha_x} + \rho_u$이다. 위와 동일한 논리대로 생각하면 $\kappa\theta > \alpha_x$ 조건만 만족하면 π_t와 x_t의 동학은 유일한 해를 가질 수 있다.[11]

그리고 인플레이션에 대해서 1보다 더 크게 반응하면($\phi_\pi > 1$) 파라미터의 값들과는 독립적으로 유일한 해를 갖는 동시에 비용충격에 대해 반응하는 정책을 아래와 같이 생각해볼 수 있다.

$$i_t = r_t^e + \Psi_i u_t + \phi_\pi (\pi_t - \alpha_x \Psi u_t) = r_t^e + \Theta_i u_t + \phi_\pi \pi_t \tag{44}$$

식에서 $\Theta_i = \Psi[\kappa\theta(1-\rho_u) - \alpha_x(\phi_\pi - \rho_u)]$이다. 위와 같이 알아본 $i_t = r_t^e + \phi_\pi \pi_t$ 혹은 $i_t = r_t^e + \Theta_i u_t + \phi_\pi \pi_t$ 등을 도구 준칙(instrument rule)이라고 한다. 하지만 정확한 파라미터를 찾고 매기 비용충격을 정확히 관찰해야 명목이자율을 정할 수 있다. 따라서 위와 같은 도구 준칙 대신 현실에서는 목표 준칙 (targeting rule)을 만족하도록 이자율을 조정한다. 하지만 이 목표준칙 역시 x_t 로 인해 y_t^e를 관찰해야 하는 어려움이 발생한다.

≫ 공약하에서의 최적 정책

이제 정책당국이 현 시점에 미래의 정책에 대한 공약과 이행을 하고 민간 역시 이를 완전히 신뢰하는 경우에 대해서 알아보자.

정책당국은 미래에 대한 정책에 대해서도 공약을 해야 하므로 해당 기에 미래에 대한 손실에 대해서도 고려해야 한다.

따라서 아래의 문제를 풀게 된다.

Minimize $\dfrac{1}{2}\mathrm{E}_0 \sum_{t=0}^{\infty} \beta^t (\pi_t^2 + \alpha_x x_t^2)$

such that $\pi_t = \beta\mathrm{E}_t[\pi_{t+1}] + \kappa x_t + v_t, \ t = 0, 1, 2, ...$ $\hspace{1cm}$ (45)

---

11) $\kappa(\phi_\pi - 1) + (1-\beta)\phi_y > 0$의 조건에 ϕ_y에 0을 대입하고 $\phi_\pi \equiv (1-\rho_u)\dfrac{\kappa\theta}{\alpha_x} + \rho_u$ 전개하면 구할 수 있다.

이를 풀기 위해 아래와 같이 라그랑지안을 세운다.

$$\mathcal{L} = \mathrm{E}_0 \sum_{t=0}^{\infty} \beta^t \left[\frac{1}{2} \left(\pi_t^2 + \alpha_x x_t^2 \right) + \gamma_t \left(\pi_t - \kappa x_t - \beta \pi_{t+1} \right) \right]$$

그리고 π_t와 x_t에 대해서 1계 미분 조건을 취하면 다음의 조건들을 만족해야 한다.

$$\alpha_x x_t - \kappa \gamma_t = 0 \tag{46}$$

$$\pi_t + \gamma_t - \gamma_{t-1} = 0 \ \text{ and } \ \gamma_{-1} = 0 \tag{47}$$

$\gamma_{-1} = 0$인 이유는 -1기의 제약은 0기의 입장에서 보았을 때 이미 지나간 과거이고 만족시켜야(binding) 할 제약이 아니기 때문이다.

따라서 이 두 조건을 통해 다음을 구할 수 있다.

$$x_0 = -\frac{\kappa}{\alpha_x} \pi_0 \tag{48}$$

$$x_t = x_{t-1} - \frac{\kappa}{\alpha_x} \pi_t \ \ (t = 1, 2, 3, \dots)$$

그리고 $x_t = x_{t-1} - \frac{\kappa}{\alpha_x} \pi_t$이므로 다음의 관계식을 구할 수 있다.

$$x_t = \left(x_{t-2} - \frac{\kappa}{\alpha_x} \pi_{t-1} \right) - \frac{\kappa}{\alpha_x} \pi_t = \cdots = x_0 - \sum_{\tau=1}^{t} \frac{\kappa}{\alpha_x} \pi_\tau$$

$$= x_0 - \frac{\kappa}{\alpha_x} (\pi_1 + \pi_2 + \cdots + \pi_t)$$

$$= x_0 - \frac{\kappa}{\alpha_x} \left((p_1 - p_0) + (p_2 - p_1) + \dots + (p_t - p_{t-1}) \right)$$

$$= -\frac{\kappa}{\alpha_x} \pi_0 - \frac{\kappa}{\alpha_x} (p_t - p_0) = -\frac{\kappa}{\alpha_x} (p_0 - p_{-1}) - \frac{\kappa}{\alpha_x} (p_t - p_0)$$

$$= -\frac{\kappa}{\alpha_x} (p_t - p_{-1}) \tag{49}$$

인플레이션 대신 가격의 암묵적 목표치인 $\hat{p}_t = p_t - p_{-1}$을 사용하면 위 식은 목표 준칙으로 바꿔쓸 수 있다.

$$x_t = -\frac{\kappa}{\alpha_x}\hat{p}_t \tag{50}$$

이 때 $\hat{p}_t \equiv p_t - p_{-1}$이다. 재량을 택한 중앙은행의 목표 준칙을 다시 생각해 보면 다음의 관계식이 만족된다.

$$x_t = -\frac{\kappa}{\alpha_x}\pi_t \ \text{ for all } \ t = 0,1,2... \tag{37}$$

즉, 중앙은행은 인플레이션에 대해서 매기 후생과 관련된 산출량 갭이 0으로부터 이탈하는 것을 용인한다. 하지만 준칙의 경우에는 인플레이션의 아니라 물가 수준이 암묵적 목표인 p_{-1}로부터의 이탈의 크기에 따라서 (후생적) 산출갭의 이탈의 크기를 결정하게 된다.

이 차이점은 다음의 계산에서 좀 더 명확해진다. 공약의 목표준칙을 NKPC에 대입하여 다음의 차분방정식을 유도할 수 있다.

$$\hat{p}_t = a\hat{p}_{t-1} + a\beta \mathrm{E}_t[\hat{p}_{t+1}] + a\,u_t \tag{51}$$

여기서 $a \equiv \dfrac{\alpha_x}{\alpha_x(1+\beta)+\kappa^2}$이다. 그리고 위의 차분방정식을 풀어 아래와 같은 $\hat{p}_t$에 대한 식을 구할 수 있다.

$$\hat{p}_t = \delta\hat{p}_{t-1} + \frac{\delta}{1-\delta\beta\rho_u}u_t \tag{52}$$

여기서 $\delta = \dfrac{1-\sqrt{1-4\beta a^2}}{2a\beta}$이다. 그리고 위의 해를 이용하여 후생적 산출갭

x_t에 대해서도 다음의 관계식을 구할 수 있다.

$$x_0 = -\frac{\kappa\delta}{\alpha_x(1-\delta\beta\rho_u)}u_0 \tag{53}$$

$$x_t = \delta x_{t-1} - \frac{\delta}{\alpha_x(1-\delta\beta\rho_u)}u_t \quad (t = 1, 2, 3, ...)$$

재량의 경우와 비교해보자. 비용충격에 대해서 공약의 경우 재량의 경우와 달리 충격이 사라지고 난 이후에도 여전히 산출갭과 인플레이션의 이탈이 지속된다. 이러한 이탈은 내생적으로 지속성을 갖는데 이는 중앙은행이 충격이 발생했을 때의 산출갭과 인플레이션 사이의 상충관계를 완화시키기 위함이다.

<그림 9-5>에서 처음 비용충격이 왔을 때 충격반응함수를 보면 재량의 경우 인플레이션과 산출갭 모두 크게 0에서 이탈하고 난 후 다시 0으로 돌아간다. 이처럼 충격이 발생한 시기의 산출갭과 인플레이션에 온전히 (즉, 공약의 경우보다 더 많이) 충격에 반영하는 이러한 재량 정책의 특징을 '안정화 편의 (stabilization bias)'라고 한다.

반면, 공약의 경우 미래 시간에 대해서도 인플레이션과 산출갭의 이탈을 허용함으로써, 충격이 발생한 시기의 인플레이션과 산출량 갭의 이탈의 크기를 줄이는 것이다. 이는 NKPC를 미래에 대해서 연쇄적으로 대입한 식에서도 볼 수 있다.

$$\pi_t = \kappa x_t + \kappa\sum_{k=1}^{\infty}\beta^k\mathrm{E}_t[x_{t+k}] + \frac{1}{1-\beta\rho_u}u_t \tag{54}$$

즉, 비용상승충격 u_t는 해당 기의 인플레이션과 산출갭뿐만 아니라 미래의 산출갭에도 영향을 끼치며 현재 인플레이션의 이탈의 크기를 완화시키는 것이다. 이는 중앙은행이 공약을 이행하고 민간이 이를 신뢰할 경우에 가능하다.

재량에서와 마찬가지로 공약하에서의 명목이자율에 대해서도 생각해볼 수 있다.

DIS 곡선인 식 (35)와 식 (50), 식 (52), 식 (53)을 결합하여 다음을 구한다.

$$i_t = r_t^e - (1-\delta)\left(1 - \frac{\theta\kappa}{\alpha_x}\right)\hat{p}_t$$

$$= r_t^e - (1-\delta)\left(1 - \frac{\theta\kappa}{\alpha_x}\right)\left(\frac{1}{1-\delta\beta\rho_u}\right)\sum_{k=0}^{t}\delta^{k+1}u_{t-k} \qquad (55)$$

그리고 이러한 균형 이자율에 대해서 중앙은행은 아래와 같은 정책을 생각해 볼 수 있다.[12]

$$i_t = r_t^e - \left[\phi_p + (1-\delta)\left(1 - \frac{\theta\kappa}{\alpha_x}\right)\right]\left(\frac{1}{1-\delta\beta\rho_u}\right)\sum_{k=0}^{t}\delta^{k+1}u_{t-k} + \phi_p\hat{p}_t \quad (\phi_p > 0)$$

9.5.2 최적 통화정책: 왜곡된 균제상태의 경우

앞 절에서는 효율적 생산량 y_t^e와 자연산출량 y_t^n 사이의 차이가 "평균적"으로 0이라고 가정했다. 하지만 이제는 그 두 변수가 영구적으로 차이가 난다고 하자. 즉, 효율적 자원 배분을 구하기 위한 조건을 사용해서 보면 다음과 같이 나타낼 수 있다

$$-\frac{U_l}{U_c} = MPL(1-\Phi) \qquad (56)$$

즉, 앞서 배운 내용 중 시장지배력에 의한 왜곡이 대표적인 예가 될 수 있다. 보조금으로 이 왜곡을 제거할 수 없다면 Φ는 왜곡을 발생시키고 그 경우 $\Phi \equiv 1 - \dfrac{1}{M}$로 나타낼 수 있다.

---

12) 중앙은행이 물가안정을 추구하는 방식에 있어서 인플레이션을 목표로 삼는 방식이 일반적이나 물가수준을 목표로 하는 것이 더 우월하다는 논의가 있다. 이러한 논의의 근거로 제시되는 이유 중의 하나가 위의 이자율정책이 공약하의 균형을 가져올 수 있기 때문이다. 그리고 2020년 8월에 미국 연방준비제도(Federal Reserve System)가 도입한 평균물가목표제(average inflation targeting)도 물가수준목표제와 유사한 성격을 갖는다.

먼저 Φ의 크기가 충분히 작은(산출량 갭이나 인플레이션과 같은 차수의 변동성을 가지는 경우) 경우, 후생손실함수를 아래와 같이 2차 근사할 수 있다.[13]

$$\mathrm{E}_0 \sum_{t=0}^{\infty} \beta^t \left[\frac{1}{2} \left(\pi_t^2 + \alpha_x \hat{x}_t^2 \right) - \Lambda \hat{x}_t \right] \tag{57}$$

여기서 $\Lambda \equiv \Phi \dfrac{\lambda}{\varepsilon}$, $\hat{x}_t = x_t - x$, $x_t = y_t - y_t^e$, 그리고 $x \equiv y^n - y^e$이다. $\hat{x}_t = x_t - x$는 후생적 산출갭이 $x(<0)$로부터 이탈한 크기를 나타낸다. 이때, $x \equiv y^n - y^e$이며 균제 상태에서의 생산량(즉, 자연산출량 수준)은 효율적 생산수준보다 낮으므로 이 값은 음수이다. 따라서 만약에 산출량이 증가하여, x_t가 증가하면 y_t가 y_t^e에 가까워지는 것이며, 따라서 $\hat{x}_t = x_t - x$가 증가하고 손실함수는 감소, 사회 후생은 증가한다. 이 경우 $u_t \equiv \kappa \left(\hat{y}_t^e - \hat{y}_t^n \right)$로 새로 정의하여 NKPC을 유도할 수 있다.

$$
\begin{aligned}
\pi_t &= \beta \mathrm{E}_t \left[\pi_{t+1} \right] + \kappa \left(x_t + y_t^e - y_t^n \right) \tag{58}\\
&= \beta \mathrm{E}_t \left[\pi_{t+1} \right] + \kappa \left(x_t + \left(y_t^e - y^e \right) - \left(y_t^n - y^n \right) - \left(y^n - y^e \right) \right) \\
&= \beta \mathrm{E}_t \left[\pi_{t+1} \right] + \kappa \left(x_t - x \right) + \kappa \left(\left(y_t^e - y^e \right) - \left(y_t^n - y^n \right) \right) \\
&= \beta \mathrm{E}_t \left[\pi_{t+1} \right] + \kappa \hat{x}_t + u_t
\end{aligned}
$$

여기서 $\hat{x}_t = \hat{y}_t - \hat{y}_t^e$이다.

⊗ 최적 재량 정책

재량하의 정책 아래에서 중앙은행은 해당 기의 후생 손실 함수에 대해서만 고려한다. 따라서 제약 아래에서 극소화하는 문제로 다음과 같이 쓸 수 있다.

---

13) 이 식에서 왜곡을 유발하는 Φ의 크기가 작기 때문에 2계 근사가 (선형 항이 없이) 2차 항으로서만 이루어진다. Φ의 크기가 크다면 2계 근사를 했을 경우, 사회 후생 손실 함수에 마지막 항이 1차 항으로 된다.

Minimize $\dfrac{1}{2}\left(\pi_t^2 + \alpha_x \hat{x}_t^2\right) - \Lambda \hat{x}_t$

subject to $\pi_t = \kappa \hat{x}_t + v_t$ where $v_t \equiv \beta E_t\left[\pi_{t+1}\right] + u_t$ $\hspace{2cm}$ (59)

1계 미분 조건에 의해서 아래의 식이 성립한다.

$$\hat{x}_t = \frac{\Lambda}{\alpha_x} - \frac{\kappa}{\alpha_x}\pi_t \tag{60}$$

그리고 식 (60)을 NKPC인 식 (58)에 대입한 후 아래와 같은 식을 구할 수 있다.

$$\pi_t = \frac{\Lambda\kappa}{\kappa^2 + \alpha_x(1-\beta)} + \alpha_x\Psi u_t \tag{61}$$

여기서 $\Psi = \dfrac{1}{\alpha_x(1-\beta\rho_u)+\kappa^2}$ 이다. 그리고 다시 식 (60)에 대입하여 최종적으로 다음을 구할 수 있다.

$$\hat{x}_t = \frac{\Lambda(1-\beta)}{\kappa^2 + \alpha_x(1-\beta)} - \kappa\Psi u_t \tag{62}$$

왜곡 Φ이 존재하더라도 재량 정책하에서는 비용충격에 대한 반응의 정도는 이전 절과 동일하다. 즉, u_t 발생 시 인플레이션은 상승하고 변형된 산출갭 역시 하락한다.

다만 앞 절과의 차이점은 바로 절편 $\dfrac{\Lambda(1-\beta)}{\kappa^2 + \alpha_x(1-\beta)}$이다. 왜곡으로 인해 발생한 $-\Lambda\hat{x}_t$항으로 인해, 산출량이 효율적 수준보다 크게 낮을 경우($\Lambda > 0$), 중앙은행은 산출량을 효율적 생산량에 가까이 늘려 이에 따른 인플레이션을 용인하면서 효용을 늘릴(손실을 감소시킬) 유인이 생긴다. 따라서 산출량이 증가하는 것과 그에 따른 인플레이션이 추가적으로 고려되어 $\dfrac{\Lambda(1-\beta)}{\kappa^2+\alpha_x(1-\beta)}$ 항이 생기고 이 항을 인플레이션 편의(inflation bias)라고 부른다. 그리고 재량하에서는 매기 최적화를 하므로 이러한 인플레이션 편의항은 매기 생기게 된다.

≫ 공약하에서의 최적 정책

공약하에서는 충격이 발생하는 시기의 후생손실함수뿐만 아니라 미래에 대해서도 고려해야 한다. 라그랑지안을 세우면 다음과 같다.

$$\mathcal{L} = \mathrm{E}_0 \sum_{t=0}^{\infty} \beta^t \left[\frac{1}{2}\left(\pi_t^2 + \alpha_x \hat{x}_t^2\right) - \Lambda \hat{x}_t + \gamma_t\left(\pi_t - \kappa \hat{x}_t - \beta\pi_{t+1}\right) \right]$$

1계 미분 조건에 의해 다음의 조건들을 구한다.

$$\alpha_x \hat{x}_t - \kappa\gamma_t - \Lambda = 0$$
$$\pi_t + \gamma_t - \gamma_{t-1} = 0, \ \gamma_{-1} = 0 \tag{63}$$

이제 $\hat{p}_t$의 정의를 이용하여 차분방정식을 구할 수 있다.

$$\hat{p}_t = a\hat{p}_{t-1} + a\beta \mathrm{E}_t\left[\hat{p}_{t+1}\right] + a\frac{\Lambda\kappa}{\alpha_x} + au_t \tag{64}$$

이 때, $\hat{p}_t \equiv p_t - p_{-1}$와 $a \equiv \dfrac{\alpha_x}{\alpha_x(1+\beta)+\kappa^2}$ 이다. 위의 차분방정식을 풀면 아래와 같은 해를 구할 수 있다.

$$\hat{p}_t = \delta\hat{p}_{t-1} + \frac{\delta}{1-\delta\beta\rho_u}u_t + \frac{\delta}{1-\delta\beta}\frac{\kappa\Lambda}{\alpha_x} \tag{65}$$

여기서 $\delta \equiv \dfrac{1 - \sqrt{1 - 4\beta a^2}}{2a\beta}$ 이다. 그리고 $\hat{x}_t$의 해는 다음과 같다.

$$\hat{x}_0 = -\frac{\kappa\delta}{\alpha_x(1 - \delta\beta\rho_u)}u_0 + \frac{\Lambda\delta}{\alpha_x}$$

$$\hat{x}_t = \delta\hat{x}_{t-1} - \frac{\kappa\delta}{\alpha_x(1 - \delta\beta\rho_u)}u_t \quad t = 1, 2, 3, \ldots \tag{66}$$

마지막으로 각각의 변수에 대한 일반항은 다음과 같다.

$$\hat{p}_t = \left(\frac{1 - \delta^{t+1}}{1 - \delta}\right)\left(\frac{\delta}{1 - \delta\beta}\right)\left(\frac{\kappa\Lambda}{\alpha_x}\right) + \frac{\delta}{1 - \delta\beta\rho_u}\sum_{k=0}^{t}\delta^k u_{t-k} \tag{67}$$

$$\hat{x}_t = \frac{\Lambda\delta^{t+1}}{\alpha_x} - \frac{\kappa\delta}{\alpha_x(1 - \delta\beta\rho_u)}\sum_{k=0}^{t}\delta^k u_{t-k} \tag{68}$$

(67)과 (68)에서 알 수 있듯이 경제의 실질적 왜곡인 Φ(와 Λ)가 공약하에서의 최적 통화정책에 영향을 끼치는 부분은 가격수준과 산출갭에 포함된 '결정적 구성요소(deterministic component)'의 유무이다.

여기서 알 수 있는 점은 비용충격이 부재한 상황에서도 $\hat{p}_t$과 산출갭이 0에서 이탈을 한다는 점이다. $\left(\dfrac{1 - \delta^{t+1}}{1 - \delta}\right)\left(\dfrac{\delta}{1 - \delta\beta}\right)\left(\dfrac{\kappa\Lambda}{\alpha_x}\right)$와 $\dfrac{\Lambda\delta^{t+1}}{\alpha_x}$가 이러한 이탈에 해당되는 항들이다. 그리고 시간에 지남에 따라 이탈의 크기는 특정한 값에 수렴한다. ($\lim\limits_{t \to \infty}\delta^t = 0$)

왜곡이 있는 경우에는 공약 정책하에서도 인플레이션 편의(inflation bias)가 발생한다. 비용 충격이 없는 경우를 가정하면, (67)에서 볼 수 있듯이 물가수준은 계속 증가하면서 특정 수준으로 수렴한다. 이 과정에서 높은 생산량이 유지된다. 그러나, 재량의 경우와는 달리 인플레이션 편의가 영원히 지속되지는 않는다. 그 이유는 공약하에서는 미래에 대한 후생손실함수도 고려하며, 실질적 왜곡에서 비롯된 Λ를 통한 더 많은 산출량의 한계이득을 점점 0으로 줄여나가는 것이 최적이기 때문이다.

재량 정책과 공약 정책하의 차이는 물가수준에서도 찾아볼 수 있다. 재량 정책의 경우 매 기마다 산출량 갭을 줄여나가기 위해 자연산출량 수준보다 높은 수준의 산출량을 유지하려고 하며 결국 양의 상수의 값을 갖는 인플레이션 편의가 매 기 존재한다.

하지만 준칙의 경우 $\lim_{T \to \infty} p_T = p_{-1} + \dfrac{\delta}{(1-\delta\beta)(1-\delta)} \dfrac{\kappa \Lambda}{\alpha_x}$의 수준으로 결국 물가 수준이 수렴하여 인플레이션은 0으로 수렴하게 된다. 그리고 산출량 역시 자연산출량 수준으로 수렴하고 $\lim_{t \to \infty} x_t = x$가 된다. 즉, 매기 인플레이션 편의가 발생하지 않게 되고 결국 그 크기가 0이 된다. 중앙은행이 준칙을 확약하고 이를 이행하며 민간이 이에 대해 신뢰할 때, 시장에서 지속적인 왜곡이 존재함에도, 중앙은행은 단기적인 인플레이션과 산출갭 사이의 상충관계를 완화시킨다. 더불어 이를 통해 미래에 산출량을 자연산출량보다 더 생산함으로써 유발하는 인플레이션을 조금 더 완화시킬 수 있는 것이다.

통화량을 조절하는 통화정책

중앙은행이 이자율 정책이 아닌 통화량을 통해 정책을 시행하는 경우에, 통화량 충격이 경제에 주는 효과에 대해서 알아본다. 통화량과 산출량 갭에 대한 식은 아래의 통화 수요식에서 자연산출량을 양변에서 차감하면 구할 수 있다.

$$y_t - \eta\, i_t = m_t - p_t \tag{A1}$$

$$\tilde{y}_t - \eta\, i_t = m_t - p_t - y_t^n = j_t - y_t^n \;\; (j_t \equiv m_t - p_t) \tag{A2}$$

이 식을 i_t에 대해 정리 후 DIS 곡선 $\tilde{y}_t = \mathrm{E}_t\left[\tilde{y}_{t+1}\right] - \frac{1}{\theta}\left(i_t - \mathrm{E}_t\left[\pi_{t+1}\right] - r_t^n\right)$ 에 대입하면 다음과 같다.

$$(1 + \theta\eta)\tilde{y}_t = \theta\eta\mathrm{E}_t\left[\tilde{y}_{t+1}\right] + j_t + \eta\mathrm{E}_t\left[\pi_{t+1}\right] + \eta\hat{r}_t^n - y_t^n \tag{A3}$$

$j_t \equiv m_t - p_t$ 라고 정의내렸으므로 $j_t - j_{t-1} = \Delta m_t - \pi_t$ 이며 다음의 식이 성립한다.

$$j_{t-1} = j_t + \pi_t - \Delta m_t \tag{A4}$$

따라서 (A3), (A4), 그리고 최종적으로 식 (1) NKPC까지 고려하여 아래의 행렬식을 통해 $\tilde{y}_t$, π_t 그리고 j_{t-1} 총 3개의 내생변수에 대한 동학을 살펴볼 수 있다.

$$\boldsymbol{A}_{M,0}\begin{bmatrix}\tilde{y}_t\\ \pi_t\\ j_{t-1}\end{bmatrix}=\boldsymbol{A}_{M,1}\begin{bmatrix}\mathrm{E}_t\big[\tilde{y}_{t+1}\big]\\ \mathrm{E}_t\big[\pi_{t+1}\big]\\ j_t\end{bmatrix}+\boldsymbol{B}_M\begin{bmatrix}\hat{r}_t^n\\ y_t^n\\ \Delta m_t\end{bmatrix}\tag{A5}$$

여기서 $\boldsymbol{A}_{M,0}\equiv\begin{bmatrix}1+\theta\eta & 0 & 0\\ -\kappa & 1 & 0\\ 0 & -1 & 1\end{bmatrix}$, $\boldsymbol{A}_{M,1}\equiv\begin{bmatrix}\theta\eta & \eta & 1\\ 0 & \beta & 0\\ 0 & 0 & 1\end{bmatrix}$, $B_M\equiv\begin{bmatrix}\eta & -1 & 0\\ 0 & 0 & 0\\ 0 & 0 & -1\end{bmatrix}$ 이

다. 이 때 실질통화량 j_{t-1}은 이미 결정된(predetermined) 변수이고 $\tilde{y}_t$와 π_t에 대해서는 결정되지 않았으므로 블랑샤−칸 조건에 의해서 $A_M\equiv A_{M,0}^{-1}A_{M,1}$의 고웃값 중 2개는 1보다 작아야 하며 나머지 1개는 1보다 커야 한다. 이 경우 외생적인 통화량 변동에 대해서 유일한 해를 갖게 된다.

이제 통화정책 충격(여기서는 통화량 충격)과 기술 충격에 따른 실질 변수들의 움직임에 대해서 간략하게 살펴보자.

먼저 통화량 충격의 효과를 살펴보기 위해 통화량 변화가 AR(1)을 따른다고 가정하자.

$$\Delta m_t=\rho_m\Delta m_{t-1}+\varepsilon_t^m$$

그리고 위에서 주어진 행렬 $A_{M,0}$, $A_{M,1}$, B_M의 행렬을 이용하여 계산해보면 양(+)의 통화충격 발생 시 산출량은 상승하며 명목이자율도 상승하는 것을 볼 수 있다. 즉, 앞서 보았던 유동성 효과가 해당 통화정책하에서는 보이지 않는다. 그리고 인플레이션이 더욱 크게 상승하여 실질이자율은 처음에 하락했다가 다시 균제상태로 수렴하는 것을 확인할 수 있다.

하지만 외생적 통화량 정책의 경우 반드시 유동성 효과가 사라지는 것은 아니며 현재 캘리브레이션에서만 나타나는 현상이다. 파라미터 조정(특히 θ)을 통해 조절하면 통화량 증가 충격 발생 시 명목 이자율이 하락할 수 있다.

기술 충격의 경우에는 이자율 정책하에서의 움직임과 유사하다. 양의 기술 충격하에 산출량은 소폭 상승하나, 자연산출량이 크게 증가하여 산출량 갭은 하락하고 고용 역시 하락한다. 또한 인플레이션도 하락한다. 또한 통화량 증가 없이 기술 충격만이 존재할 경우 실질이자율이 상승하는데 이는 이자율 정책하에

서의 반응과 반대이다. 즉, 통화량의 증가 없이 기술 충격은 오히려 긴축적인 통화정책의 효과와 유사한 실질 이자율의 흐름을 유발한다.

연습문제

01 본문 식 (7)과 식 (8)을 유도하시오.

$$\tilde{y}_t = -(1-\beta\rho_v)\Lambda_v v_t \tag{7}$$

$$\pi_t = -\kappa\Lambda_v v_t \tag{8}$$

단, $\Lambda_v \equiv \dfrac{1}{(1-\beta\rho_v)[\theta(1-\rho_v)+\phi_y]+\kappa(\phi_\pi-\rho_v)}$ 이다.

02 본문 식 (10)과 식 (11)을 유도하시오.

$$\tilde{y}_t = (1-\beta\rho_a)\Lambda_a \hat{r}_t^n = -\theta\psi_{ya}^n(1-\rho_a)(1-\beta\rho_a)\Lambda_a a_t \tag{10}$$

$$\pi_t = \kappa\Lambda_a \hat{r}_t^n = -\theta\psi_{ya}^n(1-\rho_a)\kappa\Lambda_a a_t \tag{11}$$

단, $\Lambda_a \equiv \dfrac{1}{(1-\beta\rho_a)[\theta(1-\rho_a)+\phi_y]+\kappa(\phi_\pi-\rho_a)}$ 이다.

03 후생손실함수(W)는 $\mathrm{W} = -\,\mathrm{E}_0\sum\limits_{t=0}^{\infty}\beta^t\dfrac{U_t-U}{U_c C}$ 이다. 효용함수 U_t에 대해 2차 테일러 근사를 하여 본문 식 (27)을 유도하시오.

$$\mathrm{W} = \frac{1}{2}\mathrm{E}_0\sum_{t=0}^{\infty}\beta^t\left[\left(\theta+\frac{\varphi+\alpha}{1-\alpha}\right)\tilde{y}_t^2 + \frac{\varepsilon}{\lambda}\pi_t^2\right] \tag{27}$$

04 차분방정식 식 (51) $\hat{p}_t = a\hat{p}_{t-1} + a\beta E_t[\hat{p}_{t+1}] + au_t$ 을 풀어 식 (52)를 구하시오.

$$\hat{p}_t = \delta\hat{p}_{t-1} + \frac{\delta}{1-\delta\beta\rho_u}u_t \qquad (52)$$

단, $\delta = \dfrac{1-\sqrt{1-4\beta a^2}}{2a\beta}$ 이다.

05 차분방정식 식 (64) $\hat{p}_t = a\hat{p}_{t-1} + a\beta E_t[\hat{p}_{t+1}] + a\dfrac{\Lambda\kappa}{\alpha_x} + au_t$를 풀어 식 (65)와 식 (66)을 구하시오.

$$\hat{p}_t = \delta\hat{p}_{t-1} + \frac{\delta}{1-\delta\beta\rho_u}u_t + \frac{\delta}{1-\delta\beta}\frac{\kappa\Lambda}{\alpha_x} \qquad (65)$$

$$\hat{x}_0 = -\frac{\kappa\delta}{\alpha_x(1-\delta\beta\rho_u)}u_0 + \frac{\Lambda\delta}{\alpha_x}$$

$$\hat{x}_t = \delta\hat{x}_{t-1} - \frac{\kappa\delta}{\alpha_x(1-\delta\beta\rho_u)}u_t \quad t=1,2,3,... \qquad (66)$$

여기서 $\delta \equiv \dfrac{1-\sqrt{1-4\beta a^2}}{2a\beta}$ 이다.

동태 분석을 위한 수학 기법

동태 분석을 위한 수학 기법

본서의 부록에서는 경제의 동태적 분석에 사용되는 수학기법을 소개한다. 먼저 시간의 흐름에 따라 경제 변수가 어떻게 움직이는지를 연구하는 데 필요한 미분방정식, 차분방정식을 소개한다. 동태적 분석에서는 시간을 두 가지 방식으로 취급한다. 하나는 시간을 연속적인 개념으로 보는 방식이고, 다른 하나는 이산적인 시간을 고려하는 방식이다. 연속적 시간의 경우 미분방정식을 이용하고, 이산적 시간의 경우에는 차분방정식을 사용하여 분석할 수 있다. 이어서 거시경제학에서 많이 사용되는 동태적 최적화의 분석 기법인 최적 제어 이론(optimal control theory)과 동태적 프로그래밍(dynamic programming)을 소개한다. 이 책에서 소개하는 최적 제어 이론은 시간을 연속적인 개념으로 보고 미분방정식의 분석 방법을 사용하며, 동태적 프로그래밍은 시간을 이산적인 개념으로 보고 차분 방정식을 사용한다. 마지막으로 비선형인 관계식들을 선형 관계식으로 근사화하는 테일러 전개에 대하여 소개한다.

A.1 미분방정식(differential equation)

우리가 관심을 가지는 변수(들)가 시간의 함수라 하고 이를 y_t라고 하자. 외생변수들로 이루어진 명시적인 함수가 아닌 y_t와 이의 도함수(derivative) $\dot{y}_t = \dfrac{dy_t}{dt}$ 를 포함하는 방정식일 때, 이러한 방정식을 미분방정식이라고 부른다. 방정식을 푼다는 것은 y_t를 (외생인 변수들의) 명시적인 함수로 도출한다는 의미이다.

방정식이 y_t와 이의 도함수의 선형관계로 이루어져 있는 경우에 '선형 미분방정식'이라고 부르며, 비선형관계가 포함되어 있는 일반적인 경우를 '비선형 미분방정식'이라고 부른다. 경제학에서는 일반적으로 선형 미분방정식을 다룬다.[1]

A.1.1 1계 선형 미분방정식

간단한 예시로 아래와 같은 미분방정식을 고려해보자.

$$a_1 \dot{y}_t + a_2 y_t + x_t = 0$$

이 방정식에서 계수인 a_1과 a_2는 y_t와 y_t의 도함수 $\dot{y}_t$에 의존하지 않고, x_t는 시간의 흐름에 따른 변화가 명시적으로 알려진 함수이다. 이 경우 $\dot{y}_t$와 y_t에 대하여 선형이라 할 수 있고 이러한 방정식을 선형 미분방정식이라 부른다.

위의 미분방정식은 1계 도함수를 포함하고 있어 1계 미분방정식이라고 부른다. 만약에 2계 도함수 $\ddot{y}_t \equiv \dfrac{d^2 y_t}{(dt)^2}$가 포함되면 2계 미분방정식이라고 부르며, n계 도함수가 포함되는 경우 n계 미분방정식이라고 한다.

외생변수인 x_t가 0인 경우(즉, $a_1 \dot{y}_t + a_2 y_t = 0$), 이러한 미분방정식을 '동차 미분방정식(homogeneous differential equation)'이라고 부른다.

≫ 계수가 상수인 1계 선형 미분방정식의 풀이

간단한 예로 다음의 1계 선형 미분방정식을 생각해보자. 계수 a는 시간에 따라 움직이지 않는 상수이다.

$$\dot{y}_t + a y_t + x_t = 0 \tag{A1}$$

---

[1] 비선형의 경우도 일부 유럽 국가 연구자를 중심으로 경제모형에서 꾸준히 사용되었으며, 특히 2008년 글로벌 금융위기 이후에 점차 사용 빈도가 증가하고 있다.

해당 미분방정식을 푸는 방법은 아래와 같다.

먼저 (A1) 식에서 x_t를 우변으로 이항한다.

$$\dot{y}_t + ay_t = -x_t \tag{A2}$$

(A2) 식 양변에 e^{at}를 곱한 후 시간(t)에 대해 적분을 취한다. 이때 e^{at}를 적분 인자(integrating factor)라고 한다.

$$\int e^{at}\left[\dot{y}_t + ay_t\right]dt = -\int e^{at}x_t dt \tag{A3}$$

(A3) 식 좌변의 적분 값은 $e^{at}y_t + b_0$이며, b_0는 임의의 상수이다. (A3) 식 우변 역시 x_t가 우리가 알고 있는 시간 t에 대한 함수이므로 시간 t에 대해 적분할 수 있다. 표기를 단순화하기 위해 우변의 적분 값을 $X_t + b_1$(b_1은 임의의 상수)라고 하자.

따라서 (A3) 식을 정리하면

$$e^{at}y_t + b_0 = -(X_t + b_1)$$

이며 최종적으로 아래와 같은 답을 얻을 수 있다.

$$y_t = -e^{-at}X_t + be^{-at} \quad (b = -b_1 - b_0)$$

이 식은 미분방정식의 일반해(general solution)이다. 특수해(exact solution)를 알기 위해서는 추가적인 경계값에서의 조건(boundary condition)이 필요하다. 즉, $y_0(t=0$일 때의 $y_t)$ 혹은 $y_T(t=T$일 때의 $y_t)$ 값을 알고 있다면, 해당 조건을 이용하여 b 값을 정할 수 있다.

예제

$\dot{y}_t + y_t + 1 = 0$, $y_0 = 2$를 푸시오.

먼저 $+1$을 우변으로 이항한다.

$\dot{y}_t + y_t = -1$

양변에 e^t를 곱한 후 시간 t에 대하여 적분을 취한다.

$e^t \dot{y}_t + e^t y_t = -e^t$

$$\int \left[e^t \dot{y}_t + e^t y_t \right] dt = \int -e^t \, dt$$

$e^t y_t + b_0 = -e^t + b_1$

따라서 일반해를 다음과 같이 구할 수 있다.

$y_t = -1 + be^{-t}$

초깃값이 $y_0 = 2$이므로

$y_0 = -1 + b = 2$, $b = 3$

일반해: $y_t = -1 + be^{-t}$

특수해: $y_t = -1 + 3e^{-t}$

≫ 계수가 시간(t)에 대한 함수인 1계 선형 미분방정식 풀이

이번에는 y_t의 계수가 상수가 아니라, t에 대한 함수(a_t)인 경우의 1계 선형 미분방정식 풀이를 알아보자.

$\dot{y}_t + a_t y_t + x_t = 0$ \hfill (A4)

이 경우에도 계수가 상수인 경우의 1계 선형 미분방정식과 유사한 방법으로 풀 수 있다. 다만 곱해지는 적분 인자(integrating factor)가 달라진다는 차이점이 존재한다. 먼저 (A4) 식을 아래와 같이 정리한다.

$$\dot{y}_t + a_t y_t = -x_t \tag{A5}$$

(A5) 양변에 적분 인자 $e^{\int_0^t a_\tau d\tau}$ 를 곱한 후 시간(t)에 대해 적분을 취한다.

$$\int e^{\int_0^t a_\tau d\tau} \left[\dot{y}_t + a_t y_t \right] dt = -\int e^{\int_0^t a_\tau d\tau} x_t dt \tag{A6}$$

곱해주는 적분 인자가 이제는 e^{at}가 아닌 $e^{\int_0^t a_\tau d\tau}$이며, 따라서 (A6) 좌변의 적분값은 $e^{\int_0^t a_\tau d\tau} y_t + b_0$이 된다($b_0$는 임의의 상수). (A6) 우변의 $\int e^{\int_0^t a_\tau d\tau} x_t dt$ 역시 t에 대한 함수이므로 t에 대해 적분할 수 있다. 표기를 단순화하기 위해 우변의 적분 값을 $X_t' + b_1$(b_1은 임의의 상수)라고 하자. 이제 (A6)을 정리하면

$$e^{\int_0^t a_\tau d\tau} y_t + b_0 = -(X_t' + b_1)$$

와 같으며 최종적으로 아래와 같은 답을 구할 수 있다.

$$y_t = -e^{-\int_0^t a_\tau d\tau} X_t' + b e^{-\int_0^t a_\tau d\tau} \quad (b = -b_1 - b_0)$$

위에서 구한 식은 일반해(general solution)이다. 특수해(exact solution)를 알기 위해서는 계수가 상수인 경우와 마찬가지로 경계값에서의 조건(boundary condition)이 필요하다.

A.1.2 2계 및 고계 선형 미분방정식

앞서 언급했듯이 방정식에 우리가 알고 싶은 함수 y_t와 해당 함수의 시간 t에 대한 도함수 $\dot{y}_t$ 외에 2계 도함수 $\ddot{y}_t$가 추가되는 경우 우리는 이를 2계 미분방정식이라고 한다. 만약 방정식이 $\ddot{y}_t$, $\dot{y}_t$ 그리고 y_t에 대해 선형인 경우 2계 선형 미분방정식이라고 한다. 만약 y_t의 n계 도함수가 방정식에 추가되는 경우 우리는 이를 n계 미분방정식이라고 한다.

2계 미분방정식의 경우 다음과 같이 변수의 치환과 행렬로 표현한 연립미분방정식을 이용하여 연립 1계 선형 미분방정식으로 표시할 수도 있다.[2] 예를 들어 다음과 같은 계수가 상수인 2계 선형 미분방정식을 생각해보자.

$$\ddot{y}_t + a_1\dot{y}_t + a_2 y_t + x_t = 0 \tag{A7}$$

그리고 새롭게 $u_t = \dot{y}_t$를 정의하자. (A7) 식을 u_t를 이용하여 표현하면, $\dot{u}_t + a_1 u_t + a_2 y_t + x_t = 0$이다. 이제 $u_t = \dot{y}_t$와 $\dot{u}_t + a_1 u_t + a_2 y_t + x_t = 0$을 아래와 같이 $\begin{bmatrix} u_t \\ y_t \end{bmatrix}$에 대한 연립 1계 선형 미분방정식으로 표현할 수 있다.

$$\begin{bmatrix} \dot{u}_t \\ \dot{y}_t \end{bmatrix} = \begin{bmatrix} -a_1 & -a_2 \\ 1 & 0 \end{bmatrix} \begin{bmatrix} u_t \\ y_t \end{bmatrix} + \begin{bmatrix} -1 \\ 0 \end{bmatrix} x_t \tag{A8}$$

$z_t = \begin{bmatrix} u_t \\ y_t \end{bmatrix}$라고 한다면 (A8) 식은 $\dot{z}_t = A z_t + B x_t$, $A = \begin{bmatrix} -a_1 & -a_2 \\ 1 & 0 \end{bmatrix}$, $B = \begin{bmatrix} -1 \\ 0 \end{bmatrix}$으로 쓸 수 있다.

---

[2] 본문에 나온 새로운 변수를 추가하여 연립방정식으로 만드는 방법 이외에도 새로운 변수 $z_t = \dot{y}_t + \alpha y_t$를 이용하여 주어진 2계 선형 미분방정식을 일변수 1계 선형 미분방정식으로도 변환시킬 수도 있다. z_t의 정의에 따라 $\dot{z}_t = \ddot{y}_t + \alpha \dot{y}_t$이고 $\dot{z}_t + \beta z_t + x_t = 0$가 성립한다고 추측한 이후 $\dot{z}_t$와 z_t에 각각 $\ddot{y}_t + \alpha \dot{y}_t$와 $\dot{y}_t + \alpha y_t$을 대입하여 α와 β를 $\ddot{y}_t + a_1\dot{y}_t + a_2 y_t + x_t = 0$의 a_1과 a_2에 대한 함수로 구할 수 있다. 즉, 주어진 y_t에 대한 2계 선형 미분방정식을 일변수 z_t에 대한 1계 선형 미분방정식으로 표현할 수 있으며 $a_1 = \alpha + \beta$, $a_2 = \alpha\beta$의 관계를 만족한다.

A.1.3 고윳값(eigenvalue)과 고유분해(eigendecomposition)

n차원의 정방행렬(square matrix) A에 대해서 아래의 방정식을 만족하는 상수 α와 영벡터가 아닌 벡터 v를 구할 수 있다.

$$(A - \alpha I) \cdot v = 0$$

이때 I는 n차원의 단위행렬(identity matrix)이다. 벡터 v가 영벡터가 아니기 위해서는 $\det(A - \alpha I) = 0$ 이어야 한다. 만약 $\det(A - \alpha I) \neq 0$ 이라면, 우리는 $A - \alpha I$의 역행렬을 취함으로써 v가 영벡터가 된다는 것을 보일 수 있다.

$\det(A - \alpha I) = 0$은 α에 대한 방정식이며 이를 특별히 특성 방정식(characteristic equation)이라고 한다. A가 n차원 정방행렬이므로 $\det(A - \alpha I)$는 n차원 방정식이고 n개의 근을 찾을 수 있다.

이러한 α에 대한 n개의 근을 고윳값(eigenvalues) 혹은 특성근(characteristic roots)이라고 한다.

$(A - \alpha I) \cdot v = 0$에 의하여 각각의 고윳값 $\alpha_i (i = 1, 2, ..., n)$에 대해서 아래의 식을 만족하는 벡터 v_i를 찾을 수 있다. 이러한 벡터를 고유벡터(eigenvector) 혹은 특성벡터(characteristic vector)라고 한다.

$$Av_i = v_i \alpha_i, \ \ i = 1, 2, ..., n$$

이때 v_i는 $n \times 1$ 열벡터(column vector)이며 α_i는 1×1 스칼라(scalar)이다. n개의 열벡터 v_i을 통해 $n \times n$ 행렬인 $V = [v_1 \, v_2 \, ... \, v_n]$를 만들 수 있다. 또한 각각의 v_i에 대해 $Av_i = v_i \alpha_i$을 만족하는 α_i로 대각행렬(diagonal matrix) D를 만들 수 있다.

만들어진 V와 D에 대해서는 $AV = VD$가 성립하게 된다. AV와 VD는 아래와 같다.

$$AV = A[v_1 \, v_2 \, v_3 \, ... \, v_n]$$
단, v_i: $n \times 1$ column vector for all $i = 1, 2, ..., n$

$$VD = \begin{bmatrix} v_1 v_2 v_3 \cdots v_n \end{bmatrix} \begin{bmatrix} \alpha_1 & 0 & 0 & \cdots & 0 \\ 0 & \alpha_2 & 0 & \cdots & 0 \\ 0 & 0 & \alpha_3 & \cdots & 0 \\ \vdots & \vdots & \vdots & \ddots & \vdots \\ 0 & 0 & 0 & \cdots & \alpha_n \end{bmatrix}$$

단, v_i: $n \times 1$ column vector for all $i = 1, 2, ..., n$

만약 $\det(V) \neq 0$ 라면 각각의 고유벡터(eigenvector)들은 서로 선형독립(linearly independent)이다. 따라서 V는 역행렬을 가질 수 있는 가역행렬(invertible matrix)이며 $AV = VD$는 다음과 같이 쓸 수 있다.

$$A = VDV^{-1} \tag{A9}$$

이렇게 임의로 주어진 n차원 A 행렬에 대하여 (A9) 식과 같이 가역행렬 V 와 대각행렬 D로 분해하는 것을 대각화(diagonalization)라고 하며 고유분해 (eigendecompostion) 혹은 조르단 행렬 분해(Jordan matrix decomposition)라고도 한다.

예제

$A = \begin{bmatrix} 0.06 & -1 \\ -0.004 & 0 \end{bmatrix}$ 에 대하여 고유분해(eigendecompostion)를 하시오.

먼저 $(A - \alpha I) \cdot v = \begin{bmatrix} 0.06 - \alpha & -1 \\ -0.004 & -\alpha \end{bmatrix} \cdot v = 0$ 을 만족하는 α와 v를 찾아야 한다.

이때 v가 영벡터가 아니기 위해서는 $\det(A - \alpha I) = 0$을 만족해야 한다.

따라서 특성방정식은 $\alpha^2 - 0.06\alpha - 0.004 = 0$이 되며 이를 만족하는 α는 $\alpha_1 = 0.1$과 $\alpha_2 = -0.04$가 있다.

따라서 $D = \begin{bmatrix} 0.1 & 0 \\ 0 & -0.04 \end{bmatrix}$ 로 만들 수 있다.

각각의 $\alpha_1 = 0.1$과 $\alpha_2 = -0.04$에 대해서 $(A - \alpha_i I) \cdot v_i = 0$ $(i = 1, 2)$를 만족하는 v_1과 v_2를 찾아야 한다.

먼저 $\alpha_1 = 0.1$인 경우

$$(A - \alpha_1 I) \cdot v_1 = \begin{bmatrix} 0.06 - 0.1 & -1 \\ -0.004 & 0 - 0.1 \end{bmatrix} \cdot \begin{bmatrix} v_{11} \\ v_{21} \end{bmatrix} = 0$$

따라서
$-0.04 v_{11} - v_{21} = 0$
$-0.004 v_{11} - 0.1 v_{21} = 0$ 을 만족한다.

이때, 두 관계식은 서로 선형 종속(linearly dependent)이며, 이를 만족하는 v_{11}과 v_{21}는 무수히 많다. v_{11}을 1로 정규화 하는 경우 v_{21}는 -0.04이다. 즉, $v_1 = \begin{bmatrix} 1 \\ -0.04 \end{bmatrix}$ 이다.

$\alpha_2 = -0.04$인 경우

$$(A - \alpha_2 I) \cdot v_2 = \begin{bmatrix} 0.06 + 0.04 & -1 \\ -0.004 & 0 + 0.04 \end{bmatrix} \cdot \begin{bmatrix} v_{12} \\ v_{22} \end{bmatrix} = 0$$

따라서

$0.1 v_{12} - v_{22} = 0$
$-0.004 v_{12} + 0.04 v_{22} = 0$

을 만족한다.

이때 두 관계식은 서로 선형 종속(linearly dependent)이며, 이를 만족하는 v_{21}과 v_{22}는 무수히 많다. v_{12}을 1로 정규화 하는 경우 v_{22}는 0.1이다. 즉, $v_2 = \begin{bmatrix} 1 \\ 0.1 \end{bmatrix}$ 이다.

따라서 $V = \begin{bmatrix} 1 & 1 \\ -0.04 & 0.1 \end{bmatrix}$ 이고 $V^{-1} = \begin{bmatrix} \dfrac{0.1}{0.14} & \dfrac{-1}{0.14} \\ \dfrac{0.04}{0.14} & \dfrac{1}{0.14} \end{bmatrix}$ 로 찾을 수 있다. 그리고

$A = VDV^{-1}$ 을 만족함을 확인할 수 있다.

A.1.4 연립 1계 선형 미분방정식

n개의 변수에 대한 n차 연립 1계 선형 미분방정식은 아래와 같이 생각해볼 수 있다.

$$\dot{y}_{1,t} = a_{11}y_{1,t} + a_{12}y_{2,t} + a_{13}y_{3,t} + \cdots + a_{1n}y_{n,t} + x_{1,t}$$

$$\dot{y}_{2,t} = a_{21}y_{1,t} + a_{22}y_{2,t} + a_{23}y_{3,t} + \cdots + a_{2n}y_{n,t} + x_{2,t}$$

$$\cdots$$

$$\dot{y}_{n,t} = a_{n1}y_{1,t} + a_{n2}y_{2,t} + a_{n3}y_{3,t} + \cdots + a_{nn}y_{n,t} + x_{n,t} \tag{A10}$$

위의 (A10) n차 연립방정식은 $y_{1,t}, y_{2,t}, \cdots, y_{n,t}$의 각각의 도함수들이 $y_{1,t}, y_{2,t}, \cdots, y_{n,t}$와 알려진 시간에 대한 함수 $x_{i,t}(i = 1, 2, \ldots, n)$의 선형결합으로 표현된다. 해당 문제를 표기의 편의성을 위하여 아래와 같은 행렬형으로 나타낼 수 있다.

$$\dot{y}_t = Ay_t + x_t$$

where $y_t = \begin{bmatrix} y_{1,t} \\ y_{2,t} \\ \vdots \\ y_{n,t} \end{bmatrix}$, $\dot{y}_t = \begin{bmatrix} \dot{y}_{1,t} \\ \dot{y}_{2,t} \\ \vdots \\ \dot{y}_{n,t} \end{bmatrix}$, $A = \begin{bmatrix} a_{11} & a_{12} & a_{13} & \cdots & a_{1n} \\ a_{21} & a_{22} & a_{23} & \cdots & a_{2n} \\ a_{31} & a_{32} & a_{33} & \cdots & a_{3n} \\ \vdots & \vdots & \vdots & \ddots & \vdots \\ a_{n1} & a_{n2} & a_{n3} & \cdots & a_{nn} \end{bmatrix}$, $x_t = \begin{bmatrix} x_{1,t} \\ x_{2,t} \\ \vdots \\ x_{n,t} \end{bmatrix}$

예를 들어, 연립 1계 선형 미분방정식을 푸는 방법을 이해하기 위해 가장 간단한 2개의 변수와 상수의 계수 그리고 $x_{i,t} = 0 \ (i = 1, 2)$으로 이뤄진 문제를 생각해보자.

$$\dot{y}_t = Ay_t + x_t$$

where $y_t = \begin{bmatrix} y_{1,t} \\ y_{2,t} \end{bmatrix}$, $\dot{y}_t = \begin{bmatrix} \dot{y}_{1,t} \\ \dot{y}_{2,t} \end{bmatrix}$, $A = \begin{bmatrix} a_{11} \ a_{12} \\ a_{21} \ a_{22} \end{bmatrix}$, $x_t = \begin{bmatrix} x_{1,t} \\ x_{2,t} \end{bmatrix}$

해당 문제에 대해 직접 해석적인 풀이(analytic approach)도 있으나 시각적으로 변수들의 움직임을 알아보기 위해 위상도(phase diagram)를 활용할 수도 있다.

주어진 2차 연립 1계 선형 미분방정식에 대한 해석적 풀이를 알아보기 전에 우선 직관적인 이해에 도움이 되는 위상도 개념에 대해서 공부한다.

≫ 위상도(phase diagram) 소개

위상도(phase diagram)란 좌표평면 위에서 시간에 대해 변화하는 두 개의 변수들이 시간이 흐름에 따라 어떻게 변화하는지 살펴보기 위한 그래프이다.

2차 연립 1계 선형 미분방정식 중 아래와 같은 간단한 예제를 생각해보자.

$$\dot{y}_{1,t} = a_{11}y_{1,t}$$
$$\dot{y}_{2,t} = a_{22}y_{2,t}$$

그리고 해당 두 변수가 $(y_{1,t}, y_{2,t})$의 좌표평면상에서 시간에 따라 어떻게 변화하는지 생각해보자.

만약 $t = 0$에 두 변수 모두 0이라면, $y_{1,0} = 0$, $y_{2,0} = 0$이 되며 $(y_{1,t}, y_{2,t})$의 좌표평면의 원점에 해당하게 된다. 그리고 $\dot{y}_{1,t} = 0$, $\dot{y}_{2,t} = 0$ 이므로 시간이 지나도 계속 원점에 머물게 된다. 만약 초기에 다른 값을 가지는 경우는 어떠할까? a_{11}과 a_{22}의 값의 크기에 따라 $y_{1,t}$와 $y_{2,t}$의 시간에 따른 변화가 다르게 그려질 수 있다.

Case 1) $a_{11} > 0$, $a_{22} > 0$

만약 임의의 t에 대해서 $y_{1,t} = 0$이라면 $\dot{y}_{1,t} = 0$이 된다. 따라서 $(y_{1,t}, y_{2,t})$의

좌표평면에서 수직축에서는 $\dot{y}_{1,t}=0$, 즉 $y_{1,t}$가 시간이 흘러도 계속 0의 값을 갖게 된다. 그리고 임의의 t에 대해서 $y_{2,t}=0$ 이라면 $\dot{y}_{2,t}=0$이 된다. 따라서 $(y_{1,t}, y_{2,t})$의 좌표평면에서 수평축에서는 $\dot{y}_{2,t}=0$, 즉 $y_{2,t}$가 시간이 흘러도 계속 0의 값을 갖는다. 이처럼 시간이 지남에도 그 값이 변화하지 않고 일정 상태에 머무는 경우를 (혹은 보다 일반적으로 그 성장속도가 일정할 경우를) 균제상태(steady state)라고 한다.[3]

이제 만약 임의의 t에 대해서 $y_{1,t}>0$라고 생각해보자. 이 경우 $\dot{y}_{1,t}=a_{11}y_{1,t}>0$이 되며 시간이 지남에 따라 $y_{1,t}$는 계속 증가하게 된다. 반대로 $y_{1,t}<0$라고 생각해보자. 이 경우에는 $\dot{y}_{1,t}=a_{11}y_{1,t}<0$이 되며 시간이 지남에 따라 $y_{1,t}$ 는 계속 감소하게 된다. $y_{2,t}$에 대해서도 동일하게 생각할 수 있다. 임의의 t에 대해서 $y_{2,t}>0$라면 $\dot{y}_{2,t}=a_{22}y_{2,t}>0$이 되며 시간이 지남에 따라 $y_{2,t}$는 계속 증가하게 된다. 반대로 $y_{2,t}<0$라고 생각해보면 $\dot{y}_{2,t}=a_{22}y_{2,t}<0$이 되며 시간이 지남에 따라 $y_{2,t}$는 계속 감소하게 된다.

이제 $(y_{1,t}, y_{2,t})$의 좌표평면에서 생각해보자. 1사분면에서는 $y_{1,t}>0$, $y_{2,t}>0$이다. 즉, 시간이 지남에 따라 두 변수 모두 증가하는 방향으로 두 변수가 움직이는 모습을 보일 것이다. 3사분면에서는 $y_{1,t}<0$, $y_{2,t}<0$이므로 두 변수 모두 시간이 지남에 따라 감소하는 모습을 보일 것이다. 2사분면과 4사분면도 동일한 논리를 적용하면 다음의 그림과 같은 모습을 보이게 된다.

따라서 $a_{11}>0$, $a_{22}>0$인 경우, 원점만이 균제상태이며 원점을 제외한 나머지 점들에서는 $y_{1,t}$와 $y_{2,t}$ 중의 하나 혹은 모두 시간에 따라 변화하게 된다. 즉, 시작하는 점이 조금이라고 원점을 벗어나 있으면 $y_{1,t}$와 $y_{2,t}$ 모두, 혹은 둘 중 하나는 발산(diverge)한다.

---

3) 균제상태를 '정상(定常)상태'라고 번역하는 경우도 있으나, 동음이의어인 '정상(正常)'과 혼동을 줄 수 있어서 피한다.

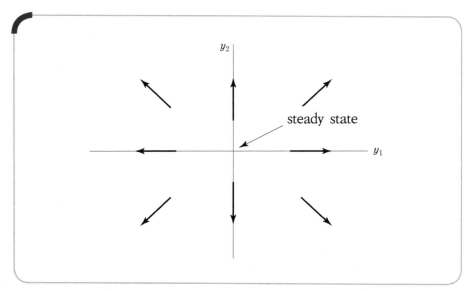

그림 1 불안정한 경우의 위상도

Case 2) $a_{11} < 0$, $a_{22} < 0$

두 계수 a_{11}과 a_{22} 모두 음수라면 Case 1과 반대의 현상이 발생한다. 동일하게 임의의 t에 대해서 $y_{1,t} = 0$이라면 $\dot{y}_{1,t} = 0$이 된다. 따라서 $(y_{1,t}, y_{2,t})$의 좌표평면에서 수직축에서는 $\dot{y}_{1,t} = 0$, 즉 $y_{1,t}$가 시간이 흘러도 계속 0의 값을 갖게 된다. 그리고 임의의 t에 대해서 $y_{2,t} = 0$이라면 $\dot{y}_{2,t} = 0$이 된다. 따라서 $(y_{1,t}, y_{2,t})$의 좌표평면에서 수평축에서는 $\dot{y}_{2,t} = 0$, 즉 $y_{2,t}$가 시간이 흘러도 계속 0의 값을 갖게 된다.

이제 임의의 t에 대해서 $y_{1,t} > 0$인 경우 $\dot{y}_{1,t} = a_{11}y_{1,t} < 0$이 되며 시간이 지남에 따라 $y_{1,t}$는 계속 감소하게 되고 $y_{1,t} = 0$에 도달하면 변화하지 않게 된다. 반대로 $y_{1,t} < 0$인 경우 $\dot{y}_{1,t} = a_{11}y_{1,t} > 0$이 되며 시간이 지남에 따라 $y_{1,t}$는 0에 다다를 때까지 계속 증가한다. $y_{2,t}$에 대해서 동일하게 생각할 수 있다. 임의의 t에 대해서 $y_{2,t} > 0$라면 $\dot{y}_{2,t} = a_{22}y_{2,t} < 0$이 되며 시간이 지남에 따라 $y_{2,t}$는 계속 감소하게 되고, 반대로 $y_{2,t} < 0$라면 $\dot{y}_{2,t} = a_{22}y_{2,t} > 0$이 되며 시간이 지남에 따라 $y_{2,t}$는 계속 증가한다.

이제 $(y_{1,t}, y_{2,t})$의 좌표평면에서 생각해보자. 1사분면에서는 시간이 지남에 따라 두 변수 모두 감소하여 원점으로 수렴하는 두 변수가 움직이는 모습을 보일 것이다. 3사분면에서는 두 변수 음수이며 시간이 지남에 따라 증가하고 원점으로 수렴하는 모습을 보일 것이다. 2사분면과 4사분면도 동일한 논리를 적용하면 그림과 같은 모습을 보이게 된다. 즉, $a_{11} < 0$, $a_{22} < 0$인 경우 두 변수가 어느 지점에 놓이는 것에 무관하게 원점으로 결국 수렴하게 된다. 원점에서는 시간이 지나도 두 변수 $y_{1,t}, y_{2,t}$의 변화가 없다. 즉, 원점이 균제상태인 경우이다.

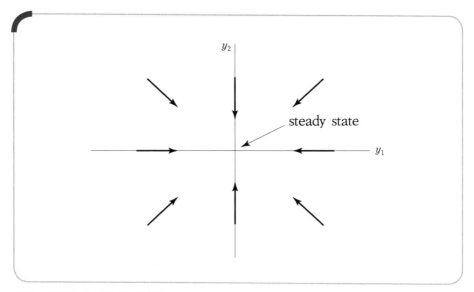

그림 2 안정적인 경우의 위상도

Case 3) $a_{11} < 0$, $a_{22} > 0$

계수의 부호가 서로 다른 경우는 위상도에 안장 경로(saddle path)가 존재한다. 임의의 t에 대해서 $y_{1,t} = 0$이라면 $\dot{y}_{1,t} = 0$이 된다. 따라서 $(y_{1,t}, y_{2,t})$의 좌표평면에서 수직축에서는 $\dot{y}_{1,t} = 0$, 즉 $y_{1,t}$가 시간이 흘러도 계속 0의 값을 갖게 된다. 그리고 임의의 t에 대해서 $y_{2,t} = 0$이라면 $\dot{y}_{2,t} = 0$이 된다. 따라서 $(y_{1,t}, y_{2,t})$의 좌표평면에서 수평축에서는 $\dot{y}_{2,t} = 0$, 즉 $y_{2,t}$가 시간이 흘러도 계속 0의 값을 갖는다.

이제 임의의 t에 대해서 $y_{1,t} > 0$인 경우 $\dot{y}_{1,t} = a_{11}y_{1,t} < 0$이 되며 시간이 지남에 따라 $y_{1,t}$는 계속 감소하게 되고 $y_{1,t} = 0$에 도달하면 변화하지 않게 된다. 반대로 $y_{1,t} < 0$인 경우 $\dot{y}_{1,t} = a_{11}y_{1,t} > 0$이 되며 시간이 지남에 따라 $y_{1,t}$는 계속 증가하게 되고 $y_{1,t} = 0$이 된다. $y_{2,t}$의 경우는 반대이다. 임의의 t에 대해서 $y_{2,t} > 0$라면 $\dot{y}_{2,t} = a_{22}y_{2,t} > 0$이 되며 시간이 지남에 따라 $y_{2,t}$는 계속 증가하게 되고 양의 무한대로 발산한다. 반대로 $y_{2,t} < 0$라고 생각해보자. 따라서 $\dot{y}_{2,t} = a_{22}y_{2,t} < 0$이 되며 시간이 지남에 따라 $y_{2,t}$는 계속 감소하여 결국 음의 무한대로 발산한다. 이러한 경우 $y_2 = 0 (y_1$축)을 안정적인 축(stable arm)이라고 하며, $y_1 = 0 (y_2$축)는 불안정적인 축(unstable arm)이라고 한다.

이제 $(y_{1,t}, y_{2,t})$의 좌표평면에서 생각해보자. 이번에는 가로축과 세로축에 대해서도 생각해보자. $y_{1,t} = 0$, $y_{2,t} > 0$인 경우 수직축을 따라 $(0, +\infty)$으로 발산하게 된다. $y_{1,t} = 0$, $y_{2,t} < 0$인 경우 수직축을 따라 $(0, -\infty)$으로 발산하게 된다. 반면 $y_{1,t} > 0$, $y_{2,t} = 0$인 경우 두 변수는 수평축 위에서 원점으로 수렴하게 된다. $y_{1,t} < 0$, $y_{2,t} = 0$인 경우에도 마찬가지로 원점으로 수렴한다.

1사분면에서는 시간이 지남에 따라 $y_{1,t}$는 감소하지만 $y_{2,t}$는 증가하여 그림과 같이 y_1축으로는 0으로 다가가되 y_2축으로는 양의 무한대로 발산하는 궤도를 그리게 된다. 3사분면에서는 시간이 지남에 따라 증가하고 $y_{1,t}$는 증가하지만 $y_{2,t}$는 감소하여 그림과 같이 y_1축으로는 0으로 다가가되 y_2축으로는 음의 무한대로 발산하는 궤도를 그리게 된다. 2사분면과 4사분면도 동일한 논리를 적용하면 그림과 같은 모습을 보이게 된다. 즉, $a_{11} < 0$, $a_{22} > 0$인 경우 y_1축을 제외한 곳에서 변수가 놓이게 되면 시간이 지남에 따라 수렴하지 않는다. 반면, y_1축에 놓이게 되면 시간이 지남에 따라 원점으로 수렴하게 된다. 이러한 경우 원점으로 수렴하는 길(이 경우는 $y_{2,t} = 0$)이 말의 안장처럼 생겼다고 하여 안장 경로(saddle path)라고 한다.

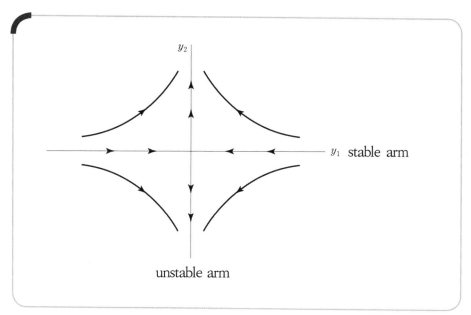

그림 3 안장 경로를 가지는 경우의 위상도

Case 4) $a_{11} > 0,\ a_{22} < 0$

$a_{11} < 0,\ a_{22} > 0$인 경우의 반대로 현상이 발생한다. 즉, $y_1 = 0(y_2$축)을 제외한 곳에서 변수가 놓이게 되면 시간이 지남에 따라 수렴하지 않는다. 반면, $y_1 = 0(y_2$축)에 놓이게 되면 시간이 지남에 따라 원점으로 수렴한다.

≫ 연립 1계 선형 미분방정식의 해석적 풀이

이제 연립 1계 선형 미분방정식 풀이에 대해 생각해보자.

앞서 배운 고윳값(eigenvalue)과 고유벡터(eigenvector) 그리고 고유분해(eigendecomposition)를 활용한다.

n개의 변수로 이뤄진 일반적인 n차 연립 1계 선형 미분 연립 방정식(A10)을 행렬형으로 다시 쓰면 다음과 같다.

$$\dot{y}_t = A y_t + x_t$$

$$\text{where } y_t = \begin{bmatrix} y_{1,t} \\ y_{2,t} \\ \vdots \\ y_{n,t} \end{bmatrix}, \ \dot{y}_t = \begin{bmatrix} \dot{y}_{1,t} \\ \dot{y}_{2,t} \\ \vdots \\ \dot{y}_{n,t} \end{bmatrix}, \ A = \begin{bmatrix} a_{11} \ a_{12} \ a_{13} \cdots a_{1n} \\ a_{21} \ a_{22} \ a_{23} \cdots a_{2n} \\ a_{31} \ a_{32} \ a_{33} \cdots a_{3n} \\ \vdots \ \ \vdots \ \ \vdots \ \ \ddots \ \ \vdots \\ a_{n1} \ a_{n2} \ a_{n3} \cdots a_{nn} \end{bmatrix}, \ x_t = \begin{bmatrix} x_{1,t} \\ x_{2,t} \\ \vdots \\ x_{n,t} \end{bmatrix} \text{(A11)}$$

그리고 행렬 A를 고유분해 $A = VDV^{-1}$하고 (A11)을 다시 쓰면 다음과 같다.

$$\dot{y}_t = VDV^{-1}y_t + x_t \tag{A12}$$

새로운 변수 z_t를 $z_t = V^{-1}y_t$ 라고 정의하면, V^{-1}은 시간에 대하여 상수이므로 다음 식이 성립한다.

$$\dot{z}_t = V^{-1}\dot{y}_t \tag{A13}$$

그리고 (A12)는 다음과 같이 고쳐 쓸 수 있다.

$$\dot{y}_t = VDV^{-1}y_t + x_t = VDz_t + x_t \tag{A14}$$

따라서 (A13)에 (A14)를 대입하면 다음 식이 구해진다.

$$\dot{z}_t = V^{-1}(VDz_t + x_t) = Dz_t + V^{-1}x_t \tag{A15}$$

(A15)의 $\dot{z}_t$의 i번째 항 $\dot{z}_{i,t}$는 아래의 식을 만족한다.

$$\dot{z}_{i,t} = \alpha_i z_{i,t} + V_i^{-1}x_t \tag{A16}$$

이 때 (A16)에서 α_i는 D의 (i,i)항이며 V_i^{-1}은 V^{-1}의 i번째 행을 나타낸다.

앞서 배운 미분방정식의 일반해 풀이를 (A16)에 적용하면 아래와 같이 구해진다(b_i는 임의의 상수).

$$z_{i,t} = e^{\alpha_i t} \int_0^t e^{-\alpha_i \tau} V_i^{-1} x_{i,\tau} d\tau + e^{\alpha_i t} b_i$$

이러한 $z_{1,t}$, $z_{2,t}$,..., $z_{n,t}$를 행렬형으로 표현하면

$$z_t = E\hat{X}_t + Eb \quad \text{where}$$

$$z_t = \begin{bmatrix} z_{1,t} \\ z_{2,t} \\ \vdots \\ z_{n,t} \end{bmatrix}, \quad E = \begin{bmatrix} e^{\alpha_1 t} & 0 & 0 & \cdots & 0 \\ 0 & e^{\alpha_2 t} & 0 & \cdots & 0 \\ 0 & 0 & e^{\alpha_3 t} & \cdots & 0 \\ \vdots & \vdots & \vdots & \ddots & \vdots \\ 0 & 0 & 0 & \cdots & e^{\alpha_n t} \end{bmatrix}, \quad \hat{X}_t = \begin{bmatrix} \int_0^t e^{-\alpha_1 \tau} V_1^{-1} x_{1,\tau} d\tau \\ \int_0^t e^{-\alpha_2 \tau} V_2^{-1} x_{2,\tau} d\tau \\ \vdots \\ \int_0^t e^{-\alpha_n \tau} V_n^{-1} x_{n,\tau} d\tau \end{bmatrix},$$

$$b = \begin{bmatrix} b_1 \\ b_2 \\ \vdots \\ b_n \end{bmatrix} \tag{A17}$$

와 같다. 이제 $x_{1,t}, x_{2,t}, ..., x_{n,t}$ 모두 시간에 대해서 우리가 알고 있는 함수이며 고유분해와 경계값 조건 등을 통해 E와 b를 모두 알 수 있다. 따라서 z_t를 알 수 있고, $z_t = V^{-1} y_t$ 관계식을 통해 y_t의 해를 구할 수 있다.

≫ 위상도를 이용한 설명

이제 위상도를 활용하여 시각적 접근에 대해서 살펴본다. 여기에서는 좌표평면을 활용하기 위해서 2차 연립 1계 선형 미분방정식에 대해서만 알아본다.

위상도를 그리기 위해서는 먼저 연립 1계 선형 미분방정식에 대한 풀이가 필

요하다. 그리고 $\dot{y}_t = \begin{bmatrix} \dot{y}_{1,t} \\ \dot{y}_{2,t} \end{bmatrix} = \begin{bmatrix} 0 \\ 0 \end{bmatrix}$ 을 만족하는 2개의 선형식이 좌표평면을 나누는 기준선이 된다. 앞서 살펴본 바와 같이 계수인 a_{11}와 a_{22}의 부호(크기)가 중요하다. 사실 a_{11}와 a_{22}은 행렬 $\begin{bmatrix} a_{11} & 0 \\ 0 & a_{22} \end{bmatrix}$ 의 고윳값이다.[4] 즉, 연립 1계 선형 미분방정식을 풀 때 구한 고윳값(eigenvalue)의 크기가 4분할된 각각의 좌표평면에서 두 개 변수가 움직이는 속도를 결정한다.

수식을 이용하여 좀 더 자세하게 알아보자. 일반적인 2차 연립 1계 선형 미분방정식이

$$\dot{y}_t = A y_t + x_t \text{으로} \quad \text{표현되고,} \quad y_t = \begin{bmatrix} y_{1,t} \\ y_{2,t} \end{bmatrix}, \quad \dot{y}_t = \begin{bmatrix} \dot{y}_{1,t} \\ \dot{y}_{2,t} \end{bmatrix}, \quad A = \begin{bmatrix} a_{11} & a_{12} \\ a_{21} & a_{22} \end{bmatrix},$$

$x_t = \begin{bmatrix} x_{1,t} \\ x_{2,t} \end{bmatrix}$ 이며 A의 고윳값을 α_1과 α_2라고 하자. 만약 α_1과 α_2이 모두 양의 실수라면 위상도 Case 1과 같이 $\dot{y}_t = \begin{bmatrix} \dot{y}_{1,t} \\ \dot{y}_{2,t} \end{bmatrix} = \begin{bmatrix} 0 \\ 0 \end{bmatrix}$ 을 만족하는 두 개의 선형식에 따라 4분할된 모든 영역에서 발산한다. 만약 α_1과 α_2이 모두 음의 실수라면 위상도 Case 2과 같이 $\dot{y}_t = \begin{bmatrix} \dot{y}_{1,t} \\ \dot{y}_{2,t} \end{bmatrix} = \begin{bmatrix} 0 \\ 0 \end{bmatrix}$ 을 만족하는 두 개의 선형식에 따라 4분할된 모든 영역에서 수렴한다.

만약 α_1과 α_2의 부호가 반대라면 앞서 위상도 Case 3 혹은 Case 4와 같이 $\dot{y}_t = \begin{bmatrix} \dot{y}_{1,t} \\ \dot{y}_{2,t} \end{bmatrix} = \begin{bmatrix} 0 \\ 0 \end{bmatrix}$ 을 만족하는 두 개의 선형식에 따라 4분할된 좌표평면에서 수렴과 발산이 모두 발생하고 수렴하는 영역에서 안장 경로(saddle path)임을 확인할 수 있다.

---

4) 그리고 a_{11}과 a_{22}에 대한 고유벡터는 각각 $\begin{bmatrix} 1 \\ 0 \end{bmatrix}$과 $\begin{bmatrix} 0 \\ 1 \end{bmatrix}$이 된다.

다음의 2차 연립 1계 선형 미분방정식을 풀어본다.

$$\dot{y}_{1,t} = 0.06y_{1,t} - y_{2,t} + 1.4$$

$$\dot{y}_{2,t} = -0.004y_{1,t} + 0.04$$

초깃값 조건: $y_{1,0} = 1$

경계값 조건: $\lim_{t \to \infty} \left[e^{-0.06t} y_{1,t} \right] = 0$

주어진 연립 1계 선형 미분방정식을 아래와 같은 행렬형으로 표현할 수 있다.

$$\begin{bmatrix} \dot{y}_{1,t} \\ \dot{y}_{2,t} \end{bmatrix} = \begin{bmatrix} 0.06 & -1 \\ -0.004 & 0 \end{bmatrix} \begin{bmatrix} y_{1,t} \\ y_{2,t} \end{bmatrix} + \begin{bmatrix} 1.4 \\ 0.04 \end{bmatrix}$$

이때, $x_t = \begin{bmatrix} 1.4 \\ 0.04 \end{bmatrix}$ 이다.

$A = \begin{bmatrix} 0.06 & -1 \\ -0.004 & 0 \end{bmatrix}$ 에 대하여 고유분해를 하면 아래와 같다.

$$A = VDV^{-1} = \begin{bmatrix} 1 & 1 \\ -0.04 & 0.1 \end{bmatrix} \begin{bmatrix} 0.1 & 0 \\ 0 & -0.04 \end{bmatrix} \begin{bmatrix} 1 & 1 \\ -0.04 & 0.1 \end{bmatrix}^{-1}$$

$z_t = \begin{bmatrix} z_{1,t} \\ z_{2,t} \end{bmatrix}$ 를 $\begin{bmatrix} z_{1,t} \\ z_{2,t} \end{bmatrix} = V^{-1} \begin{bmatrix} y_{1,t} \\ y_{2,t} \end{bmatrix}$ 와 같이 정의하자. $\dot{z}_t = Dz_t + V^{-1}x_t$ 이므

로 $\dot{z}_t = \begin{bmatrix} 0.1 & 0 \\ 0 & -0.04 \end{bmatrix} z_t + \begin{bmatrix} 1 & 1 \\ -0.04 & 0.1 \end{bmatrix}^{-1} x_t$ 이며 $x_t = \begin{bmatrix} 1.4 \\ 0.04 \end{bmatrix}$ 대입하여 풀면,

$$\dot{z}_{1,t} = 0.1z_{1,t} + \frac{10}{14}$$

$$\dot{z}_{2,t} = -0.04z_{1,t} + \frac{9.6}{14}$$

와 같다.

각각은 $z_{1,t}$와 $z_{2,t}$에 대한 1계 선형 미분방정식이다. 앞서 배운 방법을 통해 일반해를 구할 수 있다.

$$z_{1,t} = -\frac{100}{14} + b_1 e^{0.1t}$$

$$z_{2,t} = \frac{240}{14} + b_2 e^{-0.04t}$$

$\begin{bmatrix} z_{1,t} \\ z_{2,t} \end{bmatrix} = V^{-1} \begin{bmatrix} y_{1,t} \\ y_{2,t} \end{bmatrix}$ 관계식을 통해 $\begin{bmatrix} y_{1,t} \\ y_{2,t} \end{bmatrix} = V \begin{bmatrix} z_{1,t} \\ z_{2,t} \end{bmatrix}$ 이므로

$$y_{1,t} = 10 + b_1 e^{0.1t} + b_2 e^{-0.04t}$$

$$y_{2,t} = 2 - 0.04b_1 e^{0.1t} + 0.1b_2 e^{-0.04t}$$

초깃값 조건인 $y_{1,0} = 1$과 경계값 조건인 $\lim\limits_{t \to \infty} \left[e^{-0.06t} y_{1,t} \right] = 0$을 이용하여 b_1과 b_2를 결정할 수 있다.

$y_{1,0} = 1$이므로, $1 = 10 + b_1 + b_2$, 즉 $b_1 + b_2 = -9$ 이다.

$\lim\limits_{t \to \infty} \left[e^{-0.06t} y_{1,t} \right] = 0$이므로 $\lim\limits_{t \to \infty} \left[10e^{-0.06t} + b_1 e^{0.04t} + b_2 e^{-0.1t} \right] = 0$이다. 이 때, 중간 항이 0으로 수렴하기 위해서는 $b_1 = 0$이어야 하며 $b_1 + b_2 = -9$로부터 $b_2 = -9$이다.

최종적으로

$y_{1,t} = 10 - 9e^{-0.04t}$

$y_{2,t} = 2 - 0.9b_2e^{-0.04t}$ 이다.

이를 위상도에 표현하면 다음과 같다.

먼저 $\dot{y}_{1,t} = 0$과 $\dot{y}_{2,t} = 0$을 만족하는 $y_{1,t}$와 $y_{2,t}$ 관계식을 구한다.

$0 = 0.06y_{1,t} - y_{2,t} + 1.4 \implies y_{2,t} = 1.4 + 0.06y_{1,t}$

$0 = -0.004y_{1,t} + 0.04 \implies y_{1,t} = 10$

좌표평면상에서 $y_{1,t}$와 $y_{2,t}$의 움직임은 <그림 4>와 같다.

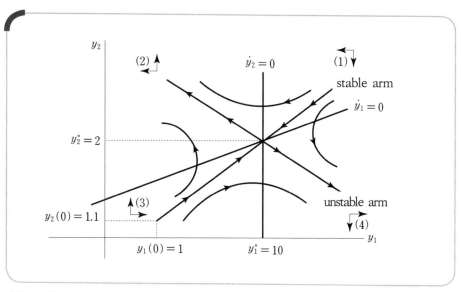

그림 4 위상도

A.2 차분방정식(difference equation)

연속적 시간의 개념을 이용한 미분방정식은 관심변수의 시간에 대한 도함수를 포함하지만, 차분방정식은 이와 달리 일정한 간격의 이산적인(discrete) 시간의 흐름에 따라 변수의 움직임을 나타내는 식으로 이루어진다. 각각의 이산적인 시간 $t = 0, 1, 2, \ldots$에서 변수 y_t는 일정한 규칙에 따라 움직이며, 그에 대한 식을 차분방정식이라고 한다.

만약 시간 간격이 1일 경우 관계식을 1계 차분방정식이라고 한다. 아래와 같은 1계 차분방정식을 생각해 볼 수 있다.

$$y_t = a_t y_{t-1} + b_t$$

만약 y_t와 y_{t-1}에 대해서 선형인 경우 1계 선형 차분방정식이라고 한다. 시간 간격이 2일 때 관계식은 2계 차분방정식이며 n만큼 시간 간격이 발생하면 n계 차분방정식이라고 한다.

A.2.1 1계 선형 차분방정식

먼저 일변수로 구성된 간단한 1계 선형 차분방정식을 생각해보자.

$$y_t = a y_{t-1} + b, \quad |a| < 1$$

y_0가 주어졌을 때

$$y_1 = a y_0 + b$$
$$y_2 = a y_1 + b = a(a y_0 + b) + b = a^2 y_0 + ab + b$$
$$y_3 = a y_2 + b = a(a^2 y_0 + ab + b) + b = a^3 y_0 + a^2 b + ab + b$$
$$\ldots$$
$$y_t = a^t y_0 + a^{t-1} b + a^{t-2} b + a^{t-3} b + \cdots + b$$

임을 알 수 있다.

만약 y_t가 어느 한 점 y_{ss}로 수렴한다고 가정했을 때 아래와 같이 구해진다.

$$y_{ss} = ay_{ss} + b, \ y_{ss} = \frac{b}{1-a}$$

이 경우, y_t가 수렴하기 위해서는 $|a| < 1$ 조건이 중요하다.

A.2.2 2계 및 고계 선형 차분방정식

2계 선형 차분방정식은 아래와 같이 쓸 수 있다.

$$y_t = ay_{t-1} + by_{t-2} + c$$

n만큼의 시차가 발생하는 경우에 대한 차분방정식을 n계 선형 차분방정식이라고 한다. 2계 및 n계 선형 차분방정식에 대한 자세한 설명은 생략한다.

A.2.3 연립 1계 선형 차분방정식

차분방정식에서도 미분방정식에서와 마찬가지로 서로 다른 두 변수에 대해서 연립 1계 선형 차분방정식을 생각해볼 수 있다.

아래와 같은 연립 1계 선형 차분방정식을 생각해보자.

$$x_t = \begin{bmatrix} x_{1,t} \\ x_{2,t} \end{bmatrix}, \ x_t = Ax_{t-1} + b, \ A = \begin{bmatrix} a_{11} \ a_{12} \\ a_{21} \ a_{22} \end{bmatrix}, \ b = \begin{bmatrix} b_1 \\ b_2 \end{bmatrix} \tag{A18}$$

즉, 풀어서 쓰면

$$x_{1,t} = a_{11}x_{1,t-1} + a_{12}x_{2,t-1} + b_1$$
$$x_{2,t} = a_{21}x_{1,t-1} + a_{22}x_{2,t-1} + b_2$$

이다.

미분방정식의 풀이와 마찬가지로 행렬 A를 다음과 같이 고유분해할 수 있다.

$$A = VDV^{-1}$$

$$D = \begin{bmatrix} \alpha_1 & 0 \\ 0 & \alpha_2 \end{bmatrix}, \quad V = \begin{bmatrix} v_1 \, v_2 \end{bmatrix}, \quad v_i = \begin{bmatrix} v_{1i} \\ v_{2i} \end{bmatrix}$$ 는 고윳값 α_i에 대한 고유벡터이다.

따라서 (A18)을 다시 쓰면 아래와 같다.

$$x_t = Ax_{t-1} + b = VDV^{-1}x_{t-1} + b$$

양변에 V의 역행렬을 곱하여 고쳐쓸 수 있다.

$$V^{-1}x_t = DV^{-1}x_{t-1} + V^{-1}b \tag{A19}$$

$z_t = V^{-1}x_t$, $\tilde{b} = V^{-1}b$로 치환하면 (A19)는 $z_t = Dz_{t-1} + \tilde{b}$로 쓸 수 있다. 이를 풀어서 쓰면,

$$z_{1,t} = \alpha_1 z_{1,t-1} + \tilde{b}_1$$
$$z_{2,t} = \alpha_2 z_{2,t-1} + \tilde{b}_2$$

이며 각각에 대하여 앞서 배운 일변수 1계 차분방정식을 풀어서 z_t를 구하고 이를 바탕으로 x_t를 구할 수 있다. $z_{1,t}$와 $z_{2,t}$가 수렴하기 위해서는 $|\alpha_1| < 1$, $|\alpha_2| < 1$의 조건이 필요하다. 즉, A의 모든 고윳값의 절댓값 크기가 1보다 작아야 한다.

A.3 동태적 최적화의 기초 개념

동태적 최적화(dynamic optimization)란 목적함수를 극대(또는 극소)로 하는 제어변수 또는 선택변수(control variable)의 최적 시간 경로(optimal time path)를 구하는 방법이다. 최적 시간 경로란 정태적 최적화(static optimization)와 달리 하나의 최적값을 구하는 것이 아닌 주어진 전 기간에 걸쳐 목적함수를 최적화할 수 있는 매기의 최적값을 구하는 것을 의미한다. 즉, 동태적 최적화의 해는 주어진 기간 내에서 목적함수를 최적화하는 선택변수들의 최적 경로의 형태로 구해진다.

대표적인 예로 여러 기에 걸친 소비의 효용극대화 문제를 생각할 수 있다. 효용극대화 문제의 최적 경로는 전체 기간(무한 기)에 걸쳐 효용극대화를 달성할 수 있는 매 시점의 최적 재화의 소비량을 의미한다. 그 외에도 사람을 언제 채용할 것인가 결정하거나 최소 비용으로 최대 생산량을 달성하기 위한 최적 공정을 선택하는 경제 문제뿐만 아니라 적기가 아군 영토를 공습하기 전에 무력화시키는 군사 문제를 생각할 수 있다.

A.3.1 동태적 최적화의 구성요소

동태적 최적화 문제를 분석하기 위해서는 다음과 같은 기본요소들이 필요하다.

① **상태변수(state variable)**: 각 시점에서 어떤 상태를 나타내는 변수이다. 일반적으로 초기 상태변수의 값은 주어지고, 말기의 상태변수는 경우에 따라서 다르다.

② **제어변수(control variable)**: 목적함수를 극대화(극소화)하기 위해 직접 의사결정을 내려 조정 가능한 변수로 상태변수의 변화를 결정한다.

③ 각각의 경로값들 중에서 최적 경로를 선택하는 기준인 목적함수(objective function)

④ 초기부터 말기까지 이르는 동안 가능한 모든 경로들의 집합(a set of admissible paths)

⑤ 각 경로(path)에서 결정되는 경로값의 집합

각각이 의미하는 바를 이해하기 위해 A(서울)에서 Z(부산)까지 T시간 내에
승용차를 운전하면서 휘발유 소비량을 극소화하는 경로를 찾는 문제를 생각해
보자.

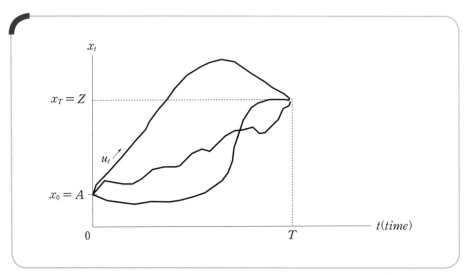

그림 5 상태 변수의 다양한 시간 경로

≫ 변수

x_t: 상태변수이며 이 문제에서는 자동차의 각 시점의 위치를 의미한다.

u_t: 제어변수이며 이 문제에서는 자동차의 속도를 생각할 수 있다. 상태변수
     에 영향을 주는 변수이다.

t: 시간(time)

λ_t: 공동상태변수(costate variable)라 불리며 정태적 최적화에서 라그랑지언
      승수와 유사한 개념으로 최적 제어 이론에서 사용된다.

≫ 목적함수

경제 주체가 극대화(극소화)하고자 하는 대상이다. 목적함수는 0기부터 T
기까지 걸쳐 정의되고 상태변수(x_t)와 제어변수(u_t)로 구성된다. 엄밀히 말하

면, 목적함수는 함수(function)가 아니라 범함수(functional)의 개념이다. 함수 (function)는 실수(정의역)에서 실수(공역)로의 관계를 나타내는 반면, 범함수 (functional)는 곡선으로 표현되는 시간 경로(정의역)에서 상태값으로 표현되는 실수로의 관계(mapping)를 나타낸다.

$$V(x_t, u_t, t) = \int_0^T F(t, x_t u_t) dt$$

휘발유 소비량을 극소화하는 문제에 대해서 생각해보면 $F(t, x_t, u_t)$는 매시간 연료소비량으로 x_t와 u_t의 영향을 받는다. 이러한 F함수를 시간 $0 \sim T$에 대하여 적분하면 T시간에 걸친 휘발유 소비량으로 목적함수 $V(x_t, u_t, t)$가 된다.

≫ 제약조건 및 경계값 조건(boundary condition)

제약조건은 제어변수와 상태변수의 관계를 나타내는 것으로 제어변수가 상태변수의 값을 결정하는 식이다. 최적 제어이론에서는 흔히 상태변수에 대한 1계 미분방정식으로 표현된다. 아래의 식처럼 u_t와 x_t를 연결시키는 함수로 주어진다.

$$\dot{x}_t = f(x_t, u_t, t)$$

경계값 조건(boundary condition)은 상태변수의 초깃값과 말기값에 대한 조건을 의미한다.

① **초기 조건(initial condition)**: 초기에 상태변수 값에 대한 조건. 일반적으로 초기조건은 $x_0 = A$ (단, A는 상수)와 같이 특정한 값의 형태로 주어진다.
② **말기 조건(terminal condition)**: 말기에 상태변수의 값 x_T에 대한 조건. 여기서 말기(T)의 고정 여부에 따라 유한기(finite horizon)과 무한기(infinite horizon)로 구분된다.

말기조건(terminal condition)은 매우 다양하다.

(a) 기간(T)과 값(x_T)이 모두 주어지는 경우, 즉 $x_T = Z$

(b) T가 고정되고 Z는 자유로운 값을 갖는 경우

(c) Z가 고정되고 T가 자유로운 값을 갖는 경우

(d) $Z = \phi(T)$로 시간에 대한 함수인 경우. 예를 들어, 1시간 내에 어느 도시에 도달해야 하고, 2시간 내면 어디까지 가야 한다는 조건이 정해지는 경우

(e) $X_T \geq X_{\min}$. 고정된 T(예를 들어 5시간)하에 최소한 대구는 지나가야 한다는 조건이 주어지는 경우

(a)의 경우처럼 말기 시점(T)의 상태변수의 구체적인 값이 주어지지 않으면 동태적 최적화 문제를 풀기 위해서는 아래에서 설명하는 횡단조건(transversality condition)이 추가로 필요하다.

A.3.2 동태적 최적화(dynamic optimization)의 해법

앞서 언급한 동태적 최적화 문제를 푼다는 것은 최적의 x_t^*, u_t^*를 구하는 것을 의미한다. 제어변수 u_t^*를 구하면 x_t^*는 u_t^*값에 따라서 결정된다.

동태적 최적화 기법은 세 가지가 있다.

(1) 변분법(calculus of variation)

(2) 최적 제어 이론(optimal control theory)

(3) 동태적 프로그래밍(dynamic programming)

이 중에서 변분법과 최적 제어 이론은 주어진 문제가 주로 연속 시간(continuous time)일 경우 사용하고, 동태적 프로그래밍은 이산 시간(discrete time)일 경우 사용한다. 여기에서는 최적 제어 이론과 동태적 프로그래밍을 다룬다.

A.4 최적 제어 이론(optimal control theory)

A.4.1 최적 제어 이론 문제의 일반적인 형태

동태적 최적화 문제가 다음과 같이 주어졌다고 하자. 말기 조건 ⓒ $(i) \sim (iv)$ 는 서로 배타적인 조건으로 이 중 하나가 문제에서 주어진다.

$$
\underset{u_t}{\text{Max}} \ V = \int_0^T F(t, x_t, u_t) dt \ \text{ s.t. }
\begin{cases}
\text{ⓐ} \ \dot{x}_t = f(x_t, u_t, t) \\
\text{ⓑ} \ x_0 = A \\
\text{ⓒ}
\begin{cases}
(i) \ \ x_T = Z \\
(ii) \ \ T \ given, x_T \ free \\
(iii) \ \ T \ free, x_T = Z \\
(iv) \ \ x_T \geq x_{\min}
\end{cases}
\end{cases}
$$

경제학 문제는 말기에 어떻게 되어야 하는 것만이 아니라, 여러 기에 걸친 모든 것의 합을 극대화하는 식의 문제가 된다. 예를 들면, 어떤 금융 자산에 투자해야 10년 동안의 이익이 극대화될 것인가와 같은 유형의 문제인 것이다.

제약조건의 첫 번째는 u_t를 결정하면 x_t의 변화를 가져온다는 것이다. 초기 조건은 초기의 보유자산 규모와 같은 조건을 의미한다. 말기 조건은 보통 T가 주어져 있고(평생에 걸쳐, 수명이 다할 때까지 등) 마지막 상태는 주어져 있지 않은 (ii)와 (iv)의 경우가 많다.

이 문제를 풀면 목적함수를 최적화하는 u_t의 값을 구하고, u_t를 구하면 자동적으로 x_t도 찾게 된다.

A.4.2 극대화 원리(maximum principle)

위의 일반적인 형태를 풀기 위한 해법으로 극대화 원리(maximum principle)를 사용한다. 극대화 조건은 해밀토니언(Hamiltonian) 함수와 공통상태변수(costate variable)라는 개념을 사용하여 만든 최적 제어 이론의 1계 필요조건이다. 풀이 방법은 정태적 최적화에서 사용하는 1계 조건(first-order condition)과 매우 유사하다.

위의 동적 최적화 문제를 풀려면 아래와 같은 해밀토니언(Hamiltonian) 함수를 먼저 만들고 1계 조건을 구한 다음에 조건을 모두 만족하는 변수의 값(최적 시간 경로)을 구한다.

≫ 해밀토니언(Hamiltonian) 함수

해밀토니언은 다음과 같이 쓸 수 있다.

$$H(t, x_t, u_t, \lambda_t) = F(t, x_t, u_t) + \lambda_t f(x_t, u_t, t)$$

정태적 극대화 문제의 라그랑지 함수와 비교하여 여기서 λ_t는 시간의 함수로 나타낸다.

≫ 1계 조건

주어진 해밀토니언 함수를 풀기 위해 아래의 1계 조건을 만족하는 $(x_t^*, u_t^*, \lambda_t^*)$를 구한다.

(i) $\dfrac{\partial H}{\partial u_t} = 0$[5)]

(ii) $\dfrac{\partial H}{\partial x_t} = -\dot{\lambda}_t$

(iii) $\dfrac{\partial H}{\partial \lambda_t} = \dot{x}_t$

(iii)은 제약조건식 $\dot{x}_t = f(x_t, u_t, t)$와 같다. 즉, 제약조건을 만족하고 있어야 함을 의미한다.

여기에 앞 장 ⓒ의 말기 조건에 따라 횡단조건(transversality condition)이 추가된다. 위에서 구한 3개의 방정식과 횡단조건을 연립하여 풀면, 제어변수와

---

5) H가 미분되지 않는 함수인 경우에는 H를 극대화하는 u_t를 찾는 개념으로 이해하면 된다. 그러나 경제 문제는 일반적으로 미분 가능한 함수인 경우를 다룬다.

상태변수의 최적 시간경로를 구할 수 있다.

≫ 횡단조건(TVC, Transversality Condition)

동태적 최적화 문제를 풀기 위해서는 초기와 말기에서 상태변수의 값에 대한 조건이 필요하다. 초깃값의 경우, 대부분 특정한 값으로 주어진다. 하지만 말기 값은 특정한 값이 아니라 부등식의 형태로도 주어질 수 있고, 제약이 주어지지 않을 수도 있다. 이 중에서 말기값이 주어지지 않은 경우 극대화 조건을 적용하기 위해서는 주어지지 않은 경계값 조건(missing boundary condition)을 채워줘야만 한다. 여기서 이 역할을 하는 것이 횡단조건이다.[6] 횡단조건 TVC는 T 가 유한한지, 무한한지에 따라서, 그리고 말기 상태변수의 형태에 따라서 다음 과 같은 형태로 주어진다.

	말기 조건(terminal condition)	횡단조건(TVC, Transversality Condition)
유한기	a) T 고정: x_T given b) T 고정: x_T free c) T 고정: $x_T \geq x_{\min}$ d) T free: x_T given e) $x_T = f(T)$	a) 필요 없음 b) $\lambda_T = 0$ c) $\lambda_T \geq 0,\ x_T \geq x_{\min},\ (x_T - x_{\min})\lambda_T = 0$ d) $H_T = 0$ e) $[H - \lambda f']_{t=T} = 0$
무한기	a) $\lim\limits_{t \to \infty} x_t = x_\infty$ b) $\lim\limits_{t \to \infty} x_t$ = free c) $\lim\limits_{t \to \infty} x_t \geq x_{\min}$	a) 필요 없음 b) $\lim\limits_{t \to \infty} \lambda_t = 0$ c) $\lim\limits_{t \to \infty} \lambda_t \geq 0, \lim\limits_{t \to \infty} \lambda_t[x_t - x_{\min}] = 0$

≫ 극대화 원리(maximum principle) 도출 과정

극대화 원리(maximum principle)를 통하여 구한 제어변수의 값이 원래 목적 함수를 극대화시키는 제어변수 값임을 도출하는 과정이다.

$$H(t, x_t, u_t, \lambda_t) \equiv F(t, x_t, u_t) + \lambda_t f(t, x_t, u_t) \tag{A20}$$

---

6) Trans는 across의 의미, verse는 go의 어원적 의미를 가지고 있다. 이는 수평선에서 배가 사라지는 상태를 나타낸다. 마지막 기를 어떻게 넘어가야 하는가에 대한 추가적인 조건이 trans−versality condition조건이다.

(A20)을 $F(t, x_t, u_t)$에 대해서 다시 정리하면,

$$F(t, x_t, u_t) = H(t, x_t, u_t, \lambda_t) - \lambda_t f(t, x_t, u_t) \tag{A21}$$

해밀토니언(Hamiltonian)으로 표현된 식을 다시 목적함수에 대입하면,

$$
\begin{aligned}
V &= \int_0^T F(t, x_t, u_t)\, dt \\
&= \int_0^T [H(t, x_t, u_t, \lambda_t) - \lambda_t f(t, x_t, u_t)]\, dt \\
&= \int_0^T [H(t, x_t, u_t, \lambda_t) - \lambda_t \dot{x}_t]\, dt \\
\Rightarrow V &= \int_0^T H(t, x_t, u_t, \lambda_t)\, dt - \int_0^T \lambda_t \dot{x}_t\, dt
\end{aligned}
\tag{A22}
$$

(A22)의 우변의 두 번째 부분은 부분적분법에 따라서 다음과 같이 나타낼 수 있다.

$$\int_0^T [\lambda_t \dot{x}_t]\, dt = \int_0^T [\dot{\lambda}_t x_t + \lambda_t \dot{x}_t]\, dt = \int_0^T \dot{\lambda}_t x_t\, dt + \int_0^T \lambda_t \dot{x}_t\, dt$$

$$\int_0^T [\lambda_t \dot{x}_t]\, dt = \lambda_T x_T - \lambda_0 x_0 \text{ 이므로}$$

$$\int_0^T \dot{\lambda}_t x_t\, dt + \int_0^T \lambda_t \dot{x}_t\, dt = \lambda_T x_T - \lambda_0 x_0 \tag{A23}$$

이다. (A23)식을 $\int_0^T \lambda_t \dot{x}_t\, dt$ 에 대해서 정리하여 (A22)에 대입하면,

$$V = \int_0^T H(t, x_t, u_t, \lambda_t)\, dt + \int_0^T \dot{\lambda}_t x_t\, dt - (\lambda_T x_T - \lambda_0 x_0)$$

다시 고쳐 쓰면,

$$V = \int_0^T [\, H(t, u_t, x_t, \lambda_t) + \dot{\lambda}_t\, x_t \,]\, dt \,-\, (\lambda_T x_T - \lambda_0 x_0) \tag{A24}$$

위 식을 통해 직관적으로 극대화 원리(maximum principle)의 1계 조건들을 이해해보자.

(i) $\dfrac{\partial V}{\partial u_t} = 0$ $\qquad\qquad$ $\Rightarrow$ $\dfrac{\partial H}{\partial u_t} = 0$

(ii) $\dfrac{\partial V}{\partial x_t} = \dfrac{\partial H}{\partial x_t} + \dot{\lambda}_t = 0$ $\qquad$ $\Rightarrow$ $\dfrac{\partial H}{\partial x_t} = -\dot{\lambda}_t$

(iii) $\dfrac{\partial V}{\partial \lambda_t} = \dfrac{\partial H}{\partial \lambda_t} - \dot{x}_t = 0$ $\qquad$ $\Rightarrow$ $\dfrac{\partial H}{\partial \lambda_t} = \dot{x}_t$

먼저, V와 λ의 관계를 통해서 H와 λ의 관계를 살펴보자. (A24)에서 V는 x, u, λ에 의해서 결정되는데, λ는 x, u와는 달리 $\dot{x} = f(t, x, u)$의 제약식이 만족되는 한 V에 영향을 주지 못한다.[7] 따라서 제약조건식인 1계 조건 (iii)이 쉽게 도출된다.

$$\frac{\partial V}{\partial \lambda} = \frac{\partial H}{\partial \lambda} - \dot{x}_t = 0 \iff \frac{\partial H}{\partial \lambda} = \dot{x}_t \iff \dot{x}_t = f(t, x_t, u_t)$$

그러나 다른 증명들은 실제로 이보다 엄격하다. u_t, x_t가 시간에 대한 함수임을 고려해야 하기 때문이다.

제어변수가 정해지는 과정과 제어변수가 상태변수에 미치는 영향을 통해서 극대화 원리의 (i)과 (ii)를 도출하자. 먼저, 최적 u_t^*가 존재하고, 교란(perturbing) 요인들인 p_t가 존재하여 임의의 ε에 대해 근접하는 선택경로 u_t가 존재한다고 하자. 상태변수도 마찬가지로 최적 x_t^*가 존재하고 교란(perturbing) 요인들인 q_t가 존재하여 임의의 ε 근방에 대해 근접하는 선택 경로들인 x_t가 존재한다. u_t와 x_t는

---

7) $V = \int_0^T F(t, x_t, u_t) + \lambda_t\,[(f(t, x_t, u_t) - \dot{x}_t)]\, dt$로 고쳐 쓸 수 있다. 제약식이 만족되면 목적함수에서 λ_t가 사라진다.

다음과 같이 표현할 수 있다.

$$u_t = u_t^* + \epsilon p_t \tag{A25}$$

$$x_t = x_t^* + \epsilon q_t \tag{A26}$$

최적 u_t^*를 만족하는 말기 시점을 T^*와 이때의 상태변수를 x_T^*라고 하면, 임의의 ε 근방에서의 T와 x_T 는 다음과 같이 표현된다.

$$T = T^* + \varepsilon \Delta T \ \ (\Delta T = dT/d\varepsilon), \ \ x_T = x_T^* + \varepsilon \Delta x_T \, (\Delta x_T = dx_T/d\varepsilon)$$

(A25), (A26)을 (A24)에 대입하여 정리하면 아래와 같다.

$$V = \int_0^{T(\varepsilon)} [H(t, x_t^* + \varepsilon q_t, u_t^* + \varepsilon p_t, \lambda_t) + \dot{\lambda}_t(x_t^* + \varepsilon q_t)] \, dt - (\lambda_T x_T - \lambda_0 x_0)$$

이를 극대화시키려면, $\dfrac{dV}{d\varepsilon} = 0$인 조건을 이용해야 한다.[8] (이는 최적경로로부터 약간 벗어남으로써 V의 값을 더 크게 할 방법이 없다는 것을 의미한다.)

$$\frac{dV}{d\varepsilon} = \int_0^{T(\varepsilon)} [\frac{\partial H}{\partial x_t} q_t + \frac{\partial H}{\partial u_t} p_t + \dot{\lambda}_t q_t] \, dt$$

$$+ [H_T + \dot{\lambda}_T x_T] \frac{dT}{d\varepsilon} - \lambda_T \frac{dx_T}{d\varepsilon} - \dot{\lambda}_T x_t \frac{dT}{d\varepsilon}$$

$$= \int_0^{T(\varepsilon)} [(\frac{\partial H}{\partial x_t} + \dot{\lambda}_t)q_t + \frac{\partial H}{\partial u_t} p_t] \, dt + H_T \frac{dT}{d\varepsilon} - \lambda_T \frac{dx_T}{d\varepsilon} = 0 \tag{A27}$$

---

8) 다음의 Leibnitz's Rule을 이용한다.

$$K(x) = \int_{a(x)}^{b(x)} F(x,t) \, dt \Rightarrow \frac{dK(x)}{dx} = \int_{a(x)}^{b(x)} F_x(x,t) \, dt + F(x, b(x))b'(x) - F(x, a(x))a'(x)$$

(A27) 식을 고쳐 쓰면,

$$\frac{\partial V}{\partial \varepsilon} = \int_0^{T(\varepsilon)} [(\frac{\partial H}{\partial x_t} + \dot{\lambda}_t)q_t + \frac{\partial H}{\partial u_t}p_t]\, dt + H_T \triangle T - \lambda_T \triangle x_T = 0 \qquad \text{(A28)}$$

위 식은 교란 요소인 p_t와 q_t에 관한 적분 부분과 $\triangle T$, Δy_T에 관한 부분으로 구성된다. 위의 (A28)이 만족하려면, 각 부분들이 0이 되어야 한다. 우선, 적분 부분이 0이 되기 위해서는 아래 식이 성립해야 한다.

$$\frac{\partial H}{\partial u_t} = 0 \quad \text{and} \quad \frac{\partial H}{\partial x_t} = -\dot{\lambda}_t$$

이는 극대화 원리(maximum principle)에서 각각 (i), (ii)의 조건과 동일하다. 따라서 극대화 원리의 1계 조건들을 모두 만족하는 제어변수의 경로는 목적함수를 극대화함을 알 수 있다.[9]

그리고, $H_T \triangle T = 0$을 만족하기 위한 조건을 생각해보면, T가 고정이면 $\triangle T = 0$이 되어 조건을 만족한다. 그러나 T가 고정되어 있지 않다면 $H_T = 0$이어야 한다. 이는 횡단조건의 표에서 유한기의 d)에 해당한다.

또한 $-\lambda_T \triangle x_T = 0$을 만족하기 위해서는 x_T의 값이 정해져 있지 않다면 $\lambda_T = 0$이어야 한다. 즉, T는 고정되고, x_t가 자유롭게 하기 위해서는 λ_t가 0이라는 조건이 필요하다. 횡단 조건의 표의 유한기의 b)에 해당한다. T가 고정되고, $X_T \geq x_{\min}$이라는 말기 조건이 있다면, $\lambda_T \geq 0$, $\lambda_T(X_T - x_{\min}) = 0$이 횡단조건이 된다. 이 횡단조건의 의미는 $\lambda_T = 0$이면 자동으로 $\lambda_T \triangle x_T = 0$이 성립하고, 그렇지 않을 경우에는 $X_T = x_{\min}$이 되어야 하는 것이다. 이것으로 횡단조건(transversality condition)이 도출된 배경을 이해할 수 있다.

---

9) 엄밀한 증명은 Barro and Sala−i−Martin(2004), pp. 606~609를 참고하시오.

A.4.3 수학적 예

다음 V를 극대화하는 u_t^*와 x_t^*를 구하는 문제를 풀어 보자.

$$Max\ V = \int_0^T - u_t^2\, dt,$$
$$s.t.\ \dot{x}_t = 2x_t + u_t$$
$$x_0 = 1,$$
$$T\ given,\ x_T\ free$$

≫ 직관적 풀이

V의 함수 형태를 보면, x_t가 무엇이 되든 V에 영향을 미치지 못한다. 따라서 V를 극대화 하는 u_t^*는 0이 될 것이다. 따라서 제약조건에서

$$\dot{x}_t = 2x_t$$

이 미분방정식을 풀면 $x_t^* = x_0 e^{2t}$이고 $x_0 = 1$을 대입하면 $x_t^* = e^{2t}$가 된다. 다음과 같이 생각할 수도 있다.

$\dfrac{\dot{x}_t}{x_t} = 2$이므로 ($x_t$의 성장률이 2), $x_t = x_0 e^{2t}$에서 $x_0 = 1$을 대입하면 $x_t^* = e^{2t}$.

정리하면

$$u_t^* = 0,\ x_t^* = e^{2t}$$

≫ 최적제어이론을 이용한 풀이

해밀토니언(Hamiltonian)을 구성한다.

$$H(u_t, x_t, \lambda_t, t) = - u_t^2 + \lambda_t (2x_t + u_t)$$

극대화 원리(maximum principle)를 적용하여 1계 조건을 구한다.

(i) $\dfrac{\partial H}{\partial u_t} = 0$ $\qquad : -2u_t + \lambda_t = 0$ $\hfill$ (A29)

(ii) $\dfrac{\partial H}{\partial x_t} = -\dot{\lambda}_t$ $\qquad : 2\lambda_t = -\dot{\lambda}_t$ $\hfill$ (A30)

(iii) $\dfrac{\partial H}{\partial \lambda_t} = \dot{x}_t$ $\qquad : \dot{x}_t = 2x_t + u_t$ $\hfill$ (A31)

횡단조건을 찾는다.

$\qquad T$ given, x_T free $\qquad \Leftrightarrow \lambda_T = 0$ $\hfill$ (A32)

(A30) 식에서

$\qquad \dot{\lambda}_t = -2\lambda_t \quad \Leftrightarrow \lambda_t = \lambda_0 e^{-2t}$ $\hfill$ (A33)

(A32), (A33)에서 $\lambda_T = \lambda_0 e^{-2T} = 0,\ e^{-2T} \neq 0$이므로, $\lambda_0 = 0$이며 결국

$\qquad \lambda_t = 0$

이 성립한다. (A29) 식을 통해

$\qquad u_t = 0$

을 구하고 (A31) 식을 통해

$\qquad \dot{x}_t = 2x_t \quad \Leftrightarrow x_t = x_0 e^{2t} = e^{2t}\ (\because x_0 = 1) \quad \therefore x_t^* = e^{2t}$

을 구할 수 있다.

A.4.4 경제학적 예

[0, T]에 걸쳐 이윤을 극대화하는 생산자의 문제를 고려하자. K_t를 자본량, I_t를 투자로 t기의 이윤함수를 $\pi(t, K_t, I_t)$로 표시하자. 노동은 주어져 있다고 생각하고 생략한다. 이윤함수는 구체적인 함수로 다음을 고려한다.

$$\pi_t = P_t \cdot F(K_t) - P_t^I \cdot I_t$$

단, P_t 는 생산물의 시장 가격, P_t^I는 투자재의 구입가격이다. 이윤함수는 $\pi_K > 0$, $\pi_I < 0$의 특성을 갖는다.

동태적 최적화 문제를 설정하자. 단순한 분석을 위해 미래 할인율은 여기에선 고려하지 않는다.

$$Max\ \Pi = \int_0^T \pi(t, K_t, I_t)dt \tag{A34}$$

$$\text{s.t. } \dot{K_t} = f(t, K_t, I_t) = I_t \tag{A35}$$

$$K(0) = K_0 \tag{A36}$$

$$K(T)\ free, T\ given \tag{A37}$$

이 기업의 초기 자본량은 K_0이다. 자본을 생산에 투입하여 이윤을 극대화한다. 제어변수는 투자이며 투자를 어느 시점에서 어떻게 하는가를 결정하여 자본의 시간 경로를 결정하고 T기에 걸쳐 이윤을 극대화하는 문제이다.

≫ 최적제어이론을 이용한 풀이

해밀토니언을 설정하고 1계조건을 구한다.

$$H(t, K_t, I_t, \lambda_t) = \pi(t, K_t, I_t) + \lambda_t I_t \tag{A38}$$

1계 조건

(i) $\dfrac{\partial H}{\partial I_t} = 0 \quad \Rightarrow \quad \dfrac{\partial \pi}{\partial I_t} = -\lambda_t$ \hfill (A39)

(ii) $\dfrac{\partial H}{\partial K_t} = -\dot{\lambda}_t \quad \Rightarrow \quad \dfrac{\partial \pi}{\partial K_t} = -\dot{\lambda}_t$ \hfill (A40)

(iii) $\dfrac{\partial H}{\partial \lambda_t} = \dot{K}_t \quad \Rightarrow \quad \dot{K}_t = I_t$ \hfill (A41)

횡단조건(TVC): $\lambda_T = 0$ \hfill (A42)

아래에서 설명하겠지만 공동상태변수 λ_t는 상태변수인 자본 K_t의 잠재가치 또는 잠재가격(shadow price)을 의미한다. 이제 위 조건을 모두 만족하는 $\pi_t^*, K_t^*, \lambda_t^*$를 구하면 된다.

≫ 해밀토니언(Hamiltonian) 식의 의미

$H = \pi_t + \lambda_t I_t \quad (단, I_t = \dot{K}_t)$

(A34)의 생산자 문제는 이윤 Π를 극대화하는 것인데, 왜 H를 극대화해야 하는가? 왜냐하면 t기의 이윤만이 아니라 동태적으로 이윤의 합계를 극대화하기 때문이다. π_t는 t 시점에서의 이윤을 나타내고 $\lambda_t I_t$는 투자재 I_t를 구입하여, 즉 K_t를 늘리면 앞으로 발생할 평생의 미래 이윤을 나타낸다. 따라서 미래 이윤의 평가는 K_t의 잠재가치에 해당되는 λ_t이다. 현재 이윤과 미래 이윤을 동시에 극대화시켜야 하므로 π_t가 아니라 H를 극대화하는 것이다.

≫ H의 극대화 원리(maximum principle)의 경제적 의미

(A34)의 목적함수를 바꾸어 보자. $\displaystyle\int_0^T \lambda_t (f(t, K_t, I_t) - \dot{K}_t) dt = 0$을 이용하면,

$$\Pi = \int_0^T [\pi(t, K_t, I_t) + \lambda_t (f(t, K_t, I_t) - \dot{K}_t)] dt$$

$$= \int_0^T [H(t,K_t,I_t,\lambda_t) - \lambda_t \dot{K}_t] dt \tag{A43}$$

$\int_0^T (\lambda_t \dot{K}_t) dt = \int_0^T \dot{\lambda}_t K_t dt + \int_0^T \lambda_t \dot{K}_t dt$을 이용하여 (A43)에 대입하면,

$$\Pi = \int_0^T [H(t,K_t,I_t,\lambda_t) + \dot{\lambda}_t K_t] dt - \int_0^T (\lambda_t \dot{K}_t) dt$$

$$= \int_0^T [H(t,K_t,I_t,\lambda_t) + \dot{\lambda}_t K_t] dt - \lambda_T K_T + \lambda_0 K_0 \tag{A44}$$

Π를 극대화하기 위해서는 $\lambda_T K_T + \lambda_0 K_0$ 부분은 상수이므로 적분값을 극대화해야 한다. H를 I_t, K_t, λ_t에 대하여 각각 편미분한 값이 0이 되어야 하므로, 다음 세 조건을 만족해야 한다. 먼저 I_t에 대하여 편미분할 경우 아래와 같다.

(i) $\dfrac{\partial H}{\partial I_t} = 0$

$H(t,K_t,I_t,\lambda_t) = \pi(t,K_t,I_t) + \lambda_t I_t$이므로 아래식이 유도된다.

$$\frac{\partial \pi}{\partial I_t} + \lambda_t = 0 \implies \frac{\partial \pi}{\partial I_t} = -\lambda_t$$

$\dfrac{\partial \pi}{\partial I_t}$는 투자재 구입으로 발생하는 이윤의 변화이다. λ_t는 투자로 인한 자본량 증가가 가져오는 미래이윤의 변화를 나타낸다. 위 조건은 이 둘이 같아야 한다는 것이다. 이윤함수 $\pi_t = P_t \cdot F(K_t) - P_t^I \cdot I_t$를 고려해보자. 이때 투자재 구입비용은 P_t^I이다. $\dfrac{\partial \pi_t}{\partial I_t} = P_t^I$이므로, $P_t = \lambda_t$를 의미한다. 이는 투자재 구입으로 자본을 늘릴 때, 투자재 구입 비용과 자본의 잠재가치(즉, 미래이윤의 합계)가 같아야 한다는 조건이다. 이 조건은 동태적 의미에서 한계수입과 한계비용이 같

아야 이윤이 극대화된다는 조건과 같다. 예를 들어, 1억 원짜리 기계를 구입해서 자본을 늘리면 앞으로 1억 원의 수익이 늘어날 때 투자를 결정한다. 다음 K_t에 대하여 편미분한 경우 다음과 같다.

(ii) $\dfrac{\partial H}{\partial K_t} + \dot{\lambda}_t = 0$ $\Leftrightarrow$ $\dfrac{\partial \pi_t}{\partial K_t} + \dot{\lambda}_t = 0$

$\dot{\lambda}_t$는 자본의 잠재 가격의 변화를 나타낸다. 따라서 이 조건은 t기의 자본 K_t를 생산에 사용하면 이 자본이 가져온 이윤의 증가만큼 자본의 잠재가치가 하락한다는 것을 의미한다. 상태변수 K_t의 잠재가치는 t기부터 자본의 가치가 다할 때까지의 이익의 합계와 같아서 t기에 이익이 실현된 만큼 잠재가치가 하락한다. 이윤함수 $\pi_t = P_t \cdot F(K_t) - P_t^I \cdot I_t$에서 K_t는 t기 이윤($\dfrac{\partial \pi}{\partial K_t} = P_t F_K$)을 얻고 그만큼 자본의 잠재가치가 하락한다. 10년 동안 사용할 수 있는 1억 원짜리 기계를 생각해보자. 1년 동안 기계를 통해 1000만원의 이윤을 얻는다면 1년 후 기계의 잠재가치는 1000만 원만큼 감소하여 9000만 원이 된다.

공동상태변수 λ_t의 의미를 좀더 살펴보기 위해 최적값 I_t^*, K_t^*, λ_t^*에서 (A44)를 평가하면,

$$\Pi^*(t, K_t^*, I_t^*) = \int_0^T [H(t, K_t^*, I_t^*, \lambda_t^*) + \dot{\lambda}_t K_t^*] dt - \lambda_T^* K_T^* + \lambda_0 K_0 \qquad \text{(A45)}$$

최적 값인 Π^*는 K_0, K_T^*에 대하여 다음의 조건을 만족한다.

$$\dfrac{\partial \Pi^*}{\partial K_0} = \lambda_0$$

따라서 λ_0은 K_0의 잠재가치임을 알 수 있다. 즉, λ_0은 K_0가 향후 T기에 걸쳐 어느 정도의 이윤을 가져다주는가를 나타내는 잠재가치와 같다.

$$\frac{\partial \Pi^*}{\partial K_T} = -\lambda_T^*$$

이는 말기의 자본 K_T를 증가시키면(즉, 투자재를 구입하면) 이윤이 K_T의 잠재가치(λ_T^*)만큼 감소한다는 것을 의미한다. 또는 마지막 기에는 남기지 않고 자본을 사용하여 K_T의 잠재가치에 해당하는 만큼 이윤을 얻어야 한다는 것을 뜻한다. 마지막으로 λ_t에 대하여 편미분하면 아래와 같다.

(iii) $\dfrac{\partial H}{\partial \lambda_t} = \dot{K}_t$

이 식은 제약조건식과 같다.

$\dot{K}_t = I_t$

>> 횡단조건(TVC)

유한 기에서 K_T is free인 경우이므로 $\lambda_T = 0$이 횡단조건이다.

이윤 극대화하는 기업의 입장에서 말기의 자본량 K_T를 0으로 하지 않고 남긴다면, 그 잠재가치 λ_T가 0인 경우를 의미한다.

만일 $K_T \geq K_{\min}$이면, TVC는 $\lambda_T(K_T - K_{\min}) = 0$, $\lambda_T \geq 0$이다. 마지막 T기에 K_T의 최소한의 양이 정해져 있을 경우, K_T는 그 최소한의 양과 같거나 또는 마지막 T기에 $K_{\min}$을 초과하여 자본을 남긴다면 그 때 K_T의 잠재 가치 λ_T는 0이 되어야 이윤 극대화 조건에 맞는다.

만일 말기 조건이 K_T is given, T is free로 주어지면 횡단조건은 $H_T = 0$이다.

즉, 마지막 시점인 T에서 시간을 변화시켜도 현재 이윤과 미래 이윤의 합인 H가 변화가 없어야 극대화된다는 조건이다.

A.5 동태적 프로그래밍(dynamic programming)

최적 제어 이론과 더불어 동태적 최적화를 풀 수 있는 대표적인 방법으로 동태적 프로그래밍(dynamic programming)이 있다. 이 방법은 이산적인 시간 구조를 갖는 경제문제를 해결하는 데에 적용이 쉬우며, 유한기간과 무한기간(infinite period)의 문제 모두 활용가능하다. 특히 무한기간의 문제를 2기간 모형(현재와 "미래")으로 줄일 수 있게 한다는 점에서 장점을 갖는다.

A.5.1 유한한 기간에서의 동태적 프로그래밍

간단한 예시를 통해 유한한 기간에서의 동태적 프로그래밍에 대해서 공부한다. 이 문제를 세 가지 다른 방법으로 풀어 나가면서 동태적 프로그래밍의 아이디어를 얻을 수 있다. (더 쉬운, 그리고 더 직관적인 이해를 위해서 2기간 문제를 고려하여도 좋다.)

≫ 제약식이 1개인 라그랑지안 방법

먼저 경제주체가 유한한 양의 케이크($K_0 < +\infty$)를 T기 동안 소비하여 효용을 극대화하는 문제를 생각해본다. 이를 수식으로 표현하면 아래와 같다.

$$\max \sum_{t=0}^{T} \beta^t u(C_t) \quad \text{where} \ u(C_t) = \ln C_t$$
$$\text{subject to} \ K_0 = C_0 + C_1 + \ldots + C_T, \ \beta < 1 \tag{A46}$$

β는 1보다 작으며 ($\beta < 1$) 시간 할인인자(time discount factor)를 의미한다.

(A46)을 풀기 위해 라그랑지 방법으로 최적 소비 경로($\{C_t\}_{t=0}^{T}$)를 구할 수 있다.

$$\mathcal{L} = \sum_{t=0}^{T} \beta^t \ln C_t + \lambda(K_0 - C_0 - C_1 \ldots - C_T) \tag{A47}$$

(A47)을 풀면 1계 조건에 의해, $t = 0, 1, 2, ..., T$에 대하여 다음이 성립한다.

$$\frac{\partial \mathcal{L}}{\partial C_t} = \beta^t \frac{1}{C_t} - \lambda = 0 \text{, for all } t = 0, 1, 2, ..., T \tag{A48}$$

(A48) 결과들과 제약식 $K_0 = C_0 + C_1 + ... + C_T$을 이용하면

$$K_0 = \frac{1}{\lambda}\left(1 + \beta + \beta^2 + ... + \beta^T\right) = \frac{1}{\lambda}\frac{1 - \beta^{T+1}}{1 - \beta}$$

임을 알 수 있다. 따라서 최적 소비 경로($\{C_t^*\}_{t=0}^{T}$)는 아래와 같이 구해진다.

$$C_t^* = \beta^t K_0 \frac{1 - \beta}{1 - \beta^{T+1}} \tag{A49}$$

≫ 제약식이 $T+1$개인 라그랑지안 방법

다른 풀이방법을 생각해보도록 한다. 매기 케이크를 소비하는 경제주체는 매기 $t = 0, 1, 2, ..., T$마다 아래와 같은 제약식을 생각할 수 있다.[10]

$$K_t = K_{t+1} + C_t$$

즉, t에 K_t만큼의 케이크가 남으며 이를 현재 소비할 케이크(C_t)와 다음 기로 이전할 케이크(K_{t+1})로 나눌 수 있다. 마지막 T기에는 미래가 없으므로 최적의 선택으로 $K_{T+1} = 0$이 성립한다. 이와 같이 여러 개의 제약식을 고려하면, 우리는 아래와 같은 라그랑지안 방법으로도 케이크 소비 문제를 풀 수 있다.

$$\mathcal{L} = \sum_{t=0}^{T} \beta^t \ln C_t + \sum_{t=0}^{T} \lambda_t (K_t - K_{t+1} - C_t) \text{ and } K_{T+1} = 0 \tag{A50}$$

---

10) 거시경제학의 미시적 기초 부분에 나오는 소비와 저축에 관한 모형과 유사한 형태이다.

소비(C_t)의 1계 조건에 의해서 매기 $t = 0, 1, 2, ..., T$마다 (A50)에 대하여 다음 식이 성립한다.

$$\frac{\partial \mathcal{L}}{\partial C_t} = \frac{\beta^t}{C_t} - \lambda_t = 0, \ \ t = 0, 1, 2, ..., T \tag{A51}$$

다음 기에 소비할 케이크(K_{t+1})의 1계 조건에 의해서 매기 $t = 0, 1, 2, ..., T-1$마다 다음 식이 성립한다.

$$\frac{\partial \mathcal{L}}{\partial K_{t+1}} = -\lambda_t + \lambda_{t+1} = 0 \tag{A52}$$

따라서 (A51)과 (A52)를 통해, $t = 0, ..., T-1$기에 대해서 $\dfrac{\beta^t}{C_t} = \dfrac{\beta^{t+1}}{C_{t+1}}$이 성립하고, 결국 최적 소비 경로$\left(\left\{ C_t^* \right\}_{t=0}^{T}\right)$는 다음과 같다.

$$C_t^* = \beta^t K_0 \frac{1-\beta}{1-\beta^{T+1}} \tag{A53}$$

결과가 첫 번째 풀이방법의 경우 (A49)와 동일함을 확인할 수 있다.

» 벨만 방정식(Bellman equation)

마지막으로 위의 문제를 벨만 방정식(Bellman equation)의 아이디어를 차용하여 여러 개의 쉬운 문제로 나누어서 풀 수 있다. 앞서 마지막 T기에는 $K_{T+1} = 0$이라는 단순한 결정에 의해 최적 선택이 1기간 문제로 귀착된다. 이 경우 바로 이전 기인 ($T-1$)기의 최적 선택은 2기간 문제를 푸는 것이 될 것이다. 이를 풀면, 그 이전 기인 ($T-2$)기의 문제도 3기간 문제가 아닌 2기간 문제로 치환하여 풀 수 있다.

이제 이러한 아이디어를 가지고 $t_0 > 0$기에 대해서 아래의 문제를 고려해보자.

$$\max \sum_{t=t_0}^{T-1} \beta^t \ln C_t + \beta^T \ln K_T$$

such that $K_{t+1} = K_t - C_t$ and $0 < K_0 < +\infty$ is given.

이때 이 문제를 통해 극대화하고자 하는 함수(이 문제의 경우 $\sum_{t=t_0}^{T-1} \beta^t \ln C_t +$ $\beta^T \ln K_T$), 즉 특정 기부터 극대화 하고자 하는 함수의 합을 가치함수(value function)라고 하며 $V(K_0, T-t_0)$라고 표시한다.

이를 풀기 위해 역진 귀납법(backward induction)을 사용한다. 역진 귀납법 은 (이미 T기 문제는 $\ln K_T$로 결정되므로) $t_0 = T-1$기일 때의 2기간 문제부 터, 0기까지 2기간의 연쇄적(recursive)으로 문제를 해결하는 방법이며 자세한 방법은 아래와 같다.

$t_0 = T-1$기에 경제주체는 아래 식을 풀게 된다.

$$\max \sum_{t=t_0}^{T-1} \beta^t \ln C_t + \beta^T \ln K_T = \beta^{T-1} \ln C_{T-1} + \beta^T K_T$$

such that $K_{T-1} = C_{T-1} + K_T$

이를 풀기 위해 라그랑지안을 적용하면,

$$\mathcal{L} = \beta^{T-1} \ln C_{T-1} + \beta^T \ln K_T + \lambda (K_{T-1} - C_T - K_T) \tag{A54}$$

1계 조건을 통해

$$C_T = \frac{1}{1+\beta} K_{T-1} \tag{A55}$$

$$K_T = \frac{\beta}{1+\beta} K_{T-1} \tag{A56}$$

임을 알 수 있다.

이때, (A55)와 (A56)을 이용하여 가치함수는

$$V(K_0, 1) = \beta^{T-1} \ln\left(\frac{1}{1+\beta} K_{T-1}\right) + \beta^T \ln\left(\frac{\beta}{1+\beta} K_{T-1}\right) \tag{A57}$$

로 구할 수 있다.

그리고 (A56) $K_T = \dfrac{\beta}{1+\beta} K_{T-1}$를 정책 함수(policy function)라고 한다.

이제 $t_0 = T-2$기에 경제주체는 아래 식을 풀게 된다.

$$\max \sum_{t=t_0}^{T-1} \beta^t \ln C_t + \beta^T \ln K_T = \max\left[\beta^{T-2} \ln C_{T-2} + \beta^{T-1} \ln C_{T-1} + \beta^T \ln K_T\right]$$

such that $K_{T-2} = C_{T-2} + K_{T-1}$, $K_{T-1} = C_{T-1} + K_T$

이때, 우리는 $T-1$기에 구한 가치 함수(value function) (A57)와 정책 함수 (policy function) (A56)을 대입하여 $t_0 = T-2$기 문제를 아래와 같이 변환시켜서 쓸 수 있다.

$$\max\left[\beta^{T-2} \ln C_{T-2} + \beta^{T-1} \ln C_{T-1} + \beta^T \ln K_T\right] = \max\left[\beta^{T-2} \ln C_{T-2} + V(K_0, 1)\right]$$

such that $K_{T-2} = C_{T-2} + K_{T-1}$, $K_T = \dfrac{\beta}{1+\beta} K_{T-1}$

이에 라그랑지안을 적용하면,

$$\begin{aligned}
L &= \beta^{T-2} \ln C_{T-2} + V(K_0, 1) + \lambda(K_{T-2} - C_{T-2} - K_{T-1}) \\
&= \beta^{T-2} \ln C_{T-2} + \beta^{T-1} \ln\left(\frac{1}{1+\beta} K_{T-1}\right) + \beta^T \ln\left(\frac{\beta}{1+\beta} K_{T-1}\right) \\
&\quad + \lambda(K_{T-2} - C_{T-2} - K_{T-1})
\end{aligned}$$

이며 이를 C_{T-2}, K_{T-1}에 대해 풀면 $C_{T-2} = \dfrac{1}{1+\beta+\beta^2} K_{T-2}$임을 알 수 있고, 정책 함수(policy function)는 $K_{T-1} = \dfrac{\beta+\beta^2}{1+\beta+\beta^2} K_{T-2}$이다.

가치함수는 $V(K_0, 2) = \beta^{T-2}\ln\left(\dfrac{1}{1+\beta+\beta^2} K_{T-2}\right) + V(K_0, 1)$와 같다.

이를 시간의 역순으로 반복하여 $t_0 = 0$까지 계산하면, 우리는 $\left\{ V(K_0, T-t_0) \right\}_{t_0=1}^{T}$ 와 $\left\{ K_{T-t_0} = f(K_{T-t_0-1}) \right\}_{t_0=1}^{T}$ 을 알 수 있다. K_0는 주어져 있으므로 최종적으로 모든 기의 가치 함수와 정책 함수, 그리고 최적 소비 경로를 알 수 있게 된다. 이 방법을 일반화하여 쓰면 아래와 같다.

$$\max_{\{u_t\}_{t=t_0}^{T-1}} \sum_{t=t_0}^{T-1} r_t(x_t, u_t) + S(x_T)$$

$$s.t \ x_{t+1} = g_t(x_t, \ u_t)$$

$$x_0 = \overline{x_0} \ is \ given$$

$S(x_T)$는 마지막 T기의 가치함수를 의미한다.

ⓐ Step 1: $T-1$기의 최적화 문제를 풀어서, $T-1$기의 정책 함수(policy function)와 가치 함수(value function)를 구한다.

정책 함수(policy function): $u_{T-1} = h_{T-1}(x_{T-1})$
가치 함수(value function): $V(x_0, 1) \equiv r_{T-1}(x_{T-1}, h(x_{T-1}))$
$$+ S[g_{T-1}(x_{T-1}, h(x_{T-1}))$$

ⓑ Step 2: $V(x_{T-1}, 1)$를 $T-2$기의 모형에 대입하여, $T-2$기의 정책 함수와 가치 함수를 구한다.

정책 함수(policy function): $u_{T-2} = h_{T-2}(x_{T-2})$
가치 함수(value function): $V(x_0, 2) \equiv r_{T-2}(x_{T-2}, h(x_{T-2}))$

$$+ V[g_{T-2}(x_{T-2}, h(x_{T-2})), 1]$$

ⓒ **Step 3**: 같은 방법으로 $T-k$기부터 0기의 정책 함수와 가치 함수를 구한다.

ⓓ **Step 4**: 주어진 x_0, 모든 t에서의 정책 함수 $u_t = h_t(x_t)$, 첫 번째 제약 $x_{t+1} = g_t(x_t, u_t)$을 가지고 상태변수 x_t와 선택변수 u_t의 경로를 구할 수 있다.

A.5.2 무한한 기간에서의 동태적 프로그래밍

이제 유한기가 아닌 무한기에 대해서도 동태적 프로그래밍을 생각해보자. 동일한 예시를 활용하되, 다음과 같이 경제주체가 무한기 동안 생존하며 무한기 동안 소비한다고 생각하자.

$$\max \sum_{t=0}^{\infty} \beta^t u(C_t) \quad \text{such that} \quad u(C_t) = \ln C_t, \ K_0 = C_0 + C_1 + ..., \ \beta < 1$$

≫ 제약식이 1개인 라그랑지안 방법

이를 풀기 위해 우리는 라그랑지 방법을 통해 최적 소비 경로($\{C_t\}_{t=0}^{\infty}$)를 구할 수 있다.

$$\mathcal{L} = \sum_{t=0}^{T} \beta^t \ln C_t + \lambda(K_0 - C_0 - C_1 - ...)$$

1계 조건에 의해, $t = 0, 1, 2, ...$에 대하여 다음이 성립한다.

$$\frac{\partial \mathcal{L}}{\partial C_t} = \beta^t \frac{1}{C_t} - \lambda = 0, \ t = 0, 1, 2, ...$$

제약식 $K_0 = C_0 + C_1 + ...$에 의해

$$K_0 = \frac{1}{\lambda}(1 + \beta + \beta^2 + ...) = \frac{1}{\lambda}\frac{1}{1 - \beta}$$

임을 알 수 있고 따라서 우리는 최적 소비 경로($\{C_t^*\}_{t=0}^{\infty}$)가

$$C_t^* = \beta^t(1 - \beta)K_0 \tag{A58}$$

임을 구할 수 있다.

≫ 제약식이 무한개인 라그랑지안 방법

두 번째 방법도 마찬가지 방법으로 풀이가 가능하다. 매기 케이크를 소비하는 경제주체는 매기 $t = 0, 1, 2, ...$마다 아래와 같은 제약식을 생각할 수 있다.

$$K_t = K_{t+1} + C_t$$

즉, t에 K_t만큼의 케이크가 남으며 이를 현재 소비할 케이크(C_t)와 다음 기로 이전할 케이크(K_{t+1})로 나눌 수 있다. 이와 같이 제약식을 다시 생각하면, 우리는 아래와 같은 라그랑지안 방법으로도 케이크 소비 문제를 풀 수 있다.

$$\mathcal{L} = \sum_{t=0}^{\infty} \beta^t \ln C_t + \sum_{t=0}^{\infty} \lambda_t (K_t - K_{t+1} - C_t)$$

소비(C_t)의 1계 조건에 의해서 매기 $t = 0, 1, 2, ...$마다 다음 식이 성립한다.

$$\frac{\partial \mathcal{L}}{\partial C_t} = \frac{\beta^t}{C_t} - \lambda_t = 0, \ t = 0, 1, 2, ...$$

다음 기에 소비할 케이크(K_{t+1})의 1계 조건에 의해서 매기 $t = 0, 1, 2, ...$마다 다음 식이 성립한다.

$$\frac{\partial \mathcal{L}}{\partial K_{t+1}} = -\lambda_t + \lambda_{t+1} = 0, \; t = 0,1,2,\ldots$$

따라서 $\{C_t\}_{t=0}^{\infty}$와 $\{K_{t+1}\}_{t=0}^{\infty}$의 1계 조건을 통해, $t = 0,1,2\ldots$기에 대해서 $\frac{\beta^t}{C_t} = \frac{\beta^{t+1}}{C_{t+1}}$이 성립하고, 결국 우리는 최적 소비 경로($\{C_t\}_{t=0}^{\infty}$)가 다음과 같고 첫 번째 풀이방법의 결과 (A58)과 동일함을 확인할 수 있다.

$$C_t^* = \beta^t (1-\beta) K_0 \tag{A59}$$

≫ 벨만 방정식(Bellman equation)

벨만 방정식으로 풀어보는 방법을 생각한다. 무한 기의 경우, 유한 기와 달리 최종 기의 개념이 존재하지 않아 역진 귀납법(backward induction) 대신 다른 방법으로 해결한다. 무한 기의 경우 추측과 확인(guess and verify) 방법으로 풀 수 있다. 추측과 확인은 가치함수(value function)의 형태를 예상한 다음 최적화 문제를 푼다.

이 경우 극대화하고자 하는 효용함수를 아래와 같이 가치함수로 표현할 수 있다.

$$V(K_0) = \sum_{t=0}^{\infty} \beta^t \ln C_t = \ln C_0 + \beta \ln C_1 + \beta^2 \ln C_2 + \beta^3 \ln C_3 + \ldots.$$

$$= \ln C_0 + \beta\big(\ln C_1 + \beta \ln C_2 + \beta^2 \ln C_3 + \ldots.\big)$$

$$= \ln C_0 + \beta \sum_{t=0}^{\infty} \beta^t \ln C_{t+1} = \ln C_0 + \beta V(K_1)$$

가치함수 $V(K_0)$가

$$\alpha \ln K_0 + \gamma \tag{A60}$$

의 형태라고 예측(guess)한다. 이러한 예측하에서 $K_0 = C_0 + K_1$이므로 $V(K_0) = \ln C_0 + \beta V(K_1)$은 아래와 같이 표시된다.

$$V(K_0) = \ln C_0 + \beta(\alpha \ln K_1 + \gamma) = \ln(K_0 - K_1) + \beta(\alpha \ln K_1 + \gamma) \tag{A61}$$

이제 최적 조건을 구하기 위해 (A61)을 K_1로 미분하면

$$\frac{\partial V(K_0)}{\partial K_1} = \frac{-1}{K_0 - K_1} + \frac{\alpha\beta}{K_1} = 0$$

이고 따라서

$$K_1 = \frac{\alpha\beta}{1 + \alpha\beta} K_0 \tag{A62}$$

$$C_0 = \frac{1}{1 + \alpha\beta} K_0 \tag{A63}$$

임을 알 수 있다. (A62), (A63)를 (A61)에 대입하면 다음을 얻는다.

$$V(K_0) = \ln C_0 + \beta V(K_1) = \ln\left(\frac{1}{1 + \alpha\beta} K_0\right) + \beta\left[\alpha \ln\left(\frac{\alpha\beta}{1 + \alpha\beta} K_0\right) + \gamma\right]$$

$$= (1 + \alpha\beta)\ln K_0 + \left[\ln\frac{1}{1 + \alpha\beta} + \alpha\beta\ln\left(\frac{\alpha\beta}{1 + \alpha\beta}\right) + \beta\gamma\right] \tag{A64}$$

(A64)와 (A60)이 같으므로 $\alpha = 1 + \alpha\beta$, 즉 $\alpha = \frac{1}{1 - \beta}$이 성립한다.

이를 (A62), (A63)에 대입하면

$$K_1 = \frac{\alpha\beta}{1 + \alpha\beta} K_0 = \frac{\dfrac{\beta}{1 - \beta}}{1 + \dfrac{\beta}{1 - \beta}} K_0 = \frac{\beta}{1 - \beta + \beta} K_0 = \beta K_0 \tag{A65}$$

$$C_0 = \frac{1}{1+\alpha\beta}K_0 = \frac{1}{1+\frac{1}{1-\beta}\beta}K_0 = \frac{1-\beta}{1-\beta+\beta}K_0 = (1-\beta)K_0 \qquad \text{(A66)}$$

을 구할 수 있다. 벨만 방정식으로 무한 기의 동태적 프로그래밍을 푸는 방법의 특징은 0기에서의 가치함수를 극대화하는 문제를 푸는 것과 임의의 t기에서의 가치함수를 극대화하는 문제를 푸는 것이 동일하다는 점이다. 즉, t기에서 위의 문제를 푼 결과는 $K_{t+1} = \beta K_t$, $C_t = (1-\beta)K_t$이다. 이를 활용하여 연쇄적으로 $\{C_t^*\}_{t=0}^{\infty}$를 K_0로 표현하면

$$C_t^* = \beta^t(1-\beta)K_0 \qquad \text{(A67)}$$

이다. 이와 같이 세 가지 풀이 모두 동일한 결과 (A58), (A59), (A67)을 가져옴을 확인할 수 있다.

실제로 많은 경제학 모형 풀이에서는 두 번째에서 활용한 라그랑지안 방법을 많이 활용한다. 우선 첫 번째 방법의 경우, 여러 개의 제약식을 하나의 제약식으로 표현하기 어려운 경우에는 활용하기 어렵다. 그리고 세 번째 벨만 방정식의 경우 추측과 확인(guess and verify) 등 가치함수의 형태를 추정하기 어려운 경우가 일반적이다.

≫ 벨만 방정식(Bellman equation): 일반적인 경우

일반적인 문제에 대한 벨만 방정식 풀이에 대해 알아본다.

$$\max \sum_{t=0}^{\infty} \beta^t u(c_t) \text{ such that } c_t + k_{t+1} = f(k_t) + (1-\delta)k_t$$

주어진 문제는 무한 기를 사는 경제주체가 0기에 효용함수 $u(c_t)$의 현재가치의 합을 극대화하며 매기마다 $c_t + k_{t+1} = f(k_t) + (1-\delta)k_t$의 제약조건을 만족해야 한다. 즉, 매기 $f(k_t) + (1-\delta)k_t$의 한정된 자원을 소비 c_t와 k_{t+1}로 배분

해야 하는 의사결정을 내려야 한다. 극대화하고자 하는 효용함수의 현재가치 합은 아래와 같이 가치함수(value function)를 이용하여 표현할 수 있다.

$$V(k_0) = \max\left[u(c_0) + \max\sum_{t=1}^{\infty}\beta^t u(c_t)\right] = \max\left[u(c_0) + \beta V(k_1)\right] \tag{A68}$$

임의의 t기에 대해서는 $V(k_t) = \max\left[u(c_t) + \beta V(k_{t+1})\right]$로 표현할 수 있다. 주어진 가치함수 $V(k_t)$를 극대화하기 위해서 경제주체는 c_t와 k_{t+1} 두 변수에 대해서 최적화 문제를 풀어야 한다. 이때, 제약식 $c_t + k_{t+1} = f(k_t) + (1-\delta)k_t$을 통해 아래와 같이 (A68)을 k_{t+1}에 대한 극대화 문제로 바꿔서 쓸 수 있다.

$$\begin{aligned}V(k_t) &= \max\left[u(c_t) + \beta V(k_{t+1})\right] \\ &= \max\left[u\big(f(k_t) + (1-\delta)k_t - k_{t+1}\big) + \beta V(k_{t+1})\right]\end{aligned} \tag{A69}$$

(A69)를 k_{t+1}에 대하여 미분하게 되면

$$\frac{\partial V(k_t)}{\partial k_{t+1}} = -u'(c_t) + \beta\frac{\partial V(k_{t+1})}{\partial k_{t+1}} = 0 \tag{A70}$$

임을 알 수 있다. 이제 $\dfrac{\partial V(k_{t+1})}{\partial k_{t+1}}$을 구하기 위해서는 포락선 정리(envelope theorem)를 이용한다.

우선, 포락선 정리에 대해서 간단히 살펴보자. 임의의 함수 $f(x, \alpha)$를 가정하자. 변수가 x이며 파라미터는 α로 주어져 있다. 이때, 주어진 파라미터 α하에서 $f(x, \alpha)$를 극대화하는 변수 x의 값을 $x^*(\alpha)$라고 하자. 즉, $x^*(\alpha)$는 $\dfrac{\partial f(x^*(\alpha), \alpha)}{\partial x^*(\alpha)} = 0$을 만족한다. $x = x^*(\alpha)$가 대입된 함숫값을 $V(\alpha) = f(x^*(\alpha), \alpha)$라고 하자. $V(\alpha)$는 α로만 이뤄진 함수이다. 해당 값을 α에 대해서 미분하게 되면

$$\frac{dV(\alpha)}{d\alpha} = \frac{\partial f(x^*(\alpha),\alpha)}{\partial x^*(\alpha)} \frac{\partial x^*(\alpha)}{\partial \alpha} + \frac{\partial f(x^*(\alpha),\alpha)}{\partial \alpha}$$ 가 된다.

이때, $\dfrac{\partial f(x^*(\alpha),\alpha)}{\partial x^*(\alpha)} = 0$이므로

$$\frac{dV(\alpha)}{d\alpha} = \frac{\partial f(x^*(\alpha),\alpha)}{\partial \alpha}$$

이 성립하며 이를 포락선 정리라고 한다.

직관적으로 설명하면 다음과 같다. α가 변하면 최적의 $x^*(\alpha)$가 변하고 $f(x^*(\alpha),\alpha)$ 역시 변화하게 된다. 이때 변화하는 α와 $f(x^*(\alpha))$의 변화 비율을 $\dfrac{\partial f(x^*(\alpha),\alpha)}{\partial \alpha}$라고 하자. 그리고 α가 변할 때 α에 대한 함수로만 표현한 $V(\alpha)$ 역시 변화하며, 각각이 변화하는 비율을 $\dfrac{dV(\alpha)}{d\alpha}$라고 하면 $\dfrac{dV(\alpha)}{d\alpha} = \dfrac{\partial f(x^*(\alpha),\alpha)}{\partial \alpha}$이 성립하고 이를 포락선 정리라고 한다.

다시 원래 문제로 돌아가서 생각해보자. 우선 제약식 $c_t + k_{t+1} = f(k_t) + (1-\delta)k_t$에 의해 c_t와 k_{t+1}은 k_t의 함수로 표현될 수 있다. 특히 k_{t+1}에 대해서는 $k_{t+1} = g(k_t)$와 같다고 하자. g는 임의의 함수이다. 포락선 정리를 생각해보면 k_t가 α 역할을 하고, k_{t+1}가 x인 셈이다. 이를 가치함수에 대입해보면 아래와 같이 쓸 수 있다.

$$\begin{aligned} V(k_t) &= \max\left[u(c_t) + \beta V(k_{t+1})\right] \\ &= \max\left[u\big(f(k_t) + (1-\delta)k_t - g(k_t)\big) + \beta V(g(k_t))\right] \end{aligned} \tag{A71}$$

이제 가치함수가 c_t와 k_{t+1}의 함수가 아닌, k_t에 대한 함수이다. 즉, 주어진 파라미터로 표현된 $V(\alpha)$와 같은 맥락으로 볼 수 있다. 처음에 $V(k_t)$가 $\max\left[u(c_t) + \beta V(k_{t+1})\right]$ 혹은 $\max\left[u\big(f(k_t) + (1-\delta)k_t - k_{t+1}\big) + \beta V(k_{t+1})\right]$로 주어졌을 때 $\dfrac{\partial V(k_t)}{\partial k_t}$ 혹은 $\dfrac{\partial V(k_{t+1})}{\partial k_{t+1}}$을 바로 구할 수 없었다. 하지만 $V(k_t)$

를 k_t에 대한 함수로 만들고 포락선 정리를 이용하여 우리가 찾고자 하는 값을 찾을 수 있는 것이다. (A71)을 k_t에 대해 미분하면,

$$\frac{\partial V(k_t)}{\partial k_t} = -u'(c_t)[f'(k_t)+(1-\delta)-g'(k_t)] + \beta\frac{\partial V(k_t)}{\partial k_{t+1}}g'(k_t) \tag{A72}$$

$$= -u'(c_t)[f'(k_t)+(1-\delta)] + \left[-u'(c_t) + \beta\frac{\partial V(k_t)}{\partial k_{t+1}}\right]g'(k_t)$$

임을 알 수 있다. 이때 우리는 이미 (A70) 식에서 $-u'(c_t) + \beta\frac{\partial V(k_{t+1})}{\partial k_{t+1}} = 0$을 알고 있으므로, (A72)을 아래와 같이 고쳐 쓸 수 있다.

$$\frac{\partial V(k_t)}{\partial k_t} = -u'(c_t)[f'(k_t)+(1-\delta)] \tag{A73}$$

(A73) 식을 $t+1$기에서 보면

$$\frac{\partial V(k_{t+1})}{\partial k_{t+1}} = -u'(c_{t+1})[f'(k_{t+1})+(1-\delta)] \tag{A74}$$

이며 최종적으로 (A74)를 (A70)에 대입하여 $u'(c_t) = \beta u'(c_{t+1})[f'(k_{t+1})+(1-\delta)]$ 오일러 방정식을 도출할 수 있다.

이와 같은 방법으로 변수 간의 1계 필요조건들을 구할 수 있다. 그리고 효용 함수 $u(c_t)$와 생산함수 $f(k_t)$의 구체적인 함수 형태가 주어지면 추측과 확인 (guess and verify) 등의 방법을 통해 문제를 풀 수 있다.

A.6 테일러 전개(Taylor expansion)

주어진 경제변수 간의 관계식을 통해 경제변수의 움직임을 살펴볼 때, 관계식들이 비선형인 경우, 변수들의 움직임에 대해 파악하기 어렵다. 이때 비선형

관계식들을 균제상태 근방에서 선형 관계식으로 근사화(linear approximation)하여 그 움직임을 관찰할 경우, 보다 쉽게 변수들의 움직임에 대해 알 수 있다. 이를 위해서 사용할 개념이 테일러 전개(Taylor expansion)와 로그 선형화(log linearization)이다.

먼저 주어진 함수를 특정 점에서 다항식의 함수로 근사시키는 테일러 전개(Taylor expansion)에 대해 알아본다.

A.6.1 테일러 전개의 정의

테일러 전개에 따르면 n번 미분가능한 일변수 함수 $f(x)$에 대해 $x = x^*$ 근방에서 아래와 같은 관계식이 성립한다.

$$f(x) = \sum_{k=0}^{n} \frac{f^{(k)}(x^*)}{k!}(x-x^*)^k + R_n = f(x^*) + f'(x^*)(x-x^*) + \frac{1}{2!}f''(x^*)(x-x^*)^2 + \dots$$

$$+ \frac{1}{n!}f^n(x^*)(x-x^*)^n + R_n$$

단, $f^{(k)}(x^*) = \dfrac{df^k}{d^k x}\bigg|_{x=x^*}$, R_n은 잔차항

다변수 함수의 경우에는 아래와 같이 테일러 전개를 할 수 있다. 함수 f가 $x_1, x_2, \dots, x_m$ 등 m개 변수에 대한 함수인 경우 $(x_1, x_2, \dots, x_m) = (x_1^*, x_2^*, \dots, x_m^*)$ 근방에서 테일러 n계 전개를 할 경우

$$f(x_1, x_2, \dots, x_m)$$

$$= \sum_{k_1=0}^{n} \sum_{k_2=0}^{n} \cdots \sum_{k_m=0}^{n} \frac{1}{k_1! \cdots k_m!}(x_1 - x_1^*)^{k_1}$$

$$\cdots (x_m - x_m^*)^{k_m}\left(\frac{\partial^{k_1+k_2+\cdots+k_m}f(x_1^*, x_2^*, \dots, x_m^*)}{\partial x_1^{k_1} \partial x_2^{k_2} \cdots \partial x_m^{k_m}}\right) + R_n$$

이며 풀어서 쓰면

$$f(x_1, x_2, ..., x_n) = f(x_1^*, x_2^*, ..., x_n^*) + f_{x_1}(x_1^*, x_2^*, ..., x_n^*)(x_1 - x_1^*)$$

$$+ f_{x_2}(x_1^*, x_2^*, ..., x_n^*)(x_2 - x_2^*) + \cdots + f_{x_n}(x_1^*, x_2^*, ..., x_n^*)(x_n - x_n^*)$$

$$+ \frac{1}{2!}[f_{x_1 x_1}(x_1^*, x_2^*)(x_1 - x_1^*)^2 + \cdots + f_{x_1 x_n}(x_1^*, x_2^*, ..., x_n^*)(x_1 - x_1^*)(x_n - x_n^*)$$

$$+ f_{x_2 x_1}(x_1^*, x_2^*, ..., x_n^*)(x_2 - x_2^*)(x_1 - x_1^*) + \cdots + f_{x_n x_n}(x_1^*, x_2^*, ..., x_n^*)(x_n - x_n^*)]$$

$$+ ... + R_n$$

로 전개할 수 있다.

거시경제학에서는 주어진 함수를 테일러 n계 전개를 할 때 대부분의 경우 1계 및 2계 도함수를 포함한 항까지 전개한다.

≫ 테일러 1계 전개

먼저 일변수 함수에 대한 테일러 1계 전개를 살펴보자. 잔차항 R_1이 충분히 작다는 가정 아래, 주어진 $f(x)$를 $x = x^*$에서 테일러 1계 전개를 하면 선형함수로 근사시킬 수 있다.

$$f(x) \approx f(x^*) + f'(x^*)(x - x^*) \tag{A75}$$

이제 위의 $f(x)$가 로그함수 $\ln x$인 경우 $x = x^*$ 근방에서 로그를 취한 경우에 대해서 테일러 전개를 이용한 경우를 알아보자. 로그함수 $\ln x$에 대해 (A75)를 적용하면 아래와 같다.

$$\ln x = \ln x^* + \frac{1}{x^*}(x - x^*) + R_1$$

즉, R_1이 충분히 작다면 $\ln x - \ln x^* \approx \dfrac{x - x^*}{x^*}$ 이다. 여기서 우리는 변수의 로

그값을 차분한 값은 변수의 성장률에 근사한다는 것을 알 수 있다.

2변수 함수의 경우, 즉 f가 x, y에 대한 함수일 때 $(x, y) = (x^*, y^*)$에서 아래와 같이 선형 근사를 시킬 수 있다.

$$f(x, y) \approx f(x^*, y^*) + f_x(x^*, y^*)(x - x^*) + f_y(x^*, y^*)(y - y^*)$$

where $f_x = \dfrac{\partial f(x, y)}{\partial x}, f_y = \dfrac{\partial f(x, y)}{\partial y}$

》 테일러 2계 전개

일변수 함수 $f(x)$를 $x = x^*$에서 테일러 2계 전개를 하면 아래와 같다. 이때는 x의 2차항까지 등장하게 된다. 테일러 2계 전개는 아래와 같다.

$$f(x) \approx f(x^*) + f'(x^*)(x - x^*) + \frac{1}{2!}f''(x^*)(x - x^*)^2$$

2변수 함수 $f(x, y)$를 $(x, y) = (x^*, y^*)$에서 테일러 2계 전개를 하면 아래와 같다.

$$f(x, y) \approx f(x^*, y^*) + f_x(x^*, y^*)(x - x^*) + f_y(x^*, y^*)(y - y^*) +$$

$$\frac{1}{2!}\left[f_{xx}(x^*, y^*)(x - x^*)^2 + 2f_{xy}(x^*, y^*)(x - x^*)(y - y^*) + f_{yy}(x^*, y^*)(y - y^*)^2 \right]$$

where $f_{xx} = \dfrac{\partial^2 f(x, y)}{\partial x^2}, f_{yy} = \dfrac{\partial^2 f(x, y)}{\partial y^2}, f_{xy} = \dfrac{\partial^2 f(x, y)}{\partial x \partial y} = \dfrac{\partial^2 f(x, y)}{\partial y \partial x} = f_{yx}$

A.6.2 로그 선형화(log linearization): 예시

거시변수들의 관계식은 오일러 방정식과 같이 비선형의 관계를 갖는 경우가 종종 있다. 이러한 비선형 관계식들을 충족하는 거시변수들의 움직임을 포착하기 어렵다. 이러한 경우 선형화를 해서 분석할 수 있다. 변수 그 자체에 대하여 선형화를 하기도 하고 (변수가 취하는 값이 항상 양수인 경우에는) 로그를 취한 변수에 대하여 선형화를 할 수도 있다.

예를 들어, $f(x) = g(x)h(x)$ 비선형식을 분석해보자. $x = x^*$ 근방에서 주어진 식에 대해 로그를 취하여 선형화를 먼저 한다. 그리고 테일러 전개를 이용해 근사한다.

양변에 로그를 위하면 $\ln f(x) = \ln g(x) + \ln h(x)$이며 균제상태에서도 위의 식을 만족하므로

$\ln f(x^*) = \ln g(x^*) + \ln h(x^*)$이다.

$\ln f(x) = \ln g(x) + \ln h(x)$에서 $\ln f(x^*) = \ln g(x^*) + \ln h(x^*)$을 차감하면,

$\ln f(x) - \ln f(x^*) = \ln g(x) - \ln g(x^*) + \ln h(x) - \ln h(x^*)$

이다. 우리는 $\ln f(x) - \ln f(x^*) \approx \dfrac{f'(x^*)}{f(x^*)}(x - x^*)$임을 알고 있으므로, 이를 이용하면 아래처럼 표현할 수 있다.

$$\frac{f'(x^*)}{f(x^*)}(x - x^*) \approx \frac{g'(x^*)}{g(x^*)}(x - x^*) + \frac{h'(x^*)}{h(x^*)}(x - x^*)$$

즉,

$$f(x) = g(x)h(x)\text{를 } \frac{f'(x^*)}{f(x^*)}(x - x^*) \approx \frac{g'(x^*)}{g(x^*)}(x - x^*) + \frac{h'(x^*)}{h(x^*)}(x - x^*)$$

로 선형 근사시킬 수 있다.

추가적으로 로그 선형 관계식에서 균제상태의 로그 선형 관계식을 차감함으로써 균제상태에서 벗어난 크기에 대한 선형 관계식을 구할 수 있다. 모형이 균제상태에서 벗어날 때 크게 변화하지 않는다면, 구한 균제상태에서 벗어난 크기에 대한 선형 관계식이 모형의 성질을 잘 반영할 수 있다. 그리고 이를 활용하여 다양한 외생적 충격 발생 시 (로그를 취한) 거시변수들이 얼마만큼 (로그를

취한) 균제상태에서 벗어나는지 쉽게 알 수 있다.

이하에서는 표기를 간단히 하기 위해 $\hat{x}_t = \ln X_t - \ln X \approx \dfrac{X_t - X}{X}$ 라고 한다.

》 생산함수

다음과 같은 생산함수를 생각해보자.

$$Y_t = z_t K_t^{\alpha} L_t^{1-\alpha} \tag{A76}$$

K_t는 자본, L_t는 노동, z_t는 기술충격이다. 균제상태에서 $Y = zK^{\alpha}L^{1-\alpha}$가 성립한다.

(A76)에 로그를 취하면

$$\ln Y_t = \ln z_t + \alpha \ln K_t + (1-\alpha) \ln L_t \tag{A77}$$

이며 균제상태에서는 $\ln Y = \ln z + \alpha \ln K + (1-\alpha) \ln L$이 성립한다.

(A77)을 1차항까지 테일러 전개 및 근사하면,

$$\ln Y + \frac{1}{Y}(Y_t - Y) = \left[\ln z + \frac{1}{Z}(Z_t - Z) \right] + \alpha \left[\ln K + \frac{1}{K}(K_t - K) \right]$$
$$+ (1-\alpha) \left[\ln L + \frac{1}{L}(L_t - L) \right] \tag{A78}$$

이다. $\ln Y = \ln z + \alpha \ln K + (1-\alpha) \ln L$이므로, (A78)은

$$\frac{Y_t - Y}{Y} = \frac{Z_t - Z}{Z} + \alpha \left(\frac{K_t - K}{K} \right) + (1-\alpha) \left(\frac{L_t - L}{L} \right)$$

혹은 $\hat{y}_t = \hat{z}_t + \alpha \hat{k}_t + (1-\alpha) \hat{l}_t$ 로 간단하게 쓸 수 있다.

⨠ 자본 운동 방정식

자본 K_t는 주어진 감가상각률 δ와 투자 I_t에 대해 다음과 같이 변화한다.

$$K_{t+1} = (1-\delta)K_t + I_t \tag{A79}$$

자본과 투자의 균제상태는 각각 K와 I이다.

(A79)에 로그를 취하면

$$\ln K_{t+1} = \ln\big((1-\delta)K_t + I_t\big) \tag{A80}$$

이다. (A80)에 1차항까지 테일러 전개를 하면 다음과 같다.

$$\ln K + \frac{1}{K}(K_{t+1} - K) = \ln\big((1-\delta)K + I\big) + \frac{1}{(1-\delta)K + I}(I_t - I)$$
$$+ \frac{1-\delta}{(1-\delta)K + I}(K_t - K) \tag{A81}$$

$\ln K = \ln\big((1-\delta)K + I\big)$이므로 (A81)을 다시 쓰면

$$\frac{K_{t+1} - K}{K} = \frac{I}{(1-\delta)K + I}\frac{I_t - I}{I} + \frac{(1-\delta)K}{(1-\delta)K + I}\frac{K_t - K}{K}$$
$$= \frac{I}{K}\frac{I_t - I}{I} + \frac{(1-\delta)K}{K}\frac{K_t - K}{K} = \delta\frac{I_t - I}{I} + (1-\delta)\frac{K_t - K}{K}$$

혹은 $\widehat{k_{t+1}} = \delta\hat{i}_t + (1-\delta)\hat{k}_t$이 성립한다.

⨠ 오일러 방정식

CRRA 효용 함수 $U(C_t) = \dfrac{C_t^{1-\theta}}{1-\theta}$ 하에서 오일러 방정식은 아래와 같다.

$$\left(\frac{C_{t+1}}{C_t}\right)^\theta = \beta(1 + r_t) \tag{A82}$$

β는 시간할인인자, r_t는 실질이자율이다.

(A82)에 로그를 취하면

$$\theta(\ln C_{t+1} - \ln C_t) = \ln\beta + \ln(1 + r_t) \tag{A83}$$

이다. 균제상태에서는 $0 = \ln\beta + \ln(1+r)$이다. (A83)을 테일러 전개하면,

$$\theta\left(\ln C + \frac{1}{C}(C_{t+1} - C)\right) - \theta\left(\ln C + \frac{1}{C}(C_t - C)\right)$$
$$= \ln\beta + \ln(1+r) + \frac{1}{1+r}(r_t - r) \tag{A84}$$

이다. $\ln\beta + \ln(1+r) = 0$이므로, (A84)를 다시 쓰면

$$\theta\left(\frac{C_{t+1} - C}{C}\right) - \theta\left(\frac{C_t - C}{C}\right) = \frac{1}{1+r}(r_t - r) = \frac{r}{1+r}\frac{r_t - r}{r}$$

이다. 만약 $\dfrac{r}{1+r}$이 1에 가깝다면 $\theta(\hat{c}_{t+1} - \hat{c}_t) \approx \hat{r}_t$이며 아래와 같이 고쳐 쓸 수 있다.

$$\hat{c}_{t+1} - \hat{c}_t \approx \frac{1}{\theta}\hat{r}_t$$

참고문헌

이종화 · 신관호. 2019. 『거시경제학』, 제3판, 박영사.

Acemoglu, D. 2008. *Introduction to Modern Economic Growth*. Princeton, Princeton University Press.

Acemoglu, D., Johnson, S., and Robinson, J. A. 2001. The Colonial Origins of Comparative Development: An Empirical Investigation. *American Economic Review*, 91(5), 1369−1401.

Acemoglu, D., and Robinson, J. A. 2012. *Why Nations Fail: The Origins of Power, Prosperity, and Poverty*. New York: Crown Business.

Aghion, P., and Howitt, P. 1992. A Model of Growth through Creative Destruction. *Econometrica*, 60(2), 323−351.

Barro, R. J., and Sala−i−Martin, X. 2004. *Economic Growth*. 2nd edition. Boston: MIT Press.

Barro, R. J., and Lee, J.−W. 2013. A New Data Set of Educational Attainment in the World, 1950−2010. *Journal of Development Economics,* 104, 184−198.

Becker, G. S., and Barro, R. J. 1988. A Reformulation of the Theory of Fertility. *The Quarterly Journal of Economics*, 103(1), 1−25.

Benassy, J.−P. 1995. Money and Wage Contracts in an Optimizing Model of the Business Cycle. *Journal of Monetary Economics*, 35(2), 303−315.

Benigno, P. 2020. *Lectures on Monetary Economics*. Independently published.

Bewley, T. F. 1999. *Why Wages Don't Fall during a Recession?* Harvard University Press.

Bils, M. J., and Klenow, P. J. 2004. Some Evidence on the Importance of Sticky Prices. *Journal of Political Economy*, 112(5), 947−985.

Blanchard, O. J. 1995. Debts, Deficits, and Finite Horizons. *Journal of Political Economy*, 93(2), 223−247.

Blanchard, O. J., and Galí, J. 2007. Real Wage Rigidities and the New Keynesian

Model. *Journal of Money, Credit and Banking.* 39 (1): 35−65.

Blanchard, O. J., and Kahn, C. 1980. The Solution of Linear Difference Equations under Rational Expectations. *Econometrica*, 48(5), 1305−1311.

Blanchard, O. J., and Kiyotaki, N. 1987. Monopolistic Competition and the Effects of Aggregate Demand. *The American Economic Review*, 77(4), 647−666.

Calvo, G. 1983. Staggered Prices in a Utility−Maximizing Framework. *Journal of Monetary Economics*, 12(3), 383−398.

Cass, D. 1965. Optimal Growth in an Aggregative Model of Capital Accumulation. *Review of Economic Studies,* 32, 233−240.

Christiano, L. J., Eichenbaum, M., and Evans, C. L. 1999. Monetary Policy Shocks: What Have We Learned and to What End?. *Handbook of Macroeconomics 1A,* 65−148.

Clarida, R., Galí, J., and Gertler, M. 1998. Monetary Policy Rules in Practice: Some International Evidence. *European Economic Review,* 42(6), 1033−1067.

Clarida, R., Galí, J., and Gertler, M. 2000. Monetary Policy Rules and Macroeconomic Stability: Evidence and Some Theory. *The Quarterly Journal of Economics,* 115(1), 147−180.

Diamond, P. A. 1965. National Debt in a Neoclassical Growth Model. *The American Economic Review,* 55(5), 1126−1150.

Dickens, W. T., Goette, L., Groshen, E. L., Holden, S., Messina, J., Schweitzer, M. E., Turunen,, J., and Ward, M. E. 2007. How Wages Change: Micro Evidence from the International Wage Flexibility Project. *Journal of Economic Perspectives,* 21(2), 195−214.

Doepke, M., Lehnert, A., and Sellgren, A. 1999. *Macroeconomics.* University of Chicago.

Feenstra, R. C., Inklaar, R., and Timmer, M. P. 2015. The Next Generation of the Penn World Table. *American economic Review,* 105(10), 3150−82.

Fischer, S. 1977. Long−Term Contracts, Rational Expectations, and the Optimal Money Supply Rule. *Journal of Political Economy,* 85(1), 191−205.

Gabel, R. A., and Robers, R. A. 1973. *Signals and Linear Systems.* Wiley.

Galí, J. 2008. *Monetary Policy, Inflation, and the Business Cycle: An Introduction to the New Keynesian Framework.* Princeton University Press.

Garin, J., Lester, R., and Sims, E. 2020. *Intermediate Macroeconomics.* https://www3.nd.edu/
~esims1/gls_int_macro.pdf

Gray, J. 1976. Wage Indexation: A Macroeconomic Approach. *Journal of Monetary Economics,* 2(2), 221−235.

Hall, R. E., and Jones, C. I. 1999. Why Do Some Countries Produce So Much More Output Per Worker than Others?. *The Quarterly Journal of Economics,* 114(1), 83−116.

Hamilton, J. D. 1994. *Time Series Analysis.* Princeton University Press.

Jones, C. I. 1995. R&D−Based Models of Economic Growth. *Journal of Political Economy,* 103(4), 759−784.

Kim, J., and Henderson, D. 2005. Inflation Targeting and Nominal−Income−Growth Targeting: When and Why are They Suboptimal?. *Journal of Monetary Economics,* 52(8), 1463−1495.

Koopmans, T. C. 1965. *On the Concept of Optimal Economic Growth in The Econometric Approach to Development Planning.* Pontif. Acad. Sc. Scripta Varia 28, pp. 225−300; reissued North−Holland.

Kremer, M. 1993. Population Growth and Technological Change: One Million B.C. to 1990. *The Quarterly Journal of Economics,* 108(4), 681−716.

Kydland, F. E., and Prescott, E. C. 1982. Time to Build and Aggregate Fluctuations. *Econometrica: Journal of the Econometric Society,* 50(6), 1345−1370.

Long Jr. J. B., and Plosser, C. I. 1983. Real Business Cycles. *Journal of Political Economy,* 91(1), 39−69.

Lucas, Jr. R. E. 1988. On the Mechanics of Economic Development. *Journal of Monetary Economics,* 22(1), 3−42.

Lucas, Jr. R. E. 1972. Expectations and the Neutrality of Money. *Journal of Economic Theory,* 4(2), 103−124.

Lucas, Jr. R. E. 1973. Some International Evidence on Output−Inflation Trade−offs. *American Economic Review,* 63(3), 326−334.

Maddison Project Database, version 2018. https://www.rug.nl/ggdc/historicaldevelopment/
maddison/releases/maddison−project−database−2018?lang=en

Mankiw, N. G. 1985. Small Menu Costs and Large Business cycles: A Macroeconomic Model of Monopoly. *The Quarterly Journal of Economics,* 100(2), 529−537.

Mankiw, N. G., Romer, D. and Weil, D. N. 1992. A Contribution to the Empirics of Economic Growth. *The Quarterly Journal of Economics,* 107(2), 407−437.

Nakamura, E., and Steinsson, J. 2008. Five Facts about Prices: A Reevaluation of Menu Cost Models. *The Quarterly Journal of Economics,* 123(4), 1415−1464.

Phelps, E. S. 1966. Models of Technical Progress and the Golden Rule of Research. *The Review of Economic Studies,* 33, 133−145.

Ramsey, F. P. 1928. A Mathematical Theory of Saving, *Economic Journal,* 38(152), 543−559.

Romer, D. 2019. *Advanced Macroeconomics.* McGraw−Hill. 5th ed.

Romer, P. M. 1986. Increasing Returns and Long−Run Growth. *Journal of Political Economy,* 94(5), 1002−1037.

Romer, P. M. 1987. Growth Based on Increasing Returns to Specialization. *American Economic Review Papers and Proceedings,* 77, 56−62.

Romer, P. M. 1990. Endogenous Technological Change. *Journal of Political Economy,* 98(5), S71−S101.

Rotemberg, J. 1982. Monopolistic Price Adjustment and Aggregate Output. *Review of Economic Studies,* 49(4), 517−531.

Rotemberg, J., and Woodford, M. 1997. An Optimization−Based Econometric Framework for the Evaluation of Monetary Policy. *NBER Macroeconomics Annual 1997,* 12, 297−361.

Samuelson, P. A. 1958. An Exact Consumption−Loan Model of Interest With or Without the Social Contrivance of Money. *Journal of Political Economy,* 66(6), 467−482.

Sargent, T. J. 1987. *Dynamic Macroeconomic Theory.* Harvard University Press.

Schmitt−Grohé, S., and Uribe, M. 2017. *Open Economy Macroeconomics.* Princeton University Press.

Schumpeter, J. A. 1934. *The Theory of Economic Development: An Inquiry into Profits, Capital, Credit, Interest, and the Business Cycle.* Harvard University Press.

Solow, R. M. 1956. A Contribution to the Theory of Economic Growth. *The Quarterly Journal of Economics,* 70(1), 65−94.

Solow, R. M. 1957. Technical Change and the Aggregate Production Function. *The Review of Economics and Statistics,* 39(3), 312−320.

Swan, T. W. 1956. Economic Growth and Capital Accumulation. *Economic Record,* 32(2), 334−361.

Taylor, J. B. 1979. Staggered Wage Setting in a Macro Model. *American Economic Review,* 69(2), 108−113.

Taylor, J. B. 1993. Discretion versus Policy Rules in Practice. *Carnegie−Rochester Conference Series on Public Policy,* 39(1), 195−214.

Weil, D. N. 2014. *Economic Growth,* 3rd edition, Routledge,

Woodford, M. 2003. *Interest and Prices: Foundations of a Theory of Monetary Policy.* Princeton University Press.

Yaari, M. E. 1965. Uncertain Lifetime, Life Insurance, and the Theory of the Consumer. *The Review of Economic Studies,* 32(2), 137−150.

색인

공저자 소개

이종화, Jong-Wha Lee

고려대학교 경제학과 (학사, 석사)
미국 하버드대학교 (경제학 박사)
국제통화기금(IMF) 이코노미스트
아시아개발은행 수석 이코노미스트
미국 하버드대학교 초빙교수
청와대 국제경제보좌관
한국국제경제학회 회장
현 고려대학교 경제학과 교수

주요 저서

거시경제학. (신관호 공저). 박영사, 제3판, 2019.

Education Matters: Global Schooling Gains from the 19th to the 21st Century. (with R. J. Barro), Oxford University Press, 2015.

A New Data Set of Educational Attainment in the World, 1950–2010. (with R. J. Barro), Journal of Development Economics, 104, 2013.

IMF Programs: Who Is Chosen and What Are the Effects. (with R. J. Barro), Journal of Monetary Economics, 52, 2005.

How Does Foreign Direct Investment Affect Economic Growth?. (with E. Borensztein and J. De Gregorio), Journal of International Economics, 45, 1998.

Government Interventions and Productivity Growth. Journal of Economic Growth, 1, 1996.

김진일, Jinill Kim

서울대학교 경제학과 (학사, 석사)
미국 예일대학교 (경제학 박사)
미국 연준이사회(FRB) 선임 이코노미스트
미국 버지니아주립대 조교수
미국 조지타운대학교 객원교수
한국금융학회 부회장
한국경제발전학회 회장
현 고려대학교 경제학과 교수

주요 저서

Designing a Simple Loss Function for the Fed: Does the Dual Mandate Make Sense?. (with D. Debortoli, J. Linde, and R. Nunes), Economic Journal, 129, 2019.

Extreme Events and Optimal Monetary Policy. (with F. Ruge-Murcia). International Economic Review, 60, 2019.

Calculating and Using Second Order Accurate Solution of Discrete Time Dynamic Equilibrium Models. (with S. H. Kim, E. Schaumburg, and C. A. Sims), Journal of Economic Dynamics and Control, 32, 2008.

Inflation Targeting and Nominal Income Growth Targeting: When and Why Are They Suboptimal?. (with D. W. Henderson). Journal of Monetary Economics, 52, 2005.

Constructing and Estimating a Realistic Optimizing Model of Monetary Policy. Journal of Monetary Economics, 45, 2000.

동태적 거시경제학 -성장과 변동-

초판발행	2021년 2월 14일
중판발행	2021년 4월 20일
지은이	이종화·김진일
펴낸이	안종만·안상준
편 집	배근하
기획/마케팅	조성호
표지디자인	박현정
제 작	고철민·조영환
펴낸곳	(주) **박영사**
	서울특별시 금천구 가산디지털2로 53, 210호(가산동, 한라시그마밸리)
	등록 1959. 3. 11. 제300-1959-1호(倫)
전 화	02)733-6771
f a x	02)736-4818
e-mail	pys@pybook.co.kr
homepage	www.pybook.co.kr
ISBN	979-11-303-1153-1 93320

* 파본은 구입하신 곳에서 교환해 드립니다. 본서의 무단복제행위를 금합니다.
* 저자와 협의하여 인지첩부를 생략합니다.

정 가   28,000원